《西安城市史》编委会

主　任

李炳武

副主任

甘　晖　党怀兴　侯甬坚

编　委

（以姓氏笔画为序）

王子今　王双怀　王社教　王学理　尹夏清
尹盛平　田　野　史红帅　吕卓民　朱士光
朱永杰　任云英　刘庆柱　刘淑虎　安介生
孙家洲　李　浩　李令福　李健超　李裕民
李毓芳　杨恒显　肖爱玲　邹　贺　张晓虹
周宏伟　赵世超　荣新江　胡　戟　侯海英
耿占军　徐卫民　郭雪妮　黄留珠　萧正洪
梁克敏　韩光辉

主　编

侯甬坚

陕西师范大学西北历史环境与经济社会发展研究院、
陕西师范大学中国史一流学科建设基金资助出版

"十三五"国家重点图书出版规划项目

国家出版基金项目

陕西出版资金资助项目

主编 侯甬坚

西安城市史

东汉—北朝
长安城 卷

杨恒显 著

陕西师范大学出版总社

图书代号：SK22N1939

图书在版编目（CIP）数据

西安城市史. 东汉—北朝长安城卷 / 杨恒显著；侯甬坚主编. —西安：陕西师范大学出版总社有限公司，2022.12

"十三五"国家重点图书出版规划项目　国家出版基金项目

ISBN 978-7-5695-2511-3

Ⅰ.①西… Ⅱ.①杨… ②侯… Ⅲ.①城市史—西安—东汉时代 ②城市史—西安—魏晋南北朝时代 Ⅳ.①K294.11

中国版本图书馆CIP数据核字（2021）第197319号

西安城市史·东汉—北朝长安城卷

Xi'an Chengshi Shi · Donghan-Beichao Chang'an Cheng Juan

杨恒显　著

出 版 人 /	刘东风
选题策划 /	侯海英
责任编辑 /	赵荣芳　张　姣
责任校对 /	张爱林　付玉肖　远　阳
出版发行 /	陕西师范大学出版总社
	（西安市长安南路199号　邮编710062）
网　　址 /	http://www.snupg.com
电　　话 /	（029）85307864
印　　刷 /	中煤地西安地图制印有限公司
开　　本 /	787 mm×1092 mm　1/16
印　　张 /	23.5
插　　页 /	2
字　　数 /	430千
版　　次 /	2022年12月第1版
印　　次 /	2022年12月第1次印刷
书　　号 /	ISBN 978-7-5695-2511-3
定　　价 /	170.00元

读者购书、书店添货或发现印刷装订问题，请与本公司营销部联系、调换。

电话：（029）85307864　85303629　　传真：（029）85303879

目录

绪论 001

第一章 东汉时期的长安城 015

第一节 东汉献帝所都之长安城 017
一、献帝迁都前的长安 018
二、献帝迁都之际的长安 020

第二节 东汉时期长安城的人口迁徙 023
一、洛阳百姓西迁长安 023
二、郭汜、李傕之乱造成的人口流动和减损 025
三、韩遂、马超之乱带来的人口流动 027
四、羌族与氐族向长安城及关中地区的迁徙 028

第二章 魏晋时期的长安城 031

第一节 曹魏时期的长安城 033
一、长安城的城市建筑 033
二、长安城的人口流动实况及流民安置 039

第二节 西晋时期的长安城 047
一、长安城的城市建筑 047

二、长安城的人口迁徙……………………………………051

第三章 十六国时期的长安城……………………………055

第一节 汉及前赵时期的长安城………………………057

第二节 后赵时期的长安城……………………………061

第三节 前秦时期的长安城……………………………064

第四节 后秦时期的长安城……………………………070
    一、东堂………………………………………………071
    二、西宫………………………………………………071
    三、逍遥园……………………………………………072
    四、朝门、文武苑、平朔门…………………………073
    五、咨议堂……………………………………………074
    六、太极前殿等建筑…………………………………075
    七、其他建筑…………………………………………076
    八、后秦的长安人口…………………………………077

第五节 赫连夏时期的长安城…………………………079

第四章 北朝时期的长安城…………………………………081

第一节 北魏时期的长安城……………………………083
    一、长安城的城市建筑………………………………083
    二、长安城的人口迁徙………………………………090

第二节 西魏时期的长安城……………………………097
    一、西魏、北周时期长安城的基本情况……………098
    二、西魏时期新修筑的城市建筑……………………099
    三、前代遗留的城市建筑……………………………101

第三节 北周时期的长安城……………………………104
    一、长安城的城市建筑………………………………104

二、西魏、北周时期长安城的人口迁徙......117

第五章　军事争夺中凸显长安城的区位价值......119

第一节　东汉—北朝时期长安城的区位价值......121
第二节　东汉时期长安城及其周边的战争......124
  一、长安之战......124
  二、东汉平定关中的战争......126
  三、陇西之战......128
  四、赤亭之战......130
第三节　曹魏时期长安城及其周边的战争......132
  一、李傕、郭汜之乱......132
  二、潼关之战......135
  三、汉中之战......140
  四、诸葛亮北伐......144
  五、后诸葛亮时代的魏蜀战争及曹魏政权的应对......150
  六、骆谷之役发兵长安......158
第四节　西晋时期的长安城及其周边的战争......161
  一、八王之乱时期长安城及其周边的战争......161
  二、永嘉之乱时期长安城及其周边的战争......163
第五节　十六国时期长安城及其周边的战争......165
  一、汉及前赵时期长安城及其周边的战争......165
  二、后赵时期长安城及其周边的战争......167
  三、前秦时期长安城及其周边的战争......169
  四、后秦时期长安城及其周边的战争......172
  五、赫连夏时期长安城及其周边的战争......173
  六、桓温北伐......177
  七、刘裕北伐......177
  八、东晋与赫连夏在长安城及其周边的角逐......179

第六节 北魏时期长安城及其周边的战争 180
第七节 西魏、北周时期长安城及其周边的战争 183
　　一、西魏时期长安城及其周边的战争 183
　　二、北周时期长安城及其周边的战争 191

第六章 东汉—北朝时期长安城的地方治理 197

第一节 东汉末长安城的地方治理 199
　　一、雍州刺史 199
　　二、京兆尹 200
　　三、其他与长安有关的官员 202
　　四、东汉末京兆人物轶事 204
第二节 曹魏时期长安城的地方治理 229
　　一、曹魏时期长安城的地方官员 231
　　二、地方官员的治理策略 246
第三节 西晋时期长安城的地方治理 251
　　一、西晋时期长安城地方官员的设置及出身 251
　　二、西晋时期长安城部分地方官员的事迹 252
第四节 十六国时期长安城的治理 255
　　一、前赵时期长安城的治理 255
　　二、后赵时期长安城的地方治理 256
　　三、前秦时期长安城的治理 256
　　四、后秦时期长安城的治理 258
　　五、赫连夏时期长安城的地方治理 258
第五节 北魏时期长安城的地方治理 260
　　一、北魏时期长安城地方官员的设置及出身 260
　　二、雍州刺史 263
第六节 西魏时期长安城的地方治理 285
　　一、元顺 286

二、李弼 287
　　三、赵贵 287
　　四、王盟 288
　　五、王勇 289
　　六、王罴 289
　　七、李穆 290
　　八、韦孝宽 290
　　九、于谨 291
　　十、张羡 291
　　十一、长孙俭 292
　第七节　北周时期长安城的地方治理 293
　　一、于谨 294
　　二、宇文护 295
　　三、宇文直 296
　　四、宇文宪 296
　　五、宇文招 297
　　六、宇文纯 298
　　七、窦炽 298
　　八、宇文贤 299
　　九、杨雄 299

第七章　长安城的民族融合与文化交流 301

　第一节　东汉—北朝时期关中地区的民族融合 303
　　一、东汉—北朝时期关中地区的少数民族 303
　　二、东汉—北朝时期关中地区的西域人 304
　　三、东汉—北朝时期的高句丽人和百济人 307
　第二节　东汉—北朝时期关中地区的文化交流 309
　　一、东汉—北朝时期关中地区外来的物质文化 309

二、东汉—北朝时期关中地区的佛教文化……310
　　三、东汉—北朝时期各民族融合下的关中地区
　　　　文化……311
　　四、以魏太武帝灭佛为例的长安文化冲突……313

第八章　东汉—北朝时期长安城演变的历史过程和特点……321

第一节　东汉—北朝时期长安城城市建筑的继承和发展……323
　　一、东汉—北朝时期对汉长安城的继承……323
　　二、东汉—北朝时期长安城的发展……324
第二节　东汉—北朝时期长安城与同时期其他都城比较……326
　　一、与北魏洛阳城的比较……326
　　二、与曹魏邺城，东魏、北齐邺南城的比较……327
　　三、与北魏平城的比较……327
第三节　东汉—北朝时期长安城的特点及影响……329

结语……331

参考文献……335

大事记……343

索引……353

后记……357

Contents

Introduction /001

Chapter 1
Chang'an City in the Eastern Han Dynasty /015

Section 1   Chang'an City, Capital of Emperor Xian in the Eastern Han Dynasty /017
        1.Chang'an before Emperor Xian's Capital Move /018
        2.Chang'an at the Time of Emperor Xian's Capital Move /020

Section 2   Population Migration in Chang'an City in the Eastern Han Dynasty /023
        1.Migrated to the West:From Luoyang to Chang'an /023
        2.Population Mobility and Attrition Caused by the Rebellion of Guo Si and Li Que /025
        3.Population Mobility Caused by the Rebellion of Han Sui and Ma Chao /027
        4.Migration of the Qiang and Di Nationalities to Chang'an City and Guanzhong Area /028

Chapter 2
Chang'an City in the Wei and Jin Dynasties /031

Section 1   Chang'an City in the Cao-Wei Dynasty /033
        1.Urban Architecture of Chang'an City /033
        2.Population Mobility Facts of Chang'an City and the Resettlement of
          Displaced Persons /039

Section 2   Chang'an City in the Western Jin Dynasty /047
        1.Urban Architecture of Chang'an City /047

2. Population Migration in Chang'an City /051

Chapter 3
Chang'an City in the Sixteen Kingdoms /055

Section 1　Chang'an City in the Han and Pre-Zhao Dynasties /057
Section 2　Chang'an city in the Post-Zhao Dynasty /061
Section 3　Chang'an City in the Pre-Qin Dynasty /064
Section 4　Chang'an City in the Post-Qin Dynasty /070
    1. Eastern Hall /071
    2. Western Palace /071
    3. Xiaoyao Garden /072
    4. Chao Gate, Wenwu Garden, Pingshuo Gate /073
    5. Ziyi Hall /074
    6. Taijiqian Palace and Other Buildings /075
    7. Other Buildings /076
    8. The Population of Chang'an in the Post-Qin Dynasty /077
Section 5　Chang'an City in the Helian-Xia Dynasty /079

Chapter 4
Chang'an City in the Northern Dynasties /081

Section 1　Chang'an City in the Northern Wei Dynasty /083
    1. Urban Architecture of Chang'an City /083
    2. Population Migration in Chang'an City /090
Section 2　Chang'an City in the Western Wei Dynasty /097
    1. Basic Situation of Chang'an City in the Western Wei and Northern Zhou Dynasties /098
    2. Newly Built Urban Architecture in the Western Wei Dynasty /099
    3. Remained Urban Architecture: Left over from the Previous Generation /101
Section 3　Chang'an City in the Northern Zhou Dynasty /104
    1. Urban Architecture of Chang'an City /104
    2. Population Migration in Chang'an City in the Western Wei and Northern Zhou Dynasties /117

Chapter 5
Military Rivalry Highlights the Location Value of Chang'an City /119

Section 1　The Location Value of Chang'an City in the Eastern Han and Northern Dynasties /121
Section 2　Warfare in and around the City of Chang'an in the Eastern Han Dynasty /124
　　　　　1.The Battle of Chang'an /124
　　　　　2.The Battle to Pacify Guanzhong in the Eastern Han Dynasty /126
　　　　　3.The Battle of Longxi /128
　　　　　4.The Battle of Chiti /130
Section 3　Warfare in and around the City of Chang'an in the Cao-Wei Dynasty /132
　　　　　1.The Rebellion of Li Que and Guo Si /132
　　　　　2.The Battle of Tongguan /135
　　　　　3.The Battle of Hanzhong /140
　　　　　4.The Northern Expedition Command by Zhuge Liang /144
　　　　　5.The War between Wei and Shu in the Post-Zhuge Liang Era and the Response of
　　　　　　the Cao-Wei Regime /150
　　　　　6.The Battle of Luogu: Sending Troops from Chang'an /158
Section 4　Warfare in and around the City of Chang'an in the Western Jin Dynasty /161
　　　　　1.Wars in Chang'an and Its Surrounding Areas in the Eight Kings Rebellion /161
　　　　　2.Wars in Chang'an and Its Surrounding Areas in the Period of YongJia Rebellion /163
Section 5　Warfare in and around the City of Chang'an in the Sixteen Kingdoms /165
　　　　　1.Warfare in and around the City of Chang'an in the Han and Pre-Zhao Dynasties /165
　　　　　2.Warfare in and around the City of Chang'an in the Post-Zhao Dynasty /167
　　　　　3.Warfare in and around the City of Chang'an in the Pre-Qin Dynasty /169
　　　　　4.Warfare in and around the City of Chang'an in the Post-Qin Dynasty /172
　　　　　5.Warfare in and around the City of Chang'an in the Period of Helian-Xia /173
　　　　　6.The Northern Expedition Led by Huan Wen /177
　　　　　7.The Northern Expedition Led by Liu Yu /177
　　　　　8.The Competition between Eastern Jin and Helian-Xia in Chang'an and
　　　　　　Its Surroundings /179
Section 6　Warfare in and around the City of Chang'an in the Northern Wei Dynasty /180
Section 7　Warfare in and around the City of Chang'an in the Western Wei and Northern
　　　　　Zhou Dynasties /183
　　　　　1.Warfare in and around the City of Chang'an in the Western Wei Dynasty /183
　　　　　2.Warfare in and around the City of Chang'an in the Northern Zhou Dynasty /191

Chapter 6
Local Governance of Chang'an City in the Eastern Han and Northern Dynasties /197

    Section 1   Local Governance of Chang'an City in the Later Eastern Han Dynasty /199
        1.Provincial Governor of Yongzhou /199
        2.The Lord Mayor of Chang'an City and Its Surroundings /200
        3.Other Officials Related to Chang'an /202
        4.Anecdotes of People in the Jingzhao Prefecture in the Eastern Han Dynasty /204
    Section 2   Local governance of Chang'an City in the Cao-Wei Dynasty /229
        1.Local Officials of Chang'an City in the Cao-Wei Dynasty /231
        2. Governance Strategies of Local Officials /246
    Section 3   Local governance of Chang'an City in the Western Jin Dynasty /251
        1.The Establishment and Origin of Local Officials of Chang'an City in the Western Jin Dynasty /251
        2.The Deeds of Some Chang'an City Officials in the Western Jin Dynasty /252
    Section 4   Governance of Chang'an City in the Sixteen Kingdoms /255
        1.Governance of Chang'an City in the Pre-Zhao Dynasty /255
        2.Local Governance of Chang'an City in the Post-Zhao Dynasty /256
        3.Governance of Chang'an City in the Pre-Qin Dynasty /256
        4.Governance of Chang'an City in the Post-Qin Dynasty /258
        5.Local Governance of Chang'an City in the Helian-Xia /258
    Section 5   Local Governance of Chang'an City in the Northern Wei Dynasty /260
        1.The Establishment and Origin of Local Officials of Chang'an City in the Northern Wei Dynasty /260
        2.Provincial Governor of Yongzhou /263
    Section 6   Local Governance of Chang'an City in the Western Wei Dynasty /285
        1.Yuan Shun /286
        2.Li Bi /287
        3.Zhao Gui /287
        4.Wang Meng /288
        5.Wang Yong /289
        6.Wang Pi /289
        7.Li Mu /290
        8.Wei Xiaokuan /290
        9.Yu Jin /291

    10.Zhang Xian /291

    11.Zhangsun Jian /292

  Section 7 Local Governance of Chang'an City in the Northern Zhou Dynasty /293

    1.Yu Jin /294

    2.Yuwen Hu /295

    3.Yuwen Zhi /296

    4.Yuwen Xian /296

    5.Yuwen Zhao /297

    6.Yuwen Chun /298

    7.Dou Chi /298

    8.Yuwen Xian /299

    9.Yang Xiong /299

Chapter 7
Ethnic Integration and Cultural Exchange in Chang'an City /301

  Section 1 Ethnic Integration in the Guanzhong Region in the Eastern Han and Northern Dynasties /303

    1.Minorities in the Guanzhong Region in the Eastern Han and Northern Dynasties /303

    2.Western Region Humans in the Guanzhong Region in the Eastern Han and Northern Dynasties /304

    3.Goryeo and Baekje People in the Eastern Han and Northern Dynasties /307

  Section 2 Cultural Exchange in the Guanzhong Region in the Eastern Han and Northern Dynasties /309

    1.Foreign Material Culture in the Guanzhong Region in the Eastern Han and Northern Dynasties /309

    2.Buddhist Culture in the Guanzhong Region in the Eastern Han and Northern Dynasties /310

    3.The Culture of the Guanzhong Region with the Integration of Various Nationalities in the Eastern Han and Northern Dynasties /311

    4.Cultural Conflict in Chang'an as Exemplified by the Extermination of Buddhism by Emperor Taiwu,Northern Wei Dynasty /313

Chapter 8
Historical Process and Characteristics of the Evolution of Chang'an City in the Eastern Han and Northern Dynasties /321

Section 1　Inheritance and Development of Urban Architecture of Chang'an City in the Eastern Han and Northern Dynasties /323
　　　　　1.Inheritance of Chang'an City in the Eastern Han and Northern Dynasties /323
　　　　　2.Development of Chang'an City in the Eastern Han and Northern Dynasties /324
Section 2　Comparison of Chang'an City with Other Capital of the Same Period in the Eastern Han and Northern Dynasties /326
　　　　　1.Comparison with Luoyang,the City of Northern Wei Dynasty /326
　　　　　2.Comparison with Yecheng,the City of Eastern Wei and Northern Qi Dynasties /327
　　　　　3.Comparison with Pingcheng,the City of Northern Wei Dynasty /327
Section 3　Characteristics and Influences of Chang'an City in the Eastern Han and Northern Dynasties /329

Conclusion /331

References /335

Chronology /343

Index /353

Postscript /357

插图目录

图2-1　李傕、郭汜祸乱长安 / 034

图2-2　汉未央宫前殿遗址（局部） / 036

图2-3　汉长安城霸城门遗址（北墙） / 036

图2-4　汉长安城霸城门遗址（在北墙上南望，三个门道清晰可见） / 036

图2-5　汉长安城城墙遗址（霸城门以北城墙） / 038

图2-6　汉长安城城墙遗址（清明门附近城墙） / 038

图2-7　汉长安城西安门遗址（东墙） / 039

图2-8　汉长安城城墙遗址（东北角） / 039

图2-9　西安市雁塔区出土西晋陶井、陶磨、陶盆、陶罐 / 048

图2-10　西晋敦煌寺塔（清代重修） / 050

图3-1　汉及前赵关中地区人口流动示意图 / 060

图3-2　后赵时期关中地区人口流动示意图 / 063

图3-3　前秦、后秦长安城复原示意图 / 064

图3-4　草堂寺 / 076

图4-1　北魏石刻中的园林 / 083

图4-2　汉长安城西安门东侧城墙遗址 / 085

图4-3　汉长安城宣平门遗址 / 085

图4-4　西魏、北周长安城复原示意图 / 097

图7-1　魏晋时期世家大族生活图漆盘 / 309

图7-2　新疆吐鲁番出土的东晋时期纸画 / 310

图7-3　北周释迦牟尼造像 / 311

图7-4　魏晋壁画（烧饼图） / 312

图7-5　魏晋壁画（烤肉图） / 312

图7-6　北魏双凫造像 / 314

图7-7　北魏皇兴造像 / 315

图7-8　北魏景明四面造像 / 318

绪论

一、发展阶段与主要特征

东汉至北朝，尤其是魏晋南北朝时期是战争频发、胡汉错杂的民族大融合时代。赤眉、绿林的起义不仅覆灭了新莽政权，也使长安城失去了都城的地位。"犯强汉者，虽远必诛"的呐喊还在关中上空回荡，然而时代的画风却突然转变，笼罩在关中上空的不再是自信的呐喊，而是战争的硝烟和百姓流离失所的哀怨。东汉至北朝时期的长安城在这种环境下，虽然历经多次的破坏，但是仍然在不断地积蓄力量，由重镇再次走向都城，终于迎来隋唐盛世。然而，由于魏晋南北朝时期是中国历史上的乱世，因此在这一历史时期中国传统社会的政治制度、经济制度以及社会思想都发生了巨大的变化。长安是中国传统社会早期最重要的城市之一，由于战争、游牧民族占据等原因，这座城市也发生了巨大的变化。

从城市发展的角度来看，对于各个时期的长安城的研究，无论是先秦、秦汉，还是后来的隋唐、明清，都有不少成果涌现。但是在对长安城的研究中，学者们忽略了对于乱世时期长安城演变的梳理。在东汉至北朝时期，长安城发生了巨大的变化，研究梳理东汉至北朝时期长安城的变化，对于完善长安（西安）城的城市史有着重要的意义。汉朝的长安城在龙首原的北边，但是到了隋唐时期，这座近千年的古城却被迁移到了龙首原的南边。也就是说，在东汉至北朝，尤其是魏晋南北朝时期，这座城市自然和人文环境发生了重大的变化，这些变化使原来的长安城不再能够承担起都城的运转，从而促使后来的统治者将都城迁移。那么，在东汉至北朝时期长安城到底发生了哪些变化，为什么会发生这些变化等问题，均是本书所要涉及的研究内容。

二、基本史料与研究条件

（一）基本史料

魏晋南北朝时期战争频繁，政权更迭不断，再加上游牧民族入主中原，使这一时期长安城的统治者也在不断地变换。战争等因素导致的统治者变换，进而导致了人口的流动，这些流动不但包括长安地区人口的内聚，还包括更大规模的人口流失。在战争频发、统治者不断交替和人口大规模流动中，关于长安城的记载不断地产生，也有更多的记载不断消亡，然而，总的来说，这一时期长安城流传至今的文献记载十分匮乏。研究这一时期的长安城主要依靠正史等传世文献，如班固的《汉书》、陈寿的《三国志》、范晔的《后汉书》、魏收的《魏书》、沈约的《宋书》、李百药的《北齐书》、姚思廉的《陈书》、房玄龄等的《晋书》、令狐德棻等的《周书》、李延寿的《南史》《北史》以及魏徵的《隋书》。除了这些正史之外，还有一些传世的文献在研究过程中也被经常使用，例如何清谷校注的《三辅黄图校注》、郦道元的《水经注》、崔鸿的《十六国春秋辑补》、李吉甫的《元和郡县图志》、司马光的《资治通鉴》、程大昌的《雍录》及宋敏求的《长安志》。本书在文中还会使用一些传世的诗词歌赋等资料。

（二）前人的研究成果

纵观以往研究成果，学者们主要从历史政治地理学、区域史、政治制度、地方治理、人口史、长安城等方面对东汉至北朝时期的历史进行研究，这些成果也给研究长安城市史带来了一些新的研究空间。

在历史政治地理学方面，只有谭其骧《自汉至唐海南岛历史政治地理——附论梁隋间高凉洗夫人功业及隋唐高凉冯氏地方势力》（《历史研究》1988年第5期）、唐晓峰《五岳地理说》（《九州》第1辑，中国环境科学出版社，1997年）、宋杰《春秋时期中国政治力量的分布态势和列强兴起的地理原因》[《首都师范大学学报》（社会科学版）2000年第3、4期]、宋镇豪《论商代的政治地理架构》（《中国社会科学院历史研究所学刊》第一集，社会科学文献出版社，2001年）等几篇论文涉及此一时期长安城的研究。21世纪以来，王健《西周政治地理结构研究》（中州古籍出版社，2004年）一书对"政治地理结构"的论述做出了有益的探索，台湾学者陈珈贝《商周南土政治地理结构研究》（花木兰文化出版社，2009年）亦注重对政治地理结构的分析。而徐建平《政治地理视角下的省界变迁——以民国时期安徽省为例》（上海人民出版社，2009年）则以政治地理的视角去探讨历史时期省界的变迁，不同于一般的政区地理研究，具有开创意义。以上作品对当时处于政治核心区的长安城有所涉及，颇值得后来者借鉴。作为政治地理重要内容的政区地理研究新成果不断涌现，由周振鹤主编的《中国行政区划通史》（复旦大学出版社，2017年）是中华人民共和国成立以来第一部学术意义上的行政区划变迁通史，成为中国行政区划变迁史研究的重要参考著作。其中，周振鹤、李晓杰、张莉所著《中国行政区划通史·秦汉卷》，胡阿祥、孔祥军、徐成所著《中国行政区划通史·三国两晋南朝卷》，牟发松、毋有江、魏俊杰所著《中国行政区划通史·十六国北朝卷》，都和东汉至北朝时期的长安城研究有密切关系。上述研究不仅是传统的关于历史政区沿革的考证（纵向），而且对同一年代各政区并存的面貌做出复原（横向），在条件许可的情况下相关的复原以详细至逐年为尺度。其他如周振鹤《西汉政区地理》（人民出版社，1987年）、张纪仲《山西历史政区地理》（山西人民出版社，1992年）、靳润成《明朝总督巡抚辖区研究》（天津古籍出版社，1996年）、李晓杰《东汉政区地理》（山东教育出版社，1999年）、胡阿祥《六朝疆域与政区研究》（学苑出版社，2005年）、陈健梅《孙吴政区地理研究》（岳麓书社，2008年）、后晓荣《秦代政区地理》（社会科学文献出版社，2009年）、辛德勇《秦汉政区与边界地理研究》（中华书局，2009年）等，均有大量值得参考之处。除此之外还有大量的论文，在此不一一记述。不过政区地理毕竟仅仅是政治地理的研究内容之一，历史政区地理不能完全代替历史政治地理的研究。总的来说，我国的历史政治地理在研究内容上主要集中于政区地理，其他内容的研究较为薄弱；研究的时段主要集中在先秦和近代，中间近三千年的时段几乎是空白的。尤其是魏晋南北朝时期，烽火连天，战争十分频繁。长安城在这一时期或作为政权都城，或作为一座军事重镇，是兵家必争之地，也是这一时期战争最为密集的区域之一。这一特殊区域的政局的变化对于东汉至北朝诸政权的建立与统治及之后隋唐盛世的开启有着十分重要的影响。

由于时代久远，这一时期流传下来的文献资料匮乏，现今关中政治地理的研究比较薄弱，涉及这方面的研究主要有：蒋福亚《前秦史》（北京师范学院出版社，1993年）主要论述了前秦的发展脉络及其国家的崩溃，同时对当时关中地区的经济、科技、宗教、文化、风俗、地理等方面也做了比较精到的描述和探讨；陈金凤《魏晋南北朝中间地带研究》（天津古籍出版社，2005年）一书涉及三国、北朝十六国时期关中地区的情况，并论述了作为中间地带的关中地区的重要性；史霖《十六国时期汉赵国疆域政区的变迁》（复旦大学2010年硕士学位论文）一文考察了前赵政权疆域的变迁和政区的沿革，对研究关中地区在前赵政权时期的隶属问题有一定的参考价值。除上述这些之外，魏俊杰的《十六国疆域研究》（上海师范大学2011年博士学位论文）、俄琼卓玛的《后秦史》（陕西师范大学2012年博士学位论文）对这一时期关中的政治地理也有涉及。由周伟洲主编的《十六国史新编》（社会科学文献出版社，2022年）是研究关中地区的又一力作，其中周伟洲著《汉赵国史》、蒋福亚著《前秦史》、尹波涛著《后秦史》等内容与长安城密切相关，不但是叙事与分析相结合，而且将通论与专论相结合，对研究东汉至北朝时期的长安城有着很重要的借鉴作用。总的来说，关于这一时期关中政治地理的研究十分薄弱，主要集中在某一个区域政权的疆域及政区研究上，没有对整个东汉至北朝时期关中的政治地理进行总体的研究。东汉至北朝时期对于关中来说是一个重要的转折时期，如果不能将它看作一个整体，剖析其内在联系，就不能正确理解为什么疲敝千里的关中能够在隋唐时期再创辉煌。

虽然对这一时期的关中研究较少，但是分区域进行的研究很早就开始了。20世纪40年代，陈寅恪已认识到地域因素在魏晋南北朝研究中的重要作用，他提出关陇集团、山东集团、关中本位政策及中原文化、河西文化等概念，其《隋唐制度渊源略论稿》（上海古籍出版社，1982年）是从地域的角度研究政治、文化的奠基之作。台湾学者毛汉光认为东汉以后"以历史地理为基础，观察区域内的居民结构及其社会势力动态等，则有待进一步研究"，"惟有研究各区域中的居民结构、社会势力，才会对分崩离合更迭不已的国家有根本的了解，进而对区域间文化差异有正确分析"（《中国中古政治史论》，上海书店出版社，2002年）。其《中国中古政治史论》中有"北魏东魏北齐之核心集团与核心区""晋隋之际河东地区与河东大族""北朝东西政权之河东争夺战""魏博二百年史论"四章结合各地域的历史地理、居民状况论述魏晋隋唐地域社会势力的动态及其对国家政治的影响。不单是国内学者，国外的学者也很早就注意到这一点。日本学者对地域社会的研究，主要集中在对维护地域社会秩序的领导阶层的分析上。谷川道雄在20世纪70年代提出了"豪族共同体"的理论，认为豪族依靠自己的声望在地方上实行名望家的统治（《魏晋南北朝及隋唐的社会和国家》，载《中国史研究》1986年第3期）。堀敏一、都筑晶子主要对魏晋坞壁、村坞领导者的构成进行了研究。船木胜马《西晋时代的并州和幽州》（《中央大学文学部纪要》第84卷，1977年第3期）、前田正名《五世纪后半六世纪的河西》（《立正大学教养部纪要》第5卷，1972年第1期）的研究主要集中在黄河中游地区。而关于区域与中央政治关系的研究，主要有台湾学者傅乐成的《荆州与六朝政局》（见《汉唐史论集》，联经出版事业公司，1977年），马长寿的《碑铭所见前秦至隋初的关中部族》（中华书局，1985年），胡志佳的《两晋时期西南地区与中央之关系》（台湾商务印书馆，1988年），叶聚森、王云度的《徐州与六朝》（见《六朝史论集》，黄山书社，1993年）。近年来，研究魏晋南北朝地域社会、区域政治的专著相继出版，主要有汪波的《魏晋北朝并州地区研究》（人民出版社，2001年）、李文才的《南北朝时期益梁政区研究》（商务印书馆，2002年）、章义和的《地域集团与南朝政治》（华东师范大学出版社，2002年）。这些成果对研究关中地区的豪族、地域政治等有重要借鉴意义。但是对于持续时间近600年的东汉至北朝时期来说，研究仍十分薄弱，许多问题仍然是谜，需要进行持续不断的研究。

关中地区作为国家的重要组成部分，各个时期不同政权的政治制度对长安城的城市发展有着巨大的影响。周伟洲《魏晋南北朝时期的护军制》（《燕京学报》1999年第6期）、《十六国官制研究》（《文史》2002年第1辑）均涉及关中地区护军制度的性质、渊源、发展、建置及其与军镇制的关系。高敏《十六国前秦、后秦时期的"护军"制》（《中国史研究》1992年第2期）认为护军制"只存在于前秦与后秦"，且和魏晋时期的中央护军制并不相同，并分析了前、后秦时期"护军"制产生的原因。其他关于政治制度的研究还有谷霁光《西魏北周和隋唐间的府兵》（《中国社会经济史集刊》1937年第5卷第1期）、严耕望《元魏北镇制度考略》（《现代学报》1947年第8期）和《北魏尚书制度考》（《"中央研究院"历史语言研究所集刊》1948年，第18本）。除了论文之外，研究这一时期政治制度的专著有岑仲勉《府兵制度研究》（上海人民出版社，1957年），严耀中《北魏前期政治制度》（吉林教育出版社，1990年），陈仲安、王素《汉唐职官制度研究》（中华书局，1993年），高敏《魏晋南北朝兵制研究》（大象出版社，1998年），严耕望《中国地方行政制度史——魏晋南北朝地方行政制度》（上海古籍出版社，2007年）等。这些关于军事、地方行政等制度的研究成果，对了解这一时期长安城在国家政权中地位的起伏具有重要的参考价值。

城市史研究的一个重要内容是地方治理。东汉至北朝时期关于地方治理的研究虽然不是太多，但是也有一些比较深入的研究。牟发松《十六国时期地方行政机构的军镇化》（《晋阳学刊》1985年第6期）一文分析了后秦（姚秦）的军镇，指出《晋书·姚苌载记》所记载的那种既从事征战镇守又"供继军粮"的军营，以及以营领户"以户出兵"的制度，是姚兴时军镇与镇户的前身。但这些镇户并不等于营户，原则上它毕竟不属于某一个将领，而隶属于国家的某一个军镇，不随着镇将的调动而移徙。这些镇户所在的军镇，是整个姚秦赖以存在的基础。郡县之立，在姚秦也不过徒具虚名。陈琳国在《十六国时期的"军封"、营户与依附关系》[《华侨大学学报》（哲学社会科学版）2008年第1期]一文中指出，后秦时期的营户虽不称军封，但性质是一样的。它们的共同点是军营的将领荫占营户，营户只是军营将领的依附民，而不隶属于郡县。它们的不同点是前、后燕的营户是国家授予的，是得到制度认可的，而后秦的营户形成于乱世，是国家事后才认可的。营户不是前、后燕和后秦所特有的，而是在十六国时期普遍存在的。十六国时期这种依附关系的新形式，使得内迁少数民族的发展走上一个新的阶段。上述这些成果研究的区域虽然不是关中地区，但是对研究关中地区的地方治理有一定的借鉴意义。

人口史和移民史虽然不属于政治地理的研究内容，但是在东汉至北朝时期，关中地区战乱频繁，人民流离失所，各地人口损失严重，国家在移民时是有所侧重的，首先考虑的是战略要地等，这能从另一方面说明关中地区在国家政权中地位的变化。人口史和移民史虽然资料有限，但是学界的老前辈们在仅有的资料基础之上，基本梳理清楚了东汉至北朝时期关中的人口数量、人口移动和民族构成问题。曹魏时期是羌、氐等少数民族内迁并与汉族逐步融合的重要时期，所以羌、氐等少数民族人口移动是关中人口研究的一部分内容。早在二十世纪五六十年代，马长寿先生在《氐与羌》（上海人民出版社，1984年）、《碑铭所见前秦至隋初的关中部族》（中华书局，1985年）中就具体地研究了氐、羌等少数民族的迁徙情况。葛剑雄《中国人口史》第1卷《导论、先秦至南北朝时期》（复旦大学出版社，2002年）科学估计了魏晋南朝时期人口低谷出现的时间和人口数量，以及人口低谷出现的原因，其中关中地区人口锐减是重要实例。同时，葛剑雄《中国移民史》第2卷《先秦至魏晋南北朝时期》（福建人民出版社，1997年）提出魏晋南北朝期间有五次人口大规模南迁，前三次涉及关中，且这部分移民不是完全定居，后来又大量北归。除了南迁之外，各政权内部还存在着内聚性移民，关中地区就存在着周边羌、氐等民族向关中地区内聚的趋势。陈啸江《三国时代的人口移动》（《食货》1935年第1期）、曹文柱《两晋之际流民问题的综合考察》（《历史研究》1991年第2期）对流民组织、统治者的流民政策以及流民的归宿等方面的问题进行了分析。以上这些研究成果都是我们讨论东汉至北朝关中地区历史变化必须要学习和参考的重要著作，但是它们基本上都是就事论事，没有从国家政治地理的角度去看待和研究这些人口流动的历史事件。

处于乱世，战争对地方政治地理有着重要影响。关于这一时期战争的研究著作主要有王仲荦的《魏晋南北朝史》（上海人民出版社，2003年），以及其他一些军事史著作中对关中地区发生的战争的相关论述。相关军事史著作有台湾三军大学《中国历代战争史》（军事译文出版社，1983年）、张文强《中国魏晋南北朝军事史》（人民出版社，1994年）、朱大渭、张文强《两晋南北朝军事史》（军事科学出版社，1998年）。此外，左华明《刘裕北伐后秦考》[《武汉理工大学学报》（社会科学版）2007年第2期]、李琼英《刘裕七月灭后秦》（《文献》1999年第1期）、杨铭《论刘裕北伐后秦之战及其历史影响——魏晋十六国时期民族战争的个例研究》[《西南民族大学学报》（人文社科版）2008年第2期]等论文均涉及这一时期在关中爆发的一些战争。但是这些专著或者文章基本上是在论述战争对政权或者战争在历史上的影响，而不是把战争放在当时的国家政权中去考虑这些战争对长安城乃至关中地区产生了哪些影响，对长安城的发展有什么作用，而这些内容正是本书需要探讨的。

东汉至北朝时期战乱频繁，虽然今人对此研究较少，但是也有一些研究这一时期长安城的有分量的文章问世。1957年王仲殊在《考古通讯》第5期上发表了《汉长安城考古工作的初步收获》一文，探讨了东汉和魏晋南北朝时期，汉长安城霸城门、直城门、西安门的使用和废弃情况。随后王仲殊又发表了《汉长安城考古工作收获续记——宣平城门的发掘》（《考古通讯》1958年第4期），补充了宣平门发掘的研究成果，指出了宣平门与其他几个城门的不同之处，同时又对上文的三个城门在整个东汉和魏晋南北朝时期的修补过程进行了大胆科学的推测和阐述，最后，以此四个门的考古成果为例证，推测了西汉以后到隋唐之前这座城市城门的演变过程及规律。此二文成为学者研究汉长安城城门必须重视的重要成果。史念海、史先智的《论十六国和南北朝时期长安城中的小城、子城和皇城》（《中国历史地理论丛》1997年第1辑），通过对史料的仔细分析，认为苻坚时的长安小城、北魏时乐安王范所筑的长安小城、西魏初年赵青雀据以为乱的长安子城以及西魏北周时期的皇城都是在西汉时期的未央宫旧址上建立的。李毓芳、刘振东、张建锋执笔的《汉长安城长乐宫二号建筑遗址发掘报告》（《考古学报》2004年第1期）认为：在长乐宫二号建筑遗址范围内发现的晚期遗址，可能为十六国至隋唐之前的窑址。刘振东在《西汉长安城的沿革与形制布局的变化》（见《汉代考古与汉文化国际学术研讨会论文集》，齐鲁书社，2006年）中认为魏晋时"以旧宫新葺为主，西汉长安故城旧有布局应基本保持不变"。刘振东、张建峰执笔的《西安市汉长安城城墙西南角遗址的钻探与试掘》（《考古》2006年第10期）通过考古学手段，推断汉长安城城墙西南角的角楼遗址损毁于新莽末年或更始末年的战乱中，而后的魏晋南北朝时期未见修补痕迹，很可能弃用；南城墙和西城墙的夯土台也可能损毁于西汉晚期后，再也没有维修过。虽然史念海等通过对史料的详细爬梳，进行了大量的论证，认为这一时期皇城遗址应该是在汉长安城未央宫遗址附近，然而汉长安城工作队《西安市十六国至北朝时期长安城宫城遗址的钻探与试掘》（《考古》2008年第9期）一文认为，在汉长安城东北角的两个小城是"自前赵以来，经前后秦、北朝直到隋初长安城的东西宫城遗址，东宫为太子宫，西宫为皇宫"。这一论断推翻了史念海等人的观点。但是陕西省考古研究院科研工作部的《陕西考古研究的历史与收获》（《考古与文物》2008年第6期）认为"十六国、南北朝时期长安城的范围及布局是一个尚待探究的课题，有待于新的发现和研究"。

除了对长安城城内的研究之外，关于长安城周边的研究也有不少成果涌现。对于这一时段长安城周边的研究主要集中在交通路线上，其他方面也有涉及。黄盛璋先生在《关于〈水经注〉长安城附近复原的若干问题》（《考古》1962年第6期）一文中通过商榷的形式，结合《水经注》等文献资料，考证出了逍遥园、邓艾祠等的位置，并对一些河渠河道进行了复原。他为研究这一时期城市布局等做出了不可磨灭的贡献，但是也不是没有可以改进的地方，比如他只是讲述了这些点的具体位置，却没有给出这些点的使用时间。1984年西北大学的李健超在《西北大学学报》（哲学社会科学版）第1期上发表了《霸上与长安》一文，论述了霸上在长安交通体系中的战略地位，也考证了霸上的现今位置。该文的发表引起了学术争鸣。不久辛德勇在《陕西师大学报》（哲学社会科学版）1985年第1期上发表了《论霸上的位置及其交通地位》，文中不但考证出了霸上的位置及其变化，而且论述了汉到五代十国期间霸上在长安交通路线中的重要地位，特别是在军事上的重要性。接着马正林也在《陕西师大学报》（哲学社会科学版）1985年第3期上发表了《也论霸上的位置》，随后辛德勇的《再论霸上的位置》和《三论霸上的位置》分别在《陕西师大学报》（哲学社会科学版）1986年第3期、《中国历史地理论丛》1989年第1辑发表，对霸上的位置这一问题进行辩论，使事实越来越清楚地展现在我们的眼前。20世纪80年代末，辛德勇对长安的交通地理进行了专题研究，《西汉至北周时期长安附近的陆路交通——汉唐长安交通地理研究之一》（《中国历史地理论丛》1988年第3辑）、《汉唐期间长安附近的水路交通——汉唐长安交通地理研究之三》（《中国历史地理论丛》1989年第1辑）、《长安城兴起与发展的交通基础——汉唐长安交通地理研究之四》(《中国历史地理论丛》1989 年第 2 辑)三篇文章先后刊行,不仅深入分析了长安的交通区位、交通线、交通要塞,同时也对长安城城门的使用进行了深入的探讨。除了研究论文之外,吴宏岐《西安历史地理研究》(西安地图出版社,2006 年)一书也涉及这一时期长安城周边的一些历史地理问题,他认为"逍遥园在汉长安城(亦即后秦长安城)北,草堂寺则在今户县东南草堂镇草堂营,二者在地点上相去甚远",通过详细的考证,明确了逍遥园的位置,也详细论述了逍遥园与草堂寺之间的关系。

以上涉及的这些今人著述,不但给研究东汉至北朝时期的长安城提供了大量的素材,丰富了研究资料,也给今天的研究带来了一些启发,使我们可以从不同的角度去展现东汉至北朝时期长安城的全貌,尽可能地展现出一座全景式的长安城。

(三)研究方法

城市史是历史学的研究范畴,东汉至北朝长安城的研究主要采用传统的历史学研究方法,即历史文献法和实地调查法,并尝试采用一些新的技术手段来处理一些资料,也用了相应的地图学方法,绘制一些地图。

(1)历史文献法。这是本书采取的主要研究方法。本书所要达到的一个目标是弄清事实,也就是说尽可能地将这一时期长安城的演变复原出来。鉴于资料的零碎,大量的文献中关于长安城的记载都是只言片语,不甚完整,所以作者翻阅大量的文献资料,从中筛选有用的信息。

(2)实地调查法。对于匮乏的文献资料以及一些有争议的观点,我们为了尽可能地还原历史,通过实地调查,得到更多的感性认识,再通过和文献记载的比对,得到比较可信的推测。

(3)现代的制图法。为了更好地研究城市演变,地图是必需的。只有相应的地图才能够更好地对比出长安城的变化。在绘制这些地图的过程中需要用到一些现代的绘图技术,比如 CorelDRAW 制图和 GIS 的相应绘图技术。

(4)考古学的相应方法。由于年代久远,一些文献资料在流传过程中亡佚。仅仅靠正史等文献中的记载,远远不足以支撑书稿的写作,所以必须结合现代考古学的相应成果。

东汉至北朝长安城城市史的研究重点是这一时期长安城的演变,而最大的难点也体现在"演变"上。首先,时间跨度较大,需要收集的资料较多,然而这一时期战争频繁,流传下来的文献十分匮乏,这使得研究长安城这一区域城市更加困难,所以需要使用科学的方法对传世资料进行搜集和整理,因此本研究就利用 Access 数据库来储存和处理这些文献资料。其次,由于传世资料的匮乏,需要大量的考古资料来补充,由于社会经济的发展,长安城的城址之上现在已是现代建筑林立,飞速发展的城市给长安城的考古工作带来了一定的困难,但是相比于以前的研究,考古发掘、新技术的运用等还是给东汉至北朝时期长安城的研究提供了相对丰富的资料。

基于以下几点可以看出东汉至北朝时期长安城的研究还是可行的。

(1)考古资料的发掘。虽然这一时段文献资料匮乏,但是近年来中国社会科学院考古所的汉长安城工作队做了大量的发掘和钻探工作,虽然是在研究汉长安城,但是有不少下延到魏晋南北朝时期,这给我们提供了一批珍贵的一手资料,这些资料在一定程度上弥补了文献资料的匮乏。

(2)近年来虽然没有专著出现,但是这段历史已经引起了学界的关注,单篇文章不断出现,特别是近年来有不少学者选择了与之相关的题目,这些都有利于这段历史的复原。

(3)新的技术手段的应用也促进了对这一历史阶段的研究。无论是地理信息技术还是数据库等手段的应用,都加强了对文献资料的分析,通过这些技术手段,我们可以从不同的侧面去观察这段历史,得到更深刻的认识。

三、本卷章节结构

(一)本卷框架概说

由于文献记载的匮乏,我们在研究这一时期长安城城市史时,不得不采取一些手段来尽可能地恢复东汉至北朝时期长安城的历史面貌。这些手段主要是利用城市建筑、人口流动、军事争夺、地方官员等资料,通过这些资料从不同的侧面反映长安城的城市发展。在研究过程中,具体到城市建筑、人口流动等方面时,我们将按照如下的方式进行处理。

东汉至北朝时期长安城的统治者不断地发生交替,长安城时而为地方重镇,时而为不同政权的都城。在这不断交替的过程中,长安城的城市建筑也在发生着巨大变化,由于资料所限,本卷对于一般的城市建筑(如民居、坊市、寺观等)论述较少,研究的重点主要体现在宫殿建筑上，将这一时期文献所载的宫殿建筑尽可能地还原。研究这些宫殿修筑或修缮的时间、宫殿职能、废弃时间和在这些宫殿中所发生的历史事件，从侧面反映长安城的城市发展变化。

东汉至北朝时期长安城的人口问题也是了解长安城历史必须解读的部分。而中国古代对人口数量、人口移动的记载基本不会精细到某座城市，正史中记载的人口数量基本上以县为最小单位来统计，人口移动的方向和目的地则仅仅是相对集中的区域，流动的人口不会集中于某座城市，往往是在某县、某郡甚至是某州散布；民族构成也以大的地区范围来记载。所以单纯讲一个城市的人口数量、人口移动、民族构成是难以实现的。由此可知，想弄清楚东汉至北朝时期长安城的人口历史就更加困难了，所以我们只能将长安城放在关中的大环境中去探讨。

东汉至北朝时期战争频发，在长安城及其周边发生的军事争夺也是研究这一时期长安城城市史的一个重要方面。由于是研究长安城的城市史，所以在研究这些战争时，除了简单叙述战争发生的过程外，本卷还用更多的精力和文字描述在战争中长安城所起到的作用，这些作用有大有小，也有远有近，这主要取决于战争发生场所距长安城的远近，以及长安城在当时政权中所处的政治地位。除此之外，我们在研究过程中也分出一些文字来体现在战争过程中及战争前统治者在长安地区为战争所做的准备及战争过后的扫尾工作。当然，由于文献记载所限，我们不可能在每次战争中将上述问题都论述到，更多的是在某些方面的体现。

城市研究的一个重要方面是地方治理，然而由于时代所限，文献资料记载匮乏，我们在研究这一时期地方治理时以地方官员为研究的代用资料，通过这些代用资料从侧面还原地方管理制度。在研究过程中，通过对地方官员及其事迹的探讨，书稿更加具体化；通过这些官员的事迹则可以看出地方官员在地方治理中所扮演的角色，对多个官员加以研究，最后进行总结，则可以较真实地反映地方管理制度的某些方面。同时，对这些官员的研究使得本研究与以往历史政治地理的研究不同，是研究了城市的一个阶层，这又是城市史研究的一个重要方面。将城市的研究与人的研究结合到了一起，是丰富而生动的，是长安城城市史研究的重要内容。

除上述几个侧面之外，这一时期长安城的民族融合和文化交流也是一个重要方面。在研究这一问题时，我们将研究的重心放在长安城是民族融合和文化交流的重要场所这一主旨上。北方少数民族纷纷进入长安城，给长安城带来不同民族之间的碰撞与融合，这不但体现在各个民族之间的斗争上，还体现在宗教信仰、生活方式、饮食习惯的融合上。由于资料有限，民族融合和文化交流的很多方面均无法展现，所以在研究过程中，我们将精力主要放在宗教的传入及其促成的文化交流上。在这一时期，其主要体现在佛教的传入、兴盛、灭佛等方面。

（二）具体章节安排

本卷承接《西安城市史·西汉长安城卷》，主要采用历史学、历史地理学、人口学、政治地理学等多学科相交叉的方法对东汉至北朝时期的长安城进行复原研究。除了"绪论"之外，全文一共分为八章，按照以下次序展开论述：

第一章"东汉时期的长安城"，第二章"魏晋时期的长安城"，第三章"十六国时期的长安城"，第四章"北朝时期的长安城"，这四章按照历史发展的顺序，依次将东汉至北朝时期长安城的基本状况予以复原，并在此基础上探讨各个时期的城市建筑及人口流动等内容。

第五章"军事争夺中凸显长安城的区位价值"，从军事争夺的角度，按照历史发展的顺序探讨各个时期长安城及其周边爆发的战争，着重分析长安城在这些战争中起到的作用，通过对历代战争的考察及长安城在战争中作用的分析，凸显在不同的历史时期长安城在国家政权中的政治地位。

第六章"东汉—北朝时期长安城的地方治理"，从地方治理的角度分析长安城的变化，但是由于现有史料的匮乏，因此在探讨长安城地方治理的过程中，我们对各个时期长安城官员尤其是高层官员在长安城的任期、在任期间的事迹进行复原，从而体现这一时期长安城的具体治理策略。

第七章"长安城的民族融合与文化交流"，从民族融合和文化交流的角度，探讨在东汉至北朝时期在长安城生活的各个民族，以及这些民族在交往过程中产生的民族融合和文化交流，并以魏太武帝灭佛为例探讨这一时期文化交流的曲折过程。

第八章"东汉—北朝时期长安城演变的历史过程和特点"，从长安城的继承和发展的角度出发，将长安城与同时期著名历史名城洛阳、邺城和平城做比较，得出其异同。最终，隋文帝融会长安、洛阳、邺城和平城的建筑思想，建立了隋唐王朝的都城长安城。

最后是"结语"，这一部分首先结合全文总结东汉至北朝时期长安城研究的结论，其次探讨了长安城在东汉至北朝城市史、中国城市史以及世界城市史中的历史地位及影响，最后在研究的基础上做出了东汉至北朝时期长安城的研究展望。

西安现在虽然不再是国家的首都，但仍然是中西部地区一座重要的城市。彻底弄清楚西安这座城市发展的历史，不但能够更好地了解这座曾经的国际大都市，而且可以为这座城市将来的建设提供借鉴。东汉至北朝时期是长安城市发展史上一次重大的转折，这不但体现在城市规模的变化上，更重要的是体现在城市布局及建城思想的转变上。那么弄清楚东汉至北朝时期长安城的演变过程就显得十分必要，尤其是在千方百计增强社会的稳定性，保持城市建设的连续性，重视城市环境质量等方面，这也是东汉至北朝长安城研究给予当代人的警示。

第一章 东汉时期的长安城

随着汉末农民起义的发展，西汉王朝走向终结，西汉宗室刘秀建立新政权，定都洛阳，史称东汉。长安失去了都城的地位。但是由于长安是西汉诸帝的帝陵所在，东汉皇帝经常驻跸长安，祭祀先祖，因此长安城在东汉二百年间能够部分维持其城市功能，成为都城洛阳之外最重要的城市，是东汉王朝的西京。长安城的诸多宫殿因为皇帝的历次临幸得以局部修缮。东汉时期的文献中有关于皇帝临幸未央宫等宫殿的记载，这都说明虽然经历了汉末的破坏，但是由于国家的需要，长安城的不少城市建筑得以修复。但是不可否认的是，长安城虽然得以维持，可毕竟不是国家的都城，没有那么多的官署，曾经作为西汉都城的长安城有很多的城市建筑在东汉时期很可能再也没有恢复，换而言之，在东汉时期长安城应该是局部使用的。

长安城在东汉时期的特殊地位不仅表现在西京和诸多城市建筑的修缮上，也表现在人口迁移上。在东汉时期，大批的少数民族被安置在关中地区，到了东汉王朝末年，董卓乱政，甚至将皇帝掳掠至长安，同行的还有百万名洛阳民众。在曹操执政时期，长安依然是国家的军事政治要地，曹操也将大量人口迁徙至长安。东汉王朝的移民政策使得大批的氐、羌等少数民族进入关中，并且在随后的历史进程中扮演重要角色，直到隋唐时期，关中地区的少数民族才完成汉化。

第一节
东汉献帝所都之长安城

长安作为一座历史悠久的城市，历来为历史地理学研究者所重视，尤其是周秦汉唐时代，作为一国之都的长安是古都学研究的重要内容，老一辈学者的研究成果丰硕，为后来的学者奠定了深厚的基础。但长安不仅是一座都城，更是一座文化底蕴深厚的东方城市，不论是在统一时代还是分裂时代，作为都城或城市的长安都有其独特的历史地位。相较于汉唐时代的长安，东汉至北朝时期的长安，由于历史的原因，受到的关注较少。这个时代的长安城并不是一直保持着都城的地位，而是经常处于战乱的威胁下，没有汉唐的繁盛，留下的史料较少而又零散不系统，这给此时的长安城遮盖上了历史的面纱——一座熟悉的古代都市的神秘历史等待我们去探究。东汉定都洛阳，长安失去了国都地位，但在东汉末年的6年里，长安城再次作为都城存在。这6年时间，相对于东汉196年的历史来说，是很短暂的，一般研究在谈及东汉都城时不会顾及这一点。但弄清楚这6年里长安的历史，对于我们还原东汉长安城历史面貌，细化东汉长安城历史，有一定意义。值得注意的是，这一时代同时也是魏晋南北朝长安城研究不能忽略的时段，使我们对长安城的认识不仅限于古都，可丰富长安城作为一座城市的内涵。通过关注动乱衰败时期的长安，可以更多关注长安城百姓的生活状况，为丰富长安城城市史研究内容做出积极的尝试。

东汉末年，风云际会，豪强争霸，东汉政权的统治名存实亡。董卓乘机进京，杀何太后，大权在握，改变了汉末外戚与宦官交替专权的状况，此时的汉献帝仅仅是被各豪强利用的傀儡。董卓独占利益引起了诸豪强不满，诸豪强纷纷起兵讨卓。为避免腹背受敌，董卓决定挟帝西迁。于是，在初平、兴平年间的6年（实际上是5年零5个月，从公元190年2月到195年7月）[①]间，长安城又做了一次帝都。这6年使我们有更多的材料来还

---

① 牛致功：《关于西安建都的朝代问题》，载《陕西师大学报》（哲学社会科学版）1994年第1期，第116页。

原东汉末年长安城的状况，同时东汉末年的长安又为魏晋南北朝时期的长安城奠定了基础。研究魏晋之长安，必定要看东汉末年留下了怎样的一座城市。翦伯赞先生亦称董卓之乱是三国鼎立局面之序幕[①]，这段历史与曹魏长安城有着极为密切的关系。

一、献帝迁都前的长安

董卓既行废立，虽用各种手段粉饰他的贪婪残暴，却难以避免各豪族之间矛盾的爆发。于是，初平元年（公元190年）的春天，后将军袁术、冀州牧韩馥、豫州刺史孔伷、兖州刺史刘岱、河内太守王匡、陈留太守张邈、东郡太守桥瑁、山阳太守袁遗、济北相鲍信等，推袁绍为盟主，联合起兵，讨伐董卓。袁术、孙坚在南阳也发动了讨卓的军事行动。与此同时，黄巾军的十余万余党也在郭太的领导下，长驱直入河东。这样一来，洛阳便陷入被三面夹击的危险境地。[②]这才是董卓迁都的真正原因。但董卓也为自己找到很多借口，他以关中的地利为说辞，"关中肥饶，故秦得并吞六国"，甚至以谶纬作为反驳大臣的依据，坚持迁都关中。虽说"公卿莫敢言"，但仍有太尉黄琬、司徒杨彪、司空荀爽者，向董卓进言，痛陈迁都之弊。司徒杨彪提及长安时说到"长安宫室败坏，不可卒复"，"更始赤眉之时，焚烧长安，残害百姓，民人流亡，百无一在"[③]。司徒杨彪说长安城的宫室已经无法修复了，难免有夸张的成分，因为他想说服董卓不要迁都。但同时又可见，虽然离赤眉之乱已有近170年的时间，但至少在当时人的认识里，赤眉军对长安城的破坏程度很深，他们认为长安城已经被破坏得无法再作为都城了。王莽及更始时长安城的破坏程度到底有多严重，东汉一代对宫室又是否有过进一步的修缮，这一问题直接影响到我们对汉献帝迁都前长安城市状况的认识。

王莽地黄四年（公元23年），长安城中兵起，攻打未央宫，这年九月，王莽于渐台被杀。"初，王莽败，唯未央宫被焚而已，其余宫馆一无所毁。宫女数千，备列后庭，自钟鼓、帷帐、舆辇、器服、太仓、武库、官府、市里，不改于旧。"[④]后来，更始帝都长安，居长乐宫（汉武帝刘邦始在此处理朝政，但惠帝以后长乐宫主要是太后住

[①] 翦伯赞：《董卓之乱与三国鼎立局面之序幕》，载《北京大学学报》（哲学社会科学版）1988年第2期，第64页。
[②] 翦伯赞：《董卓之乱与三国鼎立局面之序幕》，载《北京大学学报》（哲学社会科学版）1988年第2期，第66页。
[③] 〔晋〕陈寿：《三国志》卷六《董卓传》，中华书局，1982年，第177页。
[④] 〔南朝宋〕范晔：《后汉书》卷一一《刘玄刘盆子列传》，中华书局，1965年，第470页。

所）。未央宫是西汉一代皇帝朝会之所，只是此时未央宫被焚，所以更始帝移居长乐宫。根据这段史料可知，当时长安城大部分宫殿还是完好的。等到赤眉之乱时，建武二年（公元26年）春正月，"赤眉焚西京宫室，发掘园陵，寇掠关中"①，"城中粮食尽，遂收载珍宝，因大纵火烧宫室"②，这里没有具体指出是哪座宫室，其实指的就是汉长安城的所有宫殿，这把火使得一座繁华的国际大都市顿时残败不堪，虽在隋代之前仍未被弃用，但西汉一代的盛世之景不复存在了。

考古学界的发掘和研究也清晰地展示了这段时间长安城的变化。可以肯定，霸城门、直城门、西安门均毁于赤眉之乱，而东汉魏晋时这些城门的门道仅部分恢复，剩余的门道则永远被废弃，到隋唐前不再使用。③

东汉一代，虽然长安城不再作为都城，但两汉毕竟是一脉相承的，天下都是刘氏的。东汉的皇帝经常会谒高庙、祀十一陵于长安，虽然文献对长安宫室记载并不详细，但可见当时长安城的地位是除洛阳以外其他城市无法比拟的。尤其是汉光武帝，不仅多次"谒高庙，有事十一陵"，并于建武十年（公元34年）修缮长安高庙，④十九年（公元43年）修葺长安宫室⑤。这一是因为长安的地位特殊，西汉都关中，盛极一时，国家统一，经济繁荣，且十一座帝陵全部在长安周边，是刘氏根基所在；二是长安虽不为都城，但东汉的诸位皇帝经常行幸长安，往往还会停留数月的时间，这里没有一定规模的行宫别苑是不合理的。东汉诸帝幸长安，不仅仅是谒高庙，还常"西巡狩"，据《后汉书》记载，光武帝、明帝、章帝都曾幸长安，而后西巡狩，这时的长安宫室就起的是行宫别苑的作用。永平二年（公元59年），汉明帝幸长安，拜谒完祖先后，"历览馆邑，会郡县吏，劳赐作乐"⑥，可见更始赤眉之乱虽然破坏了长安城，都城迁走了，但长安城老百姓的正常生活还在继续，府衙官吏一如往昔。有破坏必然也会有建设，这座破败了的城市还是随着历史发展着。汉顺帝永和二年（公元137年），"冬十月甲申，行幸长安，所过鳏、寡、孤、独、贫不能自存者赐粟，人五斛。庚子，幸未央宫，会三辅郡守、都尉及官属，劳赐作乐"⑦。这时的未央宫显然

---

① 《后汉书》卷一《光武帝纪》，第28页。
② 《后汉书》卷一一《刘玄刘盆子列传》，第483页。
③ 王仲殊：《汉长安城考古工作的初步收获》，载《考古通讯》1957年第5期，第108—109页。
④ 《后汉书》卷一《光武帝纪》，第56页。
⑤ 《后汉书》卷一《光武帝纪》，第72页。
⑥ 《后汉书》卷二《显宗孝明帝纪》，第104页。
⑦ 《后汉书》卷六《孝顺孝冲孝质帝纪》，第267页。

可以居住。除了汉光武帝时对宫室进行过修葺外，虽然没有更具体的对宫室进行修缮的记载，但看到东汉皇帝在长安活动的频繁程度，我们有理由相信，长安宫室作为行宫别苑，必定有过多次不见于史料记载的维修，京兆尹的官员也有看护这些宫殿的职责。尤其是未央宫，虽然史料中没有详细记载，但对其的修葺既有必要也有可能[①]，否则将会影响到皇帝的行幸活动。只是这些看护与修缮，远没有前朝的系统和规模，西汉长安宫室的胜景不再，只是部分维持长安城的城市功能。

二、献帝迁都之际的长安

汉献帝虽贵为一国之君，但实际上连迁都之事都要受制于他人，他也只是董卓谋权夺利的一枚棋子而已。虽然司徒杨彪在劝董卓不要迁都时提到的长安宫室"不可卒复"之说多少有着夸张的成分，但长安城的确已经是繁华不再。《后汉书》卷七二《董卓传》记载："初，长安遭赤眉之乱，宫室营寺焚灭无余，是时唯有高庙、京兆府舍，遂便时幸焉。后移未央宫。"[②]《资治通鉴》载："三月，乙巳，车驾入长安，居京兆府舍，后乃稍茸宫室而居之。"[③]京兆府是当时京兆尹的官署，府舍便是官员住所，胡注里称"师古曰：《三辅黄图》曰：'"京兆府在尚冠前街，东入故中尉府。"'"，皇帝来了就只能先下榻官署，宫室需要修葺才能入住，可见当时汉长安城的宫室状况不佳，不能随时入住。献帝迁都到长安，宫室却不能马上使用，官署只是暂时住所，此时长安城官员的重要任务就是修缮宫室。汉长安城众多宫室历时较久，估计多有损坏，同时修葺一新达到帝都皇宫的要求是不可能的。于是，未央宫作为皇帝朝会的重要场所，被首先修缮并使用。初平三年（公元192年）四月帝疾新愈，大会未央殿。这里的未央殿应该是未央宫的前殿，位于未央宫的正中，是未央宫主体建筑。董卓便是在此次朝会时被刺杀于未央殿。

此时长安城的损毁，与上文所述东汉一代对长安城有修缮与看护是不矛盾的。因为长安城作为一座实际存在的城市，它挺立在关中平原已经近四百年之久了，各种建筑会随着时间推进不断出现问题。修缮和看护的主要作用，并不是使一座城市永远不会出现损毁的现象，而是当这些建筑出现问题时能够进行及时的修补。修缮和看护是为了使它能够更长久的保持良好状态，而不是永远不会出现问题。实际上即便是作为都城的城

---

① 尚民杰：《西汉以后的未央宫》，载《考古与文物》2003年第2期，第56页。
② 《后汉书》卷七二《董卓传》，第2327页。
③ 〔宋〕司马光编著：《资治通鉴》卷五九，汉献帝初平元年三月，中华书局，1956年，第1912页。

市，它的建筑也会出现各种各样的问题。在汉献帝定都长安的六年间，应该说，此时长安城的维护较之前是更有保障的，但此类问题还是出现了。《后汉书》载："长安宣平城门外屋自坏。"①"冬十月，长安市门自坏。"②宣平门是汉长安城东侧三门之一，此三门自北向南分别是：宣平门、清明门、霸城门。宣平门是最北侧的城门。历史上，宣平门位置很重要，在西汉和王莽新朝时，它可以说是出入最频繁的一个城门，由东向长安城的进军也经由宣平门。考古研究证明，宣平门与霸城门、西安门、直城门一同在王莽末期及之后的战火中毁掉，但后三者此后便废弃不用，只有宣平门从东汉直到北朝一直在使用，历史延续独长。③宣平门地位之重要、交通之便利无疑会使其得到较高程度的保护，如此紧要的城门都有毁损，其他建筑有零星毁坏也属正常。而市门之前没有如此明确的记载。据史料记载汉长安城城内市场较多，有九市、四市、长安市、东西两市等说法。经过考古发掘汉长安城东、西市遗存内涵已基本明确。东、西市由横门大街相隔，位于长安城的西北隅。该市门可能是东市或者西市的门户，也可能是其它市的门。这两条资料虽简略，只陈史实不具详情，但都强调了"自坏"二字。意思很明确，不为战争破坏也不是遇到自然灾害，就是建筑到了一定年限自然损毁的。

综上所述，献帝迁都之际的长安城，经过东汉一代的逐渐修缮和建设，赤眉之乱的损坏已经得到了一定程度的修补，其影响已不是十分明显，但由于不再是都城，其昔日的繁华早已不再。

而长安城所在的三辅地区，在摆脱了更始赤眉之乱后，经过近一百七十年的发展，又是怎样的一番情景呢？《后汉书·董卓传》载："初，帝入关，三辅户口尚数十万。"④根据《后汉书·郡国志》记载，京兆尹十城，户五万三千二百九十九，口二十八万五千五百七十四；左冯翊十三城，户三万七千九十，口十四万五千一百九十五；右扶风十五城，户万七千三百五十二，口九万三千九十一。⑤总共是户十万七千七百四十一，口五十二万三千八百六十。十万七千多似乎还算不上数十万，这个数目远小于西汉一代人口鼎盛期的数量，但大于西晋时代三辅七万的户数。汉献帝迁都之际的长安城，人口相对稳定，人民比较富庶。"是时三辅民庶炽盛，兵谷富实，李傕等欲即杀允，惧二郡为患，乃

---

① 《后汉书》卷九《孝献帝纪》，第374页。
② 《后汉书》卷九《孝献帝纪》，第377页。
③ 王仲殊：《汉长安城考古工作收获续记——宣平城门的发掘》，载《考古通讯》1958年第4期，第23—24页。
④ 《后汉书》卷七二《董卓传》，第2341页。
⑤ 《后汉书》志一九《郡国志》，第3403—3406页。

先征翼、宏。"①该史料记载的是李傕想杀王允为董卓报仇,却因为害怕左冯翊右扶风二郡反,而要招抚宋翼、王宏二人。文中提到了三辅地区"民庶炽盛,兵谷富实"。东汉末年的三辅地区经济发展状况是比较好的,百姓安居乐业,农业继续发展,有前朝的积累,也有社会较稳定的原因,虽然不再作为都城,但是关中平原的地理位置决定了统治者不可能忽视这块土地,更何况长安是西汉王朝的肇兴之地;长安城中的老百姓也基本是安居乐业的,毕竟离赤眉之乱已经有了近一百七十年时间,虽然曾经损失了大量的劳动力,导致农田多遭废弃,但其影响在不断淡化,况且关中地区自然条件非常优越,位于渭河谷地,地势平坦,有"八水绕长安"的丰富水资源,也是有名的天府之国。总的来讲,迁都之际,三辅地区已从战乱中摆脱出来,经济得到了恢复和发展,老百姓安居乐业,长安城也稳定地发展着,长安城中的宫殿、官署、城墙、城门、道路等历时较久,远比不上西汉了,但长安城仍不失为一座"大城市",只是董卓之乱及之后的战事给长安城带来了巨大的破坏,曹魏时期的长安城便是继承了此时的长安城。

① 《后汉书》卷六六《王允传》,第2177页。

第二节
东汉时期长安城的人口迁徙

东汉时期长安地区政局较为稳定，因此人口迁徙较少，但是到了东汉末年，由于政局动荡，战争频繁，长安城及关中地区的人口有了大规模的流动。葛剑雄先生在《中国移民史》第二卷里总结了东汉末年和三国期间人口的南迁，以及蜀、吴灭亡后人口的北迁。他认为东汉末年到三国期间有五次大规模的人口南迁，而前三次涉及关中人口的外流。第一次是初平元年（公元190年）关东诸州郡讨伐董卓，董卓挟帝西迁，同时令洛阳周边数百万人口西迁，因而带来关中人口大迁移。第二次是初平三年（公元192年），董卓被杀后，郭汜、李傕相斗于长安城，关中大乱，有数十万人口动迁至今天的江苏徐州一带投奔当时的徐州刺史陶谦；数万户投奔益州牧刘焉，进入四川境内，被刘焉编为"东州兵"；另一部分出武关经南阳盆地进入荆州。第三次是建安十六年（公元211年），关中诸将乱，马腾、韩遂与曹操在潼关大战，关中再次大乱，于是稍得到恢复的人口又有数万户进入汉中盆地，投奔了张鲁。但这些人口不是完全在移民地定居下来，一方面有大量的死亡，另一方面有大量人口继续流亡。

这几次人口迁移有迁入关中的，也有从关中迁出的，从关中迁出的路径又不一样，结局也不一样。葛剑雄先生非常清楚简洁地梳理了东汉末年的人口流动，现在来具体探讨与长安乃至关中有关的事件。

一、洛阳百姓西迁长安

董卓挟帝西迁的过程中强迫洛阳的百姓一同西迁，《三国志》《后汉书》和《资治通鉴》对此都有记载。这次百姓的西迁是受迫的，其最大的特点是人数多。《后汉书》卷九《孝献帝纪》载："（二月）丁亥，迁都长安。董卓驱徙京师百姓悉西入关，自留屯毕圭苑。"①卷七二《董卓传》载："于是尽徙洛阳人数百万口于长安，步骑驱蹙，更相蹈藉，饥饿寇掠，积尸盈路。"②《资治通鉴》的记载大体取自于《后汉书·董卓传》，不同之处在于，《资治通鉴》上文提及董卓烧掠洛阳，"死者不可胜计"，所以下文行文为"悉驱徙其余民数百万口于长安"③。第一条史料仅提到徙京师百姓，第二条增加了人数"数百万口"，第三条亦"数百万口"。第二条载"尽徙"，就是将洛阳城所有百姓都迁到长安；第三条"悉驱徙其余民"，也是将剩下活着的所有百姓都赶到长安去。按照葛剑雄先生在《中国人口史》第一卷中的说法，当时洛阳所在的河南郡曾有100余万人口，加上周围其他郡的人口和战乱时聚集在都城的难民，董卓是有可能驱使二三百万人西迁的④。这次迁徙使洛阳到长安的通道成为一条用百姓血肉之躯铺垫的道路，这数百万的人想必有很大一部分就死在了迁徙的道路之中，最后到达长安的当远少于这数百万，但数目应该也不小。当然还应当有一部分人没有进入长安城内，而是定居在长安周边了。就算人口损失大半，那大概也有一百万的数量，这对长安城的人口是个极大的补充，人口构成结构也发生了很大的变化。中国历史上多有迁都之事，且往往都伴随有大规模的人口流动，目的是为了充实政治中心，巩固统治，促进经济发展等，均是为了统治集团的利益，甚至有的朝代会因迁都引起社会动乱。对于西迁的百姓，这次的迁徙并不是苦难的结束，他们在动乱时代显得如此的渺小脆弱，长安的生活也并不太平。这些补充的人口后来又在战乱中大量损耗。

　　史料中没有关于董卓在长安时的人口损耗的记载，董卓既没有像赤眉军一样放火烧西京，也没像李傕、郭汜一样在长安城内火并，他在这里最主要的任务是囤积财富，搜刮长安老百姓，据《后汉书》载，万岁坞中珍藏有金二三万斤，银八九万斤，锦绮缯縠纨素奇玩积如丘山，这使得长安百姓原本还算富庶的生活变得贫苦交加，并开始了又一段辛酸的历史。

---

① 《后汉书》卷九《孝献帝纪》，第369页。
② 《后汉书》卷七二《董卓传》，第2327页。
③ 《资治通鉴》卷五九，汉献帝初平元年三月，第1912页。
④ 葛剑雄：《中国人口史》第一卷《导论、先秦至南北朝时期》，复旦大学出版社，2002年，第448页。

二、郭汜、李傕之乱造成的人口流动和减损

董卓之乱后的李傕、郭汜之乱，给长安城带来了更大的灾难，关中又一次大乱，于是有了关中百姓的一次大规模外迁。如葛剑雄先生所述，这次外迁的方向主要有三个。

第一部分投奔徐州的陶谦。陶谦于曹操有杀父之仇，这批投奔陶谦的百姓全部被曹操屠杀。史料载："初，曹操父嵩避难琅邪，时谦别将守阴平，士卒利嵩财宝，遂袭杀之。初平四年，曹操击谦，破彭城傅阳。谦退保郯，操攻之不能克，乃还。过拔取虑、睢陵、夏丘，皆屠之。凡杀男女数十万人，鸡犬无余，泗水为之不流，自是五县城保，无复行迹。初三辅遭李傕乱，百姓流移依谦者皆歼。"①这段文字记载了曹操与陶谦结怨的经过：陶谦的士卒杀死了曹嵩，曹操为报父仇，在与陶谦交手过程中，虽不能取胜，但对拿下的城池进行了残忍的屠城。但是关于葛剑雄书中认为的有"关中的难民数十万动迁至今江苏徐州一带"，笔者不完全赞同。从上述史料里我们可以看出，曹操在这次大规模的屠城活动里，共杀了数十万人，甚至连鸡犬都没有放过。但是这数十万是取虑、睢陵、夏丘城中百姓的数量，既然是屠城，那迁居至这几处的三辅百姓也全部遇难，"初三辅遭李傕乱，百姓流移依谦者皆歼"这句话就很容易理解了。但是这数十万绝不全部是当初三辅流入的人口。

第二部分进入四川境内投奔刘焉。《后汉书·刘焉传》载："初，南阳、三辅民数万户流入益州，焉悉收以为众，名曰'东州兵'。"②葛著估计这批人加上家属应该有一二十万，以后便没有再迁出，这些人口对关中来说是永久性的迁出。我们无法确定这批迁出的人有多少来自长安城，但保守估计，由关中迁出人口大概也有十万人。

第三部分则是由武关出，经由南阳盆地进入荆州。关于这部分人，没有直接的史料记载，但是此时避难入荆州的个案却很常见。《三国志》裴注载："隗禧字子牙，京兆人也。世单家。少好学。初平中，三辅乱，禧南客荆州。"③隗禧，京兆人，初平年间避李傕、郭汜之乱入荆州。"《魏略》曰：畿少有大志。在荆州数岁，继母亡后，以三辅开通，负其母丧北归。"④这是《魏略》对杜畿的记载。杜畿，京兆人，也曾避难荆州好几年。"《魏略》曰：淳一名竺，字子叔。博学有才章，又善《苍》、《雅》、

---

① 《后汉书》卷七三《陶谦传》，第2367页。
② 《后汉书》卷七五《刘焉传》，第2433页。
③ 《三国志》卷一三《王朗传》，第422页。
④ 《三国志》卷一六《杜畿传》，第494页。

虫、篆、许氏字指。初平时，从三辅客荆州。"①邯郸淳，颍川人，虽不是关中人，但是他在初平年间关中大乱之前客居三辅，也是三辅的常住人口，初平时亦进入荆州。还有京兆人赵戬，"三辅乱，戬客荆州，刘表以为宾客"②。建安十六年（公元211年）刘表已经去世，所以文中的"三辅乱"指的仍然是初平年间的事情，赵戬也是大量客居荆州的人士之一。这些都是史书中留有身影的人，想必有更多的普通老百姓避难入荆州，却不被史书所记载。

郭汜、李傕之乱不仅造成大量人口外流，同时还导致大量人口死亡。相比那些死于战乱和灾害的人，迁移出关中的百姓还不是最凄惨的。从初平三年（公元192年）到兴平年间（公元194—195年）的这场动乱中，人口损耗的主要原因是天灾和人祸。

天灾指的是三辅大旱。兴平元年（公元194年），三辅地区发生了长达数月的旱灾，天灾人祸并至，长安城出现了可怕的"人相食"现象。关于这次灾害原因的表述，《后汉书·孝献帝纪》载"三辅大旱，自四月至于是月（秋七月）"③，《后汉纪》曰"自四月不雨，至于七月，……于是谷贵，大豆一斛至二十万"。④简单来说，三辅地区遭遇了自四月到七月长达三个月的干旱天气，加之傕、汜、稠所部劫掠剽取，百姓不堪其扰，财物多被搜刮得一干二净，最终导致的结果很严峻。《三国志·董卓传》说"人民饥困，二年间相啖食略尽"⑤，《后汉书·董卓传》记"谷一斛五十万，豆麦二十万，人相食啖，白骨委积，臭秽满路"⑥，《后汉书·孝献帝纪》载"谷一斛五十万，豆麦一斛二十万，人相食啖，白骨委积"⑦，《后汉纪》载"于是谷贵，大豆一斛至二十万，长安中人相食，饿死甚众"⑧。这几条史料描述的情况基本相似，粮食紧张，价格上涨，大量百姓饿死，甚至出现"人相食"现象，长安城尸骨铺路，臭气冲天，一片惨败景象。长安人口在这次灾难中又一次大幅减少，详细的数据难以考证。

人祸主要指郭汜、李傕在长安城内的火并。李傕、郭汜入城后，先是放兵劫掠，死者万余人，长安城一片狼藉。李傕放任手下，烧杀抢掠的状况十分严重。《三国志·董

---

① 《三国志》卷二一《王粲传》，第603页。
② 《三国志》卷三二《先主传》，第883页。
③ 《后汉书》卷九《孝献帝纪》，第376页。
④ 〔晋〕袁宏撰：《后汉纪》卷二七《孝献皇帝纪》，中华书局，2002年，第529页。
⑤ 《三国志》卷六《董卓传》，第182页。
⑥ 《后汉书》卷七二《董卓传》，第2336页。
⑦ 《后汉书》卷九《孝献帝纪》，第376页。
⑧ 《后汉纪》卷二七《孝献皇帝纪》，第529页。

卓传》载"傕等放兵劫略,攻剽城邑,人民饥困"①,《后汉书·董卓传》记"时长安中盗贼不禁,白日虏掠,傕、汜、稠乃参分城内,各备其界,犹不能制,而其子弟纵横,侵暴百姓"②。这样还不够,后来"诸将争权,遂杀稠,并其众。汜与傕转相疑,战斗长安中"③。火并造成的就不仅仅是"劫掠"了,部队伤亡、百姓丧生随之而来。"傕乃自为大司马。与郭汜相攻连月,死者以万数"④,战火一起便是数月之久,除了部队的损耗,平民百姓的伤亡也是难以避免的,保守估计普通百姓至少有上万人死于非命。文献对此时三辅人口的描述也是非常惨淡的,"初,帝入关,三辅户口尚数十万,自傕汜相攻,天子东归后,长安城空四十余日,强者四散,羸者相食,二三年间,关中无复人迹"⑤。"城空""无复人迹"的记载或许夸张,但是此次的关中大乱,导致百姓死的死,逃亡的逃亡,损耗十分严重,长安城人口减少一半是完全可能的,而且这并不是关中战乱的结束,留在长安的百姓继续在战乱中流离失所。

三、韩遂、马超之乱带来的人口流动

建安十六年(公元211年),关中诸将叛乱,曹操来剿,关中再次大乱,引起关中人口的第三次大迁移。《三国志·张鲁传》载:"韩遂、马超之乱,关西民从子午谷奔之者数万家。"⑥初平三年(公元192年)的关中大乱之后,关中以及长安人口减损大半,但经过建安年间,关中和长安的人口应该有所恢复,此一乱使得刚进入恢复积累阶段的人口再一次流出。引文中的"关西"指的就是函谷关或潼关以西,也就是现在我们常认为的陕西关中地区,"关西民"自然就是关中百姓,"数万家",如若按一家五口来计算,大概就有一二十万的数量,长安城中流出的人口也应该有数万人了,这对人口尚在恢复初期的关中和长安都是很大的损失。

除了成批投奔张鲁者,还有很多流亡的长安百姓避入山林。《魏略》云蜀后主刘禅就被避乱入汉中的关中人买回家,当作儿子养育。"及建安十六年,关中破乱,扶风人刘括避乱入汉中,买得禅,问知其良家子,遂养为子,与娶妇,生一子。"⑦刘括代

---

① 《三国志》卷六《董卓传》,第182页。
② 《后汉书》卷七二《董卓传》,第2336页。
③ 《三国志》卷六《董卓传》,第183页。
④ 《后汉书》卷七二《董卓传》,第2338页。
⑤ 《后汉书》卷七二《董卓传》,第2341页。
⑥ 《三国志》卷八《张鲁传》,第264页。
⑦ 《三国志》卷三三《后主传》,第893页。

表的是家境比较殷实，为避战乱，寻求更好的生存环境的一类人。再如《三国志·胡昭传》裴注引《高士传》："建安十六年，百姓闻马超叛，避兵入山者千余家，饥乏，渐相劫略，昭常逊辞以解之，是以寇难消息，众咸宗焉。故其所居部落中，三百里无相侵暴者。"①这一记载中逃亡的百姓数量较大且聚集生存，数量达千余家之众，保守估计人口在五千人以上。除了这种较具规模的集体隐没山林外，还有很多家庭或离散，或失去亲人。河东人焦先，《魏略》载"至十六年，关中乱。先失家属，独窜于河渚间，食草饮水，无衣履"。②焦先的境况就比较凄楚了，家人或离散或亡故，自己四处流窜，温饱无法解决，只能吃草饮水以充饥，真是到了衣不蔽体食不果腹的惨淡境地。又如：扈累，"建安十六年，三辅乱，又随正方南入汉中"③；石德林，"至十六年，关中乱，南入汉中"④。这些能够在史书中留下一星半点记载的人，已经不算最普通的老百姓了，他们虽称不上名垂青史，但至少也没被历史彻底遗忘。可以想见那些不被记录在史书中的最下层老百姓的生活处境。关中的动乱使得多数百姓衣食堪忧，避入山林，勉强生存下去，战乱中丧命的想必也不在少数。我们可以大胆推测，这些并未投奔张鲁的流亡的各类人的数量也应该有数万人之多。

四、羌族与氐族向长安城及关中地区的迁徙

羌族和氐族是有着悠久历史的民族，在中国历史上扮演了重要角色。氐族到隋唐时代逐渐汉化，而羌族受分布地域影响，部分汉化，部分藏化，还有部分地区的羌族一直存留至今，与汉民族共同发展繁荣。民族融合有一个漫长的历史过程，而各个民族的迁徙促进了民族的融合，东汉时期开始的羌族与氐族向关中地区的迁徙也是这个历史过程中的重要环节，在很大程度上改变了关中地区的民族构成和社会面貌。在不同民族的融合过程中，不同文化发生碰撞，这种文化的碰撞伴随着社会矛盾，我们谈到民族融合的结果时，也不能忽视在当时的环境下各部族的杂居所带来的社会问题。

葛剑雄先生著《中国移民史》第二卷《先秦至魏晋南北朝时期》，分节探讨了羌族与氐族等少数民族的内迁，而马长寿先生的《氐与羌》则专门探讨了羌族、氐族的历史发展过程，《碑铭所见前秦至隋初的关中部族》则将研究地点定位于关中地区。前辈学

---

① 《三国志》卷一一《胡昭传》，第363页。
② 《三国志》卷一一《胡昭传》，第363页。
③ 《三国志》卷一一《胡昭传》，第365页。
④ 《三国志》卷一一《胡昭传》，第365页。

者的研究有共同之处，也有意见相左之处，但都为后学者提供了重要的参考资料。

（一）东汉时期羌人迁徙的问题

《中国移民史》认为：东汉末年时，西北各地已经聚集了大量羌人。由于东汉末的战乱，关中平原的人口大量死亡或外迁，而羌人本来大多聚居在渭北高原或盆地的边缘，损失远比汉人小。所以在曹操统一北方时，羌人在关中和西北人口中的比例已经大大上升，成为人数仅次于汉人的第二大民族。① 马长寿先生关于魏晋十六国及北朝时雍州的羌族及其活动的研究主要体现在《碑铭所见前秦至隋初的关中部族》一书中，但有关曹魏时期羌族迁移的论述很少，只在序言里有所讨论：西羌入关中始于东汉建武十一年（公元35年），到后来，西羌之入关者越来越多，除三辅外，安定、北地、上郡等地无不有羌；到了西晋前叶，各部族在原来基础上有所扩展，冯翊、北地、新平、安定四郡都有羌。②

（二）东汉时期氐族的迁徙问题

《中国移民史》认为：汉末有两次氐人内迁。③ 建安十六年（公元211年），兴国氐和白项氐两万余落参与马超、韩遂的起兵，除去逃亡人数，大概有四五万人，分别迁于扶风、美阳以及天水、南安界。"《魏略·西戎传》曰：……近去建安中，兴国氐王阿贵、白项氐王千万各有部落万余，至十六年，从马超为乱。超破之后，阿贵为夏侯渊所攻灭，千万西南入蜀，其部落不能去，皆降。国家分徙其前后两端者，置扶风、美阳，今之安夷、抚夷二部护军所典是也。其本守善，分留天水、南安界，今之广平魏郡所守是也。其俗，语不与中国同，及羌杂胡同，各自有姓，姓如中国之姓矣。"④ 又建安二十四年（公元219年），曹操弃汉中之前，派张既徙氐人五万余落至扶风天水界。"太祖从其策，乃自到汉中引出诸军，令既之武都，徙氐五万余落出居扶风、天水界"⑤，其中有万余落定居于京兆、扶风、天水界，又以小槐里最为集中，"及刘备取汉中以逼下辩，太祖以武都孤远，欲移之，恐吏民恋土。阜威信素著，前后徙民、氐，使居京兆、扶风、天水界者万余户，徙郡小槐里，百姓襁负而随之"⑥。到了曹魏的正始元年（公元240年），郭淮又从魏蜀边境迁三千余落氐人至关中，"淮遂进军，追至强中，维退，遂

---

① 葛剑雄：《中国移民史》第二卷《先秦至魏晋南北朝时期》，福建人民出版社，1997年，第236页。
② 马长寿：《碑铭所见前秦至隋初的关中部族》，中华书局，1985年，第8页。
③ 《中国移民史》第二卷《先秦至魏晋南北朝时期》，第239—240页。
④ 《三国志》卷三〇《乌丸鲜卑东夷传》，第858页。
⑤ 《三国志》卷一五《张既传》，第472—473页。
⑥ 《三国志》卷二五《杨阜传》，第704页。

讨羌迷当等，按抚柔氐三千余落，拔徙以实关中"①。

而马长寿先生认为氐人在建安十六年（公元211年）的迁徙不存在，氐人仅在建安二十四年（公元219年）移民，而不是葛剑雄认为的两次②。他认为《魏略·西戎传》的记载殊不明确。建安十六年，阿贵和杨千万的两部氐人随马超反曹操，而建安十九年（公元214年），夏侯渊灭阿贵，杨千万率众人奔马超，"氐王千万逃奔马超，余众降"③，而后投降刘备，"又鲁将杨白等欲害其能，超遂从武都逃入氐中，转奔往蜀。是岁建安十九年也"④。建安二十二年（公元217年），杨阜为武都太守，"会刘备遣张飞、马超等从沮道趣下辩，而氐雷定等七部万余落反应之"⑤。建安二十四年，曹操至汉中将欲撤出汉中守军，害怕刘备取武都氐人以逼关中，于是听取了张既的建议，徙氐人五万余落出居扶风、天水界，如上文所引。不久之后，刘备占领了汉中，曹操令武都太守杨阜徙武都的汉民、氐人万余户于京兆、扶风、天水界，亦如上文所引。马长寿先生认为建安二十四年是曹操唯一一次徙氐人。这是氐人第二次大迁徙，第一次在西汉。

同时马长寿先生认为氐人的第三次迁移发生在公元220—240年。经过几次大的迁徙，魏郡内的氐人已经很多，但三国时聚居武都、阴平的氐人仍然众多，除了魏迁移武都的氐人外，蜀政权也努力地移民实蜀。准备迁蜀的氐内部分裂，苻健弟率四百余户降魏，被安插到魏的内郡。正始元年（公元240年），姜维出兵陇西，被郭淮击退，郭淮徙氐人三千余落到关中，"淮遂进军，追至强中，维退，遂讨羌迷当等，按抚柔氐三千余落，拔徙以实关中。"⑥经过多次迁移后，魏晋时氐人在京兆、扶风、始平都有分布，而以扶风郡为最。

---

① 《三国志》卷二六《郭淮传》，第735页。
② 马长寿：《氐与羌》，广西师范大学出版社，2006年，第31—32页。
③ 《三国志》卷九《夏侯渊传》，第271页。
④ 《三国志》卷三六《马超传》，第946页。
⑤ 《三国志》卷二五《杨阜传》，第704页。
⑥ 《三国志》卷二六《郭淮传》，第735页。

第二章 魏晋时期的长安城

曹魏政权以公元 220 年曹丕篡汉为始，到公元 265 年司马氏废魏帝自立而止，除却未称帝的曹操，历五帝，计 46 年历史。在这动荡的近半个世纪里，长安城经历了怎样的变化，学界对此研究甚少，但这又是纵观长安城历史全貌所不能忽略的一个问题。对于这段历史的探究，不能仅从公元 220 年曹丕称帝开始。众所周知，曹操虽未称帝，但在东汉末年，他挟天子以令诸侯，基本上控制了中原地区，是东汉政权的实际操纵者。在曹魏建立之前，长安城就是曹操统一全国战术策略中的一个重要砝码，是曹氏手里一颗必须掌握、必须利用的棋子。所以，本章所谓曹魏时期可以理解为曹氏势力控制政权时期，而非局限于以国家政权形式存在的时段。

　　这个时代本是动荡不安的，三国的历史脉络基本上是被一次又一次、大大小小的战争串联而出，战争—彼进我退—战争—彼退我进，成为此阶段国家关系的常态。处于这样的时代，城市必然有着与稳定时代不同的状态，城市建设发展、社会经济文化进程脚步必然放缓。对此，文献又鲜于记载，这就给我们的探讨增加了难度。于是，我们只能努力尝试在此特殊历史时期、特殊资料状况下，为大家展示一座比以往面貌稍为清晰的长安城。

第一节
曹魏时期的长安城

一、长安城的城市建筑

史书中关于曹魏时期长安城内外建筑的记载寥若晨星，这与当时长安城的地位和所处的环境有很大关系。首先，此时的长安城已经不再是都城，东汉末年的战乱使得长安城城墙、城门、道路、宫殿建筑受到了严重损坏，但此后长安城仅作为一个地方城市存在，对建筑进行必要的修葺就已经足够了。其次，曹魏时期长安城最突出的特点，是其重要的军事地位。这一时期加强长安城周边的军事防御是燃眉之急，因此史书中有大量关于战争和军事防御设施的描述，而鲜见对城市建筑的记载。再次，曹魏时期长安城在东汉长安城的基础上继续发展，虽不是曹魏的都城所在，却仍然是曹魏政权的西部重镇。曹魏统治者不像东汉皇帝那样经常去长安祭祀，因此曹魏时期长安城中基本上没有新的宫殿建筑出现。在李傕郭汜之乱时，长安战火使大量的宫殿建筑被焚毁，这些建筑在曹魏时期也没有得到修缮。除此之外，《三国志·高堂隆传》载："青龙中，大治殿舍，西取长安大钟"[1]，又引《魏略》曰：景初元年（公元237年）"徙长安诸钟簴、骆驼、铜人、承露盘"[2]。这两条记录证明了曹魏时常将长安城的东西搬往洛阳。而这些东西都是昔日长安城作为都城时的宫廷用品。可见，曹魏时的长安城宫殿建筑乃至内饰大部分都继承自两汉时期。

这一时期长安城的城市建筑遭到了巨大的破坏，《三国志·董卓传》记载："傕质天子于营，烧宫殿城门，略官寺，尽收乘舆服御物置其家。"[3]《后汉书·董卓传》中

---

[1]《三国志》卷二五《高堂隆传》，第709页。
[2]《三国志》卷三《明帝纪》，第110页。
[3]《三国志》卷六《董卓传》，第183页。

的记载更为丰富一些,"帝于是遂幸催营,彪等皆徒从。乱兵入殿,掠宫人什物,催又徙御府金帛乘舆器服,而放火烧宫殿官府居人悉尽"①。李催不仅对宫室进行洗劫、焚毁,同时还毁掉了长安城的官府,甚至民居。《后汉纪校注》:"是日天子幸催营。又徙御府金帛、乘舆、器服置其营,遂放火烧宫殿、官府、民居悉尽。"②事实可能不像记载中那样"宫殿官府居人悉尽",但是也说明这次洗劫使得本来已经遭到巨大破坏的长安城城市建筑又一次受到重创。

图 2-1 李催、郭汜祸乱长安

文献中并没有这一时期长安城宫殿苑囿的记载,更不用说记载官府和民居情况了,了解这一时期的长安城状况,我们只能通过对比东汉长安城宫殿建筑残存的记载和曹魏之后其他朝代宫殿建筑的记载,进行大胆的推测,只要是在两汉时期存在并且没有文献记载其已经废弃的,曹魏之后在其他朝代仍然存在且不是新建的宫殿苑囿,我们都认为这些建筑是一直存在的。

---

① 《后汉书》卷七二《董卓传》,第2336—2337页。
② 〔晋〕袁宏撰,周天游校注:《后汉纪校注》卷二八,天津古籍出版社,1987年,第780页。

（一）昆明池

虽然在《三国志》《晋书》中均没有提到昆明池，但是在东汉时期昆明池是存在的。文献记载：

> 闰月乙未，祠高庙，遂有事十一陵，历观上林、昆明池。①
>
> 二年春，遣使者更封禹为梁侯，食四县。时赤眉西走扶风，禹乃南至长安，军昆明池，大飨士卒。②
>
> 二月己巳，诏假通直常侍邢颖使于刘义隆。发长安五千人浚昆明池。③
>
> （太平真君七年）二月丙戌，幸长安，存问父老。丁亥，幸昆明池。④

由上述文献可以得知，在东汉时期，尤其在东汉初年，昆明池是一直存在的。昆明池作为一个广阔的水域⑤，经过了漫长的岁月，即使其水域面积可能会有所变化，但是基本轮廓变化不大，直到北魏时期还一直存在。所以，在这一时期，昆明池仍然是存在的，只是文献中没有记载在昆明池曾经发生过什么事件。

（二）未央宫

未央宫是两汉时期一座重要的宫殿建筑，迄今为止未央宫前殿遗址仍然屹立在汉长安城故址上。《后汉书·董卓传》中记载："初，长安遭赤眉之乱，宫室营寺焚灭无余，是时唯有高庙、京兆府舍，遂便时幸焉。后移未央宫。"⑥《资治通鉴》载："三月，乙巳，车驾入长安，居京兆府舍，后乃稍葺宫室而居之。"⑦京兆府是当时京兆尹的官署，府舍便是官员住所，汉献帝来到长安之后，先是下榻官署，宫室需要修葺才能入住，可见当时汉长安城宫室保存和维护的状况不佳，是不能随时入住的。后来李傕、郭汜混战于长安城，未央宫又一次经历战火，遭到破坏。《晋书》记载"曜立太学于长乐宫东，小学于未央宫西"⑧，"以石苞代镇长安。发雍、洛、秦、并州十六万人城长安未央宫"⑨。而据《晋书·石季龙载记上》记载，后赵时期，长安守将

---

① 《后汉书》卷五《孝安帝纪》，第240页。
② 《后汉书》卷一六《邓禹传》，第604页。
③ 〔北齐〕魏收：《魏书》卷四下《世祖纪下》，中华书局，1974年，第93页。
④ 〔唐〕李延寿：《北史》卷二《世祖太武帝纪》，中华书局，1974年，第58页。
⑤ 《长安志》记载："故作昆明池象之，以习水战。在长安西南，周回四十里。"由此可知昆明池水域广阔。
⑥ 《后汉书》卷七二《董卓传》，第2327页。
⑦ 《资治通鉴》卷五九，汉献帝初平元年三月，第1912页。
⑧ 〔唐〕房玄龄等：《晋书》卷一〇三《刘曜载记》，中华书局，1974年，第2688页。
⑨ 《晋书》卷一〇六《石季龙载记上》，第2777页。

石苞曾征调大批民夫"城长安未央宫",由此可见,前赵时期未央宫还是存在的,至少未央宫宫殿的残存建筑是依旧存在的,否则不会有立"小学于未央宫西"之说。

由上述文献记载可知,曹魏时期长安城中未央宫应该是存在的,至少是残存有一些建筑,据现今考古所见,在历史时期未央宫前殿遗址一直存在于三秦大地上。

图 2-2　汉未央宫前殿遗址(局部)

图 2-3　汉长安城霸城门遗址(北墙)

图 2-4　汉长安城霸城门遗址
(在北墙上南望,三个门道清晰可见)

（三）城门

汉长安城在城墙上一共开出十二座城门，其中霸城门、西安门、直城门"在王莽末年或稍后的战火中被毁后，一任崩塌的乱土、碎瓦和灰烬等堆塞在部分的门道中而未经清除，说明了它们在此后的东汉、魏晋、五胡十六国和北朝时没有经过重修和改建，而是废弃不用的"①。在西汉时期，霸城门是东出长安城最主要的城门；西安门位于未央宫正南方，是皇室南出长安城最主要的城门；考古学者李遇春在论述直城门时认为，直城门焚毁于王莽战乱，之后"修理三个门道中的一个（北门道），以供出入"②。由此可见这些主要的城门均被废弃。除去这三座城门之外还有九座城门，但是出现在文献记载中的仅有宣平门。"然后帝得出长安宣平门"③，这条文献记载的是李傕郭汜之乱时，汉献帝从宣平门出逃避难。由此可知这一时期宣平门还在继续使用，一直到北周末年。"庚申，至自东巡，大陈军伍，帝亲擐甲胄，入自青门。皇帝衍备法驾从入。百官迎于青门外"④。宣平门在东汉及魏晋南北朝时期又称为青门⑤，由此推知宣平门在魏晋南北朝时期应该是一直使用的。考古工作者在考古发掘后认为，宣平门"由于位置重要、交通方便、出入繁频，焚毁之后，不止一次地经过修复和重建，一直作为一个完整的城门被沿用着，直到整个长安城因迁移而废弃为止"⑥。据此可见，在曹魏时期宣平门应该是一直使用的。至于其他城门的使用情况，通过现有文献资料及考古报告不能判断。

（四）城墙

魏晋南北朝时期战争频繁，城墙作为长安城防守的最后屏障，无论是都城时期还是重镇时期，其修筑和完善都得到了历代统治者的重视。但是在文献中并没有大量城墙完善和修筑的记载。曹魏时期关于长安城城墙的记载几乎没有，只能从战争时期的片段来判断这一时期城墙的保存状况。在东汉末年李傕郭汜之乱时提到长安城"城峻不可攻，守之八日"，直到最后长安城被攻陷也不是因为城墙被破，而是"吕布军有叟兵内反，引傕众得入"。⑦由以上史料可以看出，此时的长安城城墙险峻，对于防守方来说十分

---

① 王仲殊：《汉长安城考古工作收获续记——宣平城门的发掘》，载《考古通讯》1958年第4期，第25页。
② 李遇春：《汉长安城城门述论》，载《考古与文物》2005年第6期，第56页。
③ 《资治通鉴》卷六一，汉献帝兴平二年四月，第1961页。
④ 〔唐〕令狐德棻等：《周书》卷七《宣帝纪》，中华书局，1971年，第119页。
⑤ 《后汉书》卷八三《逢萌传》，第2760页。
⑥ 王仲殊：《汉长安城考古工作收获续记——宣平城门的发掘》，载《考古通讯》1958年第4期，第32页。
⑦ 《后汉书》卷七二《董卓传》，第2333页。

图 2-5 汉长安城城墙遗址（霸城门以北城墙）

有利，叛军围城八日却久攻不下。曹魏占领长安城之前也没有破坏城墙的记录。在诸葛亮北伐时，蜀汉丞相府司马魏延曾建议："'闻夏侯楙，主婿也，怯而无谋。今假延精兵五千，负粮五千，直从褒中出，循秦岭而东，当子午而北，不过十日，可到长安。楙闻延奄至，必弃城逃走。长安中惟御史、京兆太守耳。横门邸阁与散民之谷，足周食也。比东方相合聚，尚二十许日，而公从斜谷来，亦足以达。如此，则一举而咸阳以西可定矣。'亮以为此危计，不如安从坦道，可以平取陇右，十全必克而无虞，故不用延计。"①可以看出魏延认为其出其不意攻至长安城下时，碌碌无为的长安城守将夏侯楙很可能弃城逃跑，因而能够占领长安城，诸葛亮认为这样太冒险而没有采纳魏延的建议。诸葛亮认为此举太冒险的原因除孤师远悬外，还有长安城城墙险峻难攻。这也从侧面反映出当时长安城城墙尚存。考古工作者在进行汉长安城城墙考古时认为新发掘的西小城"西墙的北段是利用洛城门东侧的一段南北向城墙，并进行了较多修缮……北墙利用了汉长安城北墙的一段，只在局部进行了修缮"，而东小城"北墙和东墙分别利用了汉长安城北墙的最东段和东墙的最北段"。②也就是说，他们认为后来修筑的小城不少部分是利用汉长安城的城墙修筑的，并对城墙做了一定的修补，尤其是对部分墙段做了重点修补和重新利用。由此推测，在曹魏时期长安城的城墙应该是十

图 2-6 汉长安城城墙遗址（清明门附近城墙）

---

① 《资治通鉴》卷七一，魏明帝太和二年正月，第2239—2240页。
② 中国社会科学院考古研究所汉长安城工作队：《西安市十六国至北朝时期长安城宫城遗址的钻探与试掘》，载《考古》2008年第9期，第25、28页。

分完善的，虽然历经多次战火，但是也经过多次的修补，所以长安城的城防还是十分牢固的。

除上述这些记载之外，曹魏一朝长安城的其他城市建筑在文献中均没有出现，但是不能就此认为曹魏时期长安城没有其他的城市建筑，而是应认识到此一时期汉长安城的部分建筑被延续使用。曹魏时期长安城中流入大量的人口，还有各级地方官员，这些城市居民和官员生活居住的场所应该占据长安城城市建筑的主要部分。除此之外，长安作为曹魏时期的西部重镇、抵御蜀汉的大本营，城中还应该有一些相应的军事设施存在。

图 2-7　汉长安城西安门遗址（东墙）

二、长安城的人口流动实况及流民安置

曹魏长安城的资料大多包含在记载关中、三辅的资料中。虽然资料贫乏，但是学界的前辈们通过爬梳这些仅有的资料，基本梳理清楚了曹魏时期关中的人口数量、人口移动和民族构成问题，虽然未直接论及长安城，但是长安城不会与大趋势相违背。首先，葛剑雄的《中国人口史》第一卷《导论、先秦至南北朝时期》，科学估计了曹魏时期人口低谷出现的时间和人口数量，以及人口低谷出现的原因，其中关中地区人口锐减是重要实例。其次，葛剑雄的《中国移民史》第二卷《先秦至魏晋南北朝时期》，提出汉末曹魏时期有五次人口大规模南迁，前三次涉及关中，且这部分移民不是完全定居，后来有大量人口回归；各政权内部存在内聚型移民；羌、氐等少数民族在关中及其周边地区流动。再次，曹魏时期是羌、氐等少数民族内迁并逐步与汉族融合的重要时期，所以羌、氐等少数民族人口移动是关中人口研究的一部分内容，马长

图 2-8　汉长安城城墙遗址（东北角）

寿的《氐与羌》《碑铭所见前秦至隋初的关中部族》则更具体地研究了羌、氐等少数民族的迁徙情况，与葛剑雄的研究相比更为详细具体，当然也有意见相左之处。以上都是讨论研究曹魏关中乃至长安人口历史必须参考的重要著作。

汉末曹魏时期各政权内部均有内聚型移民。《中国移民史》定义内聚型移民为：一个政权运用其政治、军事或经济手段，将其他地区特别是边远地区或本政权外的地区的人口，强制迁至本政权的政治、经济、军事要地或者某些特定地区。①曹魏政权内部的内聚型移民较频繁，其中有一部分涉及关中地区。我们所看到的羌、氐等少数民族的迁徙有很大一部分便是受政治、军事原因影响的内聚型移民，这一部分内容学术界已有很好的研究成果，将在下文详细论述。而有关关中汉族人口的内聚型迁移的记载就比较少了。

《三国志》里记载的与关中百姓有关的内聚型迁移，只有建安年间钟繇迁关中百姓以充实洛阳。"自天子西迁，洛阳人民单尽，繇徙关中民，又招纳亡叛以充之，数年间民户稍实。太祖征关中，得以为资，表繇为前军师。"②根据这段史料，可以判断钟繇徙关中百姓的时间在献帝东归与曹操平定关中叛将之间。献帝东归之前关中一片混乱，人口流失十分严重，更谈不上迁出人口了；太祖征关中以此为资，那移民一定是在曹操征关中之前。而建安十八年（公元213年）之前，长安属于司隶校尉部。《三国汉季方镇年表》载：汉灵帝中平六年（公元189年），司隶校尉部辖有河南、河内、河东、弘农、京兆、冯翊、扶风等七郡，治洛阳，钟繇徙治弘农。③献帝东归后关中为诸强割据，其中马腾、韩遂为最强。建安二年（公元197年），曹操苦于山东战事，欲先取吕布，又以关右为忧，担心袁绍"侵扰关中，乱羌、胡，南诱蜀汉"④。此时山东战火一旦点燃，关中诸强必定会各自为政，独霸关中以自保。荀彧谏言以恩德镇抚诸将，可以使关中暂时安定，为山东战事确保稳定的后方，以解除曹操的后顾之忧。于是曹操听取了荀彧的意见，并起用了荀彧推荐的钟繇。"乃表繇以侍中守司隶校尉，持节督关中诸军，委之以后事，特使不拘科制。"⑤因为此时京兆仍属司隶，所以钟繇以侍中的身份出任司隶校尉，监视、约束关中诸将的行动，这也是钟繇可以徙关中百姓到洛阳的原因。

初平年间，董卓强迫数百万洛阳百姓西迁，洛阳惨遭烧掠，人去城空。而此时的长

---

① 《中国移民史》第二卷《先秦至魏晋南北朝时期》，第286页。
② 《三国志》卷一三《钟繇传》，第393页。
③ 〔清〕万斯同：《三国汉季方镇年表》，见《二十五史补编》编委会编：《三国志补编》（据开明书店版影印），北京图书馆出版社，2005年，第15页。
④ 《三国志》卷一〇《荀彧传》，第313页。
⑤ 《三国志》卷一三《钟繇传》，第392页。

安人口也并不充足，经历了李傕郭汜之乱，百姓逃亡甚多，关中及长安尚处在人口的初步恢复期，钟繇的移民之举颇有拆东墙补西墙的意味，虽说为后来曹操征关中打下了基础，却延长了关中人口恢复的周期。

除了大规模人口迁徙外，史书中还保留了部分个人和家族迁徙的内容，这些个案有的可以证明上文中所论及的迁徙方向，有的则不在上文概述的大规模人口迁移的主要去向里。战乱时期，四散的百姓必然会选择不同的地方避难。我们通过史书中偶有的一鳞半爪的记载，通过个案研究，考察人口移动中的各种趋势。

（一）初平、兴平年间外迁个案

如上文所述，初平三年（公元192年）董卓被诛，李傕、郭汜占据长安，随后在城内火并，关中大乱，大量百姓外迁。第一批迁往徐州投奔陶谦的百姓被曹操全部屠杀；第二批迁往蜀地者基本在蜀地定居；第三批由武关出，经由南阳盆地进入荆州，这批百姓也是后来返回关中的主要人群。《三国志》中记载的此次迁移的个案也以这个方向为主。

检索《三国志》，得这类人物有七位，分别为隗禧、杜畿、邯郸淳、赵戬、王忠、鲍出、苏则。其中前四人迁移目的地明确为荆州，而王忠迁往武关，鲍出迁往南阳，武关和南阳刚好是关中百姓进入荆州的所经之地，所以可将这二者算作迁往同一个方向。只有苏则一人是迁往了北地，方向与百姓迁移的大方向完全不同，但确属这次关中大乱的外迁移民。现引史料如下：

> 隗禧字子牙，京兆人也。世单家。少好学。初平中，三辅乱，禧南客荆州，不以荒扰，担负经书，每以采稆余日，则诵习之。太祖定荆州，召署军谋掾。①

> 会天下乱，遂弃官客荆州，建安中乃还。荀彧进之太祖，太祖以畿为司空司直，迁护羌校尉，使持节，领西平太守。《魏略》曰：畿少有大志。在荆州数岁，继母亡后，以三辅开通，负其母丧北归。②

> 《魏略》曰：淳一名竺，字子叔。博学有才章，又善《苍》、《雅》、虫、篆、许氏字指。初平时，从三辅客荆州。荆州内附，太祖素闻其名，召与相见，甚敬异之。时五官将博延英儒，亦宿闻淳名，因启淳欲使在文学官属中。会临菑侯植亦求淳，太祖遣淳诣植。③

---

① 《三国志》卷一三《王朗传》，第422页。
② 《三国志》卷一六《杜畿传》，第494页。
③ 《三国志》卷二一《王粲传》，第602—603页。

《典略》曰：赵戬，字叔茂，京兆长陵人也。……三辅乱，戬客荆州，刘表以为宾客。曹公平荆州，执戬手曰："何相见之晚也！"遂辟为掾。①

进入荆州的此四人，情况各不相同。隗禧、杜畿、赵戬均为京兆人，而邯郸淳是客居三辅，可见初平年间关中乱时，关中的百姓以及客居关中者多外逃，关中人口大为减少。此四人在逃入荆州之前，只有杜畿有官职在身。杜畿是弃官避难，可见当时关中形势之动荡，百姓甚至官吏皆人心惶惶，官都不做了，避难逃命才是第一位的；而杜畿在逃入荆州后，也没有在此定居，待三辅开通，杜畿又加入从荆州返乡的大潮，返乡之后才继续其仕途发展。而其他三个人均没有在三辅开通时返回关中，都是待到曹操平定了荆州，因为个人才能而应曹操征召，离开荆州去了不同的地方，最终都未在荆州定居。

《魏略》曰：王忠，扶风人，少为亭长。三辅乱，忠饥乏啖人，随辈南向武关。值娄子伯为荆州遣迎北方客人；忠不欲去，因率等伴逆击之，夺其兵，聚众千余人以归公。拜忠中郎将，从征讨。五官将知忠尝啖人，因从驾出行，令俳取冢间骷髅系著忠马鞍，以为欢笑。②

王忠在建安时期就为曹操所用，建安十六年（公元211年）关中大乱时，王忠随家族南迁武关。这里的"三辅乱"，指的应为初平年间的大乱。且初平年间人口迁移到荆州需经过武关，王忠跟随家人就是奔走在这条迁徙之路上。只是，虽荆州有娄子伯欢迎北方客人，但王忠只愿留在武关而未进荆州，不但如此，最后还夺取了娄子伯的兵投奔曹操了。

鲍出字文才，京兆新丰人也。少游侠。兴平中，三辅乱，出与老母兄弟五人家居本县，……出得母还，遂相扶侍，客南阳。建安五年，关中始开，出来北归，而其母不能步行，兄弟欲共舆之。出以舆车历山险危，不如负之安稳，乃以笼盛其母，独自负之，到乡里。乡里士大夫嘉其孝烈，欲荐州郡，郡辟召出，出曰："田民不堪冠带。"③

鲍出与上述其他人不太相同，是个血气方刚的游侠之士，凭一身武艺，四处结交朋友，悠游四方，不为仕官。他还是个孝子，兴平年间，三辅有动乱，他便与母亲、兄弟在本县居住，在粮食紧缺的情况下，带着兄长、弟弟入山采食，孝敬母亲，养活全家。在母亲遭遇强盗后，他才带着全家来到了南阳。但鲍出最终也未在南阳定居，到了建安五年（公元200年）便背负母亲回到了故乡。士大夫举荐他，他还是拒绝做官。

---

① 《三国志》卷三二《先主传》，第883页。
② 《三国志》卷一《武帝纪》，第18页。
③ 《三国志》卷一八《阎温传》，第553页。

> 苏则字文师，扶风武功人也。……
>
> 《魏略》曰：则世为著姓，兴平中，三辅乱，饥穷，避难北地。客安定，依富室师亮。……后与冯翊吉茂等隐于郡南太白山中，以书籍自娱。及为安定太守，而师亮等皆欲逃走。则闻之，豫使人解语，以礼报之。
>
> 所在有威名。①

苏则，出自关中大姓，他先是避难到了北地郡，客居安定，依附师亮，后由于师亮待他不好，便又与吉茂等隐入太白山中。苏则出自关中大姓，战乱中应是带领一批族人一起避难的。隐居时与冯翊人吉茂等一起，说明并非两人，而是两大家族共同移居太白山一带，否则不可能以书籍自娱，过着看似逍遥自在的生活。

（二）建安十六年外迁个案

建安十六年（公元211年）的关中动乱与李傕郭汜之乱不完全相同。李傕、郭汜的火并发生在长安城内，长安城百姓伤亡惨重，大量百姓外迁，对长安城造成毁灭性打击。而建安十六年关中诸将叛乱，曹操亲临讨伐，双方在潼关开战，虽然关中为之大乱，但毕竟战场不在长安城内，对长安城的影响要小于前者，而且虽然迁移人口众多，但是伤亡减损的人口比前者要少。外迁的百姓去向以投奔张鲁为主，这批百姓大多也未定居，而是在曹操平定汉中后又返回了长安，定居他乡或客死异乡的人数较之前者要少。

检索《三国志》，得建安十六年外迁人物个案四个：焦先、扈累、石德林、刘括。现引用史料如下：

> 时有隐者焦先，河东人也。《魏略》曰：……建安初来西还，武阳诣大阳占户，先留陕界。至十六年，关中乱。先失家属，独窜于河渚间，食草饮水，无衣履。②
>
> 《魏略》又载扈累及寒贫者。累字伯重，京兆人也。……建安十六年，三辅乱，又随正方南入汉中。汉中坏，正方入蜀，累与相失，随徙民诣邺，遭疾疫丧其妇。至黄初元年，又徙诣洛阳，遂不复娶妇。③
>
> 寒贫者，本姓石，字德林，安定人也。建安初，客三辅。……至十六年，关中乱，南入汉中。初不治产业，不畜妻孥，常读《老子》五千文及诸内书，

---

① 《三国志》卷一六《苏则传》，第490—491页。
② 《三国志》卷一一《胡昭传》，第363页。
③ 《三国志》卷一一《胡昭传》，第365页。

昼夜吟咏。到二十五年，汉中破，随众还长安，遂痴愚不复识人。①

及建安十六年，关中破乱，扶风人刘括避乱入汉中，买得禅，问知其良家子，遂养为子，与娶妇，生一子。②

这四个人的迁移情况差别很大。焦先在史书中被称为"隐者"，而扈累和石德林是"寒贫者"，刘括则家境殷实，避乱汉中后的生活是比较富足的，竟可以买子养活，并为其娶妻。焦先是建安初客居关中的河东人，建安十六年（公元211年）关中乱后，家人离散，他便流窜于河渚间，生活困顿，没有衣服，以水草为食。扈累以青牛先生正方为师，并随师父南入汉中，后师父定居蜀地，扈累在迁移过程中与之离散，只好随迁徙的人流来到了邺城，此时他妻子患病去世。待到曹魏建立后，他才又来到洛阳，过着贫苦孤独的生活。也就是说他至死没有回到关中。而石德林是客居三辅者，与扈累一样，是一个贫寒者，在长安求学，没有产业也无妻儿，建安十六年进入汉中；不同的是，建安二十五年（公元220年），石德林又返回长安，此时他已痴愚。

迁移者各不相同，但生活在社会最底层的百姓在面对灾难时的应对能力是最差的。他们大多随波逐流，如浮萍一般在乱世中尽可能地趋利避害，苟全性命，却往往遇到各种各样不可预知的危险而默默无闻地化为尘埃。

葛剑雄认为，东汉、三国之际的人口谷底出现在公元220年的三国开始前后③。三次大的移民活动都发生在曹魏建立之前，且集中发生在东汉末的几十年里。曹魏建立后间或也有人口流动，但规模相比这三次都要小，因为虽然三国分立，国家之间争斗不已，但是战争多发生在交界地带，每个国家的内部都相对稳定，人口流动性大大降低。这个相对稳定的时期也是关中及长安城人口得以缓慢恢复的一个阶段，此一时期人口数量逐渐走出谷底。而曹魏时代关中地区人口流动事件出现最多的是氐、羌少数民族的内迁，整个魏晋南北朝时期也是氐、羌与汉族融合的重要历史阶段。

羌族和氐族是有着悠久历史的民族，在中国历史上扮演了重要角色。氐族到隋唐时代逐渐汉化，而羌族百姓受分布地域影响，部分汉化部分藏化，也有部分地区的羌族一直存留至今。民族融合是一个漫长的历史过程，而各个民族的迁徙促进了民族的融合过程，汉末曹魏时期羌族与氐族的迁徙也是这个历史过程中重要的环节。这个过程在很大程度上改变了关中地区的民族构成和社会面貌。不同民族的融合过程也是不同文化的碰

---

① 《三国志》卷一一《胡昭传》，第365页。
② 《三国志》卷三三《后主传》，第893页。
③ 《中国人口史》第一卷《导论、先秦至南北朝时期》，第447页。

撞过程，这种文化的碰撞是伴随着社会矛盾而来的，我们研究民族融合时，不能忽视在当时的环境下部族杂居带来的社会问题。

前辈学者的研究已将曹魏时期少数民族内迁关中周边地区的史实条列清楚，其研究几乎涵盖了现有的所有相关资料，目前没有更可靠的新资料出现，碑刻资料可能是进一步深入研究所必须重视的。

除此之外，尚有几条与少数民族迁移及其在关中的分布有关的资料，但由于资料零散，不能就其进行系统研究，遂将其罗列如下，以待今后探讨：

（太和五年）是时，陇右无谷，议欲关中大运，淮以威恩抚循羌、胡，家使出谷，平其输调，军食用足，转扬武将军。①

曹魏太和五年（公元231年），即蜀汉建兴九年，郭淮为雍州刺史，曹魏西线战事紧张，诸葛亮发动了第四次北伐。"兵马未动，粮草先行"，诸葛亮的北伐持续六年多的时间，从中我们可以看到军粮的重要性，蜀汉的多次北伐不成功，军粮补给难以为继一直是重要原因。而这段史料说的是曹魏的雍州刺史郭淮是怎么解决军粮问题的。文中提到了"抚循羌、胡，家使出谷"，汉族百姓的粮食不足以用，幸有羌、胡缴纳的谷粮，才使军粮充足，这说明雍州境内有数量较大的羌、胡百姓定居，且这些部族均在进行粮食生产。当然这里也不能忽视郭淮个人在处理少数民族问题上的能力，这一点将在下节详细论述。

正始五年，爽乃西至长安，大发卒六七万人，从骆谷入。是时，关中及氐、羌转输不能供，牛马骡驴多死，民夷号泣道路。②

此为正始五年（公元244年）曹爽发动的骆谷之役，此役的结果是失败的。但从史料中我们也看到除了关中的汉族百姓，氐、羌百姓也负担了一部分的军粮生产和运输任务，这部分氐、羌百姓应该是定居于关中周边的部族。我们可以得到与上文相似的结论，只是这里主要是氐、羌两族的分布与生产，而上文主体为羌、胡。

（正始元年）凉州休屠胡梁元碧等，率种落二千余家附雍州。淮奏请使居安定之高平，为民保障，其后因置西州都尉。③

上述记载了休屠胡梁元碧率领部族内附雍州的史实，休屠胡是匈奴贵族，两千余家大概也有上万人了。虽然他们的内附与长安没有直接关系，但是少数民族的内附已经明

---

① 《三国志》卷二六《郭淮传》，第734页。
② 《三国志》卷九《曹爽传》，第283页。
③ 《三国志》卷二六《郭淮传》，第735页。

显改变了雍州乃至关中及其周边地区的民族构成，带来了大量的人口，同时也带来了更多的矛盾与问题。梁元碧的归附发生在郭淮迁徙迷当羌三千余落以实关中的事件之后，二者有所不同，一个是被动迁徙，一个是主动归附，可见中原政权对少数部族存在一定的吸引力，不是所有的部族内迁都出于政治和军事原因，部族的杂居和各民族的融合是时代发展的大趋势。

而曹魏时期没有大规模的人口减损，移民亦以内聚型为主，政权内部的稳定使得少数民族的内迁更加频繁；人口的数量也逐渐开始回升，出现了人口逐步恢复、增殖的现象。地方政府重视吸引移民返乡，招抚少数民族内迁，史料中可见大量"移居之法"和"招抚之策"，关中地区民族构成日益复杂，但由此造成的矛盾尚不显著。

长安城作为关中地区的主要城市，人口发展变化的规律应与关中的整体发展趋势相吻合，我们探讨的众多移民案例和政策实例也多发生在长安。据此，我们可以知道，曹魏时期的长安城，人口经历了从减损外流到恢复内迁、从以汉族为主到少数民族比例逐步加重的变化过程。而三国鼎立的局面使关中地区内部相对稳定，曹魏时期，长安人口开始由谷底逐渐恢复，但是恢复的速度较为缓慢。

第二节
西晋时期的长安城

曹魏咸熙二年（公元265年）太保郑冲上表请求将帝位禅让于晋王司马炎，后"魏朝公卿何曾、王沉等固请"，经过一番推辞与固让，晋武帝司马炎于"泰始元年冬十二月丙寅，设坛于南郊，百僚在位及匈奴南单于四夷会者数万人，柴燎告类于上帝……。礼毕，即洛阳宫幸太极前殿，……于是大赦，改元。赐天下爵，人五级；鳏寡孤独不能自存者谷，人五斛。复天下租赋及关市之税一年，逋债宿负皆勿收。除旧嫌，解禁锢，亡官失爵者悉复之"①，至此，存在了四十六年的曹魏政权覆灭，取而代之的是晋王朝，史称西晋。西晋通过禅让建国，使得政权得到平稳过渡，没有发生重大战争，长安城继续作为西晋时期的西部重镇而存在。

一、长安城的城市建筑

西晋通过禅让建国，长安地区没有发生重大变故。直到西晋末年，秦王司马邺继太子位于关中，后称帝于长安，最终被刘曜所擒，至此西晋灭亡。西晋一朝长安城一直为西部重镇，直到西晋末年再一次成为国家的都城，然而此时少数民族纷纷进入中原，西晋政权已是四分五裂，战乱频起。文献中关于这一时期的城市建筑的记载非常有限。《长安志》记载晋王朝在长安的宫殿建筑仅有太极殿一处。然而晋愍帝即位于关中，统治时间长达六年②，在这六年的时间内西晋在长安建立起一套完整的国家政权机构。因此，这一时期可

---

① 《晋书》卷三《武帝纪》，第50—51页。
② 《晋书》记载：怀帝永嘉六年（公元312年）九月"辛巳，前雍州刺史贾疋讨刘粲于三辅，走之，关中小定，乃与卫将军梁芬、京兆太守梁综共奉秦王邺为皇太子于长安"，由于此时晋怀帝已被刘聪所俘虏，我们认为自此开始长安已成为西晋政权实际上的都城，直到晋愍帝建兴五年（公元317年）"十二月戊戌，帝遇弑，崩于平阳"。晋愍帝的去世不仅标志着西晋政权的灭亡，也预示着西晋王朝定都长安的终止。

能有一些汉魏残存宫殿建筑得到修整和完善。然而这些建筑没有出现在传世史料之中。现存文献中可检索到的长安城的城市建筑有以下几种。

图2-9　西安市雁塔区出土西晋陶井、陶磨、陶盆、陶罐
（选自陕西省文物局：《陕西省历史地图集》，西安地图出版社，2017年）

（一）太极殿

宋敏求的《长安志》记载："晋太极殿。《周地图记》曰：'太极殿，晋愍帝之宫，在长安南门，后姚兴重建'"①，明确说明了晋愍帝时期长安城中有太极殿，并且指出太极殿是晋愍帝的皇宫。虽然《晋书》中没有长安太极殿的记载，但有以下记载：

（永和）八年，健僭即皇帝位于太极前殿，诸公进为王，以大单于授其子苌。②

飨群臣于太极前殿，饮酣乐奏，生亲歌以和之。③

在《晋书》中还有"使宋敞奉帝还宫"④这样的记载，这里的"宫"，很可能指的就是太极殿。而在《资治通鉴》中则记载，永和十二年（公元356年）正月"壬戌，生

---

① 〔宋〕宋敏求：《长安志》卷五《宫室三》，辛德勇、郎洁点校，三秦出版社，2013年，第224页。
② 《晋书》卷一一二《苻健载记》，第2870页。
③ 《晋书》卷一一二《苻生载记》，第2873页。
④ 《晋书》卷五《孝愍帝纪》，第131页。

宴群臣于太极殿"①。《晋书》中虽然没有提到"太极殿",但是我们可以认为"太极前殿"就是"太极殿"的一部分,甚至"太极前殿"就是指的"太极殿"。由此可知,《晋书》和《资治通鉴》均提到前秦时期有太极殿存在,而在爬梳前赵时期长安城文献资料时发现,在前赵时期并没有新建一座命名为"太极殿"的宫殿。那么我们可以认为这里提到的"太极殿",就是西晋愍帝时期的宫殿。然而在西晋之前长安城中就没有一座被命名为"太极殿"的宫殿,并且《长安志》中明确提到"太极殿"位于长安南门,而汉魏时期长安宫殿建筑中位于南门附近的仅有未央宫一座宫殿,这一时期未央宫也在同时使用②。史念海等曾撰文论述过二者之间的关系,认为"苻健僭称尊号之时,即皇帝位于太极前殿,自亦应在未央宫中"③。既然太极殿位于未央宫之中,那么太极殿在西晋一朝应该是一直使用的。作为文献中流传下来的西晋长安城宫殿,太极殿应该是晋愍帝时期最主要的处理政务的宫殿,并且晋愍帝的寝宫也很有可能位于太极殿之中。

(二)宗庙、社稷

西晋王朝的都城基本都是在洛阳,它的宗庙和社稷也是修建在洛阳周边。但是西晋末年,刘曜占据洛阳之后,西晋王朝在洛阳的宗庙、社稷也名存实亡,甚至是不复存在。因而,晋愍帝在长安继太子位时"登坛告类,建宗庙社稷,大赦"④。除此之外,再也没有相关记载,所以西晋时期长安城的宗庙、社稷修建于何处,何时被彻底毁坏,均不得而知。

(三)敦煌寺

《晋书》《资治通鉴》《长安志》中均没有关于敦煌寺的记载,然而《高僧传》卷一《译经上》中提到晋代和尚昙摩罗刹(法护)时说:"法护,其先月支人,……世居敦煌郡。……自敦煌至长安……后立寺于长安青门外,……时人咸谓敦煌菩萨也。"⑤另外,在今天的汉长安城宣平门(即文献中提到的"青门"⑥)外仍伫立着敦煌寺塔,并且在2001年西安市人民政府公布的第二批市级文物重点保护单位名单中,敦煌寺塔名

---

① 《资治通鉴》卷一〇〇,晋穆帝永和十二年正月,第3152页。
② 《晋书》卷一〇三《刘曜载记》记载:"曜立太学于长乐宫东,小学于未央宫西","有凤皇将五子翔于故未央殿五日",由此可知,在刘曜时期未央宫是存在的。
③ 史念海、史先智:《论十六国和南北朝时期长安城中的小城、子城和皇城》,载《中国历史地理论丛》1997年第1辑,第3页。
④ 《晋书》卷五《孝愍帝纪》,第126页。
⑤ 〔梁〕释慧皎:《高僧传》卷一《译经上》,汤用彤校注,汤一玄整理,中华书局,1992年,第23—24页。
⑥ 《后汉书》卷八三《逢萌传》,第2760页。

图 2-10　西晋敦煌寺塔（清代重修）

列其中。其文保碑记述道："敦煌寺位于长安故城宣平门外，始建于晋代。当时有敦煌菩萨在此寺译《法华经》，死后于寺中为塔，以瘗其灵骨及舍利"，由此可见在西晋时期长安城宣平门外有敦煌寺，这座寺庙是敦煌人法护筹款所修筑的，建成之后，法护在此译经传道。在现有的文献记载中没有敦煌寺开始修筑的时间，也没有详细论述其占地面积，但是在《高僧传》中记载"于是德化遐布，声盖四远，僧徒数千，咸所宗事"①，说明敦煌寺规模比较宏大。

（四）长安小城

关于西晋长安小城的记载不多，仅《晋书》中提到"八月，刘曜逼京师，内外断绝，镇西将军焦嵩、平东将军宋哲、始平太守竺恢等同赴国难，麹允与公卿守长安小城以自固"②，"后刘曜又率众围京城，綝与麹允固守长安小城"③。这两条文献记载的是一件事，即：西晋建兴四年（公元316年）刘曜围攻长安，西晋王朝固守长安小城以待

---

① 《高僧传》卷一《译经上》，第24页。
② 《晋书》卷五《孝愍帝纪》，第130页。
③ 《晋书》卷六〇《索綝传》，第1651页。

援兵。这次围攻的结局是"冬十月，京师饥甚，米斗金二两，人相食，死者太半。……十一月乙未，使侍中宋敞送笺于曜，帝乘羊车，肉袒衔璧，舆榇出降"①。在守城四个月后，长安城中粮食紧缺，物价飞涨，因无粮可食，导致人吃人，长安城中居民死伤严重，在这种情况下晋愍帝不得不出城投降。由此可知，即使在长达四个月的敌军围城过程中，长安小城也没有被攻陷，最后是因为城中无粮可食，西晋王朝才主动开门投降，这说明此时的长安小城应该十分坚固，称得上是固若金汤。除《晋书》之外，这一时期的其他文献中均没有西晋末年"长安小城"的记载，司马光在撰写《资治通鉴》时也没有将"长安小城"收录其中，这是为何，不得而知，且关于小城是何时修筑的、因何事修筑，依据现有文献资料更是不得其因。刘曜入主长安之后，也将都城设置在长安城中，那么小城在前赵时期应该是继续使用的。

西晋王朝在长安的城市建筑，除了上述这些，应该还有完善的城墙和牢固的城门，否则在刘曜围攻长安之时，长安也不可能固守四个月之久而不被攻陷。但是在文献记载中没有相应的资料，因此不再对其单独论述。另外，当时长安城中应该还有很多居民和官员的居住建筑，因文献资料所限，这些建筑的具体情况不得而知。

二、长安城的人口迁徙

曹魏咸熙二年（公元265年）司马炎即皇帝位于洛阳。此时蜀汉政权已经灭亡②，就连在蜀汉政权灭亡后造反的姜维、钟会势力也被铲除③，因此西晋前期关中地区社会安定，人员流动较少，人口有所恢复。但是到了西晋末年，八王之乱给西晋王朝带来严重动荡，动摇了西晋王朝的统治基础，最终导致永嘉之乱，西晋覆灭。本节探讨西晋时期长安城的人口迁徙，主要论述八王之乱时的人口流动和永嘉之乱时的人口流动。

（一）八王之乱时长安城的人口流动

八王之乱是因西晋皇族争权夺利导致的政治变乱。这场政治内讧主要是参与动乱的

---

① 《晋书》卷五《孝愍帝纪》，第130页。
② 《资治通鉴》卷七八《魏纪十》载："（魏元帝景元四年冬）艾至成都城北，汉主率太子诸王及群臣六十余人，面缚舆榇诣军门。艾持节解缚焚榇……绥纳降附。"由此可知在景元四年即公元263年蜀汉政权覆灭。
③ 《晋书》卷二《文帝纪》载："咸熙元年春正月，槛车征艾。乙丑，帝奉天子西征，次于长安。是时魏诸王侯悉在邺城，命从事中郎山涛行军司事，镇于邺，遣护军贾充持节、督诸军，据汉中。钟会遂反于蜀，监军卫瓘、右将军胡烈攻会，斩之。"由此可知钟会造反早在司马昭的意料之中，其也做了详细的准备，因此钟会叛乱势力很快就被镇压下去。

司马氏诸王利用手中的权力勾结贾后，通过矫诏的方式杀掉竞争对手。当时地处长安地区的河间王颙没有参与，长安地区基本上没有因八王之乱而发生大规模的人口迁徙。这一阶段长安地区的人口迁徙主要是关中地区少数民族的反叛及自然灾害引起的。

在西晋元康元年（公元291年）至光熙元年（公元306年）这段时间内，西晋政权可谓是天灾人祸不断。八王之乱一直持续，自然灾害也不时降临。由于西晋王朝将主要精力放在平定八王之乱上，因此天灾过后的社会救济和社会救援基本上无从谈起。处于社会底层的百姓在这样的社会中若遇上天灾，那基本上只能逃亡或者听天由命了。文献中对这一时期关中地区的灾害及灾害带来的人口流失是这样记载的：

> 秋七月，雍、梁州疫。大旱，陨霜，杀秋稼。关中饥，米斛万钱。①
>
> 元康七年七月，秦、雍二州大旱。故其年氐羌反叛，雍州刺史解系败绩。②
>
> 惠帝元康七年七月，秦、雍二州大旱，疾疫，关中饥，米斛万钱。③
>
> 八年春正月丙辰，地震。诏发仓廪，振雍州饥人。④

据上述文献记载可知，在八王之乱期间关中地区大旱，严重的灾害及落后的救灾措施导致了人口的大量流失。元康六年（公元296年），在严重的灾害面前，关中地区的齐万年发动叛乱。虽然在文献中没有人口流失的记录，但是在中国传统社会中，一旦面临严重灾害，人口就会大量流失，更不要说在灾害之后又爆发叛乱。根据中国古代灾害及战争时期人口流动的特点，这一时期关中地区人口流动的主要方向应该是向当时的都城洛阳迁徙，除此之外有一部分向南部山区及汉中地区迁徙，也有一部分被叛乱的氐、羌所裹挟，流向关中北部地区。在灾害及战争过后，文献中没有提到对关中地区人口的充实性移民，但是传统社会时期中国农民在安土重迁观念的影响下，往往有一部分会自发地在战争或灾害过后回迁。

连年的战乱、民族冲突和不断爆发的灾害迫使关中地区的人口大量外迁。关中地区有一条传统的避难路线，那就是穿越秦岭进入汉中及更南部的四川地区。这一时期也不例外，《晋书》记载"百姓乃流移就谷，相与入汉川者数万家"⑤，这一大批迁徙居民在汉中上书朝廷："流人十万余口，非汉中一郡所能振赡，东下荆州，水湍迅险，又无

---

① 《晋书》卷四《惠帝纪》，第94页。
② 〔梁〕沈约撰：《宋书》卷三一《五行志》，中华书局，1974年，第906页。
③ 《晋书》卷二八《五行志》，第839页。
④ 《晋书》卷四《惠帝纪》，第95页。
⑤ 《晋书》卷一二〇《李特载记》，第3022页。

舟船。蜀有仓储，人复丰稔，宜令就食"①，由此合法地进入四川和汉中。除此之外，文献中还记有一部分雍州流民经武关道迁徙进入南阳及襄阳地区。《晋书》载：京兆新丰人王如起兵时，"新平庞寔、冯翊严嶷、长安侯脱等各率其党攻诸城镇，多杀令长以应之，未几，众至四五万"②。葛剑雄在《中国移民史》中认为"参与王如等起兵者必定以关中流民为主，王如与庞寔等并不是完全联合，故总数远不至四五万，而流民也不可能全部加入，故估计流民总数至少近十万"③。所以这一时期关中地区向外迁徙的人口总数应该超过三十万④。

战争过后，中央政府要求关中地区"凡流人入汉川者，皆下所在召还"，然而以李特为首的川蜀移民认为"中国方乱，不足复还"⑤，由此可见，当时流出的人口大部分没有返回关中地区。除召还流民外，晋惠帝元康九年（公元299年）正月，"左积弩将军孟观伐氐，战于中亭，大破之，获齐万年。征征西大将军、梁王肜录尚书事。以北中郎将、河间王颙为镇西将军，镇关中"⑥，虽然没有提到对关中地区的充实性移民，但是关中地区仍然是西晋政权都城安全的重要屏障，故特地派遣朝中重臣镇守关中。可见关中地区仍然有不小的人口基数。

（二）永嘉之乱时长安城的人口流动

永嘉之乱是西晋历史上继八王之乱后的又一次大规模战乱。此次战乱，关中地区也受到了波及。永嘉五年（公元311年）八月，汉军（匈奴人）攻占长安，"长安遗人四千余家奔汉中"⑦。直到永嘉六年（公元312年），晋雍州刺史贾疋才收复长安，但是此时"长安城中户不盈百，墙宇颓毁，蒿棘成林。朝廷无车马章服，唯桑版署号而已。众唯一旅，公私有车四乘，器械多阙，运馈不继"⑧。据此可知此时的长安城破败不堪，基本上是一座军城，除军队和官员之外很少有普通百姓。史念海在《十六国时期各

---

① 《晋书》卷一二〇《李特载记》，第3023页。
② 《晋书》卷一〇〇《王如传》，第2618页。
③ 《中国移民史》第二卷《先秦至魏晋南北朝时期》，第308页。
④ 上述提到移民的主要方向应该是向都城洛阳方向，即出潼关进入三河地区，这一部分应该会超过十万人，再加上南入川蜀的十余万人及南阳地区的近十万人，总数应该超过三十万人。除此之外应该还有部分民众被少数民族北掳至关中以北地区，所以说这一时期关中地区丧失的人口数应该是超过三十万的，但是再具体一些的数字在现有条件下是不能确定的。
⑤ 《晋书》卷一二〇《李特载记》，第3025页。
⑥ 《晋书》卷四《惠帝纪》，第95页。
⑦ 《晋书》卷五《孝怀帝纪》，第123页。
⑧ 《晋书》卷五《孝愍帝纪》，第132页。

割据霸主的迁徙人口》上篇中提到刘曜退出长安时又从长安掠夺士女八万余人①，到愍帝建兴四年（公元316年）十一月愍帝向刘曜投降，西晋覆灭。

综上所述，在永嘉之乱时期关中地区的人口进一步流失。汉军进攻长安时百姓南入川蜀四千余户，这部分应该就有一两万人，加上刘曜从关中地区掠走的八万余名士女，再加上零星的逃亡者等，这一时期关中地区就流失十余万人。至愍帝继位关中时，长安城中"户不盈百"。总的来说，这一时期关中地区的人口迁徙是八王之乱时期人口流失的延续，八王之乱后，人口虽然有短暂的、小规模的回流，但是关中地区人口大的趋势仍然是以流失为主。

---

① 史念海：《十六国时期各割据霸主的迁徙人口》上篇，载《中国历史地理论丛》1992年第3辑，第92页。

第三章 十六国时期的长安城

西晋末年，北方少数民族纷纷南下进入中原，腐朽的西晋政权面对蜂拥而来的少数民族，不但无力调和他们之间的矛盾，更是连自保的能力都没有。在西晋末年的八王之乱中，臣服于西晋王朝的部分少数民族认为"今司马氏骨肉相残，四海鼎沸，兴邦复业，此其时矣"①。元康六年（公元296年）八月，秦（今甘肃天水市）、雍（今陕西关中及甘肃东部）的氐、羌推氐帅齐万年为"皇帝"②；永康二年（公元301年），散骑常侍张轨为凉州刺史，"轨以时方多难，阴有保据河西之志"③，而自公元316年晋愍帝降汉国、西晋灭亡后，当时的前凉势力统治者张寔（张轨长子）占据凉州河西之地，虽向晋王司马保、东晋称臣（正式册封要迟至东晋咸和八年，即公元333年），但其半独立的态势、实际割据凉州的野心和立场毋庸置疑；太安二年（公元303年），蛮人张昌据江夏（今湖北云梦县西南），拥立丘沈（改名刘尼）为天子④，建国，国号汉；永兴元年（公元304年），氐人李雄在成都称王⑤，公元306年称帝，建国，国号大成；也是在这一年，匈奴刘渊在左国城（今山西吕梁市离石区北）称汉王，国号为汉⑥，并于公元308年称帝；永兴二年（公元305年），右将军陈敏据江东叛，自号楚公⑦。

此外，后来建立前赵的匈奴人刘曜、建立后赵的羯人石勒、开前燕之基的鲜卑人慕容廆等，都通过这场战乱不断成长壮大起来。八王之乱结束之后，西晋紧接着就进入永嘉之乱，最终导致亡国，中原的汉人纷纷南迁，北方进入十六国时期。十六国时期政权林立，相互之间斗争不断，在不断的斗争中，一些政权消亡，一些政权建立。这一时期和长安城相关的政权主要是前赵、后赵、前秦、后秦及赫连夏政权。

---

① 《晋书》卷一〇一《刘元海载记》，第2647页。
② 《晋书》卷四《惠帝纪》，第94页。
③ 《资治通鉴》卷八四，晋孝惠帝永宁元年正月，第2650页。
④ 《晋书》卷四《惠帝纪》，第100页。
⑤ 《晋书》卷四《惠帝纪》，第104页。
⑥ 《晋书》卷四《惠帝纪》，第104页。
⑦ 《晋书》卷四《惠帝纪》，第106页。

第一节
汉及前赵时期的长安城

匈奴汉国统治者刘聪上台后不断扩大地盘，占领了北方大部分土地。而作为西晋军事重镇的长安，自然也是其重点突击目标之一。自永嘉五年（公元311年）始，刘聪不断派出军队与西晋政权争夺长安的控制权，至建兴四年（公元316年），刘聪才彻底占领长安城。占领长安城后，刘聪任命刘曜为"相国，都督中外诸军事，镇长安"。公元318年刘聪去世后，匈奴汉国内讧，刘曜乘机于赤壁称帝，次年迁都长安，史称前赵。前赵时期，长安城是国家的都城，这一时期文献记载有：

> 曜……（刘）聪之末年，位至相国，镇长安。……靳明既降于曜，曜还都长安，自称大赵。[1]

> （光初二年）夏四月，徙都长安，起光世殿于前，紫光殿于后。……六月，缮宗庙、社稷、南北郊于长安。[2]

> 长水校尉尹车谋反，潜结巴酋徐库彭，曜乃诛车，囚库彭等五十余人于阿房，将杀之。光禄大夫游子远固谏，曜不从。子远叩头流血，曜大怒，幽子远而尽杀库彭等，尸诸街巷之中十日，乃投之于水。于是巴氏尽叛，推巴归善王句渠知为主，四山羌、氐、巴、羯应之者三十余万，关中大乱，城门昼闭。[3]

> 曜立太学于长乐宫东，小学于未央宫西，简百姓年二十五已下十三已上，神志可教者千五百人，选朝贤宿儒明经笃学以教之。[4]

---

[1]《魏书》卷九五《刘曜传》，第2046页。
[2]〔北魏〕崔鸿撰，〔清〕汤球辑补：《十六国春秋辑补》卷六《前赵录六》，王鲁一、王立华点校，齐鲁书社，2000年，第45页。
[3]《晋书》卷一〇三《刘曜载记》，第2686页。
[4]《晋书》卷一〇三《刘曜载记》，第2688页。

> 曜命起酆明观，立西宫，建陵霄台于滈池。①
>
> 烈帝元年，曜子毗率百官弃长安西走秦州。寻为石勒所灭。②

由文献可知，前赵光初元年（公元318年），刘曜趁刘聪去世、其子内讧之际，在长安拥兵自立，建立起前赵政权。其实早在刘聪去世之前，刘曜在匈奴汉国政权中已位至丞相，并拥有重兵，占据长安，处于实际上的割据地位。刘聪去世之后，刘曜立即自立，并在光初二年（公元319年）定都长安。刘曜定都长安之后，对长安城的建筑进行了修缮，也新建了一批宫殿，虽然在文献中没有提到这些宫殿是何时开始修建的，但是据文献可知，刘曜是在西晋建兴四年（公元316年）开始占据长安的，并且位居丞相，拥有重兵，因此应该是从那时起，刘曜就开始了对长安城的修缮，毕竟在几年之前"长安城中户不盈百，墙宇颓毁，蒿棘成林"。但笔者认为那时他仅仅是开始修缮一些建筑，因为他毕竟还只是丞相，并没有称帝。从西晋愍帝即位于长安开始到刘曜定都关中，长安又一次成为都城，这一时期两汉残存的宫殿建筑得到了修缮，并且刘曜定都长安之后，又新建了一些建筑，如文献中提到的"光世殿""紫光殿""宗庙""社稷""南北郊"等。但是这些建筑的规模、修建时间及完工时间、使用情况在文献中均没有提及。刘曜虽然是匈奴人，但是从西晋末年开始就接触汉族文化，并努力对其部族进行汉化，所以在称帝之后，他极为重视汉文化的传播。刘曜在未央宫的西边修建小学，在长乐宫的东边建立太学，积极教化民众。由于文献记载含糊不清，不能够确定太学、小学的具体位置。史念海等在《论十六国和南北朝时期长安城中的小城、子城和皇城》一文中也只是提到"西晋末年，永嘉乱离之后，长安城即已陷入兵戈云扰之中，可能已相当残破。刘曜以长安为都时，就不能不另建光世殿和紫光殿。这两殿建于何处不得而知，至少当时长乐宫和未央宫还未残毁罄尽。刘曜因而立大学于长乐宫东，立小学于未央宫后"③。除上述建筑之外，刘曜还修建了酆明观、西宫、陵霄台等建筑。文献中还提到"拟阿房而建西宫，模琼台而起陵霄"④，据此可判断西宫在阿房宫旧址，而陵霄台在汉滈池琼台旧址。但是这几处建筑的规模不得而知。

刘曜建国定都长安之后，由于关中地区人口大规模流失，不得不从其他地方迁徙人

---

① 《晋书》卷一〇三《刘曜载记》，第2688页。
② 《魏书》卷九五《刘曜传》，第2047页。
③ 史念海、史先智：《论十六国和南北朝时期长安城中的小城、子城和皇城》，载《中国历史地理论丛》1997年第1辑，第3页。
④ 《晋书》卷一〇三《刘曜载记》，第2689页。

口至关中,以充实长安。长安又成为人口的流入地。文献记载:

> 明战累败,遣使求救于曜,曜使刘雅、刘策等迎之。明率平阳士女万五千归于曜。①
>
> 分徙伊余兄弟及其部落二十余万口于长安。②
>
> 使侍中乔豫率甲士五千,迁韬等及陇右万余户于长安。③

由上述文献可知,长安城虽然是两汉时期的都城,但是经历了长期的战乱之后,到晋愍帝在关中继位时,长安城中居民"不足百户"。刘曜占领长安之后就开始逐渐迁徙人口充实关中,特别是在定都关中之后,更是大量地迁徙人口入长安。这种迁徙主要是通过战争将敌对方的人口掳掠至长安,如上郡(今陕西北部)的氐、羌等据险不降,刘曜派遣军队讨伐之,在氐、羌战败之后,将其部落民众二十余万口强制迁徙至长安;在征服仇池杨难敌之后,也将部分民众强制迁移至长安。总之在前赵时期,长安地区的人口数是在不断增长的。史念海在《十六国时期各割据霸主的迁徙人口》上篇中认为:"刘曜徙到长安的人口是相当多的,并非只是如《刘曜载记》所记载的那样的几宗。"④文献记载也证实了史念海的观点。《晋书》记载:前赵政权灭亡时,"关中扰乱,将军蒋英、辛恕拥众数十万,据长安"⑤,这数十万人有可能是蒋英等部下的军队,长安城中应该还有大量的普通百姓,即使这数十万人包含普通民众,长安城中的人口数量也是相当可观的。其后,至石勒占据关中时,"徙其台省文武、关东流人、秦雍大族九千余人于襄国,又坑其王公等及五郡屠各五千余人于洛阳"⑥,由于长安仍是后赵政权的重镇,因此秦雍地区的大族人口不可能被全部迁走,那么长安地区应该还有相当的人口。因此,在前赵时期,关中地区人口不断增加,这都是刘曜前赵政权迁徙人口不断充实关中的结果。

---

① 《晋书》卷一〇三《刘曜载记》,第2684页。
② 《晋书》卷一〇三《刘曜载记》,第2687页。
③ 《晋书》卷一〇三《刘曜载记》,第2691页。
④ 史念海:《十六国时期各割据霸主的迁徙人口》上篇,载《中国历史地理论丛》1992年第3辑,第94页。
⑤ 《晋书》卷一〇三《刘曜载记》,第2701页。
⑥ 《晋书》卷一〇三《刘曜载记》,第2701—2702页。

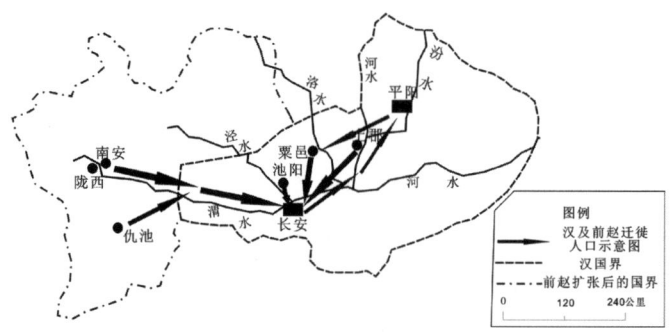

图 3-1　汉及前赵关中地区人口流动示意图

前赵政权虽仅持续了短短十多年,但对长安地区的复兴做出了重大贡献。刘曜定都关中之后,不但进行了大量的城市建筑的修缮,还新建了一批宫殿、亭台等建筑。一批两汉时期的宫殿建筑得到了维护和修缮,从而延长了其寿命,也为后世留下了宝贵的财富。除城市建筑之外,刘曜还积极发展文化事业,修建太学、小学,鼓励百姓接受教育,努力学习汉族文明,从而促进了关中地区少数民族和汉族的融合。

第二节
后赵时期的长安城

刘聪死后，以刘曜为首的前赵政权与以石勒为首的后赵政权进行了频繁的战争。刘曜定都关中后贪图享乐，骄傲轻敌，洛阳一战被石勒俘杀。公元329年，石勒攻灭前赵，长安为后赵所据有。后赵政权占领长安之后，初期并没有对长安地区进行大规模的修建和完善。究其原因，可能与两方面因素有关：首先长安城在朝代交替时并未发生大规模战争，因此长安城的城市建筑得以保全；其次前赵以长安为都城，其修建和修葺的城市建筑仍然在发挥作用，而后赵的都城在关东地区，没有必要对长安地区进行大规模建设。直到石苞镇守长安时期，"发雍、洛、秦、并州十六万人城长安未央宫"①。史念海等在《论十六国和南北朝时期长安城中的小城、子城和皇城》一文中指出："《晋书》记载十六国史事，于建立新宫则称之为'起'，从事整理复原又称之为'修治'，这里却称之为城，似有特别含义。石虎都邺（今河北临漳县西南），长安则是一方重镇。也许由于重镇不易防守，故有此设施。"②一次调发十六万人"城长安未央宫"，可见其工程的浩大。此处明确指出是"长安未央宫"，由此可知此次未央宫应该是得到了全面的修缮，并且在汉未央宫旧址上也应该有新的建筑出现，或者重新修筑了围墙。由于正史未载明，迄今为止，此次未央宫修缮的具体情况仍然不是很清楚。除此之外，文献中几乎没有关于后赵政权在长安地区的城市建筑的记载，仅在《魏书》中记载"营长安、洛阳二宫"③，这一条文献记载可能指的就是营建长安未央宫。

后赵政权占领长安之后，对长安地区的人口进行了重新规划，总的来说是把部分长

---

① 《晋书》卷一〇六《石季龙载记上》，第2777页。
② 史念海、史先智：《论十六国和南北朝时期长安城中的小城、子城和皇城》，载《中国历史地理论丛》1997年第1辑，第3页。
③ 《魏书》卷九五《铁弗石虎传》，第2052页。

安地区的民众迁徙至关东，将秦州、凉州的居民迁徙至长安地区。后赵政权占领长安之后，"徙其台省文武、关东流人、秦雍大族九千余人于襄国"①，除这一条有详细记载之外，这一时期长安城人口的迁徙均很模糊，只能从文献中细细爬梳，才能管窥其部分面貌。文献记载：

  洪说季龙宜徙关中豪杰及羌戎内实京师。季龙从之，以洪为龙骧将军、流人都督。②

  及石季龙克上邽，弋仲说之曰："明公握兵十万，功高一时，正是行权立策之日。陇上多豪，秦风猛劲，道隆后服，道污先叛，宜徙陇上豪强，虚其心腹，以实畿甸。"季龙纳之，启勒以弋仲行安西将军、六夷左都督。后晋豫州刺史祖约奔于勒，勒礼待之，弋仲上疏曰："祖约残贼晋朝，逼杀太后，不忠于主，而陛下宠之，臣恐奸乱之萌，此其始矣。"勒善之，后竟诛约。

  勒既死，季龙执权，思弋仲之言，遂徙秦雍豪杰于关东。弋仲率部众数万迁于清河。③

  季龙闻生之奔也，进师入关，进攻长安，旬余拔之，斩蒋英等。分遣诸将屯于汧。徙雍、秦州华戎十余万户于关东。④

  论功封赏各有差。徙段国民二万余户于司、雍、兖、豫四州。⑤

  徙辽西、北平、渔阳万户于兖、豫、雍、洛四州之地。⑥

  勒遣石生进据陇城。王羌兄子擢与羌有仇，生乃赂擢，与掎击之。羌败，奔凉州。徙秦州夷豪五千余户于雍州。⑦

  王擢克武街，执重华护军曹权、胡宣，徙七千余户于雍州。⑧

  后石鉴杀遵，所在兵起，洪有众十余万。

  ……洪谓博士胡文曰："孤率众十万，居形胜之地，冉闵、慕容儁可指辰而殄，姚襄父子克之在吾数中，孤取天下，有易于汉祖。"⑨

---

① 《十六国春秋辑补》卷八《前赵录八》，第64页。
② 《晋书》卷一一二《苻洪载记》，第2867页。
③ 《晋书》卷一一六《姚弋仲载记》，第2959—2960页。
④ 《晋书》卷一〇五《石勒载记下》，第2755页。
⑤ 《资治通鉴》卷九六，晋成帝咸康四年三月，第3015页。
⑥ 《晋书》卷一〇六《石季龙载记上》，第2770页。
⑦ 《晋书》卷一〇五《石勒载记下》，第2747页。
⑧ 《晋书》卷一〇七《石季龙载记下》，第2781页。
⑨ 《晋书》卷一一二《苻洪载记》，第2868页。

由上述文献记载可知，后赵时期关中地区的人口迁徙十分频繁，人口迁徙的特点是：前期主要是将关中地区的人口向外迁徙，大部分迁徙至关东地区；后期主要是将人口迁徙至雍州，还有部分是在部族首领带领下回迁至关中地区的。后赵时期人口迁徙虽然十分频繁，但是除苻洪带领部族回迁关中之外，其他迁徙涉及地区非常广泛，涉及多个州级政权，而每次的人口数量均不是很大，大多在一万到两万人，超过十万人的记载仅有两次。后赵政权的人口迁徙均应是强干弱枝这一策略的具体措施。

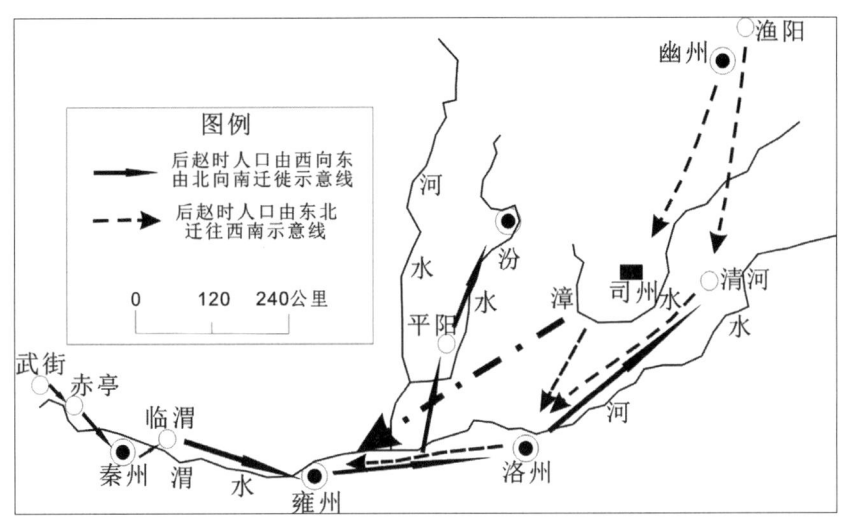

图 3-2　后赵时期关中地区人口流动示意图

后赵政权占领关中地区的短短二十多年间（公元329—352年），关中地区频繁经历战争，不过战争期间长安的易手大多是通过和平的方式，无论是后赵代替前赵、石虎占有关中，还是杜洪代替石苞、苻健占据长安，长安的归属权均是通过投降的方式变更的，这就在最大程度上保存了关中地区的人口及长安城的城市建筑。后赵政权征发十余万人修建长安城未央宫，这不但对前后秦、大夏及北魏时期长安城的军事防御产生影响，而且对后来长安城的城市格局及宫殿建筑的布局方面也有相当影响。结合上述人口流动的文献记载可知，后赵前期迁走秦雍十余万户，末年又有苻洪十万余众迁徙关中。除这两次之外，其他地区的人口迁移至关中地区，虽然每次数量都不是很大，但是次数众多，且没有再从关中地区迁走人口，所以，后赵时期长安地区的人口数应该是不断增长的，且其人口增加的速度应该超过除邺城之外的其他后赵城市。

第三节
前秦时期的长安城

石虎去世之后,后赵政权内乱迭起,各个将领和部落首领纷纷据地而治。时征北大将军、冀州刺史苻洪拥兵自立,势力比较强大。他认为若占据关中,必得天下。所以,苻洪的目标就是谋求进兵关中。就在苻洪准备大干一场时,祸从天降,他被麻秋毒杀。其子苻健杀掉麻秋,继续谋求关中,后经过一系列的战争,终于顺利占领关中。无论是后赵取代前赵,还是苻健代替杜洪等占据关中,长安均是以和平的方式易手的,这就在极大程度上保存了长安的城市建筑。

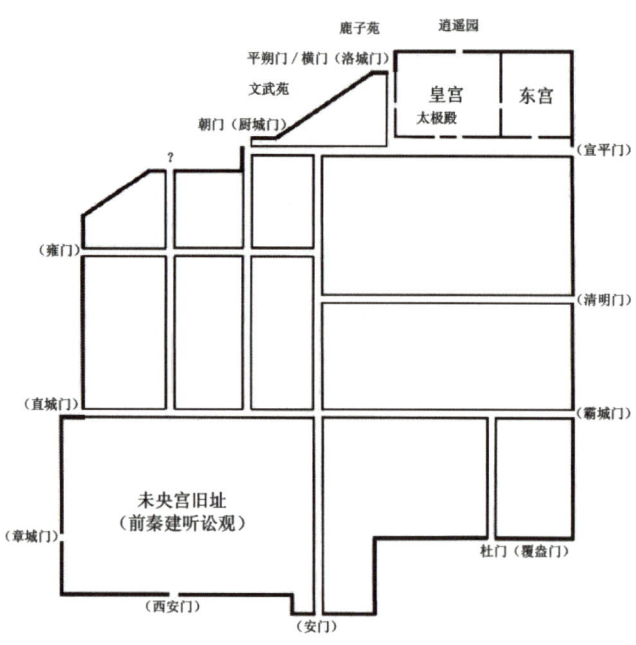

图 3-3 前秦、后秦长安城复原示意图
（史砚忻供图）

苻健进入关中后,"僭即皇帝位于太极前殿,诸公进为王,以大单于授其子苌"①,可见此时太极殿是存在的,保存基本完好。太极前殿见于记载的不多,不能够确定其在长安城中的位置,然而史念海等在《论十六国和南北朝时期长安城中的小城、子城和皇城》一文中认为:苻健占据长安之后,未央宫完整如旧,为其他设施所不及,自应是苻健施政的中心。太极前殿自亦应在未央宫中。②同时史念海等也对苻健时期其他宫殿建筑的位置做了阐述,认为苻健时期的"东宫当指长乐宫而言,东掖门也应是未央宫的东阙了"③。苻健时期关于宫殿建筑的记载除上述之外还有:"健以羸兵六千固守长安小城,遣精锐三万为游军以距温。"④有关长安小城,在《晋书·孝愍帝纪》中也曾有记载:"八月,刘曜逼京师,内外断绝,镇西将军焦嵩、平东将军宋哲、始平太守竺恢等同赴国难,麹允与公卿守长安小城以自固。"⑤无论是西晋末年还是十六国时期,长安城中保存最为完好的宫殿应属未央宫,并且在西晋末年至苻健时期,未央宫屡见记载⑥,由此可见,未央宫应该是一直被使用的。在此情况下史念海等认为:"桓温进攻长安,苻健据守长安小城是在苻健的皇始四年,亦即晋穆帝的永和十年(354)。这和石虎的城未央宫前后相差只有十年。十年之中并未遭受破坏,则苻健所守的长安小城,应即是未央宫城。"⑦除此之外,苻健时期没有其他城市建筑留诸记载。苻生在位仅仅两年就被杀,其在位期间并没有新的城市建筑出现,而且这一时期关于城市建筑的记载只有"飨群臣于太极前殿""生如阿房"等寥寥几条。这些都是前代所存在的建筑,在苻生时代继续使用。苻生被杀死之后,苻坚继位秦天王,继而称帝。苻坚继位之初,前秦处于内忧外患之中,无暇也无力进行城市建设,其在位中期忙于对外征战,统一北方,等北方统一之后,很快又爆发了淝水之战,前秦灭亡,所以苻坚在位期间并没有进行大规模的城市建设。不过苻坚于公元357年至公元385年在位,一共在位二十九年,其在位期间前秦国力强盛,因此也曾陆续修建和修缮了一些建筑。文献记载:

---

① 《晋书》卷一一二《苻健载记》,第2870页。
② 史念海、史先智:《论十六国和南北朝时期长安城中的小城、子城和皇城》,载《中国历史地理论丛》1997年第1辑,第3页。
③ 史念海、史先智:《论十六国和南北朝时期长安城中的小城、子城和皇城》,载《中国历史地理论丛》1997年第1辑,第4页。
④ 《晋书》卷一一二《苻健载记》,第2870页。
⑤ 《晋书》卷五《孝愍帝纪》,第130页。
⑥ 除西晋时期之外,前文提到前赵刘曜时期曾在未央宫西立小学,后赵石虎时期又发"十六万人城长安未央宫"。
⑦ 史念海、史先智:《论十六国和南北朝时期长安城中的小城、子城和皇城》,载《中国历史地理论丛》1997年第1辑,第3页。

坚性仁友，与法决于东堂，恸哭呕血，赠以本官，谥曰哀。①

　　引其群臣于东堂议曰："凡我族类，支胤弥繁，今欲分三原、九嵕、武都、汧、雍十五万户于诸方要镇，不忘旧德，为磐石之宗，于诸君之意如何？"②

　　既至，坚每日召嘉与道安于外殿，动静咨问之。慕容暐入见东堂。③

文献中关于前秦时期东堂的记载有以上三条，在《魏书》《资治通鉴》《北史》中也有相应记载，但是记载的事件和上述几条基本一致。由上述文献记载可知前秦时期经常在东堂举行群臣会议，苻坚也曾在此召见臣下，所以东堂在苻坚时期应该是一处重要的施政场所。但是前秦时期长安城市建筑的相关记载中都没有提到东堂是何时修建的，前文谈到从西晋末年到前秦，长安城易手均是通过和平手段，所以东堂应该是前代遗留建筑。除此之外再没有更多关于东堂的记载，所以迄今为止，东堂的规模、位置等均不得而知。

　　及王猛卒，坚置听讼观于未央之南。禁老、庄、图谶之学。④

　　坚每临听讼观，令百姓有怨者举烟于城北，观而录之。⑤

听讼观在两汉之后就是一处重要的施政之所，它是中央政府接受诉讼和决断大狱的处所，相当于后世的大理寺等审判机构。苻坚在重臣王猛去世之后，为了防止冤狱，故在"未央之南"设置听讼观。由文献记载可知苻坚是"置"听讼观于未央之南，所以可以推测，此处应该是原有建筑，可能是重新修缮之后当作听讼观的官署。由于史料语焉不详，现今只是知道在此处有这么一处建筑，但是建筑的具体位置、规模等情况我们无法更详细地了解。

　　后二年，西燕慕容冲据阿房。⑥

　　坚以凤皇非梧桐不栖，非竹实不食，乃植桐竹数十万株于阿房城以待之。冲小字凤皇，至是，终为坚贼，入止阿房城焉。⑦

　　慕容冲僭称尊号于阿房，改年更始。坚与冲战，各有胜负。……坚寻败冲于城西，追奔至于阿城。诸将请乘胜入城，坚惧为冲所获，乃击金以止军。⑧

---

① 《晋书》卷一一三《苻坚载记上》，第2885页。
② 《晋书》卷一一三《苻坚载记上》，第2903页。
③ 《晋书》卷一一四《苻坚载记下》，第2924页。
④ 《晋书》卷一一三《苻坚载记上》，第2897页。
⑤ 《晋书》卷一一四《苻坚载记下》，第2928页。
⑥ 《晋书》卷一〇一《刘元海载记》，第2644页。
⑦ 《晋书》卷一一四《苻坚载记下》，第2922页。
⑧ 《晋书》卷一一四《苻坚载记下》，第2925页。

除未央宫、听讼观等建筑之外，在前秦时期还有一处重要的城市建筑，那就是阿房城，史书中对此也有一些记载。阿房城不在长安城之内，苻坚曾在此种植数十万株梧桐、竹子，以供慕容冲居住。此地成为一处驻兵之地。早在苻生时期就有苻生游玩阿房的记载，由此可知阿房城在前秦时期并没有得到大规模修缮，可能只是在秦阿房遗址上及周边修缮了一些城市建筑。苻坚末年鲜卑人慕容冲驻兵于此，并在此建国。据文献"诸将请乘胜入城，坚惧为冲所获，乃击金以止军"得知，此时的阿房宫遗址应该规模十分宏大，所以称之为"城"。但是其具体情况文献却没有详载。

  坚起明堂，缮南北郊，郊祀其祖洪以配天，宗祀其伯健于明堂以配上帝。亲耕藉田，其妻苟氏亲蚕于近郊。①

  坚亲临太学，考学生经义优劣，品而第之。问难五经，博士多不能对。……坚自是每月一临太学，诸生竞劝焉。②

  明年，吕光发长安，坚送于建章宫。③

  其年寝疾，坚亲祈南北郊、宗庙、社稷，分遣侍臣祷河岳诸祀，靡不周备。④

苻坚时期还有一些其他的城市建筑，如上述文献中提到的明堂、南北郊、太学、社稷及建章宫，对这些建筑的修建或修缮时间、建筑的规模等只能依据现有文献进行推测。文献中提到"起"明堂，这表明明堂应该是一处新修筑的城市建筑⑤。明堂是以祭祀为中心，集宗教、政事、教化为一体的所在，是古代最高统治者的政治"大本营"，但是商周以后，明堂的职能渐渐发生分化，其主要是天子祭天祀祖之处，因此明堂的规模应该不是很大。南北郊是之前就有的建筑，此时仅仅进行了修缮。在前秦时期没有其他关于建章宫的记载，也没提及修缮建章宫。上述文献中提到的吕光从长安出发，实际上是为了进军河西走廊，招徕西域著名僧人来关中弘法。因此苻坚在建章宫送别西行军队，可能是在建章宫遗址上或附近为吕光送行，而不是在建章宫内辞别吕光。

前秦定都长安，当时迁徙人口主要是向关中会聚。早在前秦建立之初，苻洪就准备率领其部下进军关中，他自称"孤率众十万，居形胜之地"，然而计划还未实施就被毒杀。苻坚继承其遗志率众十余万入关中，正是依靠着这部分人才建立了前秦政

---

① 《晋书》卷一一三《苻坚载记上》，第2886页。
② 《晋书》卷一一三《苻坚载记上》，第2888页。
③ 《晋书》卷一一四《苻坚载记下》，第2914页。
④ 《晋书》卷一一四《苻坚载记下》，第2933页。
⑤ 史念海等在《论十六国和南北朝时期长安城中的小城、子城和皇城》一文中提到《晋书》记载十六国史事，于建立新宫则称之为"起"，此处记载苻坚"起"明堂，因此认为明堂是一处新修建的建筑。

权。长安是前秦的都城,又是人口的会聚地,所以文献中有不少关于前秦时期长安人口流动的记载:

> 坚赦其罪,署为右将军,蚝武贲中郎将,加广武将军,徙其所部三千余户于长安。①

> 坚徙其酋豪六千余户于长安。②

> 秦兵掠安阳民万余户而还。③

> 十二月,秦王坚迁慕容㬎及燕后妃、王公、百官并鲜卑四万余户于长安。④

> 秋,七月,秦丞相雄徙张遇及陈、颍、许、洛之民五万余户于关中。⑤

> 秦王坚徙关东豪杰及杂夷十五万户于关中。⑥

> 坚以梁熙为持节、西中郎将、凉州刺史,领护西羌校尉,镇姑臧。徙豪右七千余户于关中。⑦

> 苻晖率洛阳、陕城之众七万归于长安⑧。

由上述文献可知,前秦时期的长安人口迁徙主要集中在苻坚在位期间,这主要是因为苻坚在位期间前秦国力强盛,在位前期基本上统一了北方。中国传统社会时期,为了巩固对新占领地区的统治,统治者往往大量迁徙新占领地区的人口,前秦也是如此。由上述文献得知前秦时期主要是把关东地区特别是后赵都城邺城的人口迁徙至关中。史念海认为"当时迁徙到长安的人口有具体记载可考的,约有二十一万余户,以每户五口计算,已经超过一百万人"⑨;葛剑雄认为"苻坚前后迁至长安和关中的人口至少有十多万户、数十万人,加上后赵灭亡后从关东回迁人口和关中原有的人口,至苻坚后期已大致恢复了昔日的繁荣"⑩。苻坚曾经征发"其王侯已下及豪望富室僮隶三万人,开泾

---

① 《晋书》卷一一三《苻坚载记上》,第2885页。
② 《晋书》卷一一三《苻坚载记上》,第2889页。
③ 《资治通鉴》卷一〇一,晋海西公太和元年八月,第3202页。胡三省注:"安阳县,汉属汉中郡。魏置魏兴郡,安阳属焉;晋省。秦攻南乡而退,安能深入山阻,掠安阳之民乎!《载记》作'汉阳',谓汉水之北也。当从《载记》为是。"由此,此处的安阳应该为汉阳。
④ 《资治通鉴》卷一〇二,晋海西公太和五年十二月,第3239页。
⑤ 《资治通鉴》卷九九,晋穆帝永和八年七月,第3128页。
⑥ 《资治通鉴》卷一〇三,晋简文帝咸安元年正月,第3243页。《晋书》卷一一三《苻坚载记上》记载"徙关东豪杰及诸杂夷十万户于关中",而不是十五万户。
⑦ 《晋书》卷一一三《苻坚载记上》,第2898页。
⑧ 《晋书》卷一一四《苻坚载记下》,第2922页。
⑨ 史念海:《十六国时期各割据霸主的迁徙人口》上篇,载《中国历史地理论丛》1992年第3辑,第107页。
⑩ 《中国移民史》第二卷《先秦至魏晋南北朝时期》,第520页。

水上源，凿山起堤，通渠引渎，以溉冈卤之田"①，仅僮隶就能够一次征发三万人，那么王侯以下及豪望富室所拥有的僮隶很可能倍于三万人，这充分说明了关中地区人口充足。这一时期"关陇清晏，百姓丰乐，自长安至于诸州，皆夹路树槐柳，二十里一亭，四十里一驿，旅行者取给于途，工商贸贩于道。百姓歌之曰：'长安大街，夹树杨槐。下走朱轮，上有鸾栖。英彦云集，诲我萌黎'"②。虽然可能有溢美之词，但是这些记载出于认为苻坚是"僭伪"的正统史官之手，应该和史实相差不会太远。前秦时期除将人口迁徙至关中之外，还曾迁徙居住于关中的氐族到一些军事重镇，甚至远到东北的幽州和龙城以及陇上的河州。③文献记载："凡我族类，支胤弥繁，今欲分三原、九嵕、武都、汧、雍十五万户于诸方要镇，不忘旧德，为磐石之宗。"④苻坚的这一移民政策历来颇受非议，但是葛剑雄认为"如果苻坚不急于南进，这次迁移的后果就不会危及其政权的巩固，他也会有足够的力量震慑关中的异族移民，并使之同化"⑤。不管怎么说，总体而言，苻坚的移民政策是成功的，他加强了各民族之间的交流，使关中地区恢复了昔日的繁荣，这也为后来关中地区再次成为国家的都城奠定了人口基础。

---

① 《晋书》卷一一三《苻坚载记上》，第2899页。
② 《晋书》卷一一三《苻坚载记上》，第2895页。
③ 史念海：《十六国时期各割据霸主的迁徙人口》上篇，载《中国历史地理论丛》1992年第3辑，第107页。
④ 《晋书》卷一一三《苻坚载记上》，第2903页。
⑤ 《中国移民史》第二卷《先秦至魏晋南北朝时期》，第521页。

第四节
后秦时期的长安城

苻坚淝水之战失败之后，前秦政权内部纷纷谋求独立，最先举兵反叛的是鲜卑慕容氏。苻坚于是令其子苻睿讨伐，以姚苌为军司马。苻睿战死，苻坚大怒，姚苌惧怕苻坚，就逃到渭北，被西州豪族势力荐为盟主，并于公元384年自称大将军、大单于、万年秦王，年号白雀，称制行事。慕容氏和姚苌的反叛给了苻坚致命一击。苻坚被杀后，姚苌入据长安，于太元十一年（公元386年）称帝，国号大秦，史称后秦，改长安为常安。公元393年姚苌病死，太子姚兴即位。次年，姚兴打败前秦残余势力苻登，灭前秦，据有关陇。乘西燕灭亡，取得河东。随后相继攻占洛阳，收服西秦，攻灭后凉。公元416年，姚兴病死，太子姚泓即位。公元417年，东晋刘裕攻取潼关，继占长安。八月姚泓兵败出降被杀，后秦灭亡。后秦政权从姚苌称王至姚泓被杀，历时三十四年（公元384—417年）。由于后秦紧接着前秦建立，均定都关中，所以长安城的城市建筑大多在继续使用，后秦雄主姚兴"性俭约"，后秦时期长安城新修筑的宫殿建筑并不是很多。关于前、后秦时期长安城的城市建筑，《长安志》中记载："东华门。平朔门。灵台。杜门。朝门。文武苑。①东宫。东掖门。端门。云龙门。东堂。西厩。明堂。露堂。东阙。太学。辟雍。明光殿。……听讼观。西堂。东苑。徽音堂。社稷。永安宫。律学。咨议堂。西宫。逍遥园。黄龙门。永贵里有波若台。南台。武库。朝堂。"② 关于后秦时期的城市建筑的记载有：

---

① 《长安志》所记上述后秦时期长安城建筑大多应是原有建筑修缮后重新命名的。
② 《长安志》卷五《宫室三》，第224—225页。

一、东堂

> 兴每于听政之暇，引彪等于东堂，讲论道艺，错综名理。①
>
> 京兆韦华、谯郡夏侯轨、始平庞眺等率襄阳流人一万叛晋，奔于兴。兴引见东堂。②
>
> 兴于是练兵讲武，大阅于城西，干勇壮异者召入殿中，引见群臣于东堂，大议伐魏。③
>
> 晋辅国将军袁虔之、宁朔将军刘寿、冠军将军高长庆、龙骧将军郭恭等贰于桓玄，惧而奔兴。兴临东堂引见。④
>
> 所司白兴，依故事东堂发哀。兴不从，每大臣死，皆亲临之。⑤

文献中关于东堂的记载比较多，根据记载得知后秦君主曾在东堂接见臣下、召集群臣商议伐魏等军国大事。《长安志》记载东堂时就提到"姚兴讲论道理之所"⑥，因此在后秦的军事政治生活中，东堂占据重要地位，是一处日常处理政务的场所。文献中提到在东堂能够"引见群臣于东堂，大议伐魏"，由此可以认为后秦时期东堂的规模还是比较宏大的。虽然文献中关于东堂的记载比较多，但是依据现有文献无法判断东堂位于长安城何处。由于在十六国时期未央宫保存完整且经常被修缮，所以未央宫是定都关中的各政权最重要的施政场所，那么东堂很可能是未央宫的一部分。既然被称为"东堂"，那么其很可能在未央宫前殿的东侧。关于东堂的修筑时间，现今为止仍然不可具知，不过自从前赵时期开始就有东堂的记载⑦，可以推测出东堂出现不晚于前赵。前赵时期文献对修筑东堂未有明载，因此东堂很可能是在西晋末年定都关中时修筑的。

二、西宫

> 使没奕于权镇上邽，中军、广陵公敛权镇洛阳，姚显及尚书令姚晃辅其太子泓，入直西宫。⑧

---

① 《晋书》卷一一七《姚兴载记上》，第2979页。
② 《晋书》卷一一七《姚兴载记上》，第2980页。
③ 《晋书》卷一一七《姚兴载记上》，第2981页。
④ 《晋书》卷一一七《姚兴载记上》，第2982页。
⑤ 《晋书》卷一一八《姚兴载记下》，第2997页。
⑥ 《长安志》卷五《宫室三》，第224页。
⑦ 《晋书》卷一〇三《刘曜载记》记载："曜大悦，宴群臣于东堂，语及平生，泫然流涕。"
⑧ 《晋书》卷一一七《姚兴载记上》，第2982页。

兴如华阴，以泓监国，入居西宫。因疾笃，还长安。①

文献中记载姚兴曾令太子泓"入直西宫"和"入居西宫"，因此不难推断西宫在后秦时期应该是皇帝处理政务和居住的地方。在后秦的文献中没有西宫建造的记载②，西宫应该是前秦时期所遗留的宫殿建筑，前秦也应是继承前代的遗留。十六国时期关于西宫的最早记载是"曜命起酆明观，立西宫"③，因此可以确定西宫最早是在前赵时期修建的，虽屡经朝代变迁，但各个朝代均一直在维护和使用，所以保存比较完整。由于"西宫"是后秦君主居住和处理政务的场所，因此规模应该比较宏大。前秦时最重要的宫殿是太极前殿，后秦时期也有太极前殿的记载④，因此可以认为西宫就是前赵时期在太极宫基础上修筑的西宫。

三、逍遥园

兴如逍遥园，引诸沙门于澄玄堂听鸠摩罗什演说佛经。⑤

尚书姚白瓜徙四军杂户入长安，姓丕守渭桥，胡翼度屯石积，姚讚屯霸东，泓军于逍遥园。⑥

逍遥园是后秦时期长安城一处重要的皇家园林，文献中有关逍遥园的记载不少。逍遥园之所以出名，主要是因为姚兴曾经在此设置澄玄堂，邀请佛教高僧鸠摩罗什等翻译佛经，弘扬佛法。《长安志》"逍遥园"条注文说："姚兴常于逍遥园引诸沙门听番僧鸠摩罗什演讲佛经，起逍遥宫，殿庭左右有楼阁，高百尺，相去四十丈，以麻绳大一围，两头各絟楼上。会日，令二人各从楼内出，从绳上行过，以为佛神相遇。"⑦逍遥园除用作弘扬佛法之处外，还进驻大量军队，说明其规模非常宏大，并且有不少建筑，如上文提到的澄玄堂⑧、逍遥宫、楼阁等。关于逍遥园的位置，历来众说纷纭，而具有代表性的大致有三种说法，一说在户县草堂寺附近⑨，二说在汉

---

① 《晋书》卷一一八《姚兴载记下》，第3003页。
② 《长安志》记载西宫时却在注文中提到"姚兴立"。
③ 《晋书》卷一〇三《刘曜载记》，第2688页。
④ 《晋书》卷一一八《姚兴载记下》记载："正旦，兴朝群臣于太极前殿，沙门贾僧恸泣不能自胜，众咸怪焉。"
⑤ 《晋书》卷一一七《姚兴载记上》，第2984页。
⑥ 《晋书》卷一一九《姚泓载记》，第3017页。
⑦ 《长安志》卷五《宫室三》，第225页。
⑧ 《长安志》注文说："在逍遥园中，鸠摩罗什演经所。"
⑨ 陕西省文物管理委员会编：《陕西名胜古迹》，陕西人民出版社，1986年，第69页。

长安城东①，三说在汉长安城北②。吴宏岐在《西安历史地理研究》一书中经过对三种说法的详细考证之后，认为"黄盛璋先生所持逍遥园在汉长安城（亦即后秦长安城）北的说法是有充分依据的，基本可成定论，钟凤年先生等人的逍遥园在汉长安城东说不符合历史实际"③。根据文献记载，王镇恶先败姚丕于渭桥，继败姚泓于逍遥园，由此可以推测，逍遥园应该是在渭桥附近，很可能就在渭河与汉长安城之间。

四、朝门、文武苑、平朔门

> 兴从朝门游于文武苑，及昏而还，将自平朔门入。前驱既至，城门校尉王满聪被甲持杖，闭门距之，曰："今已昏暗，奸良不辨，有死而已，门不可开。"兴乃回从朝门而入。④

> 镇恶入自平朔门，泓与姚裕等数百骑出奔于石桥。⑤

文献中朝门、文武苑和平朔门的记载不是很多，仅有上述两条。根据记载可知姚兴曾经从朝门出长安城去文武苑游玩，在黄昏的时候想从平朔门入城，被城门官拒绝，后来又重新走到朝门才得以进入长安城。关于平朔门，胡三省在《资治通鉴》的注文中称"汉无平朔门，盖长安城北门也，后人改其名耳"⑥，吴宏岐认为平朔门是"汉时与渭桥相对的横门在后秦时的名称"⑦。横门是汉长安城北墙上西边第一门，姚兴在黄昏时欲回到长安城理应从最近的城门进入，虽然最后不得已从朝门进入，但是可以推测文武苑应该是在长安城的西北部。平朔门与渭桥之间是逍遥园，且逍遥园占地面积宽广，同样在汉长安城西北的文武苑很可能就是逍遥园的一部分。在中国传统社会"朝门曰应门，内有路门。天子之宫"⑧，在后秦时期天子之宫是西宫，即未央宫，因此朝门很可能是汉长安城的西安门，然而考古工作者认为在王莽之后西安门就被堵死，再也没有使

---

① 钟凤年：《评"水经注选释"》，载《考古》1961年第5期，第262—263页；韩保全：《西安的名刹古寺》"草堂寺"条，陕西人民出版社，1990年。
② 黄盛璋：《关于〈水经注〉长安城附近复原的若干问题——兼论〈水经注〉的研究方法》，见黄盛璋：《历史地理论集》，人民出版社，1982年；吴宏岐：《西安历史地理研究》，西安地图出版社，2006年，第226页。
③ 《西安历史地理研究》，第227页。
④ 《晋书》卷一一八《姚兴载记下》，第2994页。
⑤ 《晋书》卷一一九《姚泓载记》，第3017页。
⑥ 《资治通鉴》卷一一八，晋安帝义熙十三年八月，第3709页。
⑦ 《西安历史地理研究》，第227页。
⑧ 《长安志》卷三《宫室一》，第162页。

用的痕迹。①因此朝门在何处依据现有文献不得而知。

五、咨议堂

> 兴疾笃，其太子泓屯兵于东华门，侍疾于咨议堂。②
>
> 兴常临咨议堂听断疑狱，于时号无冤滞。③
>
> 于是引见咨议堂。④
>
> 兴惨然改容，召姚讃、梁喜、尹昭、敛曼嵬于咨议堂，密谋收弼。⑤
>
> 泓时侍疾于咨议堂，遣敛曼嵬率殿中兵登武库距战，太子右卫率姚和都率东宫兵入屯马道南。⑥
>
> 泓发丧，以义熙十二年僭即帝位，大赦殊死已下，改元永和，庐于咨议堂。既葬，乃亲庶政，内外百僚增位一等。⑦

根据上述文献记载，后秦时期咨议堂应该是皇帝处理政务和寝居的重要之地。姚兴病重时就居住在咨议堂，他去世之后，继位的姚泓"庐"于咨议堂。在中国传统社会，依据孝礼，有父母去世则要避开正寝，另外结庐居住，所以咨议堂应该不是皇帝的正寝，但也是一处重要的寝殿。后秦时期咨议堂除作为皇帝的寝殿之外，姚兴还曾在此接见臣下，处理刑狱，《长安志》"咨议堂"条下注文载"姚兴常临此堂，决疑狱，无冤滞"⑧。而后秦时期最重要、最完整的宫殿应该是西宫（即未央宫），因此推测咨议堂在西宫之中，是西宫一处处理政务的重要场所，但应该也不是西宫的正殿。⑨依据现有文献不能够考证出咨议堂在西宫中的具体位置和建筑规模，但因其是一处既能处理政务又能充当重要宿寝的宫殿，故而咨议堂的建筑规模大概不会很小。

---

① 李遇春：《汉长安城城门述论》，载《考古与文物》2005年第6期，第56页。文中载："西安门被焚毁后，门道中的乱土、碎瓦片与灰烬未加清除，说明这两个门在以后的东汉、魏晋、五胡十六国时期和西魏北周是废弃不用的。"
② 《晋书》卷一一八《姚兴载记下》，第2998页。
③ 《晋书》卷一一七《姚兴载记上》，第2980页。
④ 《晋书》卷一一八《姚兴载记下》，第2999页。
⑤ 《晋书》卷一一八《姚兴载记下》，第3002页。
⑥ 《晋书》卷一一八《姚兴载记下》，第3003页。
⑦ 《晋书》卷一一九《姚泓载记》，第3008页。
⑧ 《长安志》卷五《宫室三》，第225页。
⑨ 《晋书》卷一一八《姚兴载记下》记载："正旦，兴朝群臣于太极前殿"，在传统社会，年初的大朝会一般是在正殿举行的，因此，可以认为后秦时期未央宫的正殿是太极前殿。

六、太极前殿等建筑

> 正旦，兴朝群臣于太极前殿，沙门贺僧恸泣不能自胜，众咸怪焉。①

> 兴如华阴，以泓监国，入居西宫。因疾笃，还长安。泓欲出迎，其宫臣曰："今主上疾笃，奸臣在侧，广平公每希觊非常，变故难测。今殿下若出，进则不得见主上，退则有弼等之祸，安所归乎！自宜深抑情礼，以宁宗社。"泓从之，乃拜迎于黄龙门樽下。②

> 于是愔与其属率甲士攻端门，殿中上将军敛曼嵬勒兵距战，右卫胡翼度率禁兵闭四门。愔等遣壮士登门，缘屋而入，及于马道。泓时侍疾于咨议堂，遣敛曼嵬率殿中兵登武库距战，太子右卫率姚和都率东宫兵入屯马道南。愔等既不得进，遂烧端门。兴力疾临前殿，赐弼死。③

> 起浮图于永贵里，立波若台于中宫，沙门坐禅者恒有千数。④

根据上述记载可知姚兴曾经于"正旦"（即新年的第一天）在太极前殿举行朝会。在传统社会，新年第一天的大朝会一般是在正殿举行，因此太极前殿应该是后秦时期最重要的处理政务的场所。太极前殿虽然在文献中出现的次数不多，但是其重要性是不容置疑的。在有关后秦时期长安城城市建筑的记载中，没有太极前殿是何时修建、规模如何的记录。但是依据前代的文献可知，在东汉、西晋、十六国时期最早关于长安太极前殿的记载是永和八年（公元352年），苻健"僭即皇帝位于太极前殿"⑤，前秦和后秦先后定都长安，太极前殿很可能被一直沿用，一直是最重要的宫殿。苻健一到长安就在太极前殿称帝，因此太极前殿应是前代遗留下来的。西晋末年愍帝即位于长安时曾修缮一批宫殿，所以太极前殿应是在西晋末年修缮后一直使用，是长安城最重要的处理政务的场所。

史料中关于这一时期黄龙门、端门和武库的记载甚少。依据文献得知，姚兴临幸华阴时，命太子姚泓居住在西宫行使监国职责。姚兴因病重返回长安时，姚泓欲出长安迎接姚兴，大臣劝他不要去，以防发生意外，于是姚泓在黄龙门迎接姚兴。所以推测黄龙门应该是西宫的宫门，《长安志》注文也认为"兴之宫门也"。端门是皇宫的正南门，

---
① 《晋书》卷一一八《姚兴载记下》，第3002页。
② 《晋书》卷一一八《姚兴载记下》，第3003页。
③ 《晋书》卷一一八《姚兴载记下》，第3003页。
④ 《晋书》卷一一七《姚兴载记上》，第2985页。
⑤ 《晋书》卷一一二《苻健载记》，第2870页。

图 3-4 草堂寺

由于迄今所见文献中关于后秦端门的记载仅上述一条,因此也可认为此时的端门是西宫的正南门。史料中提到有武库,武库应在咨议堂附近,武库的规模如何、何时兴建均不得而知。《长安志》后秦"武库"条注文中提到"皆秦姚兴所置",然而在文献中却没有相应的记录。

七、其他建筑

姚兴崇信佛教,在长安大兴浮屠。《旧唐书》说:"今之佛经,罗什所译,姚兴执本,与什对翻。姚兴造浮屠于永贵里,倾竭府库,广事庄严,而兴命不得延。"①而《长安志》的注文曰:"姚兴集沙门五千余人,有大道者五十人,起造浮图于永贵里,立波若台,居中作须弥山,四面有崇岩峻壁。珍禽异兽、林草精奇、仙人佛像俱有。人所未闻,皆以为希奇。"②姚兴在永贵里起造浮屠,立波若台,作须弥山等。文献记"沙门坐禅者恒有千数",可以确定此处浮屠的建筑规模应该相当壮观。

---

① 〔后晋〕刘昫等:《旧唐书》卷九六《姚崇传》,中华书局,1975年,第3027页。
② 《长安志》卷五《宫室三》,第225页。

除上述城市建筑之外,《长安志》中关于后秦的城市建筑还提到了南台、朝堂等。《晋书》也有相关记述:"尚既至长安,坐匿吕氏宫人,擅杀逃人薄禾等,禁止南台。"①"泓闻之,召姚绍等密谋于朝堂。"②南台,在古代一般指御史台,是政府的行政机构,而不是某一具体的城市建筑。朝堂一般指的是皇帝处理政务、举行朝会的神圣之地,很少的情况下才具体指某处。具体到后秦时期的朝堂,结合文献语境很可能指的是具体的城市建筑,因为姚泓是在朝堂与姚绍密谋,如若朝堂在大庭广众之下就谈不上是密谋了。但是由于史书记载简略,后秦时期的朝堂指的是何处的建筑,是在何时修建的,规模如何,后人均无法得知。

八、后秦的长安人口

后秦继前秦之后继续定都长安③,因此,长安仍然是后秦时期迁徙人口的主要集中地。在后秦时期向长安地区迁徙人口的记载主要有:

徙安定五千余户于长安。④

徙阴密三万户于长安,分大营户为四,置四军以领之。⑤

遣姚崇寇洛阳,晋河南太守夏侯宗之固守金墉,崇攻之,不克,乃陷柏谷,徙流人西河严彦、河东裴岐、韩袭等二万余户而还。⑥

兴徙河西豪右万余户于长安。⑦

泓使姚裕、尚书庞统屯兵宫中,姚洸屯于沣西,尚书姚白瓜徙四军杂户入长安。⑧

遣狄伯支迎流人曹会、牛寿万余户于汉中。⑨

天水姜龛、东平淳于岐、冯翊郭高等皆耆儒硕德,经明行修,各门徒数百,

---

① 《晋书》卷一一七《姚兴载记上》,第2987页。
② 《晋书》卷一一九《姚泓载记》,第3012页。
③ 《晋书》卷一一六《姚苌载记》载"苌僭即皇帝位于长安,……改长安曰常安",但在行文中依据现在的习惯依然记作"长安"。
④ 《晋书》卷一一六《姚苌载记》,第2967页。
⑤ 《晋书》卷一一七《姚兴载记上》,第2976页。
⑥ 《晋书》卷一一七《姚兴载记上》,第2978页。
⑦ 《晋书》卷一一七《姚兴载记上》,第2982页。
⑧ 《晋书》卷一一九《姚泓载记》,第3017页。
⑨ 《晋书》卷一一七《姚兴载记上》,第2979页。

教授长安，诸生自远而至者万数千人。①

敛俱陷城固，徙汉中流人郭陶等三千余家于关中。②

征东姚懿自蒲坂讨弘，战于平阳，大破之，执弘，送于长安，徙其豪右万五千落于雍州。③

前秦分裂之后，姚苌建立的后秦占据关中北部，慕容冲也在阿房城附近起兵反抗前秦。姚苌的后秦军队、慕容冲的西燕部队与苻秦残余势力在长安及其周边发动了一系列战争。由于战争，关中地区"人皆流散，道路断绝，千里无烟"④，长安城也是"人相食，诸将归而吐肉以饴妻子"⑤，人口流失严重。文献记载，后秦建国后曾向长安迁徙人口，次数虽然不多，但是每次迁徙人口的规模都比较大，上述几次一共九万三千余户，另外还有入长安学儒学的诸生万数千人，按每户五人计算，后秦向长安大约迁徙了四十八万人。葛剑雄在《中国移民史》中认为："经过这些迁徙和人口的增长，长安虽然没有恢复前秦时的繁荣，也已初具规模。"⑥到后秦姚泓投降，长安城中所剩人口不多，"癸亥，泓将妻子、群臣诣镇恶垒门请降，镇恶以属吏。城中夷、晋六万余户，镇恶以国恩抚慰，号令严肃，百姓安堵"⑦。史念海也认为"后来刘裕入长安，长安城内仅有夷、晋6万余户，还达不到后秦由各地迁徙到长安的户数。这就难得和前秦末年相比拟了"⑧。虽然史料没有具体描述长安城人口在后秦末年的流失情况，但是根据前后对比可知后秦末年的战争对长安城人口造成了十分严重的影响。

---

① 《晋书》卷一一七《姚兴载记上》，第2979页。
② 《晋书》卷一一七《姚兴载记上》，第2985页。
③ 《晋书》卷一一九《姚泓载记》，第3009页。
④ 《晋书》卷一一四《苻坚载记下》，第2927页。
⑤ 《晋书》卷一一四《苻坚载记下》，第2925页。
⑥ 《中国移民史》第二卷《先秦至魏晋南北朝时期》，第523页。
⑦ 《资治通鉴》卷一一八，晋安帝义西十三年八月，第3709页。
⑧ 史念海：《十六国时期各割据霸主的迁徙人口》上篇，载《中国历史地理论丛》1992年第3辑，第112页。

第五节
赫连夏时期的长安城

从公元418年赫连勃勃击败刘义真，到公元426年赫连乙升弃长安城西逃至安定，赫连夏政权一直牢牢控制着长安城。赫连勃勃占领长安城之初就在这里称帝，定都统万城，以长安为南都，以太子赫连璝守之。后来赫连夏政权在长安城及其周边爆发了或守卫或进攻的战争，这些战争对赫连夏政权均产生了重大影响。作为陪都的长安城，在这些战争过程中发挥着重要作用。

通过对关于赫连夏时期关中地区战争记载的梳理，可以看出，大夏时期长安城的防御重心是在关中的东部地区，尤其是蒲坂—潼关一线的防守。因为这一时期进攻关中的主要敌人大多来自关东，也就是今天潼关以东以北地区。不论是东晋还是少数民族政权（以北魏为代表），他们进攻关中时都不会忘记对东部的进攻或声援。具体体现在刘裕北伐和北魏的西伐，他们都是从这里开始进攻关中的，只要蒲坂—潼关一线失守，长安往往就会落入敌手。关中东部的防守对于长安城来说，重要性是不言而喻的。但是大夏占领长安城后，由于当时大夏的主要敌人是北魏，二者的统治重心均在北方①，而刘裕回到建业后加紧篡夺东晋政权，无暇北顾，所以大夏时期长安地区的战事较少，也没有发生有重大影响的事件。文献中不但没有此一时期关于长安城及其周边战争的记载，也没有长安城城市管理、官员任命、人口流动方面的记载，只能从文献中推测长安城在大夏政权中政治地位的变化。

在赫连勃勃占领长安之初，大夏君臣就认识到长安的特殊性，"长安历世帝王之都，沃饶险固"，群臣建议定都于此。赫连氏认为关中虽然富饶地险，但自己的主要敌人不在此，故仍定都于统万城，不过在这里设置南台，派太子赫连璝率重军驻守。公元

---

① 当时北魏主要是在今大同附近发展，而赫连夏的大本营在今鄂尔多斯高原附近，这相对于长安、洛阳而言，是在北方。所以这里的北方不是指现今意义上的北方。

418年赫连勃勃"筑坛于灞上，即皇帝位，改元昌武"①。由此可以看出赫连氏是十分重视长安城的，将其占领长安视为重要的阶段性成果，以至于在夺取长安城之后才称帝改元。在中国历史上，陪都的设置是有章可循的，不少君王将其兴起之地（或出生地、祖籍）称为"龙兴之地"，为了突出其地位而设置陪都。赫连勃勃在长安称帝、定国号、改元，长安成为陪都，也可归于此类原因。可见，大夏初年，大夏统治阶层均认同长安地位的特殊性。

在赫连璝镇守长安城期间，长安城由于远离战争，经济政治势力逐渐强大，尤其是军事力量急剧膨胀。据史料记载，东晋义熙十四年（公元418年）大夏的军队进攻长安时，赫连璝麾下仅有三万人。赫连璝领大将军、雍州牧、录南台尚书事后，其麾下的军队应该没有跟随赫连勃勃回到统万城。到了大夏真兴六年（公元424年）赫连璝被废黜时，其领军七万北上。在这短短七年间，他的军事力量翻一番还多。但是从赫连勃勃废黜赫连璝、改立赫连伦为太子可知，在大夏统治阶层眼中，至少是在大夏皇帝赫连勃勃眼中，长安城的地位下降了。赫连勃勃去世之后，大夏与北魏争夺的焦点就是长安城，这也使得长安城在大夏统治末年政治地位有所上升。

通过大夏统治者及其他政权的统治阶层的言论和行动，可分析这一时期长安城地位的变化。大夏建国之初，赫连勃勃在长安设置陪都，这也是大夏政权唯一的陪都；大夏中期，长安城是太子赫连璝驻守之处，长安城及其周边远离战火，处于逐渐恢复阶段；大夏末期，长安城成为大夏与其他政权争夺的焦点，当时的赫连夏政权已彻底放弃统万城，这表明在大夏统治末年长安城的重要性已超过统万城。

在考察赫连夏时期长安城的发展过程中，发现文献记载中基本上都是关于战争的资料，这是符合当时的时代特征的。大夏只是五胡十六国时期北方少数民族中的一支，其建国和覆亡也和其他大多数民族一样，依靠兵强马壮，武力夺取天下，然残酷嗜杀，不与民休息，杀鸡取卵似的掠夺，不久就被其他民族政权所代替。长安城在这一时期的发展正是少数民族政权发展演变的缩影，长安城及其周边战争的多少，与国家的稳定与动乱密切相关。

---

① 《资治通鉴》卷一一八，晋安帝义熙十四年十一月，第3723页。

第四章 北朝时期的长安城

北魏始光三年（公元426年），北魏王朝巩固了对关中地区的统治，进而消灭了北方的其他割据势力，基本上完成了北方的统一，自此开始了持续百年的南北对峙，史称北朝。北朝又分为北魏、东西魏和北齐、北周几个时期。在北魏时期，北方基本上处于统一状态，虽然有零星的战争爆发，但是总的来说社会较为安定，社会经济逐步得到恢复和发展。长安城凭借其区位优势及国家政权对其的重视，获得了更多的发展机会。北魏前期迁徙很多其他民族的百姓在关中地区居住，各个民族在北魏政权的禁锢高压之下尚能和平相处。但是到了北魏末年，地方势力迅速崛起，与中央政权之间的矛盾不断加深，因此关中地区社会开始出现动荡，不断有叛乱爆发，最终造成北魏的分裂，东西双方建立新的政权，东西魏开始在北方大地对峙。经过数十年的发展，扶持北魏皇族的关陇势力和山东势力开始走向前台，建立起北周和北齐，完成了对北魏政权的彻底瓜分。

第一节
北魏时期的长安城

一、长安城的城市建筑

自北魏始光三年（公元426年）"十有二月，诏斥西据长安"后，北魏王朝就巩固了对这一区域的统治。虽然后来王朝更替，江山易主，但是北魏、西魏、北周一脉相承，这一地区再也没有发生过重大的战争。①这对长安城的城市建筑来说，实属幸事。对城市建筑威胁最大的莫过于战争的破坏。和平时期，城市建筑特别是宫殿建筑基本上都会得到一定的维护。所以自北魏占领长安后，人口不断增加，长安的城市建筑应该是修筑的多于破坏的、完善的多于废弃的。文献中相关记载都稍显含糊。这一时期最重要的莫过

图 4-1 北魏石刻中的园林
（选自何兹全、张国安：《魏晋南北朝史》，人民出版社，2013年）

---

① 《魏书》卷四上《世祖纪上》记载：公元428年，"丘堆先守辎重在安定，闻斤败，弃甲东走蒲坂"。据此可知在公元428年丘堆听说奚斤兵败，就从安定一直逃到蒲坂，蒲坂在黄河之东，所以长安也是没有经过战争就易主了。另外，在公元430年，"定从兄东平公乙升弃城奔长安"，也是弃城而逃，所以可知在公元427年之后长安城就没有爆发过较大规模的战争。

于"诏乐安王范发秦、雍兵一万人,筑小城于长安城内"①,然而就连这么重要的一次修筑活动,史书都没有详细记载这处新修筑的小城在何处。

(一)北魏时期长安城整体状况

这里提到的长安城包括长安城的城墙、城门、城市的布局以及这一时期长安城的战乱和人口的大规模流动,但是关于长安城的资料有限,不足以支撑我们将每一个朝代的情况讲清楚,所以就将长安城在北朝时期的情况整体叙述。

1.城墙

城墙是长安城防守的最后屏障,在魏晋南北朝存在的三百余年间,这里经历的大小战斗达百余次,频繁的战争使这座古老的城市变得残破不堪,而守卫城市的城墙更是千疮百孔。后秦末年,长安守将"昌弟助兴守长安,乙升复与助兴自长安西走安定"②,不战而逃,而这正是由于长安城城防的虚弱。到了北魏时期,长安城是北魏在西南的重要军镇,关系到北魏西南边防的稳定,北魏王朝应该是对城墙进行了修补和完善。然而作为西汉、前后秦时期的都城,长安城规制宏大,无法完全利用,只好再"筑小城于长安城内",也就是说城墙的修补并没有起到多大的防御作用。《西安市十六国至北朝时期长安城宫城遗址的钻探与试掘》一文认为西小城"西墙的北段是利用洛城门东侧的一段南北向城墙,并进行了较多修缮……。北墙利用了汉长安城北墙的一段,只在局部进行了修缮",而东小城"北墙和东墙分别利用了汉长安城北墙的最东段和东墙的最北段"。③也就是说考古报告认为后来修筑的小城有不少部分是利用汉长安城的城墙修筑的,并对城墙做了一定的修补。

2.城门

汉长安城在城墙的四面各开三个城门,一共有十二座城门。"霸城门、西安门和直城门,在王莽末年或稍后的战火中被毁后,一任崩塌的乱土、碎瓦和灰烬等堆塞在部分的门道中而未经清除,说明了它们在此后的东汉、魏晋、五胡十六国和北朝时没有经过重修和改建,而是废弃不用的"④,宣平门"由于位置重要、交通方便、出入繁频,焚毁之后,不止一次地经过修复和重建,一直作为一个完整的城门被沿用着,直到整个长

---

① 《魏书》卷四上《世祖纪上》,第82页。
② 《魏书》卷四上《世祖纪上》,第71—72页。
③ 中国社会科学院考古研究所汉长安城工作队:《西安市十六国至北朝时期长安城宫城遗址的钻探与试掘》,载《考古》2008年第9期,第25、28页。
④ 王仲殊:《汉长安城考古工作收获续记——宣平城门的发掘》,载《考古通讯》1958年第4期,第25页。

安城因迁移而废弃为止"①。而李遇春认为，直城门在王莽末年被焚毁后"则修理三个门道中的一个（北门道），以供出入"②。至于剩下的其他城门，由于资料的缺失，现在还不清楚具体是何时废弃的。上述这些城门都是西汉时期重要的出入通道，至魏晋南北朝时期，

图4-2 汉长安城西安门东侧城墙遗址

城门多数废弃不用。到了北魏时期，关于长安的城门情况，史料记载不是特别清楚，只知宣平门是被一直使用的，其他的城门是否使用就无从知道了。由城门的使用情况也可推测出当时长安城整体状况不佳。

（二）北魏时期城市建筑的营建

北魏时期，长安城虽不是都城，但仍是北魏王朝在其国境西南的军事政治重镇，地位重要。北魏早在占有长安之初就派"高凉王礼镇长安"③，后来又"以乐安王范为假节、加侍中、都督秦雍泾梁益五州诸军事、卫大将军、仪同三司，镇长安"④。镇守长安的不是王公贵族就是朝中重臣，如乐安王范是太武帝拓跋焘的胞弟。这足以说明长安城对于北魏王朝的重要性，其在军事上具有不可代替的作用。北魏王朝占领长安后对其也不断地修筑完善，新修建了不少的城市建筑。文献中有具体名称的城市建筑有以下几座。

图4-3 汉长安城宣平门遗址

1. 小城

确切地说小城不是一座独立的建筑，而是在汉长安城基础上重新构建的一个小的城市。《魏书》和《北史》中均提到在延和二年（公元433年）北魏征发秦、雍兵力

---

① 王仲殊：《汉长安城考古工作收获续记——宣平城门的发掘》，载《考古通讯》1958年第4期，第32页。
② 李遇春：《汉长安城城门述论》，载《考古与文物》2005年第6期，第56页。
③ 《魏书》卷四上《世祖纪上》，第72页。
④ 《魏书》卷四上《世祖纪上》，第82页。

一万人，修筑了长安小城，但是在《魏书》中即有"苻健与五千余人守长安小城"①的记录，史念海认为"后来的小城、子城和皇城大致都是因此获得名称的。只是前后名称略有不同而已"②。那么这时的"筑小城"就应该是修葺完善苻健时期已有的小城。但是史书说"发秦、雍兵一万人"，可见工程规模的宏大，也许到了北魏时期，经历多次的战争，苻健时期的小城早已被毁，只好重新修筑。史念海等在提到小城时还说："当时筑小城于长安城内，不一定就预料将来作为军事的据点，而是抬高乐安王范的身份和声望。……乐安王范所筑的小城，征发了秦、雍兵力一万人，则所筑的规模显得相当宏大，并非等闲较小的地区所能容纳得下的。"③如若是这样，后来的长安城就应该是在此基础上修筑的，也就是说这座小城一直在使用，直到城市整体迁移时才彻底废弃，变为隋唐的皇家禁苑。

2. 燕宣王庙

燕宣王虽说不是北魏王室成员，但是他是文明太后的父亲，所以才能在长安由国家为之立庙祭拜。关于燕宣王庙的记载有很多，有的虽然不是直接叙述，但也能够从侧面反映燕宣王庙的一些情况：

> 冯宣王诞生先后，复因在官长安，立庙宜异常等。可敕雍州，以时供祭。④
>
> 文明太后临朝，追赠假黄钺、太宰、燕宣王，立庙长安。⑤
>
> 以工书，受敕于长安书文明太后父燕宣王碑，赐爵秦昌子。⑥
>
> 文明太后为父燕宣王立庙于长安，初成，以义兼太常卿，假荥阳侯，具官属，诣长安拜庙，建碑于庙门。⑦
>
> 假中书令，诣长安，刊燕宣王庙碑，进爵安昌子。⑧
>
> 位中书博士，诏兼礼官，拜燕宣王庙于长安，还，赐爵魏昌男。⑨

---

① 《魏书》卷九六《司马聃传》，第2100页。
② 史念海、史先智：《论十六国和南北朝时期长安城中的小城、子城和皇城》，载《中国历史地理论丛》1997年第1辑，第12页。
③ 史念海、史先智：《论十六国和南北朝时期长安城中的小城、子城和皇城》，载《中国历史地理论丛》1997年第1辑，第1—2页。
④ 《魏书》卷一〇八之一《礼志一》，第2748页。
⑤ 《魏书》卷八三《冯熙传》，第1818页。
⑥ 《北史》卷三二《崔挺传》，第1170页。
⑦ 《北史》卷三五《郑义传》，第1303页。
⑧ 《北史》卷三一《高遵传》，第1133页。
⑨ 《北史》卷四七《阳藻传》，第1729页。

> 奉礼郎，诣长安拜文明太后父燕宣王庙，赐爵贝丘男，除中书博士。①
>
> 使诣长安册祭燕宣王庙。还，除仪曹郎，赐爵蓨县男。②

以上诸多记载都是和燕宣王庙相关的。通过上述梳理我们可以得知，燕宣王是文明太后的父亲。燕宣王庙之所以修筑在长安是因为燕宣王在长安出生，并曾经在这里为官。崔挺、郑羲、高遵参与了燕宣王庙的修建，并且都因此得到了提拔，还被赐了爵位。而傅永、李述则是被派到长安祭拜燕宣王的，回去后也都升官赐爵。北魏王朝特别是文明太后执政时期对燕宣王庙的重视程度由此可见一斑。所以北魏时期，燕宣王庙应该是长安城中一座重要的建筑。但是北魏分裂之后，关于燕宣王庙的记载就无迹可寻了。这座曾经耗费巨大人力、物力修筑的庙宇就这样消失在历史的长河之中。

3. 崔公桥

崔公桥是长安城北渭水之上的一座桥梁，由北魏安西将军、雍州刺史崔亮所修筑。《魏书》详细记录了崔公桥修建的缘由、修建材料的来源及其社会效益。《魏书·崔亮传》曰：

> 城北渭水浅不通船，行人艰阻。亮谓僚佐曰："昔杜预乃造河梁，况此有异长河，且魏晋之日亦自有桥，吾今决欲营之。"咸曰："水浅，不可为浮桥，泛长无恒，又不可施柱，恐难成立。"亮曰："昔秦居咸阳，横桥渡渭，以像阁道，此即以柱为桥。今唯虑长柱不可得耳。"会天大雨，山水暴至，浮出长木数百根。藉此为用，桥遂成立，百姓利之，至今犹名崔公桥。③

渭河的水对于行船来说太浅，徒涉的话又太深，所以在西晋时候渭河上是有桥的，但是因年久失修，桥就逐渐荒废了。北魏时崔亮担任雍州刺史，下决心要修筑一座桥梁来方便商旅。但是修筑桥梁需要大木头，当地物资缺乏，无法提供所需的木材。恰巧有一场暴雨，从上游漂来数百根可用之材，崔亮就用之修筑了这座桥梁，百姓为了纪念他，将之命名为"崔公桥"。文献对于崔公桥的修筑过程描写得具体生动，却没有言及修筑的地点。但通过这些记述，将新修筑的桥梁同秦时的横桥相比较，发现二者之间有相同之处，也许这座崔公桥就是在秦时横桥遗址或者其周围修筑的。但该桥通行到什么时候、通行能力如何，以及桥自身的长宽，现在均无法推断。

---

① 《北史》卷四五《傅永传》，第1667页。
② 《北史》卷四五《李叔彪传附李述传》，第1676页。
③ 《魏书》卷六六《崔亮传》，第1477页。

（三）前代遗留的城市建筑

赫连夏时期长安城继承自前、后秦的都城，是大夏王朝的陪都，由太子驻守。北魏通过对赫连夏的战争得到长安城，所以这一时期应该有一些前朝的遗留建筑。但是由于前、后秦之间的战争主要是围绕着长安城进行的，尤其是后秦末年刘裕北伐、赫连勃勃入侵长安及在长安城屠戮，长安城遗留的建筑被毁坏的应该不在少数。但从大夏都城统万城的规模来讲，赫连勃勃是个好大喜功的人，那么他的陪都长安城在大夏时期理应也修筑了为数不少的建筑。可惜文献对此记载欠详。不过可以根据西魏和北周时期存在的城市建筑及前、后秦时期的建筑，推测这一时期的原有城市建筑。

1. 未央宫

未央宫是西汉时期最主要的宫殿之一，至今还有巨大的夯土台矗立在西安未央区大刘寨附近。石赵时期石虎曾"发雍、洛、秦、并州十六万人城长安未央宫"①，北魏太和二十一年（公元497年）四月"戊寅，幸未央殿、阿房宫"②。其后在北魏一朝的官方文献中就再也没有提到过未央宫。史念海等认为："十六国时期和南北朝后期，长安城中的小城、子城和皇城，前后名称虽不尽一律，却都应未离开未央宫的范围。"③按照史念海等的说法，未央宫就是前边所说的小城，笔者以为有值得商榷之处。前边提到在太和二十一年四月魏孝文帝到过未央殿和阿房宫，太和二十一年四月"辛未，行幸长安"④，"戊寅，幸未央殿、阿房宫，遂幸昆明池"⑤。即魏孝文帝在公元497年5月31日来到长安城，直到6月7日才临幸未央殿。那么在这段时间魏孝文帝的行在安置在何地？皇帝临幸，行在一定是安置在当地的官衙或者显贵之家。既然在北魏时曾修筑过小城，那么皇帝的行在一定设置在小城之中，也就是说，在5月31日至6月7日之间，魏孝文帝是没有到过未央殿的，所以未央宫不可能在小城之中。史念海等的看法是有偏差的。但是这并不能说明这一时期没有未央殿，未央殿曾经是皇权的象征，本来驻守长安的大将都官高权重，若再将自己的官衙设置在未央宫的夯土台上，那就有谋逆的嫌疑，这是驻守官员及中央都不愿意看到的。不过既然魏孝文帝曾经临幸此地，并说是未央殿，可见未央宫还是存在的，不过是建筑大大减少，以至于

---

① 《晋书》卷一〇六《石季龙载记上》，第2777页。
② 《魏书》卷七下《高祖纪下》，第181页。
③ 史念海、史先智：《论十六国和南北朝时期长安城中的小城、子城和皇城》，载《中国历史地理论丛》1997年第1辑，第12页。
④ 《魏书》卷七下《高祖纪下》，第181页。
⑤ 《魏书》卷七下《高祖纪下》，第181页。

只能称其为殿，而不能称其为宫了。到了后来皇帝也不再临幸长安，加之年久失修，这些宫殿逐渐废弃，直到西魏时期才被再次使用。

2. 昆明池

长安城在北魏时期虽然不是都城，但是这里曾经爆发过多次战争。北魏的皇帝也曾在长安指挥战斗，留存了一些与昆明池相关的记载，如："发长安五千人浚昆明池"[1]，"（太平真君七年）二月丙戌，幸长安，存问父老。丁亥，幸昆明池"[2]，"戊寅，幸未央殿、阿房宫，遂幸昆明池"[3]。据此可以得知，公元440年北魏太武帝派人疏浚昆明池，并于公元446年游幸昆明池，魏孝文帝也于公元497年游幸昆明池。西汉以后，随着长安城政治地位的降低，国家对长安城的投资力度也下降不少，相应来说，昆明池这样一个人工湖的维护不但在管理上出现不少漏洞，而且在经费和人力的投入上也会大打折扣，出现常年失修、疏于维护的现象。特别是在西晋以后的战争年代，昆明池极有可能处于一种自生自灭的状态。终于在公元415年即后秦灭亡前两年的一次大旱中，"昆明池水竭"[4]，这是自汉武帝开凿昆明池以来第一次在正史中出现水竭的记录。北魏占领长安后，长安城不再是敌方的都城，而是一个"形胜之地"，是一个值得下大功夫去建设、去维护的重要战略基地。于是在公元440年，"发长安五千人浚昆明池"。这不但极大地解决了长安城的供水问题，而且有利于长安城的防御。同时，昆明池也成了皇帝临幸长安的游幸场所。于是在此后不久就有魏帝临幸长安，并"幸昆明池"。且不说魏帝临幸昆明池的用意何在，这时的昆明池虽不敢说如汉时"周以金堤，树以柳杞，豫章珍馆，揭焉中峙"（东汉张衡《西京赋》），但至少是一个风光绮丽、景色宜人的人工湖。因此北魏太武帝才会在剿灭盖吴起义之余临幸昆明池，后来魏孝文帝巡游天下，来到长安时，也曾专门临幸昆明池。至此，昆明池也许已经恢复了少许往日的风貌，成为长安的一处游览胜地。

这一时期还有其他的宫殿建筑，但因北魏时期长安城不是国家的都城，对这些宫殿建筑记载甚少。零星记载将安排在西魏或北周时期再做论述。

北魏时期长安虽然不再是国家的都城，但是北魏在公元430年击败大夏占领长安后，到公元439年消灭北凉政权，基本统一了北方。随着北方的基本稳定，长安成为北

---

[1] 《魏书》卷四下《世祖纪下》，第93页。
[2] 《北史》卷二《世祖太武帝纪》，第58页。
[3] 《魏书》卷七下《高祖纪下》，第181页。
[4] 《魏书》卷三五《崔浩传》，第809页。

魏政权在西南地区的战略总后方。北魏统治者在派乐安王范做长安镇都大将时，世祖认为"长安形胜之地，非范莫可任者"①，不但将长安城驻守官员级别提高了，而且在长安城进行了大规模的城建活动，并迁入人口充实关中。公元433年，诏"乐安王范发秦、雍兵一万人，筑小城于长安城内"②以加强防御；公元434年，"杨难当克汉中，送雍州流民七千家于长安"③。这一系列行动都表明长安城在北魏统治者心目中的地位在不断提高。

二、长安城的人口迁徙

北魏政权在公元426年开始占有关中，不过在之后的几年，北魏政权和赫连氏在关中进行拉锯战，公元430年，北魏政权最终占有关中地区。赫连氏不甘失败，在逃离关中之时裹挟了大量关中居民，史料记载"定从兄东平公乙升弃城奔长安，劫掠数千家，西奔上邽"④，仅仅此处记载长安城就被劫掠走数千家，可见当时关中人口流失之严重。北魏政权占领关中之后，关中地区几乎为之一空，对此北魏政权在关中开始了大规模的移民。有魏一朝，不但有大量人口迁入关中，也有大量人口因各种原因从关中地区流动到其他地方。通过对文献的爬梳得知，北魏关中地区人口流动主要有：北魏占领长安之初的大规模迁入及盖吴起义导致的人口流失、北魏官员贪墨导致的人口流失、北魏末年孝武帝入关时大量人口的涌入。除此之外还有其他的零星的人口流动。

（一）魏、夏之战后的人口流动

公元425年大夏政权的统治者赫连勃勃去世，其子赫连昌等为争夺政权，互相残杀，最终赫连昌取得胜利。大夏政权的内斗消耗了大量的军力，这使在魏、夏之争中处于劣势的大夏雪上加霜。北魏太武帝拓跋焘发动对夏战争，在公元426年占有关中，但是由于大夏军队的反击及将军奚斤的轻敌，关中易手，自此北魏以蒲坂为后方，大夏以安定为基地，双方在关中地区进行了多次的交锋，最终于公元430年赫连乙升弃长安西奔上邽（今甘肃天水市）后，北魏政权彻底占有关中。在这次战争中，关中地区损失了大量人口，仅仅赫连乙升弃长安时就劫掠走"数千家"。北魏政权在得到关中之后，开始了大规模的移民，文献记载：

---

① 《魏书》卷一七《乐安王范传》，第414页。
② 《魏书》卷四上《世祖纪上》，第82页。
③ 《魏书》卷四上《世祖纪上》，第83页。
④ 《魏书》卷四上《世祖纪上》，第77页。

> 杨难当克汉中，送雍州流民七千家于长安。①
>
> 诏长安及平凉民徙在京师，其孤老不能自存者，听还乡里。②
>
> 吴党遂盛，民皆渡渭奔南山。③
>
> 徙长安城工巧二千家于京师。④

北魏延和三年（公元434年），将领杨难当攻克汉中之后，将逃亡至汉中的雍州流民送还。由此可知，在之前北魏和大夏战争期间，应该有大量人口流失到其他地区。葛剑雄在《中国移民史》第二卷《先秦至魏晋南北朝时期》一书中认为：杨难当所送还的七千户"估计是此前数年间，魏、夏反复争夺长安和关中时逃往汉中的，……武力威胁下，其中完全可能有一些汉中土著，但数量不会很多"⑤。据此可以推知除汉中之外，其他地区也应当有大量的关中流民。将这七千家流民全部安置在长安，也从侧面说明当时长安城中人口流失严重。

虽然战争过后关中地区流失了大量的人口，但是北魏政权刚刚占据关中，其统治并不稳固，统治者并没有把关中的原住民全部留在雍州，而是将一部分迁往京城即平城。这次迁徙人口主要针对关中及平凉地区支持赫连氏的家族，将这些人口迁入京城生活，使他们远离家园，从而彻底摧毁赫连氏的统治基础，稳固北魏政权在关中的统治。这虽然在客观上有利于北魏政局的稳定，但是给关中人民带来了背井离乡、颠沛流离的痛苦，长安城人口也因此有所减少。到北魏太延元年（公元435年），统治者才下诏允许那些"孤老不能自存者"回归故里，也就是说这些被迁移到京城的人口是被政府严加看管的，不允许随意流动。

北魏政权虽然彻底占有了关中地区，但是其统治并不稳定，再加之地方统治者的暴政，关中地区又爆发了盖吴起义。这次起义席卷整个雍州地区，又一次造成关中人口的大量流失，文献记载"民皆渡渭奔南山"，大量居民渡过渭河逃到秦岭之中，离开家园在山中躲避战祸。北魏政权为了阻止民众逃亡，也为了防止盖吴党羽流窜，于"六月甲申，发定、冀、相三州兵二万人屯长安南山诸谷，以防越逸"⑥。盖吴起义是在北魏太平真君六年（公元445年），卢水胡（匈奴的一支）人盖吴因不堪忍受北魏政权的残暴

---

① 《魏书》卷四上《世祖纪上》，第83页。
② 《魏书》卷四上《世祖纪上》，第84页。
③ 《魏书》卷四下《世祖纪下》，第99页。
④ 《魏书》卷四下《世祖纪下》，第100页。
⑤ 《中国移民史》第二卷《先秦至魏晋南北朝时期》，第567页。
⑥ 《魏书》卷四下《世祖纪下》，第101页。

统治而于杏城（今陕西黄陵县西南）聚众反魏，魏长安镇副将元纥领兵攻盖吴，败死。北魏太武帝拓跋焘又征发高平敕勒部的骑兵赴长安，命将军叔孙拔统领并（今山西太原市西南）、秦（今甘肃天水市）、雍（今陕西、甘肃一带）三州兵马屯于渭水之北，共御盖吴军。最后太武帝御驾亲征才将这次起义平定。这又一次造成关中人口的大规模流损，其中有一部分人逃离关中，不少人死于战火。盖吴起义失败之后，北魏统治者故技重演，将关中地区的居民大量往京师迁徙，不过这一次人口的迁徙是有针对性的，主要迁走那些有技术专长的工匠，仅长安一地就迁走两千余家。

　　现有文献中多是记载关中地区人口被大量迁走，却很少记载迁入的人口。关中地区自古以来就有"陆海"之称，土地肥沃，水利设施较为完善，在非战争期间还是吸引了大量的流民来关中谋生。虽然文献记载缺失，但是关中地区作为北魏政权的重要区域，北魏初年就担负着抵御西部少数民族入侵和南朝政权进攻的重任，北魏政权曾相继派出一大批的皇亲国戚在关中担任地方高级官员，所以北魏时期关中地区应该进行过大规模的人口迁入，但是由于关中地区民族众多，人口多由外地迁入，各民族之间、来自不同地区的移民之间矛盾冲突不断。

（二）北魏官员贪墨导致的人口流失

　　经历了北魏初年的动荡之后，北魏统治者在吸取盖吴起义经验的基础上对关中地区的统治进行了调整，这主要表现在地方行政管理上，"北魏在尽有关中之地后，在此地既沿用了传统的州郡县地方行政体制，又采纳了前秦、后秦所置的军镇、护军体制。但在太平真君六年爆发的盖吴起义中，护军非但没有积极配合北魏政府，反而默许或支持起义，因此盖吴起义直接导致了关中地区地方行政体制的部分改变。为了有效地瓦解关中地区有可能再次集聚起来的有生反抗力量，瓦解以前由于护军制度维护的少数民族在地方行政体制上所享有的各种特殊性，加强对关中地区的控制，太武帝将关中地区的五个行政区域由护军体制变革为传统的县制，一部分郡县的区域也有所改变"①。行政体制的改革加强了中央对关中地区的控制，关中地区逐渐安定下来，然而由于用人不当等因素，又造成了关中人口的迁徙。官员贪墨是造成这一时期雍州人口流动的主要原因，史载："斤遂骄矜，不顺法度，信用左右，调役百姓，民不堪之，南奔汉川者数千家"②，这说明了北魏时期官员贪墨对当地居民生活造成了巨大影响，镇西将军王斤是

---

① 戴卫红：《盖吴起义与关中地方行政体制变革》，载《中国史研究》2009年第3期，第131页。
② 《魏书》卷三〇《王建传附王斤传》，第711页。

其中典型，造成的负面影响也是极其恶劣的。

除王斤之外，文献中还有若干个雍州地方官员贪墨严重，以至于被皇帝处罚撤职甚至处死的记录：

> 除雍州刺史，镇长安。目辰性亢直耿介，不为朋党，朝臣咸惮之。然好财利，在州，政以贿成。有罪伏法，爵除。①
>
> 南安王桢以懿戚之贵，作镇关右，不能洁己奉公，助宣皇度，方肆贪欲，殖货私庭，放纵奸囚，壅绝诉讼，货遗诸使，邀求虚称，二三之状，皆犯刑书。②
>
> 寻出为雍州刺史，在州贪虐，大为人害。③
>
> 及在雍州，逾尚华侈，聚敛无极，声名遂损。④

北魏宜都王目辰"好财利"，在雍州期间，大肆收受贿赂，贪残不法，最终被皇帝处死，爵位被革除，以至于在其死后的同年六月，"以雍州民饥，开仓赈恤"⑤。南安王桢贪敛财物，皇帝和文明太后要将其处死，经群臣求情，且念其是先皇之后，就消除封爵，贬为庶人，禁锢终生。北魏常山王遵的后人元昭在雍州刺史任期也是贪财且暴虐，被雍州居民称为祸害。北魏河间公元齐的后人元志担任雍州刺史期间崇尚奢华，贪图享乐，聚敛无数，造成雍州地区民不聊生，后来莫折念生造反或许与其治理有一定的关系。

除了上述几个官员，还有一些官员在雍州时期也有贪墨行为，只是没有元目辰等人严重。文献对元目辰等人贪墨导致的关中人口流失情况并未详述，但我们可以断定，在"雍州民饥"还未赈恤之时，可能有流民逃离关中，也可能有当地民众的反抗乃至叛乱，都在一定程度上造成了关中地区的人口流动。

（三）北魏末年孝武帝入关时人口的涌入

北魏中兴二年（公元532年），高欢击败尔朱氏，立平阳王元修为帝，即为魏孝武帝。孝武帝即位后，高欢回到晋阳，遥控洛阳，元修只不过是其傀儡。永熙三年（公元534年），不堪其摆布的孝武帝在不愿投靠高欢的官僚、尔朱氏集团旧部⑥的支持下，企

---

① 《魏书》卷一四《宜都王目辰传》，第348页。
② 《魏书》卷一九下《南安王桢传》，第494页。
③ 《魏书》卷一五《常山王遵传附元昭传》，第376页。
④ 《魏书》卷一四《河间公元齐传附元志传》，第364页。
⑤ 《魏书》卷七上《高祖纪上》，第147页。
⑥ 宇文泰和独孤信都是武川镇人，自幼相好。名将贺拔允、贺拔胜、贺拔岳兄弟也是武川人。且宇文泰、贺拔岳等人之前均为尔朱氏集团的骨干，高欢击败尔朱氏时，贺拔胜占据荆州，贺拔岳、宇文泰等人占据雍州。

图阻止高欢彻底控制北魏政权。于是双方矛盾激化，高欢带兵从晋阳南下，孝武帝在高欢集团强大军事实力的压迫下，于同年七月二十八日（8月22日）率一部分兵众投靠了盘踞关中的宇文泰集团，这就是历史上有名的"魏孝武帝西迁"。葛剑雄的《中国移民史》第二卷《先秦至魏晋南北朝时期》一书在记述北魏人口流动时也提到了孝武帝西迁："北魏永熙三年（公元534年，南朝梁大中通六年），孝武帝讨伐权臣高欢未成，出奔关中，依靠宇文泰在长安建都，史称西魏。"① 只是该书并未详细记述孝武帝西迁时大致的人口规模，仅记载了"孝武帝西迁之后，一些宗室和文武大臣陆续投奔，如广陵王欣、录尚书事长孙稚、颍川王斌之、安昌王子均及建宁、江夏、陇东诸王，百官及其家属；并州水曹参军冯迁、直阁将军冯灵豫、高阳郡守库狄峙②、前襄城郡守刘志、龙骧将军高宾、左仆射辛雄之子"③。现有文献记载有一大批宗室和官员跟随孝武帝入关：

及测从魏孝武西迁，事极狼狈，此人亦从测入关，竟无异志。④

及帝入关，事起仓卒，辩不及至家，单马而从。⑤

从孝武入关，兼吏部尚书。⑥

从魏孝武西迁。⑦

及齐神武举兵入洛，孝武西迁。既事起仓卒，人多逃散，深抚循所部，并得入关。⑧

寻从孝武西迁，进爵为公。⑨

出帝入关，稚时镇虎牢，亦随赴长安。⑩

从魏孝武西迁，封合阳县子。⑪

及齐神武称兵而帝西迁，绍远随稚奔赴。又累迁殿中尚书、录尚书事。⑫

父顺，以左卫将军从魏孝武西迁，拜中书监、雍州刺史、开府仪同三司，

---

① 《中国移民史》第二卷《先秦至魏晋南北朝时期》，第297页。
② 《周书》卷三三《库狄峙传》记载："仕魏，位高阳郡守。为政仁恕，百姓颇悦之。孝武西迁，峙乃弃官从入关。"另在《北史》和《资治通鉴》中均有类似记载，所以此处应该是库狄峙，而不是狄峙。
③ 《中国移民史》第二卷《先秦至魏晋南北朝时期》，第595—596页。
④ 《周书》卷二七《宇文测传》，第455页。
⑤ 《周书》卷二四《卢辩传》，第403页。
⑥ 《周书》卷二二《杨宽传》，第367页。
⑦ 《周书》卷二六《长孙兕传》，第431页。
⑧ 《周书》卷二七《宇文深传》，第455页。
⑨ 《周书》卷二七《宇文测传》，第454页。
⑩ 《魏书》卷二五《长孙稚传》，第649页。
⑪ 《周书》卷三八《薛寘传》，第685页。
⑫ 《周书》卷二六《长孙绍远传》，第430页。

封濮阳王。①

及魏孝武与齐神武有隙，……遂从入关。②

及孝武西迁，遂从入关，封奉高县子。③

孝武西迁，峙乃弃官从入关。④

孝武西迁。景昭集府僚文武，议其去就。……景昭感悟，遂率众赴关右。⑤

及齐神武逼洛阳，植从魏孝武西迁。⑥

魏孝武西迁，从入关。至溱水，为齐神武所追，拒战有功，封巨野县子。⑦

及魏孝武西迁，从入关。⑧

从魏孝武入关，为给事黄门侍郎、尚书右丞。⑨

从魏孝武入关，兼著作佐郎，修起居注。⑩

从魏孝武入关。⑪

二子纲、惠，并从出帝入关。⑫

及齐神武举兵内侮，忠时随信在洛，遂从魏孝武西迁，进爵为侯。⑬

从魏孝武西迁，进爵化政郡公。⑭

上述罗列的二十多条记录中所记载的追随孝武帝迁入关中的官员，应该仅仅是孝武帝西迁过程中的一部分，还有更多的官员及世家豪族没有在文献中体现出来。有记载的官员中有一小部分是独自跟随孝武帝入关的，如卢辩，但是更多的则是阖家追随孝武帝入关。他们到达雍州之后，均得到了宇文泰集团给予的优渥待遇。这些官员基本上都是受过教育的世家大族，他们代表各自的家族在北魏分裂之际表明了自己的立场。而这些世家豪族的迁入奠定了北周、隋唐的关陇集团的统治基础，关陇集团自此开始形成。

---

① 《周书》卷三八《元伟传》，第688页。
② 《周书》卷三五《裴侠传》，第618页。
③ 《周书》卷三〇《窦毅传》，第521页。
④ 《周书》卷三三《厍狄峙传》，第569页。
⑤ 《周书》卷三三《赵刚传》，第572页。
⑥ 《周书》卷二九《侯植传》，第505页。
⑦ 《周书》卷二九《高琳传》，第496页。
⑧ 《周书》卷三五《郑孝穆传》，第609页。
⑨ 《周书》卷三七《赵肃传》，第663页。
⑩ 《周书》卷三七《李彦传》，第665页。
⑪ 《周书》卷一九《侯莫陈顺传》，第308页。
⑫ 《魏书》卷八二《李琰之传》，第1798页。
⑬ 《周书》卷一九《杨忠传》，第315页。
⑭ 《周书》卷一九《宇文贵传》，第312页。

纵观北魏一朝，关中地区的流民主要表现为上述几种情况，另外还有一些人因为各种原因来到关中或者离开关中。史料记载"积数年，府解罢郡，遂居长安。每羡古人餐玉之法，乃采访蓝田，躬往攻掘"①，说的是中山卢奴人李先的后人李预因担任冯翊太守而来到关中，但其在被解除行政职务之后并没有返回家乡，而是羡慕古人吃玉的方法，就长居关中，在蓝田采玉。当然，还有一些人离开关中，如"正光中，万俟丑奴寇乱关中，袭乃背贼，弃妻子，归洛阳"②，记载的就是蔡佑的父亲蔡袭因万俟丑奴祸乱关中，抛妻弃子逃到洛阳的事件。

总之，北魏时期关中地区人口流动频繁，人口流动的特点呈现如下特征：首先，无论是人口流入关中还是从关中迁居他地，迁徙人口大部分不是自愿的，而是被武装掠夺或者是武力挟持的。其次，战争对关中人口流动的影响不可小视，魏、夏之战，盖吴起义，莫折念生、万俟丑奴、萧宝夤等的叛乱均给关中居民带来巨大的威胁，为了躲避战祸，他们被迫背井离乡。再次，北魏政权的政策性移民也推动了关中地区的人口流动。葛剑雄在《中国移民史》第二卷《先秦至魏晋南北朝时期》一书中认为"政权内部的强制性迁移"是影响人口迁移的重要行政因素。最后，关中地区民族众多，流民也来自不同地方，而各民族之间、各个流民集团之间冲突不断，迫使北魏政权为了关中地区的稳定，将关中地区的居民迁往他地，这也是关中地区人口流动的重要因素。

---

① 《魏书》卷三三《李先传附李预传》，第791页。
② 《周书》卷二七《蔡佑传》，第442页。

第二节
西魏时期的长安城

公元534年,以孝武帝为首的北魏皇室逃出洛阳,投靠镇守关中的宇文氏集团。长安城又成为都城。次年宇文氏集团杀害孝武帝,另立北魏皇室成员南阳王元宝炬为西魏文帝,开创了西魏王朝,由此与以高欢为首的东魏王朝形成了相对立的局面。元宝炬虽然是名义上的西魏皇帝,但是西魏的权力牢牢地掌握在以宇文泰为首的关陇集团手中,元宝炬不过是傀儡而已。公元556年宇文泰去世,第二年,西魏恭帝把皇位禅让给宇文觉,北周建立。西魏仅存在短短二十三年,加之基础薄弱、战争不断,西魏时长安城的

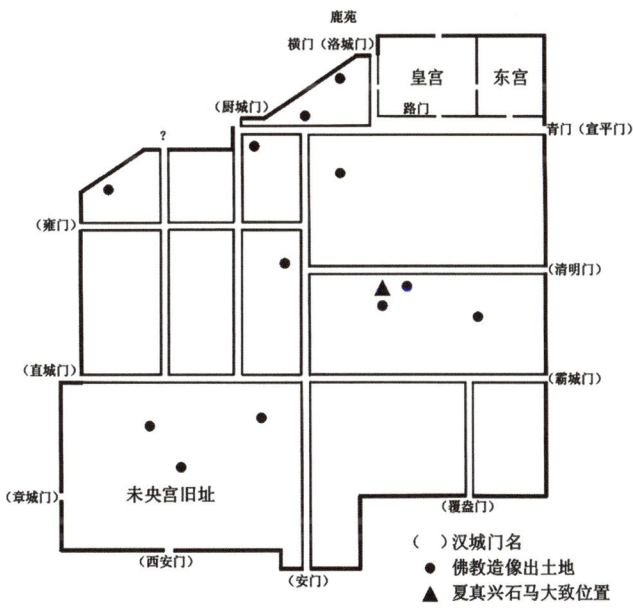

图 4-4 西魏、北周长安城复原示意图
(史砚忻供图)

宫殿屈指可数。从文献可知西魏的宫殿建筑有宣光殿、清徽殿、瑶华殿、圆极殿、乾安殿以及清晖室。至于其他的园林禁苑、离宫阁楼，则多是零星记载，或是通过推断得出，在此不一一罗列。

一、西魏、北周时期长安城的基本情况

西魏、北周都是由宇文氏家族执掌朝廷的实权，又都将都城设置在长安城，而西魏仅存在短短的二十三年，长安城在此期间并没有发生重大的改变。故特将西魏、北周时长安城的基本情况合并在一起论述。这一时期长安为都，史书上相关的记载也颇为丰富，但是和长安城自身情况直接相关的记载却少之又少。从这些史书中可以发现，这一时期长安城自身基本情况仅涉及城墙、城门和城市布局三部分。

（一）城墙

魏孝武帝西迁长安，很快就被谋害，北魏南阳王元宝炬继位，定都长安，史称西魏。虽然定都长安，但是西魏、北周时期和长安城城墙相关的记载基本上是缺而不见的。城墙具有城池防御功能，这一时期战争虽然频仍，但是都没有在长安城周边进行，而长安作为西魏、北周的都城，建都后对城墙的修补是必不可少的。长安城当时还有大段遗留的城墙，在西魏、北周时期长安城城墙的完整程度应该更高，长安城并不会因为城市的局部利用而将城墙也做局部利用。

（二）城门

文献中对于这一时期的城门略有提及，但主要是围绕青城门的记述："后周建德六年，青城门无故自崩"[①]，"大德殿。玄都观。崇信殿。云阳宫。肃章门。会义殿。含仁殿。云和殿。思齐殿。青城门。太极殿"[②]。考古学者认为这一时期的青城门就是汉代的宣平门，是长安城东墙北边第一座城门，也是这一时期出入最频繁的一个城门。这里提到城门"无故自崩"，固然有附会的嫌疑，但是改变不了城门年久坍倒的事实。也就是说在北周建德六年（公元577年），青城门曾一度堵塞，但作为最重要的城门之一，很快又修葺完毕。至于其他城门，大多不见记载。

（三）城市布局

长安城是西魏、北周时期的都城，作为都城布局重要组成部分的宫城在何处，至今

---

① 〔唐〕魏徵、令狐德棻：《隋书》卷二二《五行志上》，中华书局，1973年，第632页。
② 《长安志》卷五《宫室三》，第226页。

仍是一个疑问。史念海等在对文献进行详细的检索和解读后，认为这一时期的宫城仍然在未央宫周围[1]；而考古学者通过考古发掘，在长安城的东北角发现了两座魏晋南北朝时期的小城遗址，认定这一时期的宫城在东北角[2]。面对两种截然不同的观点，我们现在没有更多的证据，姑且存疑。但是汉长安城工作队在考古发掘中发现，这一时期出土的大部分墓葬都分布在汉长安城的北半部分，这也许能够说明一些问题。自汉魏以来，国人就不再把都下陵墓修筑在城内，汉王朝的皇陵都在渭河北岸，而后来继承西魏、北周关陇集团的隋唐王朝的皇陵都远在北山上，更是远离城市。那么这一时期大量出土墓葬的分布区，也许就不是主要的居民区。然则上述这些仅仅是推测，亟须更多的文献及考古资料来佐证。

二、西魏时期新修筑的城市建筑

北魏孝武帝入关时，关中宫室匮乏，只能以雍州公廨为宫，因此西魏时期修筑宫室就成了必不可少的一项工程。西魏是短命王朝，仅存在二十三年，且这一时期战争连绵，新修筑的宫室当然不会太多。文献中现今可知的宫室仅有以下这些宫殿。

（一）宣光殿、清徽殿

在古籍中宣光殿和清徽殿是同时出现的，这里也将其一并列出：

> 大统四年，宣光、清徽殿初成，憕为之颂。魏文帝又造二欹器。一为二仙人共持一钵，同处一盘，钵盖有山，山有香气，一仙人又持金瓶以临器上，以水灌山，则出于瓶而注乎器，烟气通发山中，谓之仙人欹器。一为二荷同处一盘，相去盈尺，中有莲下垂器上，以水注荷，则出于莲而盈乎器，为兔雁蟾蜍以饰之，谓之水芝欹器。二盘各处一床，钵圆而床方，中有人，言三才之象也。皆置清徽殿前。器形似觥而方，满则平，溢则倾。憕各为作颂。[3]

据上述文献可知，大统四年（公元538年），宣光殿和清徽殿同时建成，西魏文帝元宝炬还命人打造了两组欹器矗立在清徽殿前。宣光殿和清徽殿至此算是初步建成了。但是由于文献的匮乏，之后关于这两处宫殿的记载几乎中断。西魏初年宫室匮乏，战争

---

[1] 史念海、史先智：《论十六国和南北朝时期长安城中的小城、子城和皇城》，载《中国历史地理论丛》1997年第1辑，第12页。
[2] 中国社会科学院考古研究所汉长安城工作队：《西安市十六国至北朝时期长安城宫城遗址的钻探与试掘》，载《考古》2008年第9期，第34页。
[3] 《周书》卷三八《薛憕传》，第684页。

连绵且宇文氏掌有实权,这两座宫殿应该是有多种用途的。其后这两座宫殿不应该是被彻底地废弃,改名的可能性更大。

(二) 瑶华殿

《北史》载:"(大统)六年,后怀孕将产,居于瑶华殿"①。但是在《周书》《资治通鉴》中没有关于瑶华殿的任何记载,《周书》中甚至没有为文帝悼皇后立传。《北史》的记载不仅证明了瑶华殿的存在,并且从功能推测其应该是一处重要的寝殿,且是皇后的住所。不过也不排除偏殿的可能性,皇后怀孕待产,古人对此极为忌讳,也有可能专门腾出一处宫殿供其生产。不幸的是悼皇后"产讫而崩"。从此以后,瑶华殿也随着皇后的去世而淡出了史官的视野。但是瑶华殿不会因为缺乏记载而彻底废弃,应该是同西魏其他宫殿一样,另作他用。而瑶华殿何时、何因被彻底地废弃,并不明确。

(三) 圆极殿

圆极殿也是西魏时期新修筑的一座宫殿,《北史》说:

> 时行殿初成,未有题目,帝诏近侍各名之,对者非一,莫允帝心。贤乃为"圆极",帝笑曰:"正与朕意同。"即名之。②

《北史》详细记述了西魏时期圆极殿的命名过程,这件事发生在西魏大统三年(公元537年),也就是说圆极殿大约就是在大统三年建成的。它属于西魏新建立的宫殿之一。而在此之后,史书就再没有提到"圆极"之名,在西魏一代常常出现殿、宫,却均不太明确指出是具体的哪座宫殿。这与当时的情形有关,《魏书》是北齐人魏收所著,虽说是当时人记当朝事,但双方毕竟是敌对状态,而且魏收也没有收集到足够的西魏史料;而《北史》和《周书》均为唐代人撰写,已相隔百余年,再加上两次的改朝换代,战乱频繁,造成本来就为数不多的史料大量亡佚,所以关于圆极殿的记载绝少。由于是西魏新修的宫殿,所以不会被很快地废弃,应是在隋朝迁都后被彻底废弃的。

(四) 清晖室

清晖室是西魏的一座宫室。关于清晖室,《类编长安志》中记"魏文帝大统四年,祀天于清晖室"③,《北史》云"四年春正月辛酉,拜天于清晖室,终帝世遂为

---

① 《北史》卷一三《文帝悼皇后郁久闾氏传》,第507页。
② 《北史》卷四九《念贤传》,第1805页。
③ 〔元〕骆天骧:《类编长安志》卷二《宫殿庭室》,黄永年点校,三秦出版社,2006年,第58页。

常"①,《周书》和《资治通鉴》则没有关于清晖室的记载。据文献可知,西魏的清晖室是一处祭天的场所,并且从大统四年(公元538年)开始,每年的正月初一就要在这里祭天。这里应该不单单作为祭天之所,也许还有其他的功能,但是在文献中未有载明。

(五)乾安殿

乾安殿可能是西魏时期最重要的宫殿,记载甚为详细。这一时期和乾安殿相关的记载有:"十七年春三月庚戌,帝崩于乾安殿,时年四十五。"②"丁未,会百官于乾安殿,班赏各有差。"③"西魏孝武帝以雍州公廨为宫。《北史》:'魏孝武帝永熙三年,高欢入洛,宇文泰迎帝入长安。'逍遥园。清晖室。阳武门。凭云观。圜丘。乾安殿。逍遥观。"④上述记载时间各不相同,有的是发生在西魏时期,有的却是发生在北周初年,但是都印证了西魏时期存在这么一座宫殿。由史料可知,西魏大统十七年(公元551年),西魏文帝元宝炬就是在乾安殿去世的,可见此宫殿具有寝殿的功能,应该是皇帝日常居住的场所。到了北周时期,孝闵帝又在这里会见朝臣,事情虽然发生在北周,但从时间上看,孝闵帝朝会百官的时间是在北周孝闵帝元年(公元557年)的正月丁未,也就是孝闵帝即天王位第一年的正月初七。足见乾安殿不可能是北周时期修建的,而应该是在西魏时期原本就存在的。另外,将春节后第一个"工作日"的朝会安排在乾安殿,其在当时政治生活中的地位之重要可见一斑。到了北周时期,乾安殿被更名为紫极殿继续沿用。

三、前代遗留的城市建筑

虽然在北魏时期长安不是都城,但是长安城毕竟是多朝之都,遗留下不少的宫殿建筑。在西魏初年有不少的宫殿是前代遗留下来经修葺后重新利用的。

(一)天游园

《周书》载:"魏文帝在天游园,以金卮置侯上,命公卿射中者,即以赐之。"⑤《北史》也有相似记载,并且明确交代此事发生在大统初年的河桥之战之后。西魏军队

---

① 《北史》卷五《西魏文帝纪》,第177页。
② 《北史》卷五《西魏文帝纪》,第181页。
③ 《周书》卷三《孝闵帝纪》,第47页。
④ 《长安志》卷五《宫室三》,第225—226页。
⑤ 《周书》卷一九《宇文贵传》,第313页。

在河桥之战中大获全胜，凯旋后，西魏文帝在此举行宴射，对箭法好的臣僚还给予奖励和重用。由此可知，天游园应该是西魏的一座皇家园囿，但是并不是在西魏时期修建的。原因在于，其一，在大统初年这座园林就已存在，而在西魏初年并没有其相关史料流传。其二，西魏初年的政治军事形势均对西魏不利，西魏王朝也没有充足的精力和财力来修建园林。所以笔者认为天游园是在之前就存在的，在这之后有关天游园的记载几乎中断。

（二）逍遥园

《长安志》卷五提到西迁到长安的孝武帝宴侍臣，曰："此处仿佛逍遥园也。"① 在这里孝武帝将长安的逍遥园与洛阳的逍遥园相比较，上述史料距西魏很近，因此可以断定西魏时期有逍遥园的存在。长安的逍遥园建立甚早，是在后秦时代修建的。逍遥园的具体位置在郦道元的《水经注》中有比较清楚的记载。《水经注·渭水》在记载长安城北渭水与城西沈水枝津时称："渭水与沈水枝津合。水上承沈水，东北流径邓艾祠南，又东分为二水，一水东入逍遥园，注藕池。"据此可知，逍遥园在长安城北部，这种看法为后世研究者所公认。黄盛璋也赞同这种说法，认为："《水经注》说一水东入逍遥园注藕池，池中有台观，所以藕池应在逍遥园中，此村因与漕渠有关，我去过两次，它是在明清西安城北而偏东，不在西北，更不是西了。这说明《清一统志》和《读史方舆纪要》所说的逍遥园的位置和钟先生所说的是两回事。汉长安城在明清西安城西北，如果逍遥园在汉城北而偏西，无论《读史方舆纪要》说的'西北'，或《清一统志》说的'西'，都是符合；如果逍遥园在汉城东，那就只能是北，'西北'及西都不能说，由此可见《清一统志》和《读史方舆纪要》所说的逍遥园位置，同样肯定在汉城北，不在城东。"② 吴宏岐认为"逍遥园是后秦都城长安城北郊的一处皇家苑囿，本与草堂寺毫不相涉"③。吴宏岐在《西安历史地理研究》一书中除了详细论证了逍遥园的位置，还翔实地考证了逍遥园与后秦草堂寺的关系，指出："逍遥园在汉长安城（亦即后秦长安城）北，草堂寺则在今户县东南草堂镇草堂营，二者在地点上相去甚远，但自元人骆天骧《类编长安志》开始就已将其混为一谈。"④ 至于后来逍遥园何时、何故被废弃就无从知晓了。

---

① 《长安志》卷五《宫室三》，第225页。
② 黄盛璋：《关于〈水经注〉长安城附近复原的若干问题》，载《考古》1962年第6期，第334页。
③ 《西安历史地理研究》，第226页。
④ 《西安历史地理研究》，第227页。

（三）昆明池

北魏时期魏太武帝曾经"发长安五千人浚昆明池"[①]，并在"二月丙戌，幸长安，存问父老。丁亥，幸昆明池"[②]。西魏时期太祖"宴于昆明池"[③]，也曾"与公卿往昆明池观渔"[④]。从上可知，北魏时曾下大力气疏浚昆明池，昆明池虽然没能恢复至原状，但是规模应该还不算小。经北魏的疏浚，到西魏时期，西魏的皇帝及权臣都曾到此游幸玩乐。这也说明对昆明池的日常维护还是有的，但是文献中只言及游宴，而再没有提到操练水军之类的活动。由于东、西魏之间的战争主要是在陆地上进行的，再则西魏国力孱弱，也可能无力经营水军，所以这里仅剩下游乐功能了。另从现存文献看，昆明池一直到北周时期还在使用。

魏孝武帝进入长安之后，长安宫室由于长时间废弃，或者缺乏维护，不能立即使用，只好"以雍州公廨为宫"[⑤]，由此可知，雍州的官廨也曾经作为皇帝驻跸的场所。不过到了大统四年（公元538年）新筑成宣光、清徽二殿，所以这里使用的时间应该不是很长。

西魏时期新修筑的宫殿颇少，但是为了保证一个王朝的有序运转，必定有各种宫殿建筑的存在，可以推测这一时期有不少宫殿应该是汉代的遗留物，是修葺完善后加以利用的。

[①] 《魏书》卷四下《世祖纪下》，第93页。
[②] 《魏书》卷四下《世祖纪下》，第100页。
[③] 《周书》卷一四《贺拔胜传》，第220页。
[④] 《周书》卷二三《苏绰传》，第381页。
[⑤] 《北史》卷五《孝武帝纪》，第173页。

第三节
北周时期的长安城

一、长安城的城市建筑

北周闵帝元年（公元557年），宇文氏通过禅让的方式建立了取代西魏的北周政权，权力得到和平过渡。国家政治中心没有转移，仍然设在长安这座近千年的古城。宇文氏获得政权之后，对那些年深日久的宫殿进行了大规模的修葺和完善，并且新修筑了不少宫殿阁楼。《长安志》有这样的记载：

> 后周露门、圜丘、方丘、太社、太庙、乾安殿。《北史》：孝闵帝宇文氏元年春正月即位，柴燎告天，朝百官于露门，祀圜丘、太社、太庙也。乾安殿班赏有差。昆明池观鱼。右寝。延寿殿。正武殿。紫极殿。重阳阁。芳林园。麟趾殿。大武殿。太学。津门。露寝。道会苑。露门学。大德殿。玄都观。崇信殿。云阳宫。肃章门。会义殿。含仁殿。云和殿。思齐殿。青城门。太极殿。天台。正阳宫。青门。露寝。天兴宫。孔子庙。应门。咸阳宫。天德殿。通道观。军器监。崇义宫。连珠殿。云和楼。①

长安作为北周的都城，是在汉长安城基础上修补完善的。所以在这一时期，只要是前代保留下来的宫殿，大多都得到了修整与提升，再次利用。当然，也兼顾皇室的需要增加了一些宫殿禁苑。笔者将在《周书》《北史》《资治通鉴》《长安志》《类编长安志》等文献中筛选考证，并按照殿、宫、禁苑等分类记述相关建筑。

（一）北周时期的殿

《周书》等史籍中有不少关于这一时期殿的记载。有些记述颇为丰富，不但有修

---

① 《长安志》卷五《宫室三》，第226—227页。

筑、废弃等的具体时间，还记述了在此发生的重大事件。而有些殿的记载就不尽如人意，由于年代久远、文献资料逐渐亡佚等原因，我们至今只知这些殿的名称，其具体的修筑、废弃时间及功能都无从知道。

1. 大德殿

大德殿是北周时期最重要的宫殿之一。在文献记载的宫殿中，关于大德殿的记载虽然不是最多的，但是这些记载都和当时的军国大事息息相关。与大德殿相关的记载有：

（建德四年七月）丙子，召大将军以上于大德殿。①

（建德四年七月）帝于大德殿将谋伐齐。②

（天和四年二月）戊辰，帝御大德殿，集百僚、道士、沙门等讨论释老义。③

（天和三年八月）癸酉，帝御大德殿，集百僚及沙门、道士等亲讲《礼记》。④

（建德二年七月）壬申，集百察于大德殿，帝责躬罪己，问以治政得失。⑤

（保定三年）或有发其事者。高祖吕诸公卿于大德殿，责崇。崇惶恐谢罪。⑥

联系文献所在的章节可以看出，前两条说的都是北周武帝建德四年七月丙子（公元575年8月15日）这天在大德殿召集朝中重臣商议讨伐北齐的策略。北魏分裂以后，东、西魏及之后的北周与北齐之间战争不断。与北齐之间的战争是北周军国生活中最为重要的一环，由此可见大德殿在北周时是重要的朝政议事之所。紧接着的两条文献记述的是关于儒、道、佛三教的辩论。在南北朝及隋唐时期有著名的"三武一宗法难"之说，这里的"三武"，其中就包括北周武帝宇文邕。北周武帝时期，儒、道、佛三教间的辩论不止一次地在大德殿进行，在多回合辩论过程中，周武帝对三教的认识得到了提升，采取坚决而温和的方式推动了灭佛的进行。正因为如此，宇文邕的灭佛才是"三武一宗法难"中程度最轻的一次，不像魏太武帝灭佛那样大规模地屠杀。⑦对于三教的态度是北周内政的重要组成部分。剩下的两条文献，一个是祈雨，对国家

---

① 《周书》卷六《武帝纪下》，第92页。
② 《周书》卷三〇《窦炽传》，第520页。
③ 《周书》卷五《武帝纪上》，第76页。
④ 《周书》卷五《武帝纪上》，第75页。
⑤ 《周书》卷五《武帝纪上》，第82页。
⑥ 《周书》卷一六《侯莫陈崇传》，第269页。
⑦ 张箭在其博士论文《三武一宗灭佛研究》中认为：北周武帝对佛教的态度应该是废佛，而不是灭佛。周武帝对于佛教的政策比魏太武帝温和得多。

政策进行反省，另一个则是镇压叛变，对于叛乱的镇压，毋庸置疑是对重大内政的处置。总之，在大德殿进行的相关事务都牵涉军国大计，可见大德殿在北周的政治生活中占据重要地位，应该是北周政治生活中最重要的宫殿之一。然因材料局限，仍无从详考大德殿修筑、废弃的年代以及其具体位置。

2. 正武殿

正武殿，史籍记载最多。据统计，《周书》中出现了十三次，《北史》中出现了十三次，《资治通鉴》中记载三次，《长安志图》中出现了一次，《长安志》中出现了一次。剔除相同或相似的记载，关于正武殿的记载共有十五次。这十五条记载可分为录囚徒、听讼、大醮、举哀、嬉戏等五种，其中举哀和嬉戏各有一条记录。皇帝亲录囚徒盛起于东汉，并为以后历代王朝所重视，成为朝廷监督全国司法状况的重要手段。北周皇帝在这里录囚徒的记载有三次，并且查阅《周书》可以发现，文献中有记载的录囚徒基本上都是在正武殿进行的。听讼也就是审理案件，大醮是一种祭天仪式。由此看出，正武殿可能主要是处理司法和祭祀等政务的场所。正武殿的具体位置至今不详。但是《长安志图》言"正武殿为讲武殿"①。在西安地区历代宫殿建筑中均没有出现过讲武殿，有观点认为结合这条记载可以认定正武殿可能是在今天西安市未央区的讲武殿村周围。另外，《未央区志》载："北周正武殿遗址在未央宫乡讲武殿村北。元代李好文《长安志图》列举讹传名时记载：'正武殿'讹传为'讲武殿'。"②但是迄今为止还没有找到更多的证据来证明。相反，考古部门的报告则认为这一时期的权力中心转移到了城市的东北角③，那么正武殿就一定不在现在的讲武殿村附近。根据现有文献记载，也无法得出正武殿修建的时间以及其破坏废弃等方面的情况。

3. 麟趾殿

在可查文献中，麟趾殿出现的次数甚多。其在北周时期应该也是一处比较重要的宫殿，《唐六典》中曾这样描述："北齐有文林馆学士，后周有麟趾殿学士，皆掌著

---

① 〔元〕李好文：《长安志图》卷中《图志杂说》，长安县志局铅印本，1931年。
② 西安市未央区地方志编纂委员会编：《未央区志》第二十四编《文物》第一章第四节"北周正武殿遗址"，陕西人民出版社，2004年，第1049页。
③ 由刘振东执笔的中国社会科学院考古研究所汉长安城工作队的报告《西安市十六国至北朝时期长安城宫城遗址的钻探与试掘》中认为：这一时期的宫城位于汉长安城的东北角。参见中国社会科学院考古研究所汉长安城工作队：《西安市十六国至北朝时期长安城宫城遗址的钻探与试掘》，载《考古》2008年第9期，第34页。

述。"①不过在我们可见的记录中，主要是北周世宗时期"集公卿已下有文学者八十余人于麟趾殿，刊校经史"②，并且在以后不断有新的成员加入。这些成员中有名可考的有韦孝宽、鲍宏、萧扨、萧大圜、姚最、元伟、王褒、宗懔、杨宽、颜之仪、柳裘、明克让、庚季才等人，这些人均是名噪一时的饱学之士，他们在这里校勘经典，不但可以充分利用他们的才华，又可以保护他们不被牵扯到各种政治势力的斗争中，为后代留下宝贵的历史记录。其中萧大圜、萧扨、宗懔、姚最、王褒、明克让、鲍宏、颜之仪、柳裘、庚季才等来自南朝。《周书》中还有这样一处记载："《梁武帝集》四十卷，《简文集》九十卷，各止一本，江陵平后，并藏秘阁。大圜既入麟趾，方得见之。"③是说北周军队占领江陵以后，将江陵的藏书运回长安，收藏在秘阁之中。萧大圜到长安后成为麟趾殿学士，才在麟趾殿又见到了这些书。那么之前文献中提到的"秘阁"，应该就是麟趾殿，也应该是一处藏书的重要场所。麟趾殿的位置现在尚难做出判断，但是这处宫殿的功能却是毫无疑问的，它是北周时期一处重要的文化场所，应该和汉代的天禄阁、石渠阁性质相仿。在《长安志》中仅仅是提到这处宫殿的名字，而没有进行详细的描述，我们无法断定其功能和具体位置。在北周以前的文献中麟趾殿没有出现过，到了北周明帝时期始出现"武成中，世宗令诸文儒于麟趾殿校定经史"④的记载。结合《长安志》在麟趾殿后注文中说"并明帝所置殿阁也"⑤，我们可以认为麟趾殿是在北周初年新修筑的。在明帝以后，这处宫殿就没有在史书中出现，所以它何时废弃的就不得而知了。

4. 紫极殿

除在《长安志》中提到外，其他记载这一时期的文献中对紫极殿也有记录。但是由于史料的匮乏，我们无法断定北周时期紫极殿的功能以及它在长安城的具体位置。不过根据零星的资料记载，我们还是可以对其功能做出一些推断。在武成二年（公元560年）"春正月癸丑朔，大会群臣于紫极殿，始用百戏焉"⑥，在天和年间"复于紫极殿

---

① 〔唐〕李林甫等：《唐六典》卷九《中书省集贤院史馆匦使》，陈仲夫点校，中华书局，1992年，第279页。
② 《周书》卷四《明帝纪》，第60页。
③ 《周书》卷四二《萧大圜传》，第757页。
④ 《周书》卷四二《萧扨传》，第752页。
⑤ 《长安志》卷五《宫室三》，第226页。
⑥ 《周书》卷四《明帝纪》，第59页。

讲三教义。朝士、儒生、桑门、道士至者二千余人"①。值得一提的是,"武成二年春正月癸丑朔"是这一年的正月初一,也就是现在的新年第一天。新年第一天在紫极殿进行"大会群臣""百戏"等活动,就说明紫极殿地位非同一般。这里提到在紫极殿"大会群臣……始用百戏"和"讲三教义"两件事,都关乎国家的礼教,或许紫极殿是一处宣扬教化的场所。

"武成二年正月癸丑朔,明帝大会群臣于紫极殿。《周地图记》曰:'乾安殿,周改曰紫极殿。'"②这条文献明确指出了北周时期的紫极殿就是以前的乾安殿。

5.天德殿

在中国古代的宫城建筑中,好像只有在北周时期才有这样一处被命名为天德殿的建筑。这究竟是出自何因,现在不得而知。还有一处比较奇怪的是,与天德殿相关的记录,虽然只有寥寥几条,但都与周宣帝宇文赟有关,这又是何因,也已无据可考。在文献中,北周宣帝宇文赟是一个穷奢极欲、荒淫无耻的皇帝,他"以五色土涂所御天德殿,各随方色"③。虽然其重点是为了讲述宣帝的荒淫,但也为我们留下了极为珍贵的关于天德殿的记录。还有一处关于天德殿的记载是:北周大象二年(公元580年)五月,"帝崩于天德殿。时年二十二,谥曰宣皇帝"④。当时宣帝已经把帝位传给了静帝,并且"禅位之后,弥复骄奢,耽酗于后宫,或旬日不出"⑤,因此我们可以认为天德殿应该是后宫的一座宫殿,或者说是一处寝殿。在《长安志》中仅仅是提到天德殿,因史料匮乏,对于其具体位置、主要功能、发生的重大事件,基本上都不便深入探讨。天德殿也随着北周王朝的灭亡而淹没在历史的长河之中。

不过根据"以五色土涂所御天德殿,各随方色""每对臣下,自称为天""帝崩于天德殿"⑥等记载可知,宣帝是个"唯自尊崇,无所顾惮""极丽穷奢"⑦的人。他居住在奢华的天德殿,"自称天元皇帝,所居称天台"⑧,且"诏天台侍卫之官,皆着五色

---

① 《周书》卷四五《沈重传》,第810页。
② 《类编长安志》卷二《宫殿室庭》,第58页。
③ 《周书》卷七《宣帝纪》,第125页。
④ 《周书》卷七《宣帝纪》,第124页。
⑤ 《周书》卷七《宣帝纪》,第124页。
⑥ 《周书》卷七《宣帝纪》,第124、125页。
⑦ 《周书》卷七《宣帝纪》,第125页。
⑧ 《周书》卷七《宣帝纪》,第119页。

及红紫绿衣，以杂色为缘，名曰品色衣"①。从天台的奢华及寝宫的性质可以推测天德殿就是天台，天台是天德殿的另外一种称谓。

6. 延寿殿

延寿殿在北周之前的文献中几近空白，并且在北周时期出现的次数也不是特别的多，正如天德殿主要出现于宣帝时期一样，延寿殿主要出现在和世宗宇文毓相关的记载中。关于延寿殿的记录非常少，《长安志》仅仅提及其名字，《周书》《北史》和《资治通鉴》中共有四条记录，其中两条重复。也就是说，我们可以看到的关于北周时期延寿殿的记录只有两条。这两条记录是：

> 元年秋九月，天王即位，大赦。乙丑，朝群臣于延寿殿。②

> 其诏即帝口授也。辛丑，帝崩于延寿殿，时年二十七。③

根据这两条记录，我们对延寿殿的印象就是，在这一时期存在过这样一处宫殿，但是时间不是特别长。至于其主要功能，我们只能根据对周世宗宇文毓本人的了解，综合文献记载，进行一下推测。《周书》对周世宗评价说"而百辟倾心，万方注意"④，说明周世宗还是一个受人爱戴的君主。周世宗在公元557年九月甲子即天王位，乙丑（次日）就在延寿殿"朝群臣"。可以认为，延寿殿在世宗时期是一处重要的处理日常政务的场所。不知何因，延寿殿在世宗去世以后就淡出了史官的视野。

7. 含仁殿

《周书》《北史》和《资治通鉴》等书对含仁殿均有记载，但是记述的内容相同，都描述了北周权臣宇文护被斩杀的过程：天和七年（公元572年）三月十八日，北周权臣宇文护从同州回来，武帝在文安殿接见了他。之后，武帝带着宇文护去含仁殿朝见皇太后。宇文护照武帝所告诫的那样，读《酒诰》给太后听，尚未读完，即被武帝以玉珽击倒在地，后被卫王直斩杀。⑤就这样，一代枭雄死于非命。通过上述记载，我们虽然知道了这一历史事件，但是得不到更多关于含仁殿的信息。宇文护是武帝宇文邕的堂兄，朝见皇太后时在含仁殿被击杀，那么含仁殿在武帝时期可能是皇太后的住处。它的具体位

---

① 《周书》卷七《宣帝纪》，第123页。
② 《北史》卷九《明帝纪》，第334页。
③ 《北史》卷九《明帝纪》，第338页。
④ 《周书》卷四《明帝纪》，第61页。
⑤ 参见《周书》卷一一《晋荡公护传》、《北史》卷五七《宇文护传》、《资治通鉴》卷一七一《陈纪五》。

置却不得而知。在《长安志》《类编长安志》等主要记述长安地区的文献中也没有出现含仁殿。

在上述内容中还提到了文安殿，周武帝在文安殿接见了刚从同州回来的宇文护。文安殿也应该是一处比较重要的宫殿。

8. 大武殿

大武殿，顾名思义，就是讲武练兵的宫殿。《周书》说："辛亥，帝御大武殿大射，公卿列将皆会。"①《北史》记载大同小异。《长安志》中只提到有这么一处宫殿。这些史料仅仅佐证了大武殿的存在，北周武帝保定二年十月辛亥（公元562年11月26日）这天，周武帝和公卿列将在此大射，说明这里是一处射宫或者是射宫的一部分。

9. 崇信殿

崇信殿在记载这一时期的文献中出现的次数也不多，并且零星地散落在各种文献之中。将相关文献整理在一起后对比，不难发现除《长安志》外，其他文献都是在记述一件事，那就是在北周武帝建德二年十月甲辰（公元573年11月21日）"六代乐成，帝御崇信殿，集百官以观之"②。根据文献记载，我们只是可以确定在北周时期存在过这么一处宫殿，周武帝还曾率领群臣在此欣赏"六代乐"。崇信殿应该是一处掌管教化或是休闲娱乐的场所。

10. 上善殿

《周书》记载，在建德元年十二月庚寅"（武帝）幸道会苑，以上善殿壮丽，遂焚之"③。在公元573年1月1日，北周武帝游幸至道会苑，见到上善殿的华美壮丽，不禁愤恨其奢华，即下令焚烧上善殿。虽然上善殿被焚毁了，但是在史书中给我们留下了珍贵的记录。上善殿处在道会苑之中，因自身建造的华丽而被焚毁。根据这条文献可知，在公元573年之前上善殿就修建好了，它可能是一个集观赏、娱乐于一体的宫殿，而不是北周皇帝临时休息的寝殿，否则也不会因为它的壮丽而被焚毁。

---

① 《周书》卷五《武帝纪上》，第67页。
② 《周书》卷五《武帝纪上》，第83页。
③ 《周书》卷五《武帝纪上》，第81页。

11. 连珠殿

在翻阅《长安志》和《类编长安志》时，我们发现了一个新的宫殿，那就是连珠殿。文献中对这处宫殿的记载十分简略："云和楼，《周地图记》曰'连珠殿，六栿五架。又有云和楼，九间重阁'。"① "栿"就是"梁"的意思，在建筑学上两梁之间称为"架"，通俗一点讲，六栿五架就是五间房的意思。也就是说，连珠殿是一座仅有五间房的宫殿，相较于至少能容纳两千人的紫极殿来说，连珠殿则简朴得多。

在《长安志》中还提到了其他宫殿，但是正史中均没有记载。这些宫殿是太极殿、会义殿、舍仁殿、云和殿、思齐殿、白益殿等。这些宫殿流传至今，仅仅剩下名字而已。考虑到《长安志》是宋代人编著的，我们只能说这些宫殿可能是存在的。

（二）北周时期的宫

宫通常是皇帝处理政务及居住的场所。本部分整理出的宫殿有相当一部分是行宫，不一定都是在长安城内，有的甚至远在渭南（如同州宫），但是它们共同构成了北周一朝的宫城建筑。《周书》等文献存在很多宫的记载。

1. 正阳宫

《周书》《北史》《隋书》《资治通鉴》《廿二史札记》和《长安志》等文献均有记载。《周书》中多次提到"正阳宫皇后""居正阳宫"，所以正阳宫可能是含有寝殿的建筑群。《周书》还曾言："皇帝衍称正阳宫，置纳言、御正、诸卫等官，皆准天台。"②由此可知，北周静帝宇文衍是在正阳宫继承了宇文赟的皇位，但是宇文赟并没有把权力彻底地交给自己的儿子③，仍在天台处理政务，静帝居正阳宫，正阳宫也应具有处理政务的功能。到大象二年（公元580年）五月"己酉，宣帝崩，帝入居天台，废正阳宫"④。虽然正阳宫被"废"，但是这里所指的"废"，不是彻底的废弃，而是改作他用，因为在大象二年五月"以正阳宫为丞相府"⑤。其实这座宫殿仍然是处理政务的重要场所。这一时期的丞相就是后来的隋文帝杨坚，其此时已为权臣。到了隋代，正阳宫（丞相府）这处宫殿已经消失在历史的尘埃之中，再也难觅其踪迹了。

---

① 《类编长安志》卷三《馆阁楼观》，第96页。
② 《周书》卷七《宣帝纪》，第119页。
③ 赵翼在《廿二史札记》卷一三《魏齐周隋书并北史》提到正阳宫时说："皇帝衍称正阳宫。朝廷政事，仍宣帝处分。"
④ 《周书》卷八《静帝纪》，第131页。
⑤ 《隋书》卷一《高祖帝纪上》，第3页。

2. 露寝

露寝又称路寝。在中国历史上，特别是中古时期，路寝是帝王的正殿所在。《毛传》云："路寝，正寝也。"《礼记·玉藻》说："君日出而视之，退适路寝听政。"北周的帝王为了证明自己的正统地位，在礼制方面不少是按照《周礼》等制订的，所以北周时期也修建了一座被称为路寝的宫殿。文献记载：北周武帝保定三年（公元563年）"八月丁未，改作露寝"①，到天和元年（公元566年）正月"辛巳，露寝成，幸之。令群臣赋古诗，京邑耆老并预会焉，颁赐各有差"②。根据记载得知，北周的露寝不是新修建的一座宫殿，是为了适应《周礼》中礼制的需要将其他的宫殿改建而成的。不过毕竟是花费了三年时间改建而成的，应该耗费了不少的人力和财力。武帝本人经常在正武殿等处理政务，露寝也许就是为了证明自己是王朝正统的建筑。到了宣帝大成元年（公元579年）"十二月戊午，以灾异屡见，帝御路寝，见百官"③。可以看出宣帝时期路寝成为皇帝禳灾时期的避居和处理政务之所。之所以将之称为宫而不称为殿，是因为从名字上看，露寝应该是一座寝殿，但是在文献记载中，武帝在这里会过朝臣，宴请过周边民族使节，并且还在这里勖勉军事。所以笔者认为这处建筑不是一座殿，而是一个宫。

3. 云阳宫

《三辅黄图》在记述甘泉宫时称："甘泉宫，一曰云阳宫。"④《元和郡县图志》中也有相似的记载，所以，云阳宫很可能就是汉朝时期的甘泉宫。云阳宫是一座行宫，"在云阳县西北八十里甘泉山上，周回十余里，去长安三百里"⑤，"武帝尝避暑云阳宫"⑥。北周是鲜卑贵族建立的，来自高原的他们特别怕热，所以就经常临幸云阳宫避暑。也就是说云阳宫虽经历了岁月的侵蚀和战火的破坏，但在北周还是被翻修一新，再次利用。在北周的五位皇帝之中，武帝临幸云阳宫的次数最多，并且在这里病重，随后在回京师途中去世。由此可以看出，在北周时期尤其是在武帝时期，云阳宫是一处十分重要的行宫。

---

① 《周书》卷五《武帝纪上》，第69页。
② 《周书》卷五《武帝纪上》，第72页。
③ 《周书》卷七《宣帝纪》，第121页。
④ 何清谷：《三辅黄图校释》卷二《汉宫》，中华书局，2005年，第137页。
⑤ 《三辅黄图校释》卷二《汉宫》，第138页。
⑥ 《北史》卷七四《皇甫绩传》，第2545页。

4. 天兴宫

在北周时期,天兴宫是皇帝屡屡临幸的场所。宣帝在大成元年(公元579年)将皇位传给了静帝,"其后游戏无恒,出入不节,羽仪仗卫,晨出夜还,或幸天兴宫,或游道会苑,陪侍之官,皆不堪命"①。《周书》等文献中也有相似的记载。由此可以认为天兴宫应该是一处皇帝游乐的场所,并且在长安城之中或其附近,不会距皇帝正式的起居办公场所太远,否则不可能晨出夜还,还能有游幸的时间。关于天兴宫的建筑时间,在大象元年(公元579年)"十二月,戊午,周天元以灾异屡见,舍仗卫,如天兴宫"②,由此可见,在大象元年,天兴宫就已经建成。

5. 弘圣宫

《周书》载:"帝崩,静帝尊后为皇太后,居弘圣宫。"③据这条史料可知,弘圣宫在北周时期是一处寝宫,应该还比较重要。不但静帝的生身母亲在此居住过,后来的隋文帝杨坚的女儿,即宣帝的天元皇后也曾在此居住过。杨坚此时手握北周实权,且他的女儿是最早被册封为皇后的。所以她居住的宫殿的重要性毋庸置疑。弘圣宫不但在《周书》中有记载,在《隋书》《文献通考》《资治通鉴》及《北史》中也均有记载。到了隋代,杨坚的女儿不再被称为皇太后,而是被他的父亲册封为乐平公主,仍继续在弘圣宫居住。在隋开皇三年(公元583年)正式迁都大兴城之前,隋朝的政治中心仍然在龙首原的北边,也就是两汉以来的长安城。弘圣宫应该是龙首原北边的长安城之中的一处宫殿。

6. 天台

天台应该是前代遗留下来的一座宫殿,到了宣帝时期被改称天台。天台在宣帝时期成为一处重要的宫殿,遂将此单独列出来,也许它和前面的某座宫殿是重复的,但是在此记载的事件却没有重复。在宣帝时期,"帝于是自称天元皇帝,所居称天台"④,"诏天台侍卫之官,皆着五色及红紫绿衣,以杂色为缘,名曰品色衣"⑤。不但如此,还"诏内外命妇皆执笏,其拜宗庙及天台,皆俯伏"⑥,且"令群臣朝天台者,致斋三

---

① 《北史》卷一〇《宣帝纪》,第380页。
② 《资治通鉴》卷一七三,陈宣帝太建十一年十二月,第5401页。
③ 《周书》卷九《宣帝杨皇后传》,第146页。
④ 《周书》卷七《宣帝纪》,第119页。
⑤ 《周书》卷七《宣帝纪》,第123页。
⑥ 《周书》卷七《宣帝纪》,第123页。

日，清身一日"①。由上述记载可以看出，在宣帝时期天台的地位到了无以复加的地步，在礼制方面与宗庙相似。宣帝去世以后"静帝入居天台，罢正阳宫"②，也证明了北周后期天台非同一般的地位。不过由于当时杨坚当权，正阳宫被"罢"，改作丞相府。所以，从某种程度上讲，天台的重要性应该是超过了正阳宫。

7. 崇义宫

崇义宫也是北周时期后宫的一座寝殿，在"建德初，高祖诛晋国公护，上帝尊号为孝闵帝，以后为孝闵皇后，居崇义宫。隋氏革命，后出居里第"③。《周书》记载，武帝宇文邕在天和七年（公元572年）诛杀权臣宇文护，并且在这一年三月改元为建德元年（公元572年）。那么在上文所引文献中提到的建德初应该是建德元年。崇义宫应该是一处比较重要的宫殿。它和弘圣宫有点相似，都是在皇帝驾崩后安置皇后的场所。弘圣宫是静帝母亲居住的宫殿，地位要高于崇义宫。且崇义宫在北周时期一直在使用，按照文献理解其可能一直是孝闵皇后的住所。直到隋朝初年，孝闵皇后被废除皇后的称号后才离开了崇义宫。崇义宫也随着孝闵皇后的离开而从史学家的视野中消失。

8. 咸阳宫

关于咸阳宫，《周书》记载：大象二年（公元580年）四月"壬午，（宣帝）幸仲山祈雨。至咸阳宫，雨降"④。《长安志》注文中也记述了宣帝临幸至此避雨、御宿，表明它可能和云阳宫一样，是皇帝临幸游玩的行宫。文献记载较少，可见皇帝临幸的次数不是特别多，且没有发生过重大事件，故咸阳宫远没有云阳宫重要。咸阳宫的具体位置不详。它究竟是不是秦朝时修建的那座咸阳宫已不可考。

9. 天成宫

天成宫也就是同州宫。同州宫在宣政元年（公元578年）曾被武帝下令废弃。《周书》记：静帝大象二年（公元580年）三月"乙未，改同州宫为天成宫"⑤。天成宫也是北周皇帝游幸的行宫，《资治通鉴》记载：大象二年三月，周天元也就是北周宣帝宇文赟游幸同州宫，在游玩中途，将同州宫改为天成宫⑥。史书记载了这次出行的宏大场

---

① 《资治通鉴》卷一七三，陈宣帝太建十一年二月，第5396页。
② 《资治通鉴》卷一七四，陈宣帝太建十二年五月，第5410页。
③ 《周书》卷九《孝闵帝元皇后传》，第143页。
④ 《周书》卷七《宣帝纪》，第124页。
⑤ 《周书》卷七《宣帝纪》，第123页。
⑥ 《全史宫词》卷一二中记：将同州宫改为"天宫"。但是在各家正史中均记载改为"天成宫"，所以疑《全史宫词》将"成"漏掉了，再或许就是理解有误。

面："增候正，前驱戒道，为三百六十重，自应门至于赤岸泽，数十里间，幡旗相蔽，鼓乐俱作。又令武贲持钑马上，称警跸，以至于同州。"①宣帝是乙未日到达同州，在庚子日离开同州。他带着如此庞大的队伍在天成宫游幸，并且在此流连数日，这从侧面说明了天成宫规模的宏大。自从宣帝将皇位传给静帝之后就变得更加狂妄，将自己所有的东西都称为"天"。这次将同州宫改为天成宫，也是宣帝狂妄的一种表现，但也说明了天成宫是一处比较重要的行宫。

10. 长春宫

长春宫是北周时期的一座行宫。《资治通鉴》注文载："长春宫在同州朝邑县，后周宇文护所建。"②虽然《周书》《北史》等文献中没有类似记载，但是记载有"废同州及长春二宫"③。除此之外，《雍录》《类编长安志》等文献中也有相似的记载，也就是说这条记载是可信的。《类编长安志》说："长春宫在朝邑县梁原上。保定元年④，宇文护所筑。"⑤综合上述文献我们可以得知，在北周武帝初年，权臣宇文护修建了这座离宫，等到宣政元年（公元578年），武帝又将这处宫殿废弃。朝邑县在今天的陕西大荔县，是通往蒲坂等重要军事隘口的必经之地，也是北周防御北齐的前沿堡垒，在这里设置长春宫，应该是皇帝巡视东方军事设施时的住所。宇文护作为北周权臣，权力远远超过皇帝，修建离宫也许是为了自己使用。不过到了隋末"大业十三年高祖起义，自河东引兵而西，济河至朝邑，舍于长春宫殆三数月，……迄后此宫不废，……武德二年，尝命太宗镇此"⑥。也就是说，直到隋朝末年长春宫还没有完全废弃，到了唐代还曾被再次利用起来。但是在这之后就再未有史料流传，所以其何时彻底废弃已无从知晓。

（三）北周时期的禁苑、阁楼

长安作为西魏和北周时期的都城，不仅存在着大量的宫殿建筑，也修筑了不少的禁苑、阁楼，以供皇帝及大臣休憩游玩。在这些禁苑、阁楼中有一部分是前代留下来的，这一时期加以修葺完善。因此，这些禁苑、阁楼也应该属于长安城宫殿建筑的一部分。

---

① 《周书》卷七《宣帝纪》，第123页。
② 《资治通鉴》卷一八七，唐高祖武德二年正月，第5837页。
③ 《北史》卷一〇《武帝纪》，第371页。
④ 《雍录》卷四记："《十道志》曰：'周武帝保定五年宇文护筑。'"参见〔宋〕程大昌：《雍录》，黄永年点校，中华书局，2002年，第85页。
⑤ 《类编长安志》卷二《宫殿室庭》，第66页。
⑥ 《雍录》卷四《长春宫》，第85页。

1. 芳林园

在这一时期不但北齐有芳林园，北周也有一处叫作芳林园的皇家禁苑。芳林园在北周不仅是一处游幸的禁苑，有时皇帝也在这里接见群臣或外国使者。周世宗宇文毓曾经在武成二年（公元560年）"三月辛酉，重阳阁成，会群公列将卿大夫及突厥使者于芳林园"①。其他关于这一时期的芳林园的记载，基本与这条记录相似。我们暂时还没有找到更多关于芳林园的资料，无法断定其位置等信息。但《资治通鉴》注文称："唐京城西有漕渠，南出丰水，径延平、金光二门，至京城西北角，屈而东流，径汉故长安城，南至芳林园西，又屈而北流，入渭。"②"苑地自漕渠之东，大安宫垣之西，南出与宫城齐，南列三门，中曰芳林。自芳林门而入禁苑，其地以芳林园为称。"③按照这两条文献记载，可知唐朝时期的芳林园是在汉长安城与隋唐长安城之间。但唐朝时期的芳林园是否为北周时期的芳林园，是一个需要探讨的问题。

2. 道会苑

北周天和二年（公元567年）"三月癸酉，改武游园为道会苑"④。也就是说道会苑早就存在了，但是在文献中却查不到关于武游园的其他记载。武帝天和二年改为道会苑以后，关于这处园林的记载就多了起来，到了静帝以后，道会苑又淡出了史官的视野，渐渐湮没在历史的长河之中。在有记载的时间段内，武帝、宣帝临幸此地的次数最多。文献载："己丑，帝御正武殿，亲录囚徒，至夜而罢。庚寅，幸道会苑。"⑤由此可认为，道会苑是一个具有游乐功能的场所，并且在长安城附近。此外，在道会苑还发生过大射、讲武、大醮、朝会等事件，可推测其也是一处集政务处理、礼仪活动及练兵于一体的场所。

3. 云和楼

文献中关于云和楼的记载只有两条，且都是和连珠殿相伴出现，"云和楼，《周地图记》曰：'连珠殿，六栿五架。又有云和楼，九间重阁'"⑥。《长安志》中也有提到。云和楼的建筑情况：九间重阁。"重阁"指的是高高的楼阁，"九间重阁"，可能是指有

---

① 《周书》卷四《明帝纪》，第59页。
② 《资治通鉴》卷二一九，唐肃宗至德二年四月，第7023页。
③ 《资治通鉴》卷二九〇，唐睿宗景云元年四月，第6640页。
④ 《周书》卷五《武帝纪上》，第74页。
⑤ 《周书》卷五《武帝纪上》，第81页。
⑥ 《类编长安志》卷三《馆阁楼观》，第96页。

九层那么高的阁楼，也可能是底层九间，上面若干层的阁楼。由于九在中国古代多是虚指，意思是多，故在此以"九间重阁"的方式出现并不一定是实指。云和楼何时修建、何时废弃及其用途皆不详。

汉长安城经历了数百年的风霜和战乱，在北周时期获得了新生。在短短的数十年间，北周统治者修葺完善了不少前代留下的宫殿，也新修了大量的宫殿阁楼。这些新筑的和修葺的宫殿阁楼到隋唐时代共同组成禁苑，并得到有效的保护和利用。但是也正因它们变成了禁苑，才使得它们逐渐地消失在史料中，给我们的研究带来了一定的困难。当然，这一时期的宫殿建筑和阁楼禁苑不只是上述整理的这些，由于文献所限未能全录。对于这一时期宫殿建筑和阁楼禁苑的整理，不仅是研究这一时期长安城的必要组成部分，也促使我们去思考一个长期困扰学界的问题：西魏、北周时期的宫城究竟在汉长安城的哪个位置？这也是本书要解决的主要问题之一。

二、西魏、北周时期长安城的人口迁徙

北魏永熙三年（公元534年）孝武帝投奔关中宇文泰，一些宗室和文武大臣陆续西迁。之后关中和长安作为西魏、北周的政治中心，也成为主要的人口迁入区。西魏时见于史料记载的人口迁徙主要有两次：

> （大统三年）前后虏其卒七万，留其甲兵二万，余悉纵归。收其辎重兵甲，献俘长安。①

> （大统十二年）独孤信平凉州，擒仲和，迁其民六千余家于长安。②

由这两则史料来看，西魏时迁入关中的人口数量与之前是无法比拟的，但此时长安城的人口应该不会只限于这些。有学者认为"北魏正光以前有户337.53万，而后来东魏境内占274.19万户，故西魏仅余63.34万户，只达东魏户口的23.12%，相差非常悬殊，按此比例，则西魏大统后期的户口约为48.55万户"③。关中地区作为西魏的都城所在及政权的核心区，人口应该占据一大部分，长安城的人口数在此时期应也有所回升。

---

① 《北史》卷九《太祖文帝纪》，第321页。
② 《周书》卷二《文帝纪下》，第30页。
③ 任世芳、赵淑贞、任伯平：《南北朝人口史若干问题探讨》，载《中国历史地理论丛》2005年第3辑，第156页。

北周时期的人口迁徙，见于史料的主要有：

  俘甲士八千人，送关中。①

  己未，东寿阳土人反，率众五千袭并州城，刺史东平公宇文神举破平之。庚申，行幸并州宫。移并州军人四万户于关中。②

  衣冠士人多迁关内，唯技巧、商贩及乐户之家移实州郭。③

  琮之二年，隋文帝又征琮入朝。琮率其臣下二百余人朝于长安。④

北周主要从关东地区迁入人口，数量也较多。任世芳等曾对北周总人口进行估算，指出："北周继承西魏，并自南朝手中夺得梁、雍、益、宁4州及江陵之地，本文称其为西南中南地，公元464年时有14.76万户，到公元550年时计86年，年平均递增6‰，为24.68万户，加上西魏原有48.55万户，共计73.23万户。仍按年递增6‰计，到公元577年时有86.03万户。北周灭北齐时，连同北齐330.25万户，中国北方共有416.28万户。"⑤

---

① 《周书》卷六《武帝纪下》，第96页。
② 《周书》卷六《武帝纪下》，第105页。
③ 《隋书》卷七三《梁彦光传》，第1675页。
④ 《周书》卷四八《萧琮传》，第866页。
⑤ 任世芳、赵淑贞、任伯平：《南北朝人口史若干问题探讨》，载《中国历史地理论丛》2005年第3辑，第156页。

第五章 军事争夺中凸显长安城的区位价值

战争是政治的延续。纵观历史，决定战争规模、强度的决策者不是军人，而是统治者。统治者为了获得某些险要之地或者膏腴之地，往往不惜发动战争。东汉至北朝时期，长安城所在的关中地区既有肥沃的土地、大量的人口，又有险要的地势，因此长安城成为这一时期的兵家必争之地。军事争夺中凸显了长安城的区位价值。

频繁的战争、动荡的社会是魏晋南北朝时期总的社会特征，在历次的战争中，长安城扮演着不同的角色。曹魏时期的潼关之战、刘裕北伐的战争以及东西魏之间的沙苑之战、玉璧之战等等均爆发在关中地区，长安在这些战争中不但需要提供大量的军械、粮草、士兵，而且饱受战争蹂躏，造成人口锐减、建筑被毁，遭受了巨大的伤害。有时，长安城虽然不是交战区，但是作为交战军队的大本营所在，也需要为军队提供大量的军械、粮草，甚至有时还要出动大量的民夫将军械、粮草等战争物资运往前线。长安城在战争中扮演着重要的角色，因此在国家政权中的地位也是伴随着战争的进行而不断发生变化。

第一节
东汉—北朝时期长安城的区位价值

东汉至北朝时期，长安城虽然不再是大一统国家的都城，但是仍具有重要的区位价值，尤其是在十六国北朝时期，长安城更是历代割据霸主的必争之地。

在东汉时期长安城虽然不再是大一统国家的都城，但是关中仍是东汉帝王先祖的寝陵所在，东汉帝王多次来到长安祭祀西汉诸帝。长安城也是东汉时期的西京，即使在东汉末年，国家势力严重衰落时，关中地区仍是各方势力争夺的焦点。赤壁之战时，因为韩遂、马超扰乱关中，曹操后方不稳，为了集中力量对付袁绍等，曹操才不得已放弃长安城。因而东汉时期长安城在国家政权中具有非同寻常的区位价值。至三国时期，长安城所在的关中地区是魏蜀两国争夺的焦点，两国围绕长安城展开了近五十年的争夺。曹魏末年，司马氏占据长安，并以关中地区为依托，成功地篡夺了曹魏的政权，建立西晋王朝。因此在西晋王朝时期，关中地区在国家政权中有着非同一般的地位，这也是西晋末年晋帝逃离都城洛阳前往长安的原因之一。在十六国北朝时期，长安城的区位价值显得更为重要。汉及前赵时期甚至将国家的都城迁至长安，并在长安大兴土木，建立宫殿；后赵时期，为了消灭前赵及其他少数民族在长安的势力，石勒不惜大动干戈，将数十万人迁至关东，其中最为著名的就是发源于略阳的氐族，在其首领苻洪的带领下，数十万人迁至枋头（今河南浚县）。正是这支氐族势力在后赵式微时期，在其首领苻健的带领下，返回关中，建立前秦，最终依托关中建立了统一北方的前秦政权。随着淝水之战中前秦的战败，昙花一现的北方统一再次土崩瓦解，长安被羌族出身的姚苌占据，姚苌以此为都城，建立了后秦政权。在姚苌之子姚兴时期，长安更是兴盛一时，大量的域外人士来到长安，最为著名的就是高僧鸠摩罗什。后秦弘始十八年（公元416年），年仅五十的姚兴突然病死，第二年后秦政权就被东晋刘裕所灭。然而刘裕急于返回建康完成篡位，刚刚被汉族政权占据的长安再次沦陷于匈奴人赫连勃勃之手。众多大臣劝赫连勃勃建都长安，但是由于大夏的主要敌人是来自于北方的北魏，建都统万城更有利于防备北魏。重视长安城的大夏政权在长安设置南台，由大夏王朝的太子赫连璝亲自镇守。随着北魏势力的扩张，大夏政权被消灭。北魏时期虽然没有将国家的都城设置在长安，但是现有的文献中有大量关于魏帝巡幸长安的记载，尤其是魏太武帝时期，长安初归北魏，为了迅速稳定关中地区，太武帝多次驻跸长安。即使关中地区统治稳定之后，北魏仍然派出了亲王级别的官员镇守关中地区。北魏末年，来自北方的六镇起义席卷中原，魏孝武帝仓皇西逃，进入关中，占据长安的宇文泰集团在此建立西魏政权，随后的西魏、北周等政权均将国家的都城设置在长安城，直至隋唐的建立。

纵观整个东汉至北朝时期，长安城一直是各方势力争夺的焦点，在长安城及其周边爆发了众多的战争。长安城的重要性在著名的《隆中对》中就有体现：

若跨有荆、益，保其岩阻，西和诸戎，南抚夷越，外结好孙权，内修政理；天下有变，则命一上将将荆州之军以向宛、洛，将军身率益州之众出于秦川，百姓孰敢不箪食壶浆以迎将军者乎？诚如是，则霸业可成，汉室可兴矣！①

由上述文献可知，刘备最重要的谋士诸葛亮认为：如果蜀汉政权能够占据荆州、益州，并且依据有利地势，"内修政理"静待天下有变，可顺势席卷天下，进而复兴汉室。诸葛亮认为出兵的两个方向是宛、洛和秦川，进攻秦川的军队应该由蜀汉的刘备亲自率领。这里的"秦川"就是长安城所在的关中地区，由此可见在诸葛亮的谋划中，关中地区是蜀汉政权争夺天下的关键点。长安城所在的关中地区是曹魏政权连接中原与西域的关键点，占据这里，就能够将曹魏政权的疆域一分为二，使之首尾不能相顾。占据关中地区后，将河西走廊纳入蜀汉政权中来就很容易，这能够给蜀汉政权增加更多的优质兵源，曾经闻名天下的凉州铁骑就诞生于此。在刘备去世之后，诸

---

① 《三国志》卷三五《诸葛亮传》，第913页。

葛亮五出祁山，企图夺取关中，然而由于蜀汉政权实力较弱，诸葛亮最终饮恨五丈原。诸葛亮的继承者姜维亦多次主动进攻雍州。

可见，在整个东汉至北朝时期，长安城在国家政权中占据着重要地位。

第二节
东汉时期长安城及其周边的战争

新莽末年，不堪压迫的农民发动了绿林赤眉起义。公元25年，西汉宗室刘秀于鄗城（今河北高邑）称帝，后定都于洛阳，延续"汉"的国号，史称东汉。至初平元年（公元190年），董卓挟献帝迁都长安，揭开了东汉末年军阀混战的序幕。建安元年（公元196年），曹操迎汉献帝并迁都许昌。公元220年，曹丕篡汉，东汉亡国。东汉传八世十四帝，享国195年。在这近200年间，长安城总的来说是较为安定的，虽然也爆发过一些战争，但是都很快被平定下来。本节主要记述长安之战、东汉平定关中的战争、陇西之战、赤亭之战。

一、长安之战

长安之战是指新莽地皇四年（汉更始元年，公元23年）九月，在绿林农民起义战争中，以绿林军为主体的汉更始军及各部反莽势力攻破长安，推翻王莽政权的战事。据文献记载：

> 邓晔开武关迎汉兵。李松将三千余人至湖，与晔等共攻京师仓，未下。晔以弘农掾王宪为校尉，将数百人北渡渭，入左冯翊界。李松遣偏将军韩臣等径西至新丰击莽波水将军，追奔至长门宫。王宪北至频阳，所过迎降。诸县大姓各起兵称汉将军，率众随宪。李松、邓晔引军至华阴，而长安旁兵四会城下；又闻天水隗氏方到，皆争欲入城，贪立大功、卤掠之利。莽赦城中囚徒，皆授兵，杀豨，饮其血，与誓曰："有不为新室者，社鬼记之！"使更始将军史谌将之。渡渭桥，皆散走；谌空还。众兵发掘莽妻、子、父、祖冢，烧其棺椁及九庙、明堂、辟雍，火照城中。[①]

[①] 《资治通鉴》卷三九，汉淮阳王更始元年八月，第1249页。

九月，戊申朔，兵从宣平城门入。张邯逢兵见杀；王邑、王林、王巡、䉅
恽等分将兵距击北阙下，会日暮，官府、邸第尽奔亡。①

莽避火宣室前殿，火辄随之。莽绀袀服，持虞帝匕首；天文郎按式于前，
莽旋席随斗柄而坐，曰："天生德于予，汉兵其如予何！"庚戌，且明，群臣
扶掖莽自前殿之渐台，公卿从官尚千余人随之。……商人杜吴杀莽，……宪自
称汉大将军，城中兵数十万皆属焉；舍东宫，妻莽后宫，乘其车服。癸丑，李松、
邓晔入长安，将军赵萌、申屠建亦至；以王宪得玺绶不上，多挟宫女，建天子
鼓旗，收斩之。传莽首诣宛，县于市；百姓共提击之，或切食其舌。②

上述文献是《资治通鉴》中关于更始军攻占长安的详细过程，《汉书》中有相似的
记载，在此不重复罗列。根据文献可知，在昆阳之战③后，以绿林军为主体的更始军占领
洛阳以南至湖北中部一带的广大地区，而赤眉军则控制着濮阳（今河南濮阳西南）、陈
留（今河南开封东南）地区，河北及其他地区的义军亦在发展，新莽王朝所能直接控制的
仅有长安至洛阳一线。更始军为了扩大战果，由定国上公王匡率主力部队进攻洛阳，西
屏大将军申屠建、丞相司直李松率轻骑西取武关（今陕西丹凤东南），直捣王莽政权的心
脏长安。在昆阳大战中新莽损失了多数军队，因此关中地区兵力虚弱，两路兵马均进展神
速。尤其是西进一路，当进抵武关附近时，已有析（今河南西峡）人邓晔、于匡起兵响
应，先行攻占武关、湖县（今陕西潼关东）等地，并于华阴回溪（位于今陕西华阴境，俗
称回坑）击败王莽做最后挣扎所拜的九虎将军。李松率2000余人抵湖后与邓晔会合，并力
进攻京师仓（位于今陕西华阴北）未克，遂遣偏将军韩臣西攻新丰（今陕西临潼东北）王
莽波水将军窦融，窦融败退。韩臣率部追击到长安的长门宫。邓晔以原王莽弘农掾王宪为
校尉，率数万人，北渡渭水，推进到频阳（今陕西蒲城西南）；李松、邓晔则率部抵达华
阴。更始军的进攻，使三辅的地方官吏纷纷望风归降，许多人假称汉将，聚众起兵。更始
军尚未抵达长安城，城下已兵众云集，皆欲争先入城，建立首功。王莽效法秦二世，将京
城各牢狱囚徒组织成军，但囚徒一过渭桥即各自逃散。九月初一，攻城之兵已从东北宣平
门拥入长安，击毙王莽大司徒张邯。城内莽军只剩王邑、王林、王巡等分别率部抵抗。三

---

① 《资治通鉴》卷三九，汉淮阳王更始元年九月，第1249页。
② 《资治通鉴》卷三九，汉淮阳王更始元年九月，第1250—1251页。
③ 昆阳之战是新朝末年新、汉两军在中原地区进行的一场战略决战，这场大战的主战场在昆阳（今河南叶县）一线，故称为昆阳之战。昆阳之战不但是玄汉击败新莽的关键一战，同时也为起义军最终推翻王莽的统治奠定了基础。

日，由于百姓纵火焚烧宫室，王莽被迫避于未央宫的渐台（未央宫中渐台有二，其一在太液池中，另一在沧池中）上，王邑等亦因士卒伤亡殆尽，退守渐台。义军及民众将王莽等重重包围。混战中，王邑等人相继丧命，王莽被商人杜吴击杀。六日，更始军申屠建、李松、邓晔等进入长安，传王莽首级于更始帝刘玄。是时，更始军北上一路亦顺利攻克洛阳。同年十月，更始帝北都洛阳，次年二月，迁都长安。绿林军经过长期艰苦斗争，终于推翻新莽政权。在这次政权的更迭过程中，由于义军进城后大肆劫掠，长安城人口流失，经济遭受沉重打击，城市建筑遭到严重破坏，尤其是西安门等城门和一些宫殿建筑遭到彻底的毁坏。

二、东汉平定关中的战争

为了解决西汉后期以来土地兼并日益严重的问题，王莽称帝后进行了多项改革，但是新朝急功近利，政令烦琐，朝令夕改，导致政策完全无法执行，改革最终失败。地皇四年（公元23年），以绿林军为主体的更始军攻入长安，王莽被杀于未央宫的渐台，自此长安由更始军占据。

汉更始二年（公元24年）冬至东汉建武三年（公元27年）三月，刘秀击破更始、赤眉，西并关中（指函谷关以西地区），南取洛阳。

更始二年冬，赤眉军分两路进攻长安。刘秀为防止关中、河洛战略要地落入他人之手，决定乘赤眉西攻长安、更始军应付不暇之机，平定河北，消灭河内（郡治怀县，今河南武涉西南）、河东（郡治安邑，今山西夏县西北禹王城）的更始力量，然后伺机夺取长安、洛阳，为削平群雄、统一天下做准备。

为此，他派邓禹为前将军，率精兵2万西进，伺机夺取关中；任命寇恂为河内太守，经略物产富足充实的河内，负责兵马粮械补给；又任命冯异为孟津将军，统率魏郡（郡治邺县，今河北临漳西南邺镇东）、河内郡的部队防守孟津（古黄河津渡名，在今河南孟津东北，孟州市西南），以防洛阳的朱鲔、李轶北上；自己亲率主力北徇燕赵，继续进击元氏（今河北元氏西北）的尤来、大枪、五幡等农民起义军。

建武元年（公元25年）元月，邓禹率军由野王（今河南沁阳）出发，沿黄河北岸西进，攻破箕关（今河南济源西王屋山东南），入河东，进围安邑，未下。更始大将军樊参救之。六月，邓禹在解县（今山西临猗西南临晋镇东南）南大破之，斩参。复败王匡、成丹等军10余万人，遂定河东全境。

七月，邓禹自汾阴（今山西万荣西南宝井镇北）西渡黄河，在衙县（今陕西白水北）击破更始中郎将公乘歙部10余万人，继续西进。九月，占领栒邑（今陕西旬邑东北），进取上郡（郡治肤施，今陕西榆林南鱼河堡）、北地（郡治马岭，今甘肃庆阳西北）、安定（郡治高平，今宁夏固原）三郡，并两次进袭长安，但均告失败。屯兵孟津的冯异也对更始驻洛阳守将朱鲔、李轶、武勃等展开了政治、军事攻势。冯异致书李轶，劝其归降，李轶动摇。冯异离间成功，便抽调重兵北攻天井关（又名太行关，在今山西晋城南太行山顶，因关南有天井泉三所而得名），占上党郡（郡治长子，今山西长子西南），而后南渡黄河，攻占成皋（今河南荥阳西北之汜水镇）等13县，降者10余万人。朱鲔得悉李轶通刘秀，派人刺杀李轶，并分兵两路北渡黄河，进攻河内，在温县（今河南温县西南）、平阴（今河南孟津东北）被寇恂、冯异击败，被迫退守洛阳。刘秀军先后攻占颍川（郡治阳翟，今河南禹县）、汝南（郡治平舆，今河南上蔡西南）、涅阳（今河南邓州市东北）、穰县（今河南邓州市）、新野（今属河南）等城，洛阳陷入孤立。

七月，刘秀派耿弇、陈俊屯军五社津（今河南巩义市西北黄河上），派吴汉为大司马，统率岑彭等围攻洛阳，攻城数月不下。刘秀乃使岑彭往说朱鲔，保证鲔降后之爵禄。朱鲔遂献城降刘。洛阳既下，刘秀作战重心又转向关中，令冯异为征西大将军，讨伐赤眉军和割据关中之延岑军。其战斗部署是：冯异进军华阴（今陕西华阴东），击赤眉于西；侯进屯新安（今河南渑池东），耿弇屯宜阳（今河南宜阳西北）。

建武二年（公元26年）十二月，冯异与赤眉军战于华阴，相持60多日，战斗数十次，降赤眉将卒5000余人。时邓禹东归与赤眉军交战，大败；冯异率军救助，亦大败。三年（公元27年）闰正月，冯异大败赤眉，追至崤底，降赤眉8万余人。三月，赤眉余部10万余人于宜阳陷入刘秀重兵包围，因粮尽力竭，全部投降。同月，冯异西入关中，扫除沿途割据势力，抵上林苑（今陕西西安市及周至、鄠邑区交界处）屯兵。据蓝田称王的延岑纠合盘踞长安的张邯，进攻冯异，被击破。延岑经武关（今陕西丹凤东南）逃往南阳郡。

根据上述记载得知：刘秀在统一关中之战中，军事策略上始终采取了对次要方向取守势而不立即消灭的长困久围，对主要方向则集中兵力进攻，达到了逐次消灭割据势力的目的，解除了割据势力对洛阳的威胁，巩固了东汉政权，夺取陇、蜀，为统一战争最后胜利奠定了基础，为其建立东汉政权创造了极为有利的形势。

三、陇西之战

新莽统治时期,隗嚣集团勒兵10万进攻长安,占领安定(今甘肃泾川)。是时东方起义军已经抵达长安,长安人起兵诛王莽。隗嚣于是分遣诸将西向陇西(今甘肃临洮)、武都(今甘肃武都东北)、金城(今甘肃永靖西北)、武威(今甘肃武威)、张掖(今张掖西北)、酒泉(今甘肃酒泉)、敦煌(今甘肃敦煌西)诸郡,大体控制了西北地区。应更始政权的征召,隗嚣至长安,先后任右将军、御史大夫。赤眉军西入关,更始集团内乱,隗嚣参与其中,与数十骑逃归天水,收拾残余势力,据有故地,自称西州上将军,实现了对天水地区的割据。隗嚣曾经击溃汉军叛将,又成功阻击赤眉军西进主力,于是接受了邓禹所授"西州大将军"的封爵,并握有专制凉州、朔方军政的权力。据文献记载:

> 建武二年,大司徒邓禹西击赤眉,屯云阳。禹裨将冯愔引兵叛禹,西向天水,嚣逆击,破之于高平,尽获辎重。于是禹承制遣使持节命嚣为西州大将军,得专制凉州、朔方事。①

然而他仍然想割据西北,在刘秀部署进攻蜀地割据军阀公孙述时,多次抗命。因此刘秀政权决定发动陇西之战,消灭隗嚣集团。据文献记载:

> 时陈仓人吕鲔拥众数万,与公孙述通,寇三辅。嚣复遣兵佐征西大将军冯异击之,走鲔,遣使上状……
>
> 其后公孙述数出兵汉中,遣使以大司空扶安王印绶授嚣。嚣自以与述敌国,耻为所臣,乃斩其使,出兵击之,连破述军,以故蜀兵不复北出。
>
> 时关中将帅数上书,言蜀可击之状,帝以示嚣,因使讨蜀,以效其信。嚣乃遣长史上书,盛言三辅单弱,刘文伯在边,未宜谋蜀。帝知嚣欲持两端,不愿天下统一,于是稍黜其礼,正君臣之仪。②
>
> 初,嚣与来歙、马援相善,故帝数使歙、援奉使往来,劝令入朝,许以重爵。嚣不欲东,连遣使深持谦辞,言无功德,须四方平定,退伏闾里。五年,复遣来歙说嚣遣子入侍,嚣闻刘永、彭宠皆已破灭,乃遣长子恂随歙诣阙。……虽遣子入质,犹负其险厄,欲专方面,于是游士长者,稍稍去之。③

---

① 《后汉书》卷一三《隗嚣传》,第522页。
② 《后汉书》卷一三《隗嚣传》,第522—524页。
③ 《后汉书》卷一三《隗嚣传》,第524—525页。

> 会公孙述遣兵寇南郡，乃诏嚣当从天水伐蜀，因此欲以溃其心腹。嚣复上言："白水险阻，栈阁绝败。"又多设支阂。帝知其终不为用，巨欲讨之。遂西幸长安，遣建威大将军耿弇等七将军从陇道伐蜀，先使来歙奉玺书喻旨。嚣疑惧，即勒兵，使王元据陇坻，伐木塞道，谋欲杀歙。歙得亡归。
>
> 诸将与嚣战，大败，各引退。嚣因使王元、巡侵三辅，征西大将军冯异、征虏将军祭遵等击破之。……遂遣使称臣于公孙述。①

根据上述文献可知，隗嚣虽然归附了刘秀政权，但是自身仍然保持着很大的独立性，拥有较强的军事实力，并割据一方。也就是说，隗嚣仅仅是在名义上归顺刘秀政权，虽然也送了质子，但是对其并没有起到多大的限制作用。东汉建武八年（公元32年），在东汉平陇西之战中，光武帝刘秀率军进攻天水，消灭隗嚣割据势力。关于这场战争的经过，文献中记载：

> 八年春，来歙从山道袭得略阳城。嚣出不意，惧更有大兵，乃使王元拒陇坻，行巡守番须口，王孟塞鸡头道，牛邯军瓦亭，嚣自悉其大众围来歙。公孙述亦遣其将李育、田弇助嚣攻略阳，连月不下。帝乃率诸将西征之，数道上陇，使王遵持节监大司马吴汉留屯于长安。②
>
> 遵知嚣必败灭，而与牛邯旧故，知其有归义意，以书喻之……。邯得书，沈吟十余日，乃谢士众，归命洛阳，拜为太中大夫。于是嚣大将十三人，属县十六，众十余万，皆降。③
>
> 王元入蜀求救，嚣将妻子奔西城，从杨广，而田弇、李育保上邽。……嚣终不降。于是诛其子恂，使吴汉与征南大将军岑彭围西城，耿弇与虎牙大将军盖延围上邽。车驾东归。月余，杨广死，嚣穷困。……数月，王元、行巡、周宗将蜀救兵五千余人，乘高卒至，鼓噪大呼曰："百万之众方至！"汉军大惊，未及成陈，元等决围，殊死战，遂得入城，迎嚣归冀。会吴汉等食尽退去，于是安定、北地、天水、陇西复反为嚣。④
>
> 九年春，嚣病且饿，出城餐糗糒，恚愤而死。王元、周宗立嚣少子纯为王。明年，来歙、耿弇、盖延等攻破落门，周宗、行巡、苟宇、赵恢等将纯降。宗、

---

① 《后汉书》卷一三《隗嚣传》，第526—527页。
② 《后汉书》卷一三《隗嚣传》，第528页。
③ 《后汉书》卷一三《隗嚣传》，第528—529页。
④ 《后汉书》卷一三《隗嚣传》，第530页。

歙及诸隗分徙京师以东，纯与巡、宇徙弘农。①

根据上述文献可知：在东汉光武帝建武八年（公元32年）正月，东汉中郎将来歙袭占隗嚣战略要地略阳（今甘肃秦安东北），隗嚣久攻不下，兵力疲惫。同年闰四月，刘秀乘机率吴汉、岑彭、耿弇、盖延等部数万人进攻陇西（今甘肃中东部地区）。兵至漆县（今陕西彬州），诸将多以险地不宜深入。汉光武帝认识到隗嚣集团虽然兵力强势，但是有一个致命的弱点，那就是陇西地区虽然地势险要，但是由于地处西北，土地较为贫瘠，隗嚣集团的后勤压力特别大，因此刘秀就采取了大将马援建议的以围困为主，并加以政治诱降的策略，隗嚣部大将13人及部众10万余人不战而降，隗嚣逃至西城（今甘肃天水西南），援陇蜀军李育、田弇逃至上邽（今甘肃天水）。汉军占天水16座属县，刘秀派吴汉、岑彭等率军继续围困西城，以耿弇围上邽。最终在大军围困之下，隗嚣于建武九年（公元33年）在病痛和饥饿中死去。东汉政权终于消灭隗嚣政治集团，并将隗氏分别迁徙至洛阳以东地区，使他们远离故地并加以监视。在这场战役中，东汉中央政府依靠关中地区沃野千里、物产丰富的优势，对隗嚣割据势力进行经济封锁、军事围堵，最终导致隗嚣集团土崩瓦解，在消耗较少军事力量的情况下完成了消灭割据的政治任务。因此长安城及其所在关中地区，在这次军事争夺中起到了至关重要的作用。

四、赤亭之战

隗嚣政治集团被消灭之后，东汉政权在长安城的统治逐步稳定下来，长安及其周边一直没有大的军事活动，直到东汉安帝元初二年（公元115年），活跃在青藏高原地区的羌人进攻武都。当时东汉政权摄政的邓太后担心羌人占据武都之后继续南下，为了抵挡羌人的进攻，派出了极具谋略的虞诩出任武都太守。中国历史上著名的赤亭之战由此爆发。据现有文献记载：

> 后羌寇武都，邓太后以诩有将帅之略，迁武都太守，引见嘉德殿，厚加赏赐。羌乃率众数千，遮诩于陈仓、崤谷，诩即停军不进，而宣言上书请兵，须到当发。羌闻之，乃分钞傍县，诩因其兵散，日夜进道，兼行百余里。令吏士各作两灶，日增倍之，羌不敢逼。②

> 既到郡，兵不满三千，而羌众万余，攻围赤亭数十日。诩乃令军中，使强

---

① 《后汉书》卷一三《隗嚣传》，第531页。
② 《后汉书》卷五八《虞诩传》，第1868页。

弩勿发，而潜发小弩。羌以为矢力弱，不能至，并兵急攻。诩于是使二十强弩共射一人，发无不中，羌大震，退。诩因出城奋击，多所伤杀。明日悉陈其兵众，令从东郭门出，北郭门入，贸易衣服，回转数周。羌不知其数，更相恐动。诩计贼当退，乃潜遣五百余人于浅水设伏，候其走路。虏果大奔，因掩击，大破之，斩获甚众，贼由是败散，南入益州。诩乃占相地势，筑营壁百八十所，招还流亡，假赈贫人，郡遂以安。①

根据上述文献可知，在西羌进攻武都时，东汉政权在这一地区的统治岌岌可危，临朝执政的邓太后认为虞诩具有将帅之才，因此任命他为武都太守，以抵御羌人的进攻。在虞诩出发之前，邓太后又特意在嘉德殿召见他并给予丰厚的赏赐。当虞诩抵达武都之后，羌人得知东汉政权换将，于是就率领部族在陈仓和崤谷一线与东汉军队对峙。此时东汉守卫武都的军队仅仅两千余人，而进攻的羌族军队则超过万人。面对不利的局面，虞诩一方面请求朝廷发兵救援，另一方面加紧备战，并利用增灶之法使得羌人对东汉军队产生误判，并故意示敌以弱，引诱敌人主动进攻。战争双方进入城池防御战，而守卫城防是东汉军队的强项，因此进一步削弱了羌人实力。为了迷惑羌军，他决定再次给羌军一种假象，造成敌人的错觉。次日，在羌军败退回营后，虞诩让所有的官兵排长队，耀武扬威地从东边城门出去，转一圈，再从北边城门进城。进城后更换衣服，又从这个城门出发，那个城门进来，不断地迷惑羌人。每天都这样反复出入多次。羌人见虞军成群结队，出出进进，摸不透虞诩到底有多少人马，以为汉军兵多势众，唯恐力不能敌，遂撤退。虞诩得到羌军逃跑的可靠消息后，就在敌人撤退的必经之路上，以五百余人设伏于城外河流浅水处，待羌人涉水渡河时发起攻击，斩获甚众，羌人败散。虞诩智谋超群，用兵灵活，在兵少势孤的情况下，不断地虚张声势，迷惑敌军，取得对数万羌军作战的胜利，是中国战争史上灵活用兵、以少胜多的典型战例。战后，虞诩于武都修筑营垒180所以御羌。

---

① 《后汉书》卷五八《虞诩传》，第1869页。

第三节
曹魏时期长安城及其周边的战争

曹魏政权以公元220年曹丕篡汉为始,到公元265年司马氏废除魏帝自立而止,除去未称帝的曹操,历五帝,计四十六年历史。曹操虽未称帝,但在东汉末年,他挟天子以令诸侯,基本上控制了中原地区,是东汉政权的实际操纵者。所以在论述军事争夺时,将时间段稍微向上延伸,以李傕郭汜之乱为上界。

长安城及其依托的关中地区,历来都是战略重地。曹魏政权掌握并经营关中,得到了人力和物质上的支持,解除了进军吴蜀、统一全国的后顾之忧,便于其进而控制陇右、汉中,进军蜀汉。在曹魏与蜀汉的交战中,长安地位十分重要。

一、李傕、郭汜之乱

汉献帝在董卓的胁迫下西入关中,董卓在事实上成为国家的控制者。然而好景不长,"(初平)三年四月,司徒王允、尚书仆射士孙瑞、卓将吕布共谋诛卓。……布怀诏书。卓至,肃等格卓。卓惊呼布所在。布曰'有诏',遂杀卓,夷三族"[①]。董卓被诛杀之后,各个派系失去了合作的前提,为了各自的利益纷争不已。而董卓军事集团也分化成若干派系,各派系之间相互倾轧。失去董卓压制的东汉政权,各个派系之间的矛盾迅速激化,最终演化为李傕郭汜之乱。在这个过程中,长安城也多次遭逢磨难。李傕郭汜之乱分为以下几个阶段:

(一)"围城八日"

东汉初平元年(公元190年)董卓迁都长安,却在初平三年(公元192年)被诛杀于朝堂之上。董卓旧部李傕、郭汜借为董卓报仇之名,引兵而西。王允得知,便派遣董卓

---

① 《三国志》卷六《董卓传》,第179页。

的旧部胡轸、徐荣迎战于新丰（今陕西西安市临潼区东），徐荣战死，胡轸率众投降。于是，李傕沿路收兵，等至长安城，便有十余万的兵力。此时，董卓故部曲樊稠、李蒙、王方等也率部反，与傕、汜合围长安城。这次围城的时间并不太久，《三国志·董卓传》记"十日城陷"①，而《后汉书·董卓传》载："城峻不可攻，守之八日。"②虽范书成书晚于《三国志》，应以后者为准，但司马光在《资治通鉴考异》中指出此处应从范书，也就是攻城八日而陷。又因《后汉书·孝献帝纪》载六月戊午日，长安城陷③，可以推测诸叛军围城的时间是初平三年五月二十四日到六月初一，也就是公元192年6月21日到6月28日这八天。虽说此时的长安城由于赤眉军的破坏和东汉一朝的不再为都而状况比较破败，但偌大一个长安城，八天的围困对其破坏还是有限的，更大的破坏恐怕是出现在长安城陷落以后。

攻城八日不得破，"吕布军有叟兵内反，引傕众得入"④，汉代人称蜀为叟，吕布军内的蜀兵叛变，引李傕部入城。由于长安城是因叛兵内应而陷落的，虽然吕布曾出城迎战，但史料中并未提及围城的八天里有过大规模的进攻。这也就意味着在此间，军队由城门而入，长安城没有遭到大规模的破坏。

（二）"人相食"

李傕、郭汜入城后，放兵劫掠，死者万余人，长安城一片狼藉。⑤李傕放任手下行事，烧杀抢掠的状况十分严重。此时长安城的老百姓有很大一部分是被迫从洛阳迁徙过来的，刚刚安顿下来，能够保障基本的生存就不错了，谈不上有什么财物。董卓来到长安，想必也对长安城百姓进行了搜刮。生活本已十分艰辛的长安城老百姓万没有料到，一场劫掠又指向了他们。动荡时代的老百姓不但生活窘迫，而且随时都会失去生存的权利，悲惨至极。

长安城陷后，李傕、郭汜均受到封赏，但他们仍然杀死司徒王允为董卓报仇。王允既死，大权落入李、郭之手。李傕、郭汜、樊稠在长安城内划三区而治，各自为政，但其边界今已无从考证。"时长安中盗贼不禁，白日虏掠，傕、汜、稠乃参分城内，各备其界，犹不能制，而其子弟纵横，侵暴百姓。"⑥可见烧杀抢掠并不是一次就

---

① 《三国志》卷六《董卓传》，第181页。
② 《后汉书》卷七二《董卓传》，第2333页。
③ 《后汉书》卷九《孝献帝纪》，第372页。
④ 《后汉书》卷七二《董卓传》，第2333页。
⑤ 《后汉书》卷九《孝献帝纪》，第372—373页；《后汉书》卷七二《董卓传》，第2333页。
⑥ 《后汉书》卷七二《董卓传》，第2336页。

结束了，李、郭进城后，这样的情况未曾间断地发生着，老百姓不堪其扰。兴平元年（公元194年），又发生了一次长达数月的旱灾，天灾人祸并至，长安城出现了可怕的"人相食"现象。关于这次灾难原因的表述，《三国志·董卓传》载"催等放兵劫略，攻剽城邑，人民饥困"，《后汉书·孝献帝纪》载"三辅大旱，自四月至于是月（秋七月）"，同书《董卓传》记"时长安中盗贼不禁，白日虏掠，催、汜、稠乃参分城内，各备其界，犹不能制，而其子弟纵横，侵暴百姓"，《后汉纪》曰"自四月不雨，至于七月"。简单说，这次灾难原因是天灾、人祸。天灾是自四月到七月长达三月的干旱天气，人祸是催、汜、稠所部劫掠剽取导致百姓不堪其扰，财物也多被搜刮得一干二净。其表现和结果，《三国志·董卓传》说"人民饥困，二年间相啖食略尽"，《后汉书·董卓传》记"谷一斛五十万，豆麦二十万，人相食啖，白骨委积，臭秽满路"，同书《孝献帝纪》载"谷一斛五十万，豆麦一斛二十万，人相食啖，白骨委积"，《后汉纪》载"于是谷贵，大豆一斛至二十万，长安中人相食，饿死甚众"。这几条史料描述的情况基本相似，粮食紧张，价格上涨，人相食，长安城尸骨铺路，臭气冲天，一片惨败景象。天灾人祸导致百姓生命堪忧，作为一国之君的汉献帝，虽出太仓米豆为百姓做粥，但杯水车薪，老百姓的处境仍十分艰难。长安城人口在这次灾难中又一次大幅减少，详细的数据难以考证。

（三）李催、郭汜相斗于长安城

兴平二年（公元195年）春天，李催想独霸政权，杀了樊稠，引起诸将之间的猜疑，导致了李催与郭汜的火并战争。郭汜欲质汉献帝于其营，结果走漏风声，李催抢先劫持了天子。于是郭汜以公卿大臣为人质。汉献帝既出宫室，李催便放兵烧掠宫室，抢劫财物。《三国志·董卓传》称："催质天子于营，烧宫殿城门，略官寺，尽收乘舆服御物置其家。"①《后汉书·董卓传》中的记载则更为丰富一些，"帝于是遂幸催营，彪等皆徒从。乱兵入殿，掠宫人什物，催又徙御府金帛乘舆器服，而放火烧宫殿官府居人悉尽"②。李催不仅对宫室进行洗劫、焚毁，同时也烧毁了长安城的官府甚至民居，《后汉纪校注》言："是日天子幸催营。又徙御府金帛、乘舆、器服置其营，遂放火烧宫殿、官府、民居悉尽。"③这次洗劫使得本来已经无法正常生产生活的长安城又受到一次重创，长安城作为献帝帝都的历史就此结束。郭汜虽没有像李催一般焚烧宫室，但

---

① 《三国志》卷六《董卓传》，第183页。
② 《后汉书》卷七二《董卓传》，第2336—2337页。
③ 《后汉纪校注》卷二八，第780页。

一样用各种手段来实现自身利益,"冬十月戊戌,郭汜使其将伍习夜烧所幸学舍,逼胁乘舆"①。

这次灾难不仅止于烧掠宫室,李、郭二人,一人质天子,一人劫公卿,互不相让。二人以此为筹码,进行了长达数月的火并战争,直到陕州张济前来劝和。李、郭二人在长安城划区而治,各自有着自己的势力范围,长安城成了他们战争的牺牲品,不仅宫室、官府、民居被毁,还有大量无辜的百姓死于非命。建筑破坏,人口流失,田地荒于战火,关中硝烟遍地,长安一片废乱凄凉。"傕乃自为大司马。与郭汜相攻连月,死者以万数。"②"初,帝入关,三辅户口尚数十万,自傕汜相攻,天子东归后,长安城空四十余日,强者四散,羸者相食,二三年间,关中无复人迹。"③

经过东汉一代缓慢恢复的长安城再一次陷入战火,本已富庶的关中经济又一次惨遭破坏。有悲观的看法认为,李傕郭汜之乱后,关中经济彻底残破。④一座城市的发展往往需要上百年的时间,需要普通老百姓数百年的辛勤劳作,但一片繁华却可以在几年间就毁于战火,东汉末的长安城就是典型的例子。更始赤眉之乱使西汉极度繁华的大都市没落了,东汉一代,长安城慢慢地复苏、发展,虽然富庶程度远不及西汉,但尚算得上是安定殷实了。而东汉末董卓之乱,尤其是随后李傕、郭汜相斗于长安,将这片富庶之地毁于一旦。汉献帝走了,长安也在战火中逐渐沉寂下来,留给历史的是一座荒凉破败的长安城。⑤

二、潼关之战

(一)潼关之战的背景

提到魏、蜀、吴,我们常说三国鼎立。但这三国都不满足于鼎足之势。所以在这不足一百年的历史里,大小战争不已。建安十六年(公元211年)潼关之战是曹操战争策略里重要的一环。建安十三年(公元208年)赤壁之战的失败,让曹操清楚地认识到短时间内是不可能取得对孙、刘势力的完全胜利的。即使是这样,统一全国仍然是曹操雄

---

① 《后汉书》卷九《孝献帝纪》,第378页。
② 《后汉书》卷七二《董卓传》,第2338页。
③ 《后汉书》卷七二《董卓传》,第2341页。
④ 马雪芹:《东汉长安与关中平原》,载《中国历史地理论丛》2000年第2辑,第190页。
⑤ 由淑敏:《东汉献帝所都之长安》,见西安文理学院长安历史文化研究中心编:《长安历史文化研究》第4辑,陕西人民出版社,2011年。

心之所在。曹操认识到只有巩固好后方，发展中原经济，恢复战争中破坏的农业生产，才能使自己的实力相对于孙、刘有明显的优势，才能在战争中取得绝对胜利，实现统一之宏愿。而此时的关中，虽然有东汉任命的各级官员，名义上归顺东汉政府，实质上是西北军阀的势力范围，其中以韩遂、马超的军事实力为最强。而关中西接陇西，南临汉中，是战略要地，是中原的后方所在，西北各路拥兵自重，成为曹操的心头之患。

基于上述形势，平定关中便势在必行了。按照王仲荦先生所说，割据将领受东汉皇帝所授官位，出兵进击他们师出无名。因此曹操只宣称讨伐汉中张鲁，讨伐汉中必先进军关中，这就逼得关中诸将先行出兵阻挡。曹操便可以平定叛乱为由，名正言顺地开始拔除关中割据势力了。①

（二）潼关之战的经过

1. 关西起兵

建安十六年（公元211年）三月，曹操派司隶校尉钟繇出兵讨伐汉中张鲁，同时又令征西护军夏侯渊到河东与其会合。仓曹属高柔曾经谏言曹操，应该招抚三辅，三辅安定了，汉中也就很容易攻下。②曹操并没有听从高柔的建议。在他看来，招抚并非解决问题的最好办法，这次安抚，下次再有战事，三辅又会成为后顾之忧。曹操此时的首要任务是稳定中原，巩固后方。关中诸将听闻曹军欲讨伐汉中张鲁，果然心生疑虑，马超、韩遂、侯选、程银、杨秋、李堪、张横、梁兴、成宜、马玩等十部皆反，集结十万军队，屯于潼关，严阵以待。曹操派安西将军曹仁率诸将与之对峙，但同时要求"坚壁勿与战"③。关西军以强悍闻名，曹军若急于进攻，恐难取胜。这一阶段曹操的策略主要就是与敌人对峙即可。

2. 曹操出兵

七月，曹操亲自出征，率兵进击马超。虽关西军强悍，难以取胜，但曹操对此战信心十足。他认为："战在我，非在贼也。贼虽习长矛，将使不得以刺，诸君但观之。"④后来战争的发展也印证了曹操的话。八月，曹操到达潼关，与马超等夹潼关而峙。关西军每到一部，曹操反而面有喜色。各将领不明，叛乱平定后，以此询问曹操。曹操如是说："关中长远，若贼各依险阻，征之，不一二年不可定也。今皆来集，其

---

① 王仲荦：《魏晋南北朝史》上册，上海人民出版社，1979年，第58页。
② 《资治通鉴》卷六六，汉献帝建安十六年三月，第2106页。
③ 《资治通鉴》卷六六，汉献帝建安十六年三月，第2106页。
④ 《资治通鉴》卷六六，汉献帝建安十六年三月，第2106页。

众虽多，莫相归服，军无适主，一举可灭，为功差易，吾是以喜。"①在各部集结的背后，曹操却看到了战机。因为关中路途长远，如果关中诸强每部据地形防守，一二年间都不一定能平定关中。但现在他们集结在一起，就减少了抗衡的势力。各部兵马虽然众多，但各部之间却相互不归附，又没有统一将领，实际各自为政。这样打起他们来反而更加容易，曹军取胜的筹码自然也就增加了很多。由此可见曹操颇具战略眼光。

3. 渡河交兵

曹操驻扎在潼关，却不急于从潼关强取，而是用声东击西的办法，令大军在潼关吸引马超、韩遂的主力，同时派朱灵、徐晃率四千步骑北上蒲坂津渡河，在河西安营扎寨。到了闰八月，方令大部队从潼关强渡到黄河北岸，自己与虎士百余人在南岸断后。马超见此阵势，迅速派万余人进攻，万箭齐发，矢如雨下，曹操处境十分危险。②直到校尉丁斐放牛马而饵敌军，对方才放弃追剿。曹操这才脱离危险，终得渡河。遂与早已驻扎在蒲坂津的部队会合，向南进军。关西联军拒曹军于渭口，曹操设疑兵迷惑对方，实则晚上靠浮桥渡河，在渭南结营。结果马超军夜里进攻，遭到伏击，惨遭失败。长久对峙之下，马超只好割河西地以求和，曹操不许。九月，曹操渡渭，进驻渭南，马超又来挑战，曹操不应。

4. 离间敌兵

求和不能、求战不得的关西联军又提出了割地质子以求和的请求。曹操听从了贾诩的建议，假装同意求和，而实际是为了离间韩遂、马超。韩遂作为联军代表与曹操相见。韩遂与曹操有旧交情，因此曹操不与他谈论战事，反而只谈以往的旧事，两人相谈甚欢。马超问韩遂谈话的内容，韩遂说并没有什么，这就遭到了马超等人的猜疑。后来曹操又与韩遂书，且故意涂改，使马超误会韩遂有所隐瞒，担心韩与曹私下里交通。③曹操就在此时约好决战。

5. 胜利收兵

曹操先以轻兵挑战，战良久，又以虎骑夹击，大败联军，成功斩杀成宜、李堪等。韩遂、马超逃奔凉州，杨秋奔安定。冬十月，曹操自长安北征杨秋，秋降，得以保全爵位。韩遂被夏侯渊等基本平定，马超逃亡汉中投奔张鲁，关中平。建安十七年（公元212年）春正月，曹操还邺。

---

① 《三国志》卷一《武帝纪》，第35页。
② 《资治通鉴》卷六六，汉献帝建安十六年九月，第2107页。
③ 《三国志》卷一《武帝纪》，第34—35页。

曹操于建安十六年（公元211年）七月亲自出征，八月到达潼关，九月结束战争，共用了三个月的时间就平定了关中。之后的十月，曹操又马不停蹄地从长安出发征讨安定的杨秋，至十二月方才平定安定，返回长安。次年春正月，曹操在安排好留守长安的官员和将领后，返回邺城。曹操为了平定关中叛乱下了很大的气力，大有不稳定长安不还邺城的决心，甚至连杨秋这样的一支残余势力都不放过，亲自出征，说明其对长安军事地位特别看重。

关中平定，曹操又派大将夏侯渊斩杀了在枹罕割据数十年的宋建，陇右归顺。从此，东汉末年长安的纷乱割据状态总算结束了，整个关陇地区进入了曹魏势力的统治下。日后长安成为曹魏进击汉中乃至与蜀汉作战的大本营。

（三）战后部署

关中甫定，曹操还邺。虽说战争结束了，但战乱的破坏使得长安城百姓流亡，人口减少，县邑荒废，农业凋敝，一切社会政治经济文化秩序亟待重建。旧的势力隐退，新的势力的统治尚未稳固，在这动荡的历史时期，必定会有其他的势力想参与甚至是占有长安城的统治权，想在新秩序里分得一份利益。于是，曹操派亲信大将来镇抚关中。

曹操年少时，夏侯渊曾替他顶重罪；夏侯渊作战勇猛，个性刚烈；同时夏侯渊的妻子又是曹操的妻妹。陈寿评价曰："夏侯、曹氏，世为婚姻，故惇、渊、仁、洪、休、尚、真等并以亲旧肺腑，贵重于时，左右勋业，咸有效劳。"[1]夏侯渊素为曹氏所重，被委以驻守长安的重任，可见此时保障长安军事安全是曹操极其重要的战略部署。"十七年，太祖乃还邺，以渊行护军将军，督朱灵、路招等屯长安，击破南山贼刘雄，降其众。"[2]夏侯渊又转战西凉，虎步关右，分别击败马超和韩遂的反扑，逼马超逃亡汉中，羌、氐军散的散，降的降。割据关右三十年之久的宋建也被一举消灭。这些都为稳固长安周边环境，进击汉中以及后来伐蜀做好了准备。

除夏侯渊之外，潼关之战后留守关中的还有丞相长史徐奕和京兆尹张既等。战争甫定，关中还未被完全征服，长安城的稳定被放在很重要的位置，"留奕为丞相长史，镇抚西京，西京称其威信。转为雍州刺史，复还为东曹属"[3]。张既"从太祖破超于华阴，西定关右。以既为京兆尹，招怀流民，兴复县邑，百姓怀之。魏国既建，为尚书，

---

[1] 《三国志》卷九《诸夏侯曹传》，第305页。
[2] 《三国志》卷九《夏侯渊传》，第270页。
[3] 《三国志》卷一二《徐奕传》，第377页。

出为雍州刺史"①。

(四)战争后果

潼关之战使战火再次蔓延在关中的土地上,而这次战争对关中又产生了怎样的影响和后果呢?

首先,百姓流亡,人口减损。战争频仍的时代,百姓能做的就是逃亡。而关中的老百姓遇到这种情况,往往会逃往南山,或者到汉中去。从很多个人的传记中便可以窥到端倪。"及建安十六年,关中破乱,扶风人刘括避乱入汉中,买得禅,问知其良家子,遂养为子,与娶妇,生一子。"②这个叫刘括的人,家境还算宽裕,虽是避难,但是还可以买子养子,并为之娶妻。刘括代表的是一类人,其家境较为殷实,离开关中主要是因为动乱的社会环境导致其无法安定生活。当时应该有一批大家族为避灾祸,举家迁离长安,谋求更好的生活环境。更多的普通人则是过着流离失所的生活。《三国志·胡昭传》引《高士传》曰:"建安十六年,百姓闻马超叛,避兵入山者千余家,饥乏,渐相劫略,昭常逊辞以解之,是以寇难消息,众咸宗焉。故其所居部落中,三百里无相侵暴者。"③这则记载中逃亡的人数甚多,有千余家之众。他们避难至山中,一可能是自身没有足够的财产供其继续逃亡,二是山中还有食物可以赖以生存。但是,因生存窘迫且人数众多,他们中出现了相劫掠的情况。幸而有胡昭这样的高士存在,才使这一群逃亡之人安定相处,无相侵暴,组成了一个比较稳固的聚居部落。除这种较大规模的集体隐没山林外,很多家庭或离散,或失去亲人。河东人焦先的境况就比较凄楚了,《三国志·胡昭传》引《魏略》云:"至十六年,关中乱。先失家属,独窜于河渚间,食草饮水,无衣履。"④又如:扈累,建安十六年,三辅乱,又随正方南入汉中;⑤石德林,至十六年,关中乱,南入汉中。⑥这些人能在史书中留下一星半点的记载,那是因为他们尚不算最普通的老百姓,有些事迹没被历史彻底遗忘。扈累,通晓星历、风角、鸟情,五六十岁时,别人以为他过百岁了。石德林,长安宿儒栾文博的门徒,精于《诗》《书》。他们南入汉中避乱,尚且妻离子散。可想那些最下层老百姓的生活处境的悲

---

① 《三国志》卷一五《张既传》,第472页。
② 《三国志》卷三三《后主传》,第893页。
③ 《三国志》卷一一《胡昭传》,第363页。
④ 《三国志》卷一一《胡昭传》,第363页。
⑤ 《三国志》卷一一《胡昭传》,第365页。
⑥ 《三国志》卷一一《胡昭传》,第365页。

惨，战乱中丧命的、饥寒而亡的不计其数。

其次，田地荒芜，社会凋敝。《三国志》中有关于京兆太守颜斐的事迹，他任京兆太守是在曹魏建立以后，在他的勤政努力下，京兆一带经济出现了明显的恢复发展。颜斐上任前，"始，京兆从马超破后，民人多不专于农殖，又历数四二千石，取解目前，亦不为民作久远计。斐到官，乃令属县整阡陌，树桑果。是时民多无车牛。斐又课民以间月取车材，使转相教匠作车。又课民无牛者，令畜猪狗，卖以买牛"①。由于关中诸将之乱，老百姓疏于农业生产，已经没有充足的农业生产工具和牲畜。虽然战争过去了，老百姓对社会稳定并没有充足的信心，担心战乱动荡随时都会袭来，恢复生产养家畜又有何用呢？只不过是用来被战火焚烧、敌人掠夺，被战马践踏罢了。这与其说是老百姓不积极生产，不如说是他们对动荡局势的消极适应和反抗。所以需要颜斐这样的官吏，用明确的政令来促使经济恢复发展。虽然建安十六年（公元211年）后曹操很重视关中，但是战乱对这里的破坏性影响不是短时间内就能消除的。这种消极影响一直到曹魏建立之后还依旧存在。

三、汉中之战

在冷兵器时代，军队数量、钱粮均是战争保障的重要内容，在一定程度上决定着战争的胜负。张鲁集团占据汉中，通过五斗米教建立起政教合一的地方割据政权。在曹魏讨伐张鲁以及之后的曹魏、蜀汉争夺汉中的战争中，长安均是曹魏方面的大本营，起着组织军队和征调、运输粮草的作用。因此在汉中之战中，长安虽然远离战场，但是仍然发挥着至关重要的作用。

（一）讨伐张鲁、汉中之战

建安二十年（公元215年），曹操西征张鲁，以完成本来在平定马超、韩遂后就该完成的战略任务。曹操调大军，讨伐张鲁的战事相对比较轻松。至十一月时，早已弃南郑逃入巴中的张鲁就出降曹军了。十二月，曹操撤出汉中，留夏侯渊屯守汉中。第二年，曹操还邺。至此，曹操势力控制汉中地区，威胁蜀汉政权。

但是，这种局面没能维持太久。汉中是蜀汉的咽喉要塞，曹操势力一日控制汉中，刘备一日不可安眠。汉中成为刘备的心头大患，也是其必取之地。于是，建安二十二年

---

① 《三国志》卷一六《仓慈传》，第513页。

（公元217年）的冬天，刘备就派遣张飞等屯下辩，与曹操争夺汉中地区。此时距曹操控制汉中还不足两年时间。

建安二十三年（公元218年）年初，刘备亲临前线，屯阳平关与夏侯渊、张郃对峙。秋七月，曹操亲提大军西征刘备；九月，来到了长安，坐镇后方。可见双方势力对汉中地区的重视。

建安二十四年（公元219年）春正月，夏侯渊与刘备在阳平关交手，被刘备斩杀。三月，曹操经斜谷道军临汉中前线，之后多被挫败，相抗衡一个多月后，魏军伤亡情况较严重。曹操审时度势，决定放弃汉中，退守长安。五月，带领汉中的所有军队返回长安。至此，刘备占据汉中地区。曹操的势力退守长安、陈仓一带。汉中失守，关中已无后路可退。长安在此后成为蜀汉势力和曹魏势力相抗衡的前线，战略地位进一步提升。

（二）军粮问题

在曹操征战汉中的史料中，关于军粮的记载有两处。一条是讨伐张鲁时，张既率军入散关平定叛乱的氐人，同时"收其麦以给军食"[①]；第二条是汉中之战时，京兆郡"及大军入汉中，运转军粮为最"[②]。众所周知，当时人征战，辎重多赖民食。军粮的征集也遵照就近原则，而离汉中战场最近的粮食产地，毫无疑问是关中平原。汉末之时，关中频遭战乱，从董卓之乱到李傕郭汜之乱，再到建安十六年（公元211年）的潼关之战，社会经济遭到了较大的破坏，流民问题严重，实权很大程度上被割据势力掌握，但是曹操所操纵的东汉朝廷还是任命了很多地方官，对关中地方进行治理，关中也在不断的战乱间隙有所发展。京兆尹张既就曾管理关中地区，并有功绩。早在建安四年（公元199年），卫觊使益州不得，只好留镇关中，当时他看到大量逃亡的老百姓回到关中，却被割据将领收为部曲。于是通过荀彧向曹操略陈己见，他认为如不招怀望归之百姓，这些人口便都会成为诸将的部曲，威胁朝廷统治，同时应该控制盐业经营，发展关中经济，吸引百姓归附，并要加强吏治，对抗关中割据诸将。这些建议得到了曹操的认可，"始遣谒者仆射监盐官，司隶校尉治弘农。关中服从，乃白召觊还，稍迁尚书"[③]。曹操发展北方经济，在北方大面积实行屯田制度，根本上是为支持其实现统一全国的目的，更直接的目的是为了充实粮饷。长安作为军事重镇，自然也就开始了屯

---

① 《三国志》卷一五《张既传》，第472页。
② 《三国志》卷一六《郑浑传》，第511页。
③ 《三国志》卷二一《卫觊传》，第611页。

田①。建安二十年（公元215年），赵俨在关中护军任上，"屯田客吕并自称将军，聚党据陈仓，俨复率署等攻之，贼即破灭"②。这也从另一个角度说明了关中屯田的存在，而建安二十年（公元215年）刚好也是曹操讨伐张鲁的时间。以上史料说明关中农业经济虽遭破坏，但应有发展。

遍寻正史，关于曹操讨伐张鲁和汉中之战时的军粮问题，除了上述两条记载，还或多或少在大臣的言语中有所透露。《三国志·张鲁传》引《魏名臣奏》杨暨表曰："武皇帝始征张鲁，以十万之众，身亲临履，指授方略，因就民麦以为军粮。张卫之守，盖不足言。"③这是太祖拿下关中后大臣的溢美之词，说曹操亲自指挥十万大军，战略得当，粮草充足，没有失败的道理。从现有史料来看，粮草充足谈不上，但是"就民麦"三字便透露出军粮的主要来源依靠当地百姓。《三国志·张鲁传》引《世语》曰："鲁遣五官掾降，弟卫横山筑阳平城以拒，王师不得进。鲁走巴中。军粮尽，太祖将还。"④显然，军粮并不是那么充足。太和年间，曹真欲伐蜀，陈群认为需要从长计议，于是提到了"太祖昔到阳平攻张鲁，多收豆麦以益军粮，鲁未下而食犹乏"⑤。粮食不足这个事实，已经成为后来者攻蜀时必须考虑的因素，也从侧面证明了军粮供给问题的严峻性。而"收豆麦"也再次说明军粮主要来源于百姓，如遇战事，需向百姓征集。

综上所述，曹操在讨伐张鲁和汉中之战时，军粮多赖关中及周边百姓。尤其是汉中之战时，随着关中地区的恢复发展，京兆郡运转军粮最多。但是，战争的消耗是巨大的，尤其是讨伐张鲁时，军粮供给紧张，可反证关中地区衰败的经济不足以保证军队的后勤供应。

（三）徙民政策及充实关中

葛剑雄在《中国移民史》中曾指出人口流动的一个重要原因就是政策性移民。迁徙边境人口来充实政治中心城市，是历史上统治者多采用的方式。曹操征战汉中的几年里，伴随着战事的发展，多有政策移民事件发生，对关中地区人口的数量和构成产生了一定的影响。

---

① 《魏晋南北朝史》上册，第125页。
② 《三国志》卷二三《赵俨传》，第663页。
③ 《三国志》卷八《张鲁传》，第265页。
④ 《三国志》卷八《张鲁传》，第265页。
⑤ 《三国志》卷二二《陈群传》，第635页。

首先是讨伐张鲁成功后，"既说太祖拔汉中民数万户以实长安及三辅"①。这里是以张既的建议形式出现的。正史帝纪和《资治通鉴》中对此事均无记载，不知张既的建议是否得以实施。张既在建安十六年（公元211年）关中平定后被任命为京兆尹，在讨伐张鲁前已升任雍州刺史。作为长安及三辅地区的直接管理者，张既对长安及三辅地区的现实状况是比较了解的，徙民建议虽可能未实施，但多少可以看出关中地区的人口状况。关中平定后的数年内，关中的人口应该是不断充实的。但人口的增殖是一个缓慢的过程，至少此时关中的人口还不算充足，而只是在经历着一个人口恢复的历史过程。汉中之战时，时任京兆尹的郑浑也提到了"百姓新集，为制移民之法"，提出了吸引老百姓定居的方案，鼓励生产，可见当时人口还是不稳定的，很多战乱时逃亡的百姓没有回来，所以才有徙民实关中的建议。

其次是汉中之战结束后，对曹操来说，汉中这块战略要地是得而复失。曹操果断做出主动撤出汉中的决定，因此战争的后续事宜都得以妥善处理。诸军撤出汉中后，关中的南部防线便大大北退，军队也退回到了陈仓一带。②这样，武都郡便直接与蜀汉势力相对峙了。曹操担心刘备取武都进逼关中，于是在张既的建议下，"令既之武都，徙氐五万余落出居扶风、天水界"③。另外，在《三国志·杨阜传》里也有相似的记载："及刘备取汉中以逼下辩，太祖以武都孤远，欲移之，恐吏民恋土。阜威信素著，前后徙民、氐，使居京兆、扶风、天水界者万余户，徙郡小槐里，百姓襁负而随之。"④这两处记载，都是说刘备拿下汉中后迫近下辩威胁关中的情势，让曹操内心不安。这两段史料是否说的是同一件事情，关系到这个时期内关中人口的变化情况。第一，涉及的主要人物不一样，前者是张既，后者是杨阜。张既的身份是曹操派遣的中央官员，去督办迁移人口之事。杨阜是作为地方官，用一定的手段或者说个人权威实现朝廷的目标。虽说是不同人，但是这两个身份不冲突，不能贸然判断是否是同一件事。第二，前者徙氐五万余落，后者徙民、氐万余户。"落"有聚落、村落、部落之意，户是一家的意思，一户以五口计算。无论"落"指哪一个意思，五万余落与万余户都无法等同。同时，民一般指汉族百姓，民是民，氐是氐，二者有区别。也就是说两处记载的迁移百姓不完全相同。第三，前者百姓出居扶风、天水界，后者居京兆、

---

① 《三国志》卷一五《张既传》，第472页。
② 《三国志》卷九《曹真传》，第281页。
③ 《三国志》卷一五《张既传》，第472—473页。
④ 《三国志》卷二五《杨阜传》，第704页。

扶风、天水界。二者有重合又不完全相同。后者多出了一个京兆郡，还提到将武都郡治迁到了小槐里，小槐里不同于槐里，但是同属于扶风郡。对比人物、人数、人员构成、地点等几个方面，可以判断这两次徙民应该不能够完全对应，所以是同一历史事件的可能性较小。另外，后者说杨阜"前后徙民"，说明杨阜说服百姓迁徙不止一次，应该是汉中失守后，让自己管辖下的百姓逐渐向关中及天水迁移。而张既迁氐则应该是一次集中转移。

汉中之战失利，导致关中的防线退回到汉中以北，却使关中人口得到了武都郡人口的充实。但战略形势上刘备一方步步紧逼，关中的军事地位更加凸显了。

四、诸葛亮北伐

汉中之战以蜀汉方面占据优势，得到汉中而结束。蜀汉占据汉中之后，并没有继续和曹魏交战，而是选择消化已有的战争成果，并且在南方消除蛮夷的威胁，巩固后方，大力发展经济为将来的战争做准备。赤壁之战后蜀吴结盟，双方处于蜜月期，蜀吴联盟的综合实力超过曹魏，但是无论是蜀汉还是孙吴均弱于曹魏。所以蜀汉在汉中地区与曹魏对峙时，仍处于劣势地位。在巩固后方之后，蜀汉为打破劣势，出兵北伐。

（一）诸葛亮北伐的过程

"南方已定，兵甲已足"，公元227年，诸葛亮北驻汉中，准备大举北伐。①诸葛亮北伐前后共有五次。

第一次，曹魏太和二年（即蜀汉建兴六年，公元228年）春正月，诸葛亮首次出祁山寇边，天水、南安、安定三郡反以应亮；明帝派大将军曹真都督关右，并进军，右将军张郃大败蜀军于街亭，蜀汉败退。②

第二次，曹魏太和二年冬十二月，诸葛亮复出散关，围陈仓，曹真遣费曜拒之，粮尽引还。③

第三次，曹魏太和三年（即蜀汉建兴七年，公元229年）春，诸葛亮遣陈式（《资治通鉴》谓陈戒）进击武都、阴平，曹魏雍州刺史郭淮拒之不成，退还。④

第四次，曹魏太和五年（即蜀汉建兴九年，公元231年）春二月，诸葛亮复出军围

---

① 《魏晋南北朝史》上册，第91页。
② 《三国志》卷三《明帝纪》，第94页。
③ 《三国志》卷三《明帝纪》，第94页。
④ 《三国志》卷三五《诸葛亮传》，第924页。

祁山，始以木牛运粮。曹魏司马懿、张郃救祁山。夏六月，亮粮尽退军。①

第五次，曹魏青龙二年（即蜀汉建兴十二年，公元234年）春二月，诸葛亮出斜谷以攻魏，以流马运粮；四月，亮至郿，驻扎于渭水南五丈原，曹魏司马懿背水为垒而拒之，亮多次挑战，司马懿不应；八月，诸葛亮卒于军中，蜀军退。②

上述是诸葛亮五次北伐的大概过程，其间曹魏仅有一次主动进攻。曹魏太和四年（即蜀汉建兴八年，公元230年）七月，曹魏遣大司马曹真、大将军司马懿伐蜀，两人分路进攻，司马懿由西城入，曹真由子午道入。诸葛亮待之于城固、赤坂。九月，会大霖雨三十余日，栈道断绝，曹军班师回朝。

以上为诸葛亮北伐期间，曹魏与蜀汉之间彼此互有进退的抗衡过程。蜀汉北伐因其统帅诸葛亮去世而终结。但通过这一系列的对抗可以看出，双方虽都有吞并对方进而完成统一之野心，但双方的实力都不足以取胜。三国鼎足而立的局面，也正是魏、蜀、吴三方势均力敌的体现，完成统一只是政治家们的美好愿景。

（二）曹真都督关右

虽然诸葛亮在太和元年（公元227年）便屯兵汉中，亮出了进军曹魏的姿态③，但太和二年（公元228年）诸葛亮的北伐显然还是让曹魏朝廷有些猝不及防。这时离刘备去世已有五年的时间，蜀中久无动作；曹丕去世，曹叡刚刚即位，曹魏此时可能并没有精力关注蜀汉，君臣恐慌，又加之天水、南安、安定三郡民反以应亮，④威胁到关中的西部、北部防线。于是整个朝野响震，与蜀汉的争斗又成为魏明帝的心头大事。

建安二十四年（公元219年），汉中易手。曹魏、蜀汉之间并无大规模交手，蜀汉占有汉中，入蜀的交通咽喉处于其控制中，汉中成为二者势力的缓冲地带。双方虽都有取而代之的野心，但是双方的势力都不足以完成这一宏愿。由于大规模战争出现的可能性降低，虽处于战争防守第一线，关中地区的守备较战时还是有所不足，所以，诸葛亮北伐初始，魏明帝遣大将军曹真都督关右。曹真在曹操伐蜀的数次征战中多有建树；曹丕即位后，曹真仍为镇西将军，假节都督雍凉诸军事；曹叡上台后，他又是托孤重臣之一。⑤任用曹真也体现了关中守备的重要性。

---

① 《三国志》卷三五《诸葛亮传》，第925页。
② 《三国志》卷三五《诸葛亮传》，第925页。
③ 《三国志》卷三五《诸葛亮传》，第919页。
④ 《三国志》卷三《明帝纪》，第94页。
⑤ 《三国志》卷九《曹真传》，第280—281页。

曹真驻军的地点，史料记载是郿（属扶风郡，在长安以西），"帝遣曹真都督关右诸军军郿"①，显然部队主要驻扎在长安城以外，甚至不在京兆郡。《资治通鉴》记述了蜀汉丞相司马魏延的一段议论："长安中惟御史、京兆太守耳。"胡三省注曰："时遣督军御史与京兆太守共守长安。"②这是蜀汉大臣对当时战争形势所做的分析，司马魏延认为长安守备空虚，只有督军御史和京兆太守，可乘虚而入，直取长安。这里指的御史应该不是曹真，而是之前的关中督军夏侯楙。夏侯楙系夏侯惇之子，因与文帝有旧交，在文帝即位后成为安西将军，同时都督关中，镇守长安。③直至明帝年间诸葛亮北伐，④明帝知楙不善武略而将其召回朝中。不仅如此，司马魏延直接称夏侯楙靠姻亲关系居于该职位，无勇无谋。⑤可见夏侯楙在军事上并无过人之能力，此人督军关中，无疑是关中守备的软肋，也难怪蜀汉大臣建议诸葛亮直击长安，一举拿下关中。而曹真都督关右之后无疑加强了长安之守备。

曹真督军，不仅防守，还派出了张郃与蜀汉的马谡战于街亭，大败对手。史料载："乃勒兵马步骑五万，遣右将军张郃督之，西拒亮。"⑥也就是说张郃率领的兵马就有五万，张郃作为右将军带精锐部队与敌作战，那么驻守关中的大部队至少有十万之众。关于关中驻军数量的问题下节亦有讨论。

（三）魏明帝西镇长安

除了派遣朝中重臣曹真赴战场，魏明帝曹叡随后也率军"西镇长安"，亲自督战。可见关中战事的重要程度，长安城的战略地位又一次得以凸显。这也是明帝曹叡即位后第一次行幸长安，亲临前线。

关于明帝行幸长安的时间，《三国志》记："丁未，行幸长安。夏四月丁酉，还洛阳宫。"⑦《资治通鉴》载："丁未，帝行如长安。……夏，四月，丁酉，帝还洛阳。"⑧二者并无出入。丁未，指的是曹魏太和二年二月丁未，在夏四月丁酉之前的正月、二月、三月里，只有二月有丁未日，也就是公元228年4月9日。夏四月丁酉则是公元228年5月29日。简单计算，魏明帝共在长安停留了五十天左右。在这五十天的时间

---

① 《资治通鉴》卷七一，魏明帝太和二年正月，第2240页。
② 《资治通鉴》卷七一，魏明帝太和二年正月，第2240页。
③ 《资治通鉴》卷七一，魏明帝太和二年正月，第2239页。
④ 《三国志》卷九《夏侯惇传》，第269页。
⑤ 《资治通鉴》卷七一，魏明帝太和二年正月，第2239页。
⑥ 《资治通鉴》卷七一，魏明帝太和二年正月，第2241页。
⑦ 《三国志》卷三《明帝纪》，第94页。
⑧ 《资治通鉴》卷七一，魏明帝太和二年二月，第2241—2244页。

里，曹军大败蜀将马谡于街亭，天水、南安、安定三郡亦平复，击退了诸葛亮第一次北伐。诸葛亮北伐共计五次，前后持续七年之久，但唯有第一次北伐，魏明帝亲自坐镇，指挥战争。这与蜀汉久无动作、曹魏关中守备不足有一定关系。此后关中包括长安的守备得到加强。

到曹魏青龙二年（公元234年），诸葛亮最后一次北伐，司马懿与诸葛亮在渭滨对峙。当时，曹魏与东吴的战事取得了胜利，群臣以为东方危机已解，西线仍在相持，帝驾可幸长安。但明帝却说："权走，亮胆破，大将军以制之，吾无忧矣。"① 显然，明帝根本不担心诸葛亮的北伐，主要是因为：一是对大将军司马懿充分信任，也就是对曹魏关中防线信心十足，关中守备牢固，临战经验丰富，兵马粮草供给较充足；二是认识到以蜀汉的势力欲轻取关中十分困难。此时的魏明帝已经不会像刚即位时因突然遭遇蜀汉大举北伐而不知所措，成功抵御过几年的内外威胁，他已经有了驾驭全局的魄力与能力，他有把握长安不会失守。

（四）曹真攻汉

从太和二年（公元228年）到青龙二年（公元234年），蜀汉进行了五次北伐。其间曹魏主要是进行防御，主动进攻仅有一次，便是曹魏太和四年（公元230年），曹真与司马懿分道攻汉。太和四年，曹真上书伐蜀，明帝从其计，并亲自送曹真西讨。"真以八月发长安，从子午道南入。司马宣王溯汉水，当会南郑。诸军或从斜谷道，或从武威入。会大霖雨三十余日，或栈道断绝，诏真还军。"② 长安作为抵御蜀汉北伐的大本营，将领率部队驻扎于此，每次皆由长安发兵。这些兵卒显然是驻守于长安附近的雍、凉劲卒，数量较平时有所增加。

（五）司马懿屯长安

曹真被诏回后，病重，到太和五年（公元231年）三月就病逝于洛阳。此时，诸葛亮又发动了第四次北伐，寇天水。西线形势严峻，魏明帝诏大将军司马宣王拒之。司马宣王西屯长安，都督雍、梁二州诸军事，统车骑将军张郃、后将军费曜、征蜀护军戴凌、雍州刺史郭淮等讨亮。③ 如上文所述，司马宣王坐拥长安周边雍、凉劲卒数十万，数量庞大，战斗力强。司马懿就是凭借着如此强大之兵力，与诸葛亮抗衡，抵御蜀汉最后两次北伐。最后一次，更是与蜀军相峙于渭河，确保长安以及整个关中地区的安全。

---

① 《三国志》卷三《明帝纪》，第104页。
② 《三国志》卷九《曹真传》，第282页。
③ 《晋书》卷一《宣帝纪》，第6—7页。

（六）司马宣王督军期间的军粮保障及农业发展

兵马未动，粮草先行，三十余万大军长期准备与敌作战，粮草问题十分重要。与以前相同，粮草的来源主要还是老百姓的供给。此时的雍州刺史是郭淮，其传记记载："五年，蜀出卤城。是时，陇右无谷，议欲关中大运，淮以威恩抚循羌、胡，家使出谷，平其输调，军食用足，转扬武将军。"①这里虽然说的是太和五年（公元231年）的事情，但据此可以推测，与蜀汉长年对峙，曹魏军粮多赖陇右与关中，陇右时有不足，关中显然是军粮的主要供给地。征粮的前提是关中百姓有余粮可征，这就有赖于关中农业的发展。从曹操开始实行的屯田制度，作用在此时显现。关中经济的恢复，为连年的征战提供了人口和物质基础。

作为主帅的司马懿，当然不会忽视军粮的问题。击退了诸葛亮的第四次北伐之后，军师杜袭、督军薛悌都认为诸葛亮会在第二年麦熟时再出祁山。此时陇右仍没有粮食，需要在当年的冬天抓紧运粮。而司马懿却有不同的看法，他认为诸葛亮每次出兵多因军粮困顿而退兵，此次必会大量积蓄粮食，不经过三年不会有行动。这也给司马懿自己更多的粮食生产时间，"于是表徙冀州农夫佃上邽，兴京兆、天水、南安监冶"②。这是战时的特殊发展政策，移民的目的性明确。但这样也间接促进了长安地区的农业发展，农业人口得以充实，为日后的战事打下了坚实基础。

加强管理，充实人口，鼓励稼穑是加强农业发展的一项措施。除此之外，司马懿还有兴修水利之功。"青龙元年，穿成国渠，筑临晋陂，溉田数千顷，国以充实焉。"③《水经注·渭水》记载了曹魏尚书左仆射卫臻开成国渠的史实，并给出了成国渠的渠首位置以及水源。说"国以充实"，是为司马懿歌功颂德，关中地区的经济不可能单单因几次农业活动而突飞猛进。但是由于战争的需要而加大农业发展力度，确实是关中地区经济恢复的重要推动因素。按照《晋书·食货志》所载"青龙元年，开成国渠自陈仓至槐里，筑临晋陂；引千洛溉舄卤之地三千余顷，国以充实"④，成国渠的修复、临晋陂的修筑，大大促进了关中农业经济的发展，其利甚大。也正如李令福所说，其"使关中这个抗击蜀汉的基地经济实力迅速提高"⑤。

---

① 《三国志》卷二六《郭淮传》，第734页。
② 《晋书》卷一《宣帝纪》，第7页。
③ 《晋书》卷一《宣帝纪》，第7页。
④ 《晋书》卷二六《食货志》，第785页。
⑤ 李令福：《关中水利开发与环境》，人民出版社，2004年，第163页。

对于诸葛亮来说，军粮问题也是他的心头大患，北伐行动每每因粮食问题而中断。除积谷再战，运用木牛、流马等运输方式外，在最后一次北伐时，诸葛亮还驻守于武功五丈原，分兵屯田，做好了持久对峙的准备。①

（七）武装移民

在诸葛亮北伐战争中，人口迁徙事件有二：其一，曹魏太和二年（公元228年），蜀汉第一次北伐，失街亭，"亮拔西县千余家，还于汉中"②。其二，司马懿推测诸葛亮会积攒粮食，不经过三年不会有行动，"于是表徙冀州农夫佃上邽，兴京兆、天水、南安监冶"③。上邽亦属于天水郡，不在关中范畴。但对于此事，《晋书·食货志》则记载：嘉平四年（公元252年），宣帝表徙冀州农夫五千佃上邽，兴京兆、天水、南安盐池，以益军实。④《校勘记》里修正曰："嘉平四年，司马懿已死。《五行志》上云，太和四年八月大霖雨，岁以凶饥。此'嘉平'乃'太和'之误。"⑤嘉平四年（公元252年）的确有误，但修正为太和四年（公元230年），笔者不是十分认同。太和四年的大霖雨，史书上多有记载，《晋书·五行志》上也有记载，也就是曹真和司马懿分道攻蜀，所遭遇的大霖雨。但《食货志》记载未提到凶饥，反而明确指出是"益军实"，强调了这次人口迁徙的目的是发展农业生产，支持战事，而不是缓解水灾的损失。而且在这次大霖雨之后，曹真和司马懿被召回洛阳，第二年再战蜀汉，当年的关中督军还不是司马懿。

根据上文"曹真都督关右""魏明帝西镇长安"中的讨论，结合之前时段的分析，可以大体总结东汉末年到青龙二年（公元234年）以前长安城守备形势的转变。建安前期和中期，长安名义上属中央政府管辖，东汉也任命了很多官吏，但朝廷势力与地方割据将领相互交织。此时段，各方战乱不断，关中实则是其中的一个据点，守卫的重点并不突出。建安十六年（公元211年），曹操剿灭关中诸叛将后，曹操势力控制长安，遂与刘备势力展开了对汉中的争夺。此后的整个建安末年，关中战略地位凸显，曹操十分重视，战略守备充足。公元220年，曹操去世，曹丕一朝未与蜀汉有大规模交手，关中守备渐疲弱，君臣对关中的重视程度下降，甚至任命了欠勇谋的督军将领。这种形势一

---

① 《三国志》卷三五《诸葛亮传》，第925页。
② 《三国志》卷三五《诸葛亮传》，第922页。
③ 《晋书》卷一《宣帝纪》，第7页。
④ 《晋书》卷二六《食货志》，第785页。
⑤ 《晋书》卷二六《食货志》，第797页。

直延续到明帝继位。而太和二年（公元228年）又是关中战备形势的一个转折点。蜀汉突然北伐，令魏明帝措手不及，于是任命大将军曹真都督军事，自己也坐镇长安。曹真病逝后，明帝派出同样是托孤重臣的司马懿统领军队，对抗诸葛亮。驻守于长安附近的兵卒，有长安原有的守备军队，也有很多是为了应对蜀汉北伐而调遣来的雍、凉士卒，数量应超过十万。也就是说从太和二年到青龙二年（公元234年），长安守备一改魏初的松懈，又得以巩固。

五、后诸葛亮时代的魏蜀战争及曹魏政权的应对

蜀汉建兴十二年（公元234年），"春二月，亮由斜谷出，始以流马运。秋八月，亮卒于渭滨"①。诸葛亮去世之后，蜀汉的进攻得到了有效的遏制，在之后的十几年间，蜀汉和曹魏之间再也没有爆发大规模的战争。直至姜维掌握兵权之后，蜀汉和曹魏之间的矛盾才再次尖锐，双方围绕关中展开激烈的战斗，最终导致蜀汉灭亡。

（一）后诸葛亮时代魏蜀的交战

公元234年八月，诸葛亮卒于北伐军中，蜀军退。此后蜀汉由蒋琬执政十二年，至公元246年，蜀汉没有发动大规模的北伐。蒋琬死后，费祎秉政。公元253年费祎被刺，姜维始掌握兵权，开始了较大规模的北伐，以攻为守，以图挽救蜀汉政权。姜维践行诸葛亮生前的军事计划，努力完成诸葛亮未竟的事业。但蜀汉末期，特别是公元258年后，宦官黄皓把持朝政，姜维不得不长年屯兵在外，蜀汉政权内部的矛盾致使北伐的粮草供应不能保证，蜀汉北伐困难重重。公元263年，司马昭令邓艾、钟会发兵伐蜀，势如破竹，蜀汉灭亡。在二十余年间，魏蜀之间多有交战，大体经过如下：

曹魏正始元年（公元240年），蜀将姜维出陇西，郭淮遂进军追击至强中，蜀汉退兵。②

曹魏正始五年（公元244年），曹爽与夏侯玄行骆谷之役，发长安卒，因为运输不足，又地势不利，还军。③

曹魏正始八年（公元247年），姜维攻为翅，郭淮援军至，击退蜀军；曹魏平定叛羌，降服者万余落。④

---

① 《三国志》卷三三《后主传》，第897页。
② 《三国志》卷二六《郭淮传》，第735页。
③ 《三国志》卷九《曹爽传》，第283页。
④ 《三国志》卷二六《郭淮传》，第735页。

曹魏嘉平元年（公元249年）秋，姜维出攻雍州，无功而返；将军句安、李韶降魏。①

曹魏嘉平二年（公元250年），姜维复出魏西平，不克而还。②

曹魏嘉平五年（公元253年），姜维率数万人出石营，经由董亭，围魏南安，曹魏雍州刺史陈泰前来解围至洛门，最终蜀军粮尽而还。③

曹魏正元元年（公元254年），姜维出陇西，狄道守将李简举城降。围魏襄武，与魏将徐质交战，斩杀对手，魏军败退。徙河关、狄道、临洮三县百姓至蜀地。④

曹魏正元二年（公元255年），姜维攻魏，至枹罕，大败魏将王经于洮西，进围狄道；魏发兵救援，征西将军陈泰前来解围，维退驻钟题。⑤

曹魏正元三年（公元256年），姜维出祁山，趋上邽，因镇西大将军胡济失言不至，而魏大将邓艾大破之于段谷，伤亡甚重。⑥

曹魏甘露二年（公元257年），曹魏关中兵部分东下于淮南，姜维乘虚出骆谷攻魏。姜维与曹魏司马望、邓艾在长城附近对峙数月，魏拒不应战。至第二年，曹魏淮南事平，姜维乃退兵。⑦

曹魏景元三年（公元262年），姜维再次出兵，与邓艾战于侯和，为邓艾所击破，还于沓中。

曹魏景元四年（公元263年），魏钟会、邓艾率兵分道伐蜀。十一月，魏邓艾至，汉帝刘禅降，敕姜维降于钟会，汉亡。

双方交锋过程中，曹魏主动发起的进攻只有两次：第一次是正始五年（公元244年）曹爽兴骆谷之役，以失败告终；第二次是出兵伐蜀，一举灭掉蜀汉。

（二）曹魏政权的应对

1. 司马懿治兵长安

诸葛亮北伐期间，曹真病逝，太和五年（公元231年）司马懿代曹真为都督雍凉诸军事，青龙二年（公元234年）诸葛亮卒于五丈原，蜀汉的北伐告一段落。虽然蜀汉没

---

① 《三国志》卷三三《后主传》，第898页。
② 《三国志》卷三三《后主传》，第898页。
③ 《三国志》卷四四《姜维传》，第1064页。
④ 《三国志》卷四四《姜维传》，第1064页。
⑤ 《三国志》卷四四《姜维传》，第1064页。
⑥ 《三国志》卷四四《姜维传》，第1064—1065页。
⑦ 《三国志》卷四四《姜维传》，第1065页。

有在短期内再次发动大规模的战事，但关中的军事守备仍不能放松，长安的军事地位依旧重要。景初二年（公元238年），明帝遣司马懿征辽东，但尚未离任都督雍凉诸军事。景初三年（公元239年），魏明帝曹叡驾崩，及齐王即帝位，司马懿方才离任，"迁侍中、持节、都督中外诸军、录尚书事，与爽各统兵三千人，共执朝政，更直殿中，乘舆入殿"①。

青龙三年（公元235年），司马懿尚在长安。《晋书·宣帝纪》载："关东饥，帝运长安粟五百万斛输于京师。"②诸葛亮既死，此时的长安暂时摆脱了战争的威胁，但依然是曹魏西线守卫的重镇，司马懿受明帝曹叡的信任，仍旧在长安都督雍凉军事。上文这条史料说明了司马懿对长安的掌控力度。五百万斛不是个小数目，能调出如此多的粮食，司马懿的势力可见一斑。一般来讲，刺史掌民政，都督掌军事，司马懿理应只掌管军事。但魏晋南北朝时期，形势复杂，刺史与都督常有争权之事，他们的职权并没有完全成为定制，加之司马懿被明帝所重用，所以在京城出现饥荒之时，司马懿可以迅速地从长安调来大量的粮食。

青龙中，司马懿立军市于长安。《三国志·仓慈传》引《魏略》曰："至青龙中，司马宣王在长安立军市，而军中吏士多侵侮县民，（颜）斐以白宣王。宣王乃发怒召军市候，便于斐前杖一百。时长安典农与斐共坐，以为斐宜谢，乃私推筑斐。斐不肯谢，良久乃曰：'斐意观明公受分陕之任，乃欲一齐众庶，必非有所左右也。而典农窃见推筑，欲令斐谢；假令斐谢，是更为不得明公意也。'宣王遂严持吏士。自是之后，军营、郡县各得其分。"上述史料讲述的是这样一段史实：军市建立后，因管理不善，导致军民对立。军士欺侮百姓后，京兆太守颜斐将此事告之宣王，司马宣王不仅惩罚了欺侮百姓的军士本人，从此还加强了对军营将士的管理。其中着重描述的是京兆太守颜斐对仅处罚当事者本人不满，而执意要求重视军队扰民的事情，并对雍凉都督提出了进一步的请求。

颜斐在《三国志》所见的京兆太守或京兆尹里是比较特别的，记载颇为详细，此人个性鲜明，刚正不阿，在处理与督军的关系上充分表明了这一点。颜斐与司马懿的故事中，虽然是司马懿妥协，但这是司马懿军纪严明的一种体现，从长安典农的表现也不难看出，雍凉都督虽只管军政，但其威慑力却无比强大。司马懿立军市、设军市候完全是

---

① 《晋书》卷一《宣帝纪》，第13页。
② 《晋书》卷一《宣帝纪》，第9页。

在雍凉都督的权限之内；而京兆太守是京兆的地方官员，主要管理包括长安在内的京兆地方的民政。地方虽不受限于部队，但部队要驻扎于地方之内，所以难免会有一些冲突产生。而雍凉都督司马懿以及大量官兵便是长期驻扎在长安城附近，日常生活与长安城有着密切的关系，如专门市场便设立在长安。雍凉都督权力很大，虽不直接管理地方官员和地方事务，但地方官员对都督都要畏惧几分。加之司马懿位高权重，且长期驻扎于长安城内，他对长安城的影响不容小觑。

景初三年（公元239年）春正月丁亥，"帝驿马召到，引入卧内，执其手谓曰：'吾疾甚，以后事属君，君其与爽辅少子。吾得见君，无所恨！'宣王顿首流涕"①。这是历史的实情，曹叡召见司马宣王，并将齐王托付给了他。但实际上其中还有一些波折，《魏略》有另外一段记载："帝既从刘放计，召司马宣王，自力为诏，既封，顾呼宫中常所给使者曰：'辟邪来！汝持我此诏授太尉也。'辟邪驰去。先是，燕王为帝画计，以为关中事重，宜便道遣宣王从河内西还，事以施行。宣王得前诏，斯须复得后手笔，疑京师有变，乃驰到，入见帝。"②"辟邪"是对宫中仆役、给使的称呼，而燕王指的是曹宇。这里说的是，明帝疾笃，燕王曹宇以关中事重为由建议令司马懿镇关中，司马懿得诏。后来明帝又听从了刘放的建议，诏司马懿觐见。司马懿看到反复变化的诏书，心里有所顾虑，于是便赶回了洛阳。关于司马懿先被诏镇关中又得诏返回洛阳的史实，《晋书·宣帝纪》③也有记载，只是没有言及诏书发生变化的原因。而燕王曹宇的传记亦记载："太和六年，改封燕王。明帝少与宇同止，常爱异之。……二年夏，复征诣京都。冬十二月，明帝疾笃，拜宇为大将军，属以后事。受署四日，宇深固让；帝意亦变，遂免宇官。"④从正史对司马懿和曹宇事迹的记载来看，裴松之所引用的《魏略》所记载的事件是可信的。燕王曹宇与明帝曹叡关系非同寻常，而曹宇出谋划策让司马懿镇守关中，应该不是出于私心，由此可见当时关中地位的重要。虽然说诸葛亮病逝后，蜀国限于自身的实力，且主张以攻为守的姜维尚未掌握兵权，蜀汉没有大规模用兵，但蜀汉并没有放弃攻魏，双方在边境地带长期保持着对峙的状态，不能预料战事何时爆发，所以关中的守备一日都不可放松。

由上述事件可知，司马懿于太和五年（公元231年）任都督雍凉诸军事，亲临魏蜀

---

① 《三国志》卷三《明帝纪》，第114页。
② 《三国志》卷三《明帝纪》，第114页。
③ 《晋书》卷一《宣帝纪》，第13页。
④ 《三国志》卷二〇《曹宇传》，第582页。

交战前线，与诸葛亮角力。青龙二年（公元234年）蜀汉北伐因主帅诸葛亮病逝而终结后，司马懿仍任雍凉都督，保障关中地区军事守备牢固，并长期驻屯于长安附近。景初二年（公元238年），司马懿因辽东公孙文懿反而征战辽东，才较长时间离开长安，但督军如故，直至景初三年（公元239年）明帝驾崩，遗命其辅佐少帝，方才回到洛阳，离任雍凉都督，不再亲自都督关中地区战事。

2. 司马师与长安

司马师是司马懿的长子，司马昭的长兄，西晋开国皇帝司马炎的伯父。嘉平三年（公元251年），司马懿去世，司马师成为抚军大将军，执掌魏国军政大权，嘉平四年（公元252年）升为大将军。①正元二年（公元255年）因眼疾而致死。司马师从以抚军大将军身份辅政到去世不足四年的时光。这短短的几年里司马师既没有亲临魏蜀战场，也未曾到过长安，和父亲司马懿、弟弟司马昭相比，他与长安的关系算不上紧密。但司马师掌权期间，魏蜀之间也有过交战，对于西线的长安战事他也是有所过问的。

嘉平五年（公元253年），吴诸葛恪攻魏淮南，此时姜维以为魏西线防卫薄弱而出兵狄道。司马师以东西战事咨询虞松，松曰："昔周亚夫坚壁昌邑而吴楚自败，事有似弱而强，或似强而弱，不可不察也。今恪悉其锐众，足以肆暴，而坐守新城，欲以致一战耳。若攻城不拔，请战不得，师老众疲，势将自走，诸将之不径进，乃公之利也。姜维有重兵而县军应恪，投食我麦，非深根之寇也。且谓我并力于东，西方必虚，是以径进。今若使关中诸军倍道急赴，出其不意，殆将走矣。"②虞松指出东西敌人实际似强而弱，应对诸葛恪要严守城池，拖延对方，而姜维虽握有重兵，却在曹魏东线有战事时乘虚而入，可见其粮饷不足，深入魏地，是为了得到军粮，所以他们也并不是可怕的敌人，如果积极出兵防御，蜀军自将退走。于是，司马师命郭淮、陈泰率关中部队，解狄道之围；而姜维听闻关中部队来抗，果真退兵。司马师的军事部署收到了很好的效果，东西危机都得以化解。

嘉平五年，也就是蜀汉的延熙十六年，费祎死，姜维终于掌握了蜀汉军权。在此之前，姜维也曾多次进攻曹魏，但费祎自认攻魏力不从心，而姜维则是诸葛亮以攻为守原则的最忠诚坚守者。姜维控制兵权就意味着曹魏的西线将受到更大的军事威胁，于是长安的军事地位就愈显重要。由于姜维的频繁进攻，嘉平五年（公元253年），司马师将

---

① 《晋书》卷二《景帝纪》，第25—26页。
② 《三国志》卷四《三少帝纪》，第125—126页。

其弟司马昭派到了前线,这是司马昭第二次治兵长安。史载:"蜀将姜维又寇陇右,扬声欲攻狄道。以帝行征西将军,次长安。"①此处可见,长安是曹魏对抗蜀汉的军事大本营,大量部队和将领驻屯在长安城附近,虽战火从未烧到长安城下,但驻扎在长安附近的大量部队时刻都处在备战状态。

3. 司马昭三治关中

史料记载:司马昭曾三次到过长安,分别是嘉平元年(公元249年)、嘉平五年(公元253年)、咸熙元年(公元264年)。嘉平元年高平陵之变后,曹魏进入司马氏专权时代,除了最终篡魏的司马炎外,司马懿、司马师、司马昭均先后控制过曹魏政权。而司马昭的三次治兵关中,也恰恰分别是在其父、其兄以及自己掌权时进行,这实质上是在每一个时段代表权力拥有者来到长安,亲临西线战场,坐镇防线大本营。司马昭多次治兵关中体现的正是司马氏对曹魏大权的掌控和长安大本营在西线防守中的位置。

(1)第一次治兵关中

嘉平元年(公元249年),司马昭第一次治兵关中。此时的曹魏刚经历过高平陵之变,司马懿通过政变,消除了曹氏宗室在朝廷内的势力,从而完全掌握了曹魏大权。此时,蜀将姜维趁曹魏局势动荡之际,"率众依麹山筑二城,使牙门将句安、李歆等守之,聚羌胡质任等寇逼诸郡"②。《晋书·文帝纪》载:雍凉都督郭淮拒蜀,司马宣王遣司马昭督军屯关中,并配合虚张声势的战术,从而使得姜维退兵,句安等降魏。"蜀将姜维之寇陇右也,征西将军郭淮自长安距之。进帝位安西将军、持节,屯关中,为诸军节度。淮攻维别将句安于麹,久而不决。帝乃进据长城,南趣骆谷以疑之。维惧,退保南郑,安军绝援,帅众来降。转安东将军、持节,镇许昌。"③而《三国志》之《郭淮传》《陈泰传》里则只记郭淮协策陈泰,降蜀牙门将句安,逼退姜维。"是岁,(郭淮)与雍州刺史陈泰协策,降蜀牙门将句安等于翅上。"④"敕诸军各坚垒勿与战,遣使白淮,欲自南渡白水,循水而东,使淮趣牛头,截其还路,可并取维,不惟安等而已。淮善其策,进率诸军军洮水。维惧,遁走,安等孤县,遂皆降。"⑤综上所述,《晋书》曰:郭淮、句安于麹相持不下,驻兵长安的司马昭做出进兵骆谷的姿态,这样

---

① 《晋书》卷二《文帝纪》,第32页。
② 《三国志》卷二二《陈泰传》,第638页。
③ 《晋书》卷二《文帝纪》,第32页。
④ 《三国志》卷二六《郭淮传》,第736页。
⑤ 《三国志》卷二二《陈泰传》,第639页。

就威胁到了姜维的大本营——汉中,于是正欲支援句安的姜维只好退兵以保南郑,句安也因无援兵而投降。而《三国志》则载:曹魏围困麴城,姜维由牛头山前来救援,与陈泰部相遇,陈泰使郭淮至洮水,自己南渡白水,形成了对姜维的夹击之势,力图一举拿下姜维。姜维揣测到了陈泰的计策而不得不退兵自保。

这两种记载的不同之处在于,一个认为郭淮、司马昭是此战主将,另一个认为郭淮、陈泰为此战主将。最大的分歧也就是司马昭是否对此战起到了重大的作用。从史料记载出发,《三国志》的描述更为详细。而从实际出发,无论是陈泰和郭淮的前后夹击,还是司马昭的出兵骆谷,都可以对姜维产生威胁,迫使其退兵。但不难看出,牛头山位于洮水和白水之间,陈泰的策略对姜维的威胁更直接,而相比于郭淮、陈泰所部,司马昭的队伍驻扎于长安,所谓的行动也仅是到达了长城(在今陕西周至附近)而已。由此可以大胆地推测,《晋书》的记载主要强调了司马昭对此役胜利的作用,而降低了对郭淮价值的评价,更是完全忽视了陈泰的作用。

虽然《晋书》极力强调司马昭的作用,但是从有关司马昭的记述里不难看出,司马昭在此次"治兵关中"之前,并没有卓越的功绩,仅仅是在曹爽发动"骆谷之役"时任征蜀将军,而司马昭担任征蜀将军时的事迹在陈寿的《三国志》里竟无只言片语,可见其作为甚是寥寥。但此时,曹魏的政权在其父亲司马懿手里,司马懿自是器重自己的爱子,期望司马昭可以尽早建功立业,以稳固司马氏在曹魏的地位。于是,司马昭被任命为安西将军,持节屯关中。不论司马昭在此一役中的功绩大小,离开长安后,他都可顺理成章地成为安东将军,镇守重镇许昌了。至此,司马昭才算是开始了建功立业之路,可以说,司马昭第一次治兵关中,也是他的发迹之始。

(2)第二次"次长安"

蜀汉延熙十六年(公元253年),姜维终于掌握军权,他延续诸葛亮以攻代守的战略,于是蜀汉对曹魏的进攻更为频繁了。嘉平五年(公元253年),曹魏的大权掌握在司马昭的长兄司马师手里。

如前文所述,嘉平五年,诸葛恪攻曹魏淮南,曹魏东线战事告急,姜维料想曹魏必全力向东,西线防备空虚,于是出围狄道。郭淮、陈泰解狄道之围,姜维退兵。《晋书》中另有一条关于姜维骚扰诸羌,扬声攻击狄道的记载。"蜀将姜维又寇陇右,扬声欲攻狄道。以帝行征西将军,次长安。雍州刺史陈泰欲先贼据狄道,帝曰:'姜维攻羌,收其质任,聚谷作邸阁讫,而复转行至此,正欲了塞外诸羌,为后年之资耳。若实向狄道,安肯宣露，令外人知？今扬声言出，此欲归也。'维果烧营而去。"①但司马昭此次来到长安也是短暂的，姜维退后不久，他便平新平羌胡叛，耀兵灵州，离开了长安。

笔者推测司马昭此次治兵关中的时间大概在嘉平五年（公元253年）。因为曹芳的纪，姜维、陈泰、后主的传里均没有记载此事，其他史料里也尚未找到与此条记载相同的事件。我们只能根据《晋书》记载的前后文判断出此事发生在嘉平四年（公元252年）或五年，而此段在行文时记载"蜀将姜维又寇陇右"，之所以用"又"字，大抵因为该年曾与蜀汉有过交锋，因此朝廷对于姜维屡犯西境的形势比较重视，才派出了司马昭。而我们通过之前的研究知道，嘉平四年魏蜀双方没有大的战事，而嘉平五年恰有姜维乘虚出狄道的记载，如上文所述。于是，推测司马昭在嘉平五年再次治兵关中。

司马昭前两次治兵关中，驻扎时间比较短，与长安的关系并不是十分密切。司马昭初次治兵关中受其父司马懿之命，第二次来到长安则是受其兄司马师之命，之后不久的正元二年（公元255年），司马师便病逝了。司马昭第三次治兵关中便是在他自己掌控曹魏的时候。

（3）第三次治兵关中

正元二年（公元255年），司马师病逝，司马昭取而代之，成为控制曹魏政权的重要人物。"进位大将军，加侍中，都督中外诸军、录尚书事，辅政，剑履上殿。帝固辞不受。"②第二年，也就是甘露元年（公元256年），又继续加封，"加大都督，奏事不名。夏六月，进封高都公，地方七百里，加之九锡，假斧钺，进号大都督，剑履上殿。又固辞不受。秋八月庚申，加假黄钺，赠封三县"③。司马昭虽辞而不受，但司马氏对曹魏政权的控制已难以撼动了。

在司马昭掌权的十年里，蜀汉多次进犯，曹魏积极抵御，其间唯一的一次主动进攻便是灭蜀之战。景元三年（公元262年）冬，司马昭以钟会为镇西将军、假节都督关中诸军事。四年（公元263年）秋，下诏使邓艾、诸葛绪各统诸军三万余人，邓艾趋甘松、沓中连缀姜维，诸葛绪趋武街、桥头断绝姜维归路。钟会统十余万众，分从斜谷、骆谷入。④最终曹魏一举击败了蜀国，姜维也归降钟会。

但此后钟会密告司马昭说邓艾有反状。邓艾被押后，钟会便计划由姜维带兵由斜

---

① 《晋书》卷二《文帝纪》，第32—33页。
② 《晋书》卷二《文帝纪》，第33页。
③ 《晋书》卷二《文帝纪》，第33页。
④ 《三国志》卷二八《钟会传》，第787页。

谷出，占领长安，然后分陆路、水路两路会合于孟津，进而拿下洛阳。钟会打着自己的如意算盘时，收到了司马文王的信，信中说："恐邓艾或不就征，今遣中护军贾充将步骑万人径入斜谷，屯乐城，吾自将十万屯长安，相见在近。"①司马昭宣称担心邓艾不就征，实际上是对钟会叛乱早有察觉，这段话是向钟会暗示他不可轻易得到长安。司马昭也不单单是警告钟会，他深知长安军事地位的重要，如果长安失守，威胁将进一步逼近洛阳，他篡魏的目的也必将落空。实际上，司马昭在钟会陷害邓艾时便着手准备他的第三次治兵关中了。《三国志·钟会传》载："及会白邓艾不轨，文王将西，悌复曰：'钟会所统，五六倍于邓艾，但可敕会取艾，不足自行。'文王曰：'卿忘前时所言邪？而更云可不须行乎？虽尔，此言不可宣也。我要自当以信义待人，但人不当负我，我岂可先人生心哉！近日贾护军问我，言："颇疑钟会不？"我答言："如今遣卿行，宁可复疑卿邪？"贾亦无以易我语也。我到长安，则自了矣。'"②由此可见，司马昭的长安之行是早有准备的，大臣认为他没必要去长安，他虽讲得很隐晦，但仍然表明了自己对钟会的不信任，但他又坚信钟会必败。尽管司马文王胸有成竹，只等一蹴而就，但他还是来到了长安，因为唯有他自己镇守长安，才是钟会败亡得以实现的重要砝码。

司马昭在咸熙元年（公元264年）正月来到长安，等待钟会之乱被平定。"咸熙元年春正月，槛车征艾。乙丑，帝奉天子西征，次于长安。是时魏诸王侯悉在邺城，命从事中郎山涛行军司事，镇于邺，遣护军贾充持节、督诸军，据汉中。钟会遂反于蜀，监军卫瓘、右将军胡烈攻会，斩之。"③形势发展果如前所料，钟会死于战乱之中。如此，司马昭便无须再坐镇长安，于是他于二月丙辰离开长安返回洛阳。④

司马昭完成了他的第三次治兵关中，消除了隐患，巩固了对长安的控制，并为他夺权篡魏奠定了基础。

六、骆谷之役发兵长安

在曹魏与蜀汉的多年交战中，蜀汉奉行以攻为守的策略，而曹魏主动进攻很少，大多采取防守的战略。诸葛亮在世时双方是这样的态势，蜀汉失去诸葛亮后双方也继续保

---

① 《三国志》卷二八《钟会传》，第792页。
② 《三国志》卷二八《钟会传》，第794页。
③ 《晋书》卷二《文帝纪》，第43页。
④ 《晋书》卷二《文帝纪》，第43页。

持这样的状态。在此阶段，除景元四年（公元263年）的灭蜀之战外，曹魏发动的另一次主动进攻是正始五年（公元244年）曹爽发动的骆谷之役，而这次主动进攻的结果却是仓皇收兵。

在曹魏与蜀汉的对峙中，曹魏很少主动出击。那么曹魏为什么会发动这次骆谷之役呢？曹爽为人谨重，与魏明帝曹叡关系亲近，深受其信任，因此，景初三年（公元239年）明帝病重时，将太子托付给曹爽和司马懿，令其二人共同辅佐少主。而实际上曹爽和司马懿代表的是两个姓氏的利益集团，曹爽辅政后听信心腹之言，开始排挤、架空司马懿，"外以名号尊之，内欲令尚书奏事，先来由己，得制其轻重也"①。为了树立个人权威，除排挤司马懿外，曹爽还接受亲信建议打算建立军功声名。于是，便于正始五年（公元244年）发动了骆谷之役。简单来说，曹爽发动此次战争是有明确的政治目的的，而不是完全从军事角度出发，不是以天时地利人和为标准的。虽然司马懿试图阻挠此次出兵，但曹爽还是坚持成行。

史书记载："正始五年，爽乃西至长安，大发卒六七万人，从骆谷入。"②关于具体的时间，《三国志·三少帝纪》谓春二月诏大将军征蜀，而《资治通鉴·魏纪六》载三月曹爽至长安，准确的时间现已无法考证。驻屯在长安的大量士卒踏上主动出击的征途。但关于征发士卒的人数，史料记载有所差异。《三国志·王平传》记："（蜀汉延熙七年）春，魏大将军曹爽率步骑十余万向汉川，前锋已在骆谷。时汉中守兵不满三万，诸将大惊。"③同出于《三国志》记载却不相同，而《资治通鉴》的描述大概与《三国志·王平传》相仿："三月，爽西至长安，发卒十余万人，与玄自骆口入汉中。汉中守兵不满三万，诸将皆恐，欲守城不出以待涪兵。"④笔者推测《资治通鉴》的描述来源于《三国志·王平传》的记载。单凭这些史料，我们无法判断到底出兵多少，因为无论是六七万还是十余万，皆有可能。曹魏伐蜀的时候，分多路进军，但钟会一路就有十余万的兵力，邓艾、诸葛绪也都有三万的兵力。⑤这样看来，驻扎在长安的兵力远超过十万，伐蜀时出动的兵力就超过了十六万，资料中也没有诸如"仅留精兵……余众悉出"的记载，也就意味着长安尚有部分军队驻守，我们保守估

---

① 《三国志》卷九《曹爽传》，第282页。
② 《三国志》卷九《曹爽传》，第283页。
③ 《三国志》卷四三《王平传》，第1050页。
④ 《资治通鉴》卷七四，魏明帝正始五年三月，第2358页。
⑤ 《三国志》卷二八《钟会传》，第789页。

计长安的兵力有二十万左右。

曹爽握有如此充足的兵力，此次进攻何以无疾而终？《三国志·曹爽传》记载："是时，关中及氐、羌转输不能供，牛马骡驴多死，民夷号泣道路。入谷行数百里，贼因山为固，兵不得进。"①将失败的原因归咎为军需运输不足，又有敌军占据山势而不得进军。而关于这场战争的记载，《蜀志》《魏志》以及《晋书》有所出入，描述的侧重也不尽相同。而曹魏最终失败的原因也是多方面的，不单单是史料中记述的那么简单。由于此次行动没有具体的交战过程和结果，向来不被研究者重视，但也曾有人撰文《骆谷伐蜀考》②，其中详细分析了此次战争的背景、曹魏失败的原因、史家描述不一的原因以及此役的影响，在这里不做详细探讨。

在这三十年间，曹魏与蜀汉交战频繁，尤其从蜀汉延熙十六年（公元253年）开始，绝大部分交锋都是由蜀汉发起的。且双方各方面势力相比，蜀汉明显处于劣势，之所以频频出击，归因于诸葛亮为蜀汉定下的"以攻为守"战略，同时姜维又是此战略最忠实的追随者，因此蜀魏双方的交战呈现出弱小者主动出击、强大者被动防守的态势。

这三十年间，蜀汉交战的资料里常有少数民族出现，因为双方交战的地方正是少数民族杂居之地。这些内容也从一定程度上反映出曹魏时期少数民族的内迁状况和民族融合的缓慢过程，是研究民族史经常引用的资料。"正始五年，爽乃西至长安，大发卒六七万人，从骆谷入。是时，关中及氐、羌转输不能供，牛马骡驴多死，民夷号泣道路。"③可见曹魏时，很多氐、羌人口就已经迁入曹魏的内郡了。"正始元年，蜀将姜维出陇西。淮遂进军，追至强中，维退，遂讨羌迷当等，按抚柔氐三千余落，拔徙以实关中。迁左将军。凉州休屠胡梁元碧等，率种落二千余家附雍州。"④这也是有关这个时期少数民族人口内迁的记述。关于少数民族迁徙的情况这里不赘述，后面会有专门的章节介绍。

① 《三国志》卷九《曹爽传》，第283页。
② 杜汉生：《骆谷伐蜀考》，载《华中理工大学学报》（社会科学版）1994年第1期，第96—100页。
③ 《三国志》卷九《曹爽传》，第283页。
④ 《三国志》卷二六《郭淮传》，第735页。

第四节
西晋时期的长安城及其周边的战争

一、八王之乱时期长安城及其周边的战争

曹魏咸熙二年（公元265年）魏晋王司马炎废除魏元帝曹奂，即皇帝位于洛阳。此时蜀汉政权已经灭亡[①]，就连在蜀汉政权灭亡后造反的姜维、钟会势力也被铲除[②]，这些为西晋王朝前期关中地区的社会安定奠定了基础。但是西晋王朝末年的八王之乱给西晋王朝带来了严重动荡，动摇了西晋王朝的统治基础，最终导致永嘉之乱，西晋覆灭。

八王之乱是西晋中后期司马氏同姓王之间为争夺中央政权而爆发的内战，为中国历史上最严重的皇族内乱之一，从晋惠帝元康元年（公元291年）起至惠帝光熙元年（公元306年）止，前后持续达十六年之久。参与这场动乱的王不止八个，但八王为主要参与者，且《晋书》将八王汇为一列传，故史称"八王之乱"[③]。

晋太熙元年（公元290年）夏四月"己酉，帝崩于含章殿"[④]。晋武帝为了限制外戚的权力，在临死之前任命汝南王亮辅政，然而外戚杨骏勾结杨太后矫诏，任命汝南王亮出镇许昌，杨骏辅政。

晋惠帝即位后，于永平元年（公元291年）三月"辛卯，诛太傅杨骏……。壬辰，

[①]《资治通鉴》卷七八《魏纪十》载："（魏元帝景元四年冬）艾至成都城北，汉主率太子诸王及群臣六十余人，面缚舆榇诣军门。艾持节解缚焚榇……绥纳降附。"由此可知在景元四年即公元263年蜀汉政权覆灭。

[②]《晋书》卷二《文帝纪》载："咸熙元年春正月，槛车征艾。乙丑，帝奉天子西征，次于长安。是时魏诸王侯悉在邺城，命从事中郎山涛行军司事，镇于邺，遣护军贾充持节、督诸军，据汉中。钟会遂反于蜀，监军卫瓘、右将军胡烈攻会，斩之。"由此可知钟会造反早在司马昭的意料之中，其也做了充分的准备，因此钟会叛乱势力很快就被镇压下去。

[③]《晋书》卷五九记述了八王之乱的主要参与者：汝南王亮、楚王玮、赵王伦、齐王冏、长沙王乂、河间王颙、东海王越、成都王颖。

[④]《晋书》卷三《武帝纪》，第80页。

大赦，改元。贾后矫诏废皇太后为庶人，徙于金墉城，告于天地宗庙。诛太后母庞氏。壬寅，征大司马、汝南王亮为太宰，与太保卫瓘辅政"①。至此，西晋政权消灭了外戚杨氏的势力。同年"六月，贾后矫诏使楚王玮杀太宰、汝南王亮，太保、菑阳公卫瓘。乙丑，以玮擅害亮、瓘，杀之"②，八王之乱的主要参与者汝南王亮和楚王玮均被杀掉。

自元康以来，关中地区灾害不断，惠帝元康六年（公元296年）匈奴郝散弟度元帅冯翊、北地马兰羌、卢水胡造反，朝廷以征西大将军、赵王伦为车骑将军，以太子太保、梁王肜为征西大将军、都督雍梁二州诸军事，镇关中。同年秋八月，秦雍氐、羌悉叛，推氐帅齐万年僭号称帝。经过数年征战，终于在惠帝元康九年（公元299年）擒获齐万年，平定关中地区叛乱。

除掉楚王玮之后，贾后日益跋扈，废太子遹（惠帝长子，非贾后所生），弑杨太后。惠帝永康元年（公元300年）四月"癸巳，梁王肜、赵王伦矫诏废贾后为庶人，……伦矫诏大赦，自为相国、都督中外诸军，……己亥，赵王伦矫诏害贾庶人于金墉城"③。贾皇后的被杀，标志着外戚势力的彻底失势。

惠帝永宁元年（公元301年）"春正月乙丑，赵王伦篡帝位。丙寅，迁帝于金墉城，号曰太上皇，改金墉曰永昌宫"④。从此八王之乱由玩弄权术阶段进入刀兵相交阶段⑤。

齐王冏及河间王颙、成都王颖共同起兵讨伐赵王伦。赵王伦兵败被杀，齐王冏掌握中央政权，但大权在握的司马冏沉湎酒色，不入朝，坐召百官，恣行非法。后有校尉李含奔于长安，诈称有诏使河间王颙讨冏，颙遂上表"请废冏，以成都王辅政"，并檄长沙王乂为内主。冏遣兵袭乂，乂径入宫，奉帝讨斩冏。及乂先杀冏，河间王颙派遣其大将张方率兵与成都王颖同向京师。帝又诏乂为大都督，长沙王先胜后败。东海王越在京与殿中将收乂送金墉，乂为张方所杀。河间王颙表成都王颖为皇太弟，位相国，乘舆服御及宿卫兵皆迁于邺，朝政悉颖主之。左卫将军陈眕不平，奉帝讨颖。颖遣将石超，败帝军于荡阴。惠帝被胁迫至邺城。平北将军王浚起兵讨颖，颖战败，仍拥帝还洛阳。此时颙遣张方救颖，张方遂挟帝及颖归于长安。颙废颖，立豫章王炽为皇太弟。东海王越

---

① 《晋书》卷四《惠帝纪》，第90页。
② 《晋书》卷四《惠帝纪》，第91页。
③ 《晋书》卷四《惠帝纪》，第96页。
④ 《晋书》卷四《惠帝纪》，第97页。
⑤ 在此之前，无论是杨骏、汝南王亮还是楚王玮、贾后，他们的被杀均不是在大规模交战之后，而赵王伦称帝，此举引得司马氏诸王纷纷起兵，打着维护晋惠帝的旗号争夺政治权利，因此将之分为"玩弄权术阶段"和"刀兵相交阶段"。

自徐州起兵迎大驾。司马颙又命颖统兵拒之，河桥战败，越兵入关，奉惠帝还洛阳。后来成都王颖为刘舆所害。河间王司马颙的故将迎其入长安。后有诏征司马颙为司徒，入京途中被南阳王模所杀。光熙元年（公元306年），惠帝崩，怀帝即位。东海王越出讨石勒而卒。至此八王之乱结束。

八王之乱的交战区虽然基本上都在关东地区，但是此时的关中并不安定。北地郡等地的少数民族起兵反叛，坐镇关中的梁王在平定叛乱之后也参与到八王之乱当中，加剧了八王之乱的程度，严重削弱了关中地区的经济力量，使关中地区的各族人民饱受战争之苦。西晋统治者在八王之乱结束之后将国家的都城迁徙至长安，关中地区再一次成为统一国家都城之所在。

二、永嘉之乱时期长安城及其周边的战争

八王之乱随着晋惠帝统治的终结而告终，西晋王朝也在八王之乱的沉重打击下步入王朝统治的末年。八王之乱时期，各个地方诸侯纷纷合纵连横邀请外援，相继入驻洛阳，在你方唱罢我登场的过程中，有些诸侯甚至邀请北方少数民族南下。战争在北方地区，特别是在河南、河北及关中地区接连爆发，导致北方地区人口大量流失。北方少数民族趁机纷纷向长城以南迁徙。永嘉五年（公元311年），刘聪再派王弥、刘曜、石勒攻洛阳，城陷，杀王公士民三万余人，并掳晋怀帝北去，史称"永嘉之乱"。

永嘉之乱后，关中地区也受到了波及，在永嘉五年八月，汉军（匈奴人）攻占长安，"长安遗人四千余家奔汉中"①。直到永嘉六年（公元312年），晋雍州刺史贾疋才收复长安，但是此时"长安城中户不盈百，墙宇颓毁，蒿棘成林。朝廷无车马章服，唯桑版署号而已。众唯一旅，公私有车四乘，器械多阙，运馈不继"②。据此可知此时的长安城残破不堪，基本上已成废墟，除军队和官员之外很少有普通百姓存在。史念海在《十六国时期各割据霸主的迁徙人口》上篇中提到刘曜退出长安时又从长安掠夺士女八万余人③，到建兴四年（公元316年）十一月愍帝向刘曜投降，西晋覆灭。

综上所述，在永嘉之乱时期关中地区的人口在八王之乱的基础上进一步流失，到愍帝继位关中时，关中地区竟然"户不盈百"。这一时期关中地区的人口流失超过十

---

① 《晋书》卷五《孝怀帝纪》，第123页。
② 《晋书》卷五《孝愍帝纪》，第132页。
③ 史念海：《十六国时期各割据霸主的迁徙人口》上篇，载《中国历史地理论丛》1992年第3辑，第92页。

余万人①。总的来说,这一时期关中地区的人口迁徙是八王之乱时期人口流失的延续,八王之乱后,关中地区人口虽然有短暂的、小规模的回流,但是大的趋势仍然是流失。人口的流失也带来了经济的衰退,进而影响其政治军事地位。随着西晋的灭亡,长安也丧失了国家都城的地位,关中的政治地位与前一时期相比有所下降。但是西晋灭亡之后,占据关中的是前汉割据势力刘曜,刘曜在刘渊去世之后一直谋取国家的权力,特别是灭亡西晋、占据关中之后,他不断扩展关中地区的经济军事力量,最终在靳准之乱时登上帝位,定都关中,改国号为赵,史称前赵。至此,关中的政治地位在前赵政权中得到了加强。

---

① 汉军进攻长安时就南入川蜀四千余户,这部分应该就有一两万人,再加上刘曜从关中地区掠走的八万余士女,仅这两次,关中地区就流失十余万人。再加上零星的逃亡等,这一时期关中人口又一次大量流失。

第五节
十六国时期长安城及其周边的战争

十六国时期政权林立，相互之间斗争不断。这一时期和关中相关的政权主要是前赵、后赵、前秦、后秦及赫连夏。

一、汉及前赵时期长安城及其周边的战争

西晋末年八王之乱之后，北方少数民族纷纷谋求自立。匈奴人刘渊以复汉为名，在左国城（今山西吕梁市离石区北）即汉王位，改年号为元熙，定国号为汉。①公元308年十月，刘渊称帝，改元永凤，并于公元309年迁都平阳。公元310年刘渊病死后，刘渊之子刘和即位，后来刘和庶弟刘聪弑主篡位。公元318年七月，刘聪（汉昭武帝）身死，太子刘粲继立，八月靳准发动平阳政变杀刘粲。此时镇守长安的中山王刘曜听闻，发兵进攻靳准。十月刘曜军行至赤壁（今山西河津市西北），即位称帝，改元光初，国号依旧为汉，次年迁都长安，史称前赵。公元328年，刘曜与石勒大战于洛阳城西，刘曜饮酒过量，兵败被擒，前赵主力被消灭。公元329年，石勒军队乘胜西进，前赵太子刘熙弃长安而奔于上邽（今甘肃天水市）。同年九月，石勒大将石虎攻克上邽，杀刘熙及其文武百官，前赵遂亡。

刘聪继位之后，不断进攻西晋政权，以扩大自己的地盘。作为西晋军事重镇的长安也是其进攻的主要目标之一，自从晋怀帝永嘉五年（公元311年）开始刘聪不断地派出军队与西晋政权反复争夺长安的控制权，直到晋愍帝建兴四年（公元316年），刘聪才彻底占据长安城。占领长安城之后，刘聪派刘曜镇守长安。文献中关于这段历史是这样记载的：

---
① 《魏书》卷一《序纪一》，第6页。

（永嘉五年）八月，刘聪使子粲攻陷长安，太尉、征西将军、南阳王模遇害，长安遗人四千余家奔汉中。①

（永嘉六年）辛巳，前雍州刺史贾疋讨刘粲于三辅，走之，关中小定，乃与卫将军梁芬、京兆太守梁综共奉秦王邺为皇太子于长安。②

疋帅戎晋二万余人，将伐长安，西平太守竺恢亦固守。刘粲闻之，使刘曜、刘雅及赵染距疋，先攻恢，不克，疋邀击，大败之，曜中流矢，退走。疋追之，至于甘泉。③

遣其平西赵染、安西刘雅率骑二万攻南阳王模于长安，粲、曜率大众继之。染败王师于潼关，将军吕毅死之。军至于下邽，模乃降染，染送模于粲。粲害模及其子范阳王黎，送卫将军梁芬、模长史鲁繇、兼散骑常侍杜鹜、辛谧及北宫纯等于平阳。……署刘曜为车骑大将军、开府仪同三司、雍州牧，改封中山王，镇长安，……刘曜既据长安，安定太守贾疋及诸氐羌皆送质任。唯雍州刺史麹特、新平太守竺恢固守不降。护军麹允、频阳令梁肃自京兆南山将奔安定，遇疋任子于阴密，拥还临泾，推疋为平南将军，率众五万，攻曜于长安，扶风太守梁综及麹特、竺恢等亦率众十万会之。曜遣刘雅、赵染来距，败绩而还。曜又尽长安锐卒与诸军战于黄丘，曜众大败，中流矢，退保甘渠。杜人王秃、纪特等攻刘粲于新丰，粲还平阳。曜攻陷池阳，掠万余人归于长安。时阎鼎等奉秦王为皇太子，入于雍城，关中戎晋莫不响应。……麹特等围长安，刘曜连战败绩，乃驱掠士女八万余口退还平阳。④

（建兴二年）六月刘曜、赵冉寇新丰诸县，安东将军索綝讨破之。秋七月，曜、冉等又逼京都，领军将军麹允讨破之，冉中流矢而死。⑤

（建兴三年）九月，刘曜寇北地，命领军将军麹允讨之。冬十月，允进攻青白城。……刘聪陷冯翊，太守梁肃奔万年。⑥

（建兴四年）八月，刘曜逼京师，内外断绝，镇西将军焦嵩、平东将军宋哲、始平太守竺恢等同赴国难，麹允与公卿守长安小城以自固，散骑常侍华辑监京

---

① 《晋书》卷五《孝怀帝纪》，第123页。
② 《晋书》卷五《孝怀帝纪》，第124页。
③ 《晋书》卷六〇《贾疋传》，第1652—1653页。
④ 《晋书》卷一〇二《刘聪载记》，第2659—2662页。
⑤ 《晋书》卷五《孝愍帝纪》，第128页。
⑥ 《晋书》卷五《孝愍帝纪》，第129页。

兆、冯翊、弘农、上洛四郡兵东屯霸上，镇军将军胡崧帅城西诸郡兵屯遮马桥，并不敢进。冬十月，京师饥甚，米斗金二两，人相食，死者太半。……十一月乙未，使侍中宋敞送笺于曜，帝乘羊车，肉袒衔璧，舆榇出降。群臣号泣攀车，执帝之手，帝亦悲不自胜。御史中丞吉朗自杀。曜焚榇受璧，使宋敞奉帝还宫。①

据上述文献得知，在西晋怀帝永嘉五年（公元311年），刘聪就派遣太子刘粲率军进攻长安。这次攻击进展顺利，当刘粲进军至下邽（今陕西渭南市东北）时，晋南阳王模投降，因此长安很快就被刘粲所占领。刘粲并没有善待南阳王模，而是将其杀害，刘聪曾怒斥刘粲"吾恐汝不免诛降之殃也。夫天道至神，理无不报"②。果不其然，关中忠于司马氏的势力纷纷起兵进攻刘粲，刘粲败走平阳。刘聪任命刘曜为中山王镇守长安，刘曜虽经苦战但仍旧不能抵御，不得不退还平阳。建兴二年（公元314年），刘聪再次派刘曜及赵冉进攻长安，这次战役中赵冉被杀，刘曜也是接连战败，不得已再次退回平阳。不甘失败的刘聪于建兴三年（公元315年）又派刘曜进攻长安，刘曜稳扎稳打，终于在建兴四年（公元316年）占领长安城，西晋灭亡。刘聪占据长安城后，任命刘曜为"相国、都督中外诸军事，镇长安"。

二、后赵时期长安城及其周边的战争

刘曜定都关中之后，经过前期征伐，基本上将周边的大小割据势力消灭殆尽，于是，他开始变得志得意满，贪图享乐，丧失了进取精神，完全不在意后赵政权的威胁。在前赵光初十一年（公元328年），后赵讨伐前赵。文献记载："勒至，曜将战，饮酒数斗，常乘赤马无故局顿，乃乘小马。比出，复饮酒斗余。至于西阳门，抐阵就平，勒将石堪因而乘之，师遂大溃。曜昏醉奔退，马陷石渠，坠于冰上，被疮十余，通中者三，为堪所执，送于勒所"③。刘曜被俘虏之后，前赵政权基本上处于崩溃前夜，文献记载：

（前赵光初）十二年正月，太子熙、大司马南阳王胤、刘咸等议，欲西保秦州，尚书胡勋曰："今虽丧主，国尚全完，将士情一，未有离叛，可共并力距险，走未晚也。"胤不从，怒其沮众，斩之。遂率百官奔于上邽，刘厚、刘策皆捐镇奔之。关中扰乱。将军蒋英、辛恕拥众数十万，据长安，遣使招勒，勒遣石

---

① 《晋书》卷五《孝愍帝纪》，第130—131页。
② 《晋书》卷一〇二《刘聪载记》，第2659页。
③ 《晋书》卷一〇三《刘曜载记》，第2700页。

生率洛阳之众以赴之。胤及刘遵率众数万，自上邽将攻石生于长安，陇东、武都、安定、新平、北地、扶风、始平诸郡戎夏皆起兵应胤。胤次于仲桥，石生固守长安。勒使石季龙率骑二万距胤，战于义渠，为季龙所败，死者五千余人。胤奔上邽，石虎乘胜追战，枕尸千里，上邽溃。虎执其伪太子熙、南阳王刘胤并将相诸王等，及其诸卿校公侯已下三千余人，皆杀之。徙其台省文武、关东流人、秦雍大族九千余人于襄国，又坑其王公等及五郡屠各五千余人于洛阳。①

由上述文献记载可知，在刘曜被俘之后，前赵政权的统治者就处于惶惶不安之中，十分惧怕后赵军队。后赵军队仍在洛阳时，前赵太子刘熙等竟然提出放弃长安退守秦州，以换取前赵政权的苟延残喘。但是此举遭到大臣的反对，尚书认为应该先据险自保，实在无力守护，再走未晚。南阳王不从，并杀害尚书。这种行为导致统治集团的分化，太子刘熙率百官逃至上邽。太子逃亡后，驻守长安的蒋英、辛恕等派遣使者，投降石勒，关中其他地区纷纷效仿。前赵派遣军队进攻长安，被石虎击败，斩杀五千余人，石虎乘胜追击，攻入上邽，前赵灭亡。后赵占领长安之后，将长安的民众九千余人迁徙至襄国（今河北邢台市）。

前赵灭亡，长安为后赵所据有，以石勒从子"河东王生镇关中"②。后赵建平"五年，勒死，子大雅僭立。……石虎废大雅为海阳王而僭立，寻杀之"③。石勒去世之后"石生起兵于关中，称秦州刺史，遣使来降。石弘将石季龙攻石朗于洛阳，因进击石生，俱灭之。十二月，石生故部将郭权遣使请降。九年春正月，陨石于凉州二。以郭权为镇西将军、雍州刺史。……夏四月，石弘将石季龙使石斌攻郭权于鄜，陷之"④。据文献记载可知石勒去世之后，后赵雍州刺史石生派遣使者向石勒子石弘表示臣服，然而此时后赵政权被石季龙所把持，石季龙带兵进攻忠于石弘的石朗和石生，并将他们都消灭了，石生的部下郭权向石季龙投降，但是其仍然握有军权，实际上割据关中。此时石季龙忙于夺取后赵政权⑤，无暇西顾，为麻痹郭权，任命他为镇西将军和雍州刺史。不过很快，石季龙在夺取后赵政权后，就派遣石斌进攻郭权，并消灭了他。石季龙占领长安之

---

① 《十六国春秋辑补》卷八《前赵录八》，第64页。
② 《资治通鉴》卷九五，晋成帝咸和八年八月，第2988页。
③ 《魏书》卷九五《羯胡石勒传》，第2050页。
④ 《晋书》卷七《成帝纪》，第178页。
⑤ 《魏书》卷九五《羯胡石勒传》记载：晋成帝咸和八年（公元333年）七月，石勒身死，石虎趁机进位丞相，并逼迫石勒世子石弘即位后杀死忠于石弘的程遐、徐光等，石虎的儿子遂带兵宿卫皇宫，进而监视石弘，至此石弘完全成为石虎的傀儡。在完成这一切之后，才进攻郭权，消灭郭权的割据势力。

后,"子义阳公鉴时镇关中,役烦赋重,失关右之和。……季龙大怒,以其右仆射张离为征西左长史、龙骧将军、雍州刺史以察之,信然,征鉴还邺,收松下廷尉,以石苞代镇长安"①。石季龙时期关中地区的镇守将军一直是石苞,石季龙去世之后,"石苞时镇长安,谋帅关中之众攻邺,左长史石光、司马曹曜等固谏。苞怒,诛光等百余人。苞性贪而无谋,雍州豪右知其无成,并遣使告晋梁州刺史司马勋。勋于是率众赴之,壁于悬钩,去长安二百余里,使治中刘焕攻京兆太守刘秀离,斩之。三辅豪右多杀其令长,拥三十余壁,有众五万以应勋。苞辍攻邺之谋,使麻秋、姚国等率骑距勋。遵遣车骑王朗率精骑二万,外以讨勋为名,因劫苞,送之于邺"②,由此可知在石虎(即石季龙)去世之后,石苞企图自立,并率领关中军队进攻邺城,但是没有得到部下的响应。关中豪强据壁邬以自保,甚至暗中勾结东晋军队进攻长安。在部下反对、关中豪强叛变及东晋军队进据关中的情况下,石苞不得不放弃进攻邺城的谋划,邺城政府也趁机派军队进入关中,先是逮捕了石苞,将其押送至邺城,然后才击退东晋军队。王朗击退东晋军队离开长安时,"朗司马杜洪据长安,自称晋征北将军、雍州刺史,以冯翊张琚为司马;关西夷、夏皆应之"③。后听说氐人苻健谋取关中,杜洪派遣张琚弟张先据守潼关,张先战败后,苻健修书杜洪,迫使其投降,为杜洪所拒。其弟杜郁率部下投降苻健。苻健占据长安后在此称帝④,长安再次成为地方割据政权的都城。

三、前秦时期长安城及其周边的战争

石虎去世之后,后赵政权就陷入混乱之中,各个将领和部落首领纷纷拥兵自重。时任征北大将军、都督河北诸军事、冀州刺史的临渭氐苻洪⑤趁机拥兵独立于后赵朝廷之外,自称大将军、大单于、三秦王。此时苻洪势力比较强大,史料记载洪谓博士胡文曰:"孤率众十万,居形胜之地,冉闵、慕容儁可指辰而殄,姚襄父子克之在吾数中,孤取天下,有易于汉祖。"⑥苻洪部下主要是来自潼关以西地区的华戎民众,自古关中就被认为是"形胜之地",苻洪自认为其若占据关中,拥兵十余万,就有争霸天下的

---

① 《晋书》卷一〇六《石季龙载记上》,第2776—2777页。
② 《晋书》卷一〇七《石季龙载记下》,第2789—2790页。
③ 《资治通鉴》卷九八,晋穆帝永和六年八月,第3107页。
④ 《晋书》卷一一二《苻健载记》,第2869—2870页。
⑤ 《晋书》卷一一二《苻洪载记》记载:在石虎去世之后,继位的石遵开始削减苻洪的权势,苻洪一怒之下投降了东晋政权,被东晋任命为征北大将军、都督河北诸军事、冀州刺史。
⑥ 《晋书》卷一一二《苻洪载记》,第2868页。

实力，甚至比汉高祖刘邦得天下更容易。所以苻洪就谋求进兵关中。此时占据关中的是王朗部下京兆人杜洪和冯翊人张琚，苻洪被麻秋毒杀①之后，苻健继承其父遗志，继续谋求进据关中。后经过一系列的战争②，终于顺利占领关中。苻健占领长安之后，于"永和七年，僭称天王、大单于，赦境内死罪，建元皇始，缮宗庙社稷，置百官于长安"③。由于之前苻洪曾经投降东晋政权，苻健继位之后，为了得到东晋的支持，曾主动去秦王之号。占据关中之后，他自称天王，被东晋政权所禁止。东晋派司马勋入秦川讨伐苻健，但被苻健所击败。苻健击败东晋之后，"即皇帝位于太极前殿，诸公进为王，以大单于授其子苌"④。同年，苻健彻底清除东晋在关中地区的势力，占有关中，并在稳定关中统治之后，主动向周边扩展。

东晋政权不甘心失败，于晋永和十年（公元354年）由桓温率军北伐，围攻长安，史料记载："温率众四万趋长安，遣别将从均口入淅川，攻上洛，执健荆州刺史郭敬，而遣司马勋掠西鄙。健遣其子苌率雄、菁等众五万，距温于尧柳城愁思堆。温转战而前，次于灞上，苌等退营城南。健以羸兵六千固守长安小城，遣精锐三万为游军以距温。三辅郡县多降于温。健别使雄领骑七千，与桓冲战于白鹿原，王师败绩，又破司马勋于子午谷。初，健闻温之来也，收麦清野以待之，故温众大饥。至是，徙关中三千余户而归。及至潼关，又为苌等所败，司马勋奔还汉中。"⑤这条史料记载的是公元354年桓温北伐的行军路线。桓温率部四万余人进攻关中，从均口入淅川，经上洛（今陕西商洛市）直至尧柳城（今陕西蓝田县），因此桓温是顺着武关道由南阳进入关中的。由于苻健实行坚壁清野政策，再加上东晋军队远离后方，武关道崎岖难行，辎重运输不便，桓温军队后勤保障不足，桓温在白鹿原兵败之后，被迫徙三千余户经潼关撤兵。然而在此次战争中，苻健世子苻苌与桓温作战，为流矢所中身死，苻健也病重并很快死去。苻健去世之后，苻生继位，苻生"荒耽淫虐，杀戮无道，常弯弓露刃以见朝臣，锤钳锯凿备置左右"⑥。在苻生残忍暴虐的压制之下，前秦政权危在旦夕，周边政权纷纷进攻前秦，"慕容儁遣将慕舆长卿等率众七千入自轵关，攻幽州刺史张哲于裴氏堡。晋将军刘度等率众四千，攻青州刺史袁朗于卢氏。……姚襄率众万余，攻其平阳太守苻产于匈奴堡，

---

① 《晋书》卷一一二《苻洪载记》记载："冉闵之乱，秋归邺，洪使子雄击而获之，以秋为军师将军。秋说洪西都长安，洪深然之。既而秋因宴鸩洪，将并其众，世子健收而斩之。"
② 本节第二部分"后赵时期长安城及其周边的战争"已经述及苻健进据关中的过程，因此此处不再详述。
③ 《晋书》卷一一二《苻健载记》，第2869页。
④ 《晋书》卷一一二《苻健载记》，第2870页。
⑤ 《晋书》卷一一二《苻健载记》，第2870—2871页。
⑥ 《晋书》卷一一二《苻生载记》，第2873页。

苻柳救之，为襄所败，引还蒲坂。襄遂攻堡，克之，杀苻产，尽坑其众"①。外部危机如斯，然而苻生依旧如故，残忍嗜杀。文献记载：苻生去阿房宫游玩，遇到一对兄妹，苻生欲非礼女子，女子不从，苻生便将其兄妹杀死；苻生在咸阳宴请群臣，有大臣迟到，苻生皆杀之；更有甚者，苻生令太医制作安胎药，太医回答不合其心意，他就先挖掉太医眼睛，再杀掉太医；等等。②在忍无可忍的情况下，国内的危机爆发，"苻坚与吕婆楼率麾下三百余人鼓噪继进，宿卫将士皆舍杖归坚，生犹昏寐未寤。坚众既至，引生置于别室，废之为越王，俄而杀之。生临死犹饮酒数斗，昏醉无所知矣。时年二十三，在位二年，伪谥厉王"③。苻坚杀死苻生之后，继任大秦天王，诛杀苻生佞幸之臣董龙、赵韶等二十余人，赦其境内，改元为永兴。苻坚继位之后，"修废职，继绝世，礼神祇，课农桑，立学校，鳏寡孤独高年不自存者，赐谷帛有差，其殊才异行、孝友忠义、德业可称者，令在所以闻"④，他积极劝课农桑，抚育孤老，从而大大缓和了政权内部矛盾；对大秦政权内的敌对势力间接镇压，由于措施得当，很快就平定了部族首领和部分有异心将领的叛变。在对外方面，苻坚"以义致英豪，建不世之功"，对于那些走投无路的部族首领也都诚意接纳，并委以重任。特别是在前燕重臣慕容垂归降苻坚之后，苻坚遂开始实施讨伐前燕的计划。战争初始阶段前燕军队并未处于下风，但前燕当权的慕容评为人贪鄙，致使军心离散，结果前燕十五万主力部队被王猛所率领的前秦军歼灭。苻坚趁势率十万军队包围前燕的首都邺城。公元370年十一月，前燕皇帝慕容暐逃出邺城，试图返回辽东的根据地龙城，中途被前秦军抓获，前燕灭亡。前燕经过几代人经营，版图达一百五十七郡，一千五百七十九县，慕容暐被俘虏之后，诸州郡牧守及六夷渠帅尽降于坚。前秦势力大大扩张。总之，经过数年的征战，前秦政权终于建立起一个统一北方大部分地区的庞大政权。前秦军队所向披靡，在有心人的劝说下，苻坚"悉发诸州公私马，人十丁遣一兵"⑤，从长安出发时"戎卒六十余万，骑二十七万，前后千里，旗鼓相望"⑥。然而在淝水战败后，前秦军队大部分被歼灭，苻坚再也无力威慑前秦内部的各个部族首领，在此情况下鲜卑族的慕容垂和羌族的姚苌等贵族纷纷重新崛起，各自建立了新的国家，最终苻坚被姚苌杀害。前秦为后秦所灭。

---

① 《晋书》卷一一二《苻生载记》，第2876页。
② 《晋书》卷一一二《苻生载记》，第2877页。
③ 《晋书》卷一一二《苻生载记》，第2879页。
④ 《晋书》卷一一三《苻坚载记上》，第2885页。
⑤ 《晋书》卷一一四《苻坚载记下》，第2917页。
⑥ 《晋书》卷一一四《苻坚载记下》，第2917页。

四、后秦时期长安城及其周边的战争

苻坚在淝水之战失败之后,狼狈逃回北方,但是此时的前秦政权内部各个异族首领蠢蠢欲动,意欲谋求独立。此时前秦在关中地区没有足够的力量震慑异族,最先举兵反叛苻坚的是鲜卑慕容氏。文献记载"坚既败于淮南,归长安,慕容泓起兵叛坚。坚遣子叡讨之,以苌为司马。为泓所败,叡死之。苌遣龙骧长史赵都诣坚谢罪,坚怒,杀之。苌惧,奔于渭北,遂如马牧"①,姚苌被西州豪族荐为盟主,并于公元384年自称大将军、大单于、万年秦王,年号白雀,称制行事。②姚苌起事之后,"数月之间,众至十余万,与慕容冲连和,进屯北地。苻坚出至五将山,苌执而杀之"③。姚苌入据长安,于晋孝武帝太元十一年(公元386年)称帝,改元建初,国号大秦,史称后秦,改长安为常安。姚苌虽然取得关中,但是以苻登为首的前秦残余势力始终与姚苌为敌。姚苌"以其太子兴镇长安,自击苻登安定,败之。苌病,梦苻坚将天官使者、鬼兵数百,突入营中,苌惧走后宫"④。晋太元十八年(公元393年),姚苌病死,其子姚兴继位。姚兴继位之后积极扩张后秦的势力范围,彻底摧毁了以苻登为首的氐族残余势力,进而趁机消灭了关陇一带的割据势力。西燕慕容氏灭亡之后⑤,姚兴又占领了河东地区。他趁东晋衰弱,占据洛阳。至此,后秦其地已经南至汉川,东逾汝、颖,西控西河,北守上郡,一度较为强盛。姚兴在位期间,鼓励农桑⑥,整顿刑狱⑦,废除苛法⑧,改变了前秦末年混乱的局面。姚兴还鼓励儒学和佛教的发展以缓和各民族之间的矛盾。他延请名儒讲学⑨,又从龟兹

---

① 《晋书》卷一一六《姚苌载记》,第2965页。
② 《晋书》卷一一六《姚苌载记》,第2965页。
③ 《魏书》卷九五《姚苌传》,第2082页。
④ 《魏书》卷九五《姚苌传》,第2082页。
⑤ 公元384年关中鲜卑推举慕容泓为主,慕容泓自称济北王,建元燕兴。后来慕容冲继位,率众进围长安,公元385年称帝并占领长安,之后鲜卑人在慕容永的率领下离开长安占据河东。
⑥ 《晋书》卷一一七《姚兴载记上》记:"兴性俭约,车马无金玉之饰,自下化之,莫不敢尚清素。然好游田,颇损农要。京兆杜挻以仆射齐难无匡辅之益,著《丰草诗》以箴之,冯翊相云作《德猎赋》以讽焉。兴皆览而善之,赐以金帛。"
⑦ 《晋书》卷一一七《姚兴载记上》记:"兴立律学于长安,召郡县散吏以授之。其通明者还之郡县,论决刑狱。若郡县所不能决者,谳之廷尉。兴常临咨议堂听断疑狱,于时号无冤滞。"
⑧ 《晋书》卷一一七《姚兴载记上》记:"命百僚举殊才异行之士,刑政有不便于时者,皆除之。兵部郎金城边熙上陈军令烦苛,宜遵简约。兴览而善之,乃依孙吴誓众之法以损益之。"
⑨ 《晋书》卷一一七《姚兴载记上》记:"兴留心政事,苞容广纳,一言之善,咸见礼异。京兆杜瑾、冯翊吉默、始平周宝等上陈时事,皆擢处美官。天水姜龛、东平淳于岐、冯翊郭高等皆耆儒硕德,经明行修,各门徒数百,教授长安,诸生自远而至者万数千人。兴每于听政之暇,引龛等于东堂,讲论道艺,错综名理。凉州胡辩,苻坚之末,东徙洛阳,讲授弟子千有余人,关中后进多赴之请业。……于是学者咸功,儒风盛焉。"

邀请名僧鸠摩罗什在长安大量翻译佛经①，后秦的国内政治矛盾有所缓和。晋安帝义熙十二年（公元416年）姚兴病死，太子姚泓继位，东晋太尉刘裕乘姚兴之死，出兵讨伐后秦，并攻下洛阳，次年攻破长安，姚泓投降，被杀于建康，后秦灭亡。

五、赫连夏时期长安城及其周边的战争

自公元418年赫连勃勃击败刘义真，至公元426年赫连乙升弃长安城西逃至安定，长安城一直被赫连夏政权牢牢控制着。赫连勃勃占领长安城即在此称帝，定都统万城，以长安为南都，以太子赫连璝守之。后来赫连夏政权在关中地区爆发了或守卫或进攻的战争，这些战争对赫连夏政权均产生了重大影响。作为陪都的长安城，在这些战争过程中发挥了重要作用。本部分从史料出发，结合前人研究成果，梳理大夏政权对长安城的占领、弃守的史实。

（一）赫连勃勃南下占据长安的战争

后秦弘始十八年（公元416年），姚兴去世，太子姚泓即位。东晋安帝司马德宗及其权臣刘裕均认为有机可乘，于是筹划北伐。东晋义熙十二年（公元416年）刘裕率兵北伐。《魏书》记载："裕率众军至彭城，加镇北将军、徐州刺史。遣中兵参军沈林子自汴入河，冠军檀道济与王镇恶步出淮肥，裕将王仲德泛济入河。……王镇恶进至宜阳，独取潼关，沈林子自襄邑屯于陕城，姚泓诸将不能抗。……裕遣将军王仲德、赵伦之率沈田子等入武关，屯军青泥。沈林子由秦岭会田子于尧柳城。……裕至关头。镇恶至渭桥，破泓军于横门。裕至长安，执姚泓以归，斩于建业市。"②据上文可知，刘裕率领军队从东晋都城建康出发，短短几个月的时间，行军数千里，击溃后秦军队，占领后秦都城长安城，俘虏后秦皇帝姚泓，将其送至建康斩首。刘裕占领长安后，很快就率主力凯旋，刘裕次子刘义真驻守长安。刘裕北伐打破了北方的政治格局，消灭了后秦政权。

刘裕率军从关中匆匆撤回建康，仅留下12岁的刘义真及一群不相和睦的将领镇守长安。这使北方的各个少数民族政权，面对号称"陆海"的关中平原，均想据为己有。

---

① 《晋书》卷一一七《姚兴载记上》记："兴如逍遥园，引诸沙门于澄玄堂听鸠摩罗什演说佛经。罗什通辩夏言，寻览旧经，多有乖谬，不与胡本相应。兴与罗什及沙门僧䂮、僧迁、道树、僧叡、道坦、僧肇、昙顺等八百余人，更出大品，罗什持胡本，兴执旧经，以相考校，其新文异旧者皆会于理义。续出诸经并诸论三百余卷。今之新经皆罗什所译。兴既托意于佛道，公卿已下莫不钦附，沙门自远而至者五千余人。起浮图于永贵里，立波若台于中宫，沙门坐禅者恒有千数。"

② 《魏书》卷九七《刘裕传》，第2133页。

大夏统治者赫连勃勃是最早采取措施准备行动的，史书记载："刘裕攻长安，屈孑闻而喜曰：'姚泓岂能拒裕，裕必灭之。待裕去后，吾取之如拾遗耳。'于是秣马厉兵，休养士卒。及裕擒泓，留子义真守长安，屈孑伐之，大破义真。"①刘裕率军刚刚撤离关中，赫连勃勃就发兵南下进攻刘义真，刘义真果如其言，一溃而不可收拾，东晋势力又退出关中。关于这次战争，《魏书》中有详细记载：

> 赫连屈丐掠渭阳，义真遣沈田子率军讨之，田子退军陉上，镇恶往就田子议之，田子斩镇恶于幕下，又杀其兄弟群从七人。田子驰还，云"镇恶有异志"，义真长史王脩执而斩之。义真与左右多为不法，王脩每裁割之，左右咸怨，白义真曰："王脩以关中阻险，兵食又足，欲谋反叛，宜早图之。"义真遂遣左右杀脩。裕闻之，以朱龄石为雍州刺史。义真发自长安，将走江东，诸将竞收财货，次于灞上。赫连昌率众追之，既至青泥，义真大败，蒯恩与安西司马毛脩之并被擒获，参军段横，名犯高祖庙讳，单马负义真走归。朱龄石亦弃长安，奔就龙骧将军王敬先于曹公故垒，既而城陷，被执见杀。②

由文献可知，刘裕撤出长安不久，赫连夏的军队就从黄土高原南下。赫连勃勃的军队在渭河北岸剽掠，威慑长安军民，刘义真派遣沈田子率军讨伐，但是由于战事不利，沈田子军败，退守陉上。王镇恶前去沈田子军营，商议进一步征讨的计划。由于王镇恶和沈田子之间有矛盾，并且刘裕撤回建康时还曾私下对沈田子说："钟会不得遂其乱者，以有卫瓘故也。语曰：'猛兽不如群狐'，卿等十余人，何惧王镇恶！"③所以沈田子击杀了王镇恶。刘义真长史王脩不满沈田子私自击杀王镇恶的行为，就借故杀掉了沈田子。刘义真身边都是一些贪赃枉法之徒，王脩曾经严厉处理过他们。他们借着这个机会向刘义真进谗言，刘义真年幼，听信谗言杀掉王脩。至此，战事刚刚开始刘义真就连续折损多员大将，并且还都是善于征战的将领。刘裕听说以后就急忙派朱龄石为雍州刺史，以代替自己儿子刘义真，将刘义真撤回建康。然而刘义真身边诸将个个都贪财好利，在如此紧急关头还不忘聚敛财物，得知要回江东更加紧搜刮，刘义真不得已驻次灞上。赫连昌率众追赶，在青泥关大败刘义真，擒获东晋将领蒯恩和毛脩之。刘义真被东晋将领段横救出，单枪匹马撤回建康。关中诸县纷纷投降赫连勃勃，此时朱龄石不得已放弃长安城，逃奔驻扎在曹公

---

① 《魏书》卷九五《铁弗刘虎传附屈孑传》，第2056—2057页。
② 《魏书》卷九七《刘裕传》，第2134页。
③ 《资治通鉴》卷一一八，晋安帝义熙十三年十一月，第3714页。

垒①的龙骧将军王敬先军营。不久城陷被俘，朱龄石被杀。

《资治通鉴》对赫连勃勃进攻长安城的这场战争叙述得更加详细。当刘裕东还建康后，赫连勃勃就派其长子赫连璝率骑兵两万进军长安；其子赫连昌屯兵潼关以断刘义真东归以及东边救援的道路；抚军右长史王买德屯军于青泥关，以断刘义真南逃之路并且阻击南路救援；赫连勃勃亲率大军为后继。东晋义熙十四年（公元418年）正月，当赫连璝到达渭河北岸的时候，关中百姓纷纷投降，沈田子畏惧匈奴兵力强盛，退守刘回堡。不久王镇恶和沈田子一起在长安北边阻击匈奴时，王镇恶被沈田子杀害，后来王脩又杀掉沈田子。傅弘之在池阳击败赫连璝，又在寡妇渡②重创赫连璝。十月刘义真杀掉王脩，王脩死后长安震动，刘义真把长安外围的军队全部调回。关中郡县都向大夏投降，赫连璝连夜进攻长安，没有攻克，赫连勃勃占据咸阳，切断了长安木柴的供应。刘裕听说以后，急忙派蒯恩到长安召刘义真东归，又派遣朱龄石为雍州刺史。十一月赫连璝率军三万追刘义真，在青泥关大败东晋军队，傅弘之和蒯恩被王买德擒获，毛脩之也被大夏军活捉。赫连勃勃用人头在长安垒起骷髅台，长安的百姓驱逐朱龄石，朱龄石焚烧宫殿后向潼关逃亡，投奔驻扎在曹公垒的龙骧将军王敬先。后来曹公垒被攻破，朱龄石等都被杀死。

这次赫连勃勃消灭东晋在关中的势力，是先守住关中向东、向南的出路，以断绝晋军东归之路，然后全力进攻关中。由于策略得当，加之刘义真内部不稳，临阵斩杀大将，且在关中不得人心③，最终关中易主。赫连勃勃占领长安城之后在灞上筑坛称帝，改元昌武，定都统万城。当赫连氏初占长安城，谋士就向赫连勃勃进谏，劝其定都长安。赫连夏虽然定都统万城，但是认识到长安的特殊性，就以长安为南都，令其子赫连璝为大将军、雍州牧、南台尚书事，镇守长安城。长安是赫连夏时期唯一的陪都，且由其太子赫连璝率领重军镇守。

（二）赫连夏时期争夺皇位的战争

虽然大夏国占领了长安城，但是这一时期大夏政权的统治重心仍然是在统万城及其周边，在其占领长安城期间并没有发生多少重大事件。但是到了赫连勃勃统治末年，一

---

① 《资治通鉴》卷一一八，晋安帝义熙十四年十一月条注文记："曹公垒在潼关，曹操伐韩、马所筑也。"据此得知曹公垒在潼关。

② 《资治通鉴》卷一一八，晋安帝义熙十四年正月条注文记："今庆州北十五里有寡妇山，盖水发源是山，其下流为寡妇渡。"据《中国历史地图集》得知宋代庆州在今甘肃省庆阳市。

③ 《资治通鉴》卷一一八，晋安帝义熙十四年十一月条注文记："义真既大掠长安而归，长安之人固仇视晋人矣。"

场皇室内讧严重削弱了大夏的军事政治实力，大夏很快被魏所灭。

史载大夏真兴六年（公元424年），"勃勃将废太子璝为秦王，以酒泉公伦为太子。璝闻将废己，率众七万北伐伦。伦率骑三万拒之，战于平城，为璝所败。伦死之。太原公昌率骑一万袭杀璝，率众八万五千归于统万。勃勃大悦，立昌为太子"①。据文献得知，在赫连勃勃去世的前一年，他突然下令改立太子，将太子赫连璝改封为秦王，以酒泉公赫连伦为太子，这引起了赫连璝的不满。赫连璝率军北上讨伐赫连伦，在平城一带击败赫连伦，将其杀死。螳螂捕蝉黄雀在后，赫连璝又被赫连昌所袭杀。赫连昌带领剩余的军队回到统万城，赫连勃勃封他为太子。从文献的记载中可以推测当时的情形：最初可能是赫连勃勃偏爱酒泉公伦，在其统治末年，想将皇位传给他。这使赫连璝含恨在心，赫连昌或许也很不满父亲的决定。正逢大夏与北魏交兵，赫连璝趁机尽起长安之军七万人北上，会同赫连伦及赫连昌抵御北魏。在平城附近，赫连璝击败赫连伦所部，杀掉赫连伦。赫连昌趁其不备，率骑兵一万袭击赫连璝，赫连璝在战斗中丧生。赫连昌率领剩余部队八万五千人回到统万城，威逼赫连勃勃立其为太子。最终这场皇权争夺战以赫连昌获胜落幕，不久赫连勃勃病死于统万城，赫连昌即位。由此可知大夏末年抗击北魏的军队主力来源于陪都长安。后来赫连昌能够逼宫，占据太子之位，也是主要依靠陪都长安的军事力量。这可能是因为长安地区物产富饶，并且战争较少②，军事政治力量积累较为深厚。

在考察赫连夏时期对关中统治发展的过程中，笔者发现文献记载中基本上都是关于战争的资料，这是符合当时的时代特征的。大夏只是五胡十六国时期的北方少数民族的一支，其建国和覆亡也和其他大多数民族一样，依靠兵强马壮武力夺取天下，然残酷嗜杀，不与民休息，杀鸡取卵似的掠夺，不久就被其他民族政权所代替。这些少数民族政权均重视军事力量的发展，依靠强大的军事力量来推行和维持其野蛮的统治。

关中地区在这一时期的发展正是少数民族政权发展演变的缩影，关中战争的多少，关系着国家的稳定与动乱。关中战争频繁时期，也是国家动荡、政权交替的时候；当文献中缺乏关中地区相关记载的时候，很可能是关中地区没有发生重大事件，处于较为稳定的时期。关中地区的稳定与否，成为一个指向标，指示着国家的发展阶段。

---

① 《十六国春秋辑补》卷六五《夏录二》，第476页。
② 赫连勃勃在论述不以长安为都时曾说"晋人僻远，终不能为吾患"，这应该是符合当时史实的。所以在经过若干年休养之后，长安地区的军事力量应该较其他地区强。

六、桓温北伐

晋永和十年（公元354年）二月，桓温率步骑四万，发江陵水军，自襄阳入均口（今湖北丹江口市西）至南乡，步兵自淅川趋武关，进攻前秦苻健。又命晋梁州刺史司马勋出子午谷，另为一路。四月，桓温大败苻健世子苻苌于蓝田青泥，进军灞上。当时关中居民"皆安堵复业，持牛酒迎温于路者十八九，耆老感泣曰：'不图今日复见官军！'"①六月，桓温与苻健大将苻雄大战于白鹿原，桓温军败。北伐之初，桓温认为到长安时，关中麦子成熟，可以取为军资，然而苻健坚壁清野，导致桓温计算落空。因此，东晋军队后勤准备不足，桓温在白鹿原兵败之后，收三千余口返回东晋。

前秦在抵御桓温北伐过程中巩固了对关中地区的统治，也开始了其扩张之路。不过在此次战争中，前秦也损失巨大。前秦为了破坏东晋就食关中的计划，不得不"芟苗清野"，因此"是岁，秦大饥，米一升直布一匹"②。除此之外，"秦太子苌之拒桓温也，为流矢所中，冬，十月，卒"③，前秦在苻健去世之后，不得不由残忍嗜杀的苻生继承天王位，导致前秦短暂的混乱，直至苻坚即位后，前秦才进入高速发展时期。

七、刘裕北伐

晋安帝义熙十二年（公元416年）后秦雄主姚兴病死，太子姚泓继位。东晋太尉刘裕趁姚兴病死，后秦内部争夺王位之际，出兵讨伐后秦。晋军兵分五路，所向皆捷。义熙十三年（公元417年）晋军自黄河入渭河，攻入长安。后秦姚泓战败投降，被俘虏至建康杀害，后秦灭亡。关于刘裕北伐，特别是东晋军队在长安城附近与后秦军队交战的过程，文献中有详细的记载：

> 裕率众军至彭城，加镇北将军、徐州刺史。遣中兵参军沈林子自汴入河，冠军檀道济与王镇恶步出淮肥，裕将王仲德泛济入河。……王镇恶进至宜阳，独取潼关，沈林子自襄邑屯于陕城，姚泓诸将不能抗。……裕遣将军王仲德、赵伦之率沈田子等入武关，屯军青泥。沈林子由秦岭会田子于尧柳城。……裕至关头。镇恶至渭桥，破泓军于横门。裕至长安，执姚泓以归，斩于建业市。④

---

① 《晋书》卷九八《桓温传》，第2571页。
② 《资治通鉴》卷九九，晋穆帝永和十年十二月，第3144页。
③ 《资治通鉴》卷九九，晋穆帝永和十年九月，第3143页。
④ 《魏书》卷九七《刘裕传》，第2133页。

由上述资料可以大致看出刘裕北伐的进军路线及双方在长安周边交战的情况。刘裕先是从建康出发，到达彭城（今江苏徐州市）。在彭城发布一系列命令，正式开始北伐。也就是说，彭城是这次北伐的大本营和战略后方。沈林子率军由汴河逆流而上，进入黄河。檀道济和王镇恶率领步兵从淮肥出发。刘裕的将领王仲德经济水进入黄河。后来王镇恶占领宜阳，独自攻占潼关，沈林子率军从襄邑（今河南睢县）出发驻屯在陕城（今河南三门峡市西）。刘裕又派王仲德、赵伦之率领沈田子等从武关进入关中，屯军于青泥（今陕西蓝田县东南）。沈林子率军从秦岭出发，向南进军，在尧柳城（今陕西蓝田县）和沈田子会合。刘裕进军至关头，王镇恶占据渭桥，在横门击败姚泓的军队。另据《资治通鉴》记述，刘裕的军队分为两大部分，水军是从彭城出发，王镇恶进军渑池，檀道济和沈林子自陕县北渡黄河，攻占襄邑堡①。后来由于蒲坂城池坚固并且兵员充足，不易攻克，再则进攻匈奴堡的战役失利，所以檀道济率军向潼关进发，与王镇恶合兵一处。刘裕率领水军逆淮、泗入清河，再进入黄河西进。到公元417年秋七月，刘裕到达陕县，与此同时沈田子、傅弘之入武关进屯青泥，与驻扎在尧柳的秦军对峙。当刘裕到达阌乡的时候，姚泓为了全力对付刘裕，想趁刘裕到达关中之前消灭沈田子。姚泓率步骑数万，进攻青泥。两军相接，姚泓大败，退军灞上。当初刘裕担心沈田子等兵少，派遣沈林子率军穿越秦岭与沈田子会师于蓝田。②王镇恶率领水军从黄河进入渭河直取长安。后秦恢武将军姚难引军从香城③溃退。姚泓引军自灞上还屯于石桥④。后秦镇北将军姚疆与姚难合兵驻屯泾上⑤，王镇恶派毛德祖进攻姚疆，姚疆战死，姚难逃奔长安。姚泓派姚丕守渭桥，胡翼度守石积，姚讚守灞东，姚泓亲自率军守卫逍遥园。王镇恶大破姚丕于渭桥，姚泓引兵相救被败兵所冲，不战而溃。王镇恶进占平朔门（横门），并由此进入长安城。刘裕至长安，王镇恶到灞上迎接。刘裕将后秦的彝器、浑仪、土圭、记里鼓、指南车送到建康。其余金玉、缯帛、珍宝，都赏赐给将士。《资治通鉴》记："十二月，庚子，裕发长安，自洛入河，开汴渠而归。"⑥总之，刘裕这次北伐从彭城出发，由潼关进入关中，并占领长

---

① 《资治通鉴》卷一一八，晋安帝义熙十三年二月条注文载："襄邑堡在河北郡河北县"，即位于今天的山西省西南。
② 《资治通鉴》卷一一八，晋安帝义熙十三年八月条注文载："裕盖遣林子自阳华循山西南至秦岭。"
③ 《资治通鉴》卷一一八，晋安帝义熙十三年八月条注文载："香城在渭水之北，蒲津之口。"
④ 《资治通鉴》卷一一八，晋安帝义熙十三年八月条注文载："石桥，在长安城洛门东北，有石桥。……《三辅黄图》曰：洛门，长安城北出东头第一门。"
⑤ 《资治通鉴》卷一一八，晋安帝义熙十三年八月条注文载："泾上在汉京兆阳陵界。"
⑥ 《资治通鉴》卷一一八，晋安帝义熙十三年十二月，第3714页。

安，最后又出潼关，返回建康。

在此次战争中，长安作为后秦的大本营，是其重点守护对象，当然也是东晋军队最主要的军事目标。此次交战双方主要在长安城以北短兵相接，而不是像以往主要从城南进攻长安城。东晋军队充分发挥其水军优势，从长安城北的渭河向长安城突破，最终在横门击败姚泓军队，占领长安城。此次战争也暴露了长安城在城北方向防守上的薄弱环节，文献记载："镇恶溯渭而上，乘蒙冲小舰，行船者皆在舰内；秦人见舰进而无行船者，皆惊以为神。壬戌旦，镇恶至渭桥，令军士食毕，皆持仗登岸。"①由此可以看出，后秦军队在装备上远远落后于东晋，这导致长安城所据守的渭河防线被东晋军队轻易突破，东晋军队攻至长安城北门之下，姚泓才仓皇组织军队在横门与东晋军队交战，最终战败国亡。

八、东晋与赫连夏在长安城及其周边的角逐

东晋虽然占领了长安城，但是由于刘裕的支持者刘穆之病死，刘裕担心朝中有变，遂任命他12岁的儿子刘义真镇守长安，自己匆匆返回建康。刘裕东返之后，随刘裕北伐的大将王镇恶、沈田子争功内乱，大夏赫连勃勃趁机南下，占据咸阳，刘义真被迫撤离长安城，赫连夏占据长安城。

刘裕北伐打破了北方的政治格局，消灭了后秦政权。刘裕从关中地区匆匆撤回建康，留下12岁的刘义真以及一群不相和睦的将领镇守长安，这应该是一重大失误。等到刘裕一撤离长安，赫连勃勃就发兵南下进攻刘义真。刘义真一溃不可收拾，东晋势力又退出关中。

据《资治通鉴》得知，刘裕东还后，赫连勃勃就全面布置进军计划：派其子赫连璝率骑兵两万进军长安；将军赫连昌屯兵潼关以断其东归以及东边救援的道路；抚军右长史王买德屯军于青泥，以断刘义真南逃之路及阻击南路救援；赫连勃勃亲率大军为后继。

赫连勃勃为消灭东晋在关中的势力，先守关中向东、向南的出路，然后全力进攻关中的晋军。因其策略得当，而且刘义真内部不稳，在关中不得人心②，最终关中易主。

---

① 《资治通鉴》卷一一八，晋安帝义熙十三年八月，第3708页。
② 《资治通鉴》卷一一八，晋安帝义熙十四年十一月条注文载："义真既大掠长安而归，长安之人固仇视晋人矣。"

第六节
北魏时期长安城及其周边的战争

大夏后期，内乱纷争。虽然赫连昌最终获得大夏皇位，但是大夏也是元气大伤，其他皇子蠢蠢欲动，暗中积蓄力量，筹划夺权。这时周边的国家也认为大夏国丧期间有机可乘，《魏书》中较为详细地记述了北魏与赫连夏之间的战争，二者之间的战争主要集中在长安及其周边：

> 十有一月……昌弟助兴守长安，乙升复与助兴自长安西走安定。奚斤遂入蒲坂。十有二月，诏斤西据长安。秦雍氐、羌皆叛昌诣斤降。①

> 赫连昌遣其弟平原公定率众二万向长安。……三月丙子，遣高凉王礼镇长安。②

> 昌弟平原公定拒司空奚斤于长安城，娥清率骑五千讨之，西走上邽。③

> 定从兄东平公乙升弃城奔长安，劫掠数千家，西奔上邽。④

> 十有二月丁卯，定弟社于、度洛孤面缚出降，平凉平，收其珍宝。定长安、临晋、武功守将皆奔走，关中平。⑤

以上这些文献均是记载公元426年到公元430年北魏与赫连夏争夺关中地区的战争。这些战争是北方少数民族政权在东晋势力消灭掉后秦以后争夺关中的继续。公元418年赫连夏击败刘义真及朱龄石以后占领了关中地区，赫连勃勃在长安"遂僭称皇帝于灞上，号年为昌武，定都统万"⑥。北魏始光二年（公元425年）赫连勃勃去世，其子赫连

---

① 《魏书》卷四上《世祖纪上》，第71—72页。
② 《魏书》卷四上《世祖纪上》，第72页。
③ 《魏书》卷四上《世祖纪上》，第73页。
④ 《魏书》卷四上《世祖纪上》，第77页。
⑤ 《魏书》卷四上《世祖纪上》，第78页。
⑥ 《魏书》卷九五《铁弗刘虎传附屈子传》，第2057页。

昌即位，"秋七月，……帝以屈丐既死，诸子相攻，九月，遣司空奚斤率义兵将军封礼、雍州刺史延普袭蒲坂，宋兵将军周几率洛州刺史于栗䃅袭陕城"①。其实早在刘裕出兵北伐时，北魏君臣就议论过夺取关中这一问题，当时崔浩就说："秦地戎夷混并，虎狼之国，裕亦不能守之。风俗不同，人情难变，欲行荆扬之化于三秦之地，譬无翼而欲飞，无足而欲走，不可得也。若留众守之，必资于寇。孔子曰：善人为邦百年，可以胜残去杀。今以秦之难制，一二年间岂裕所能哉？且可治戎束甲，息民备境，以待其归，秦地亦当终为国有，可坐而守也。"②北魏明元帝担心赫连夏政权，崔浩接着说："屈丐家国夷灭，一身孤寄，为姚氏封殖。不思树党强邻，报仇雪耻，乃结忿于蠕蠕，背德于姚兴，撅竖小人，无大经略，正可残暴，终为人所灭耳。"③历史的发展果如其言，由于赫连勃勃自身残酷、嗜杀④，在其身亡第二年，大夏政权就迅速覆亡。消灭大夏政权的就是北魏鲜卑氏。从此匈奴这个强大的民族在中国历史上几乎销声匿迹了。

在这次战争中，北魏太武帝首先派司空奚斤率军进攻蒲坂，周几进攻陕城（今河南三门峡市西）。北魏太武帝亲率大军从云中渡君子津，派轻骑袭击赫连昌（统万城）。魏兵来势汹汹，奚斤等还没有到达蒲坂，蒲坂守将赫连乙升便弃城西逃至长安。赫连乙升又和长安守将赫连助兴一起弃长安西逃安定，也就是说奚斤部不费吹灰之力就占据了长安。大夏统治者对如此轻易的失去战略要地长安城并不甘心，于是在北魏始光四年（公元427年）正月，赫连定率兵进攻长安⑤，三月北魏太武帝派遣高凉王礼增援长安。赫连定在长安地区与奚斤交战，娥清率领五千骑兵袭击赫连定，赫连定大败西逃上邽。然而到了神䴥元年（公元428年），奚斤等在与赫连定的战斗中失利被俘。北魏将领丘堆不战而逃，放弃安定、长安，东逃到蒲坂。自此长安又落到赫连氏之手。神䴥三年（公元430年）十一月丁酉，魏军再次占领安定，赫连定的从兄赫连乙升逃奔至长安，在长安劫掠数千家后又西奔上邽。到十二月赫连夏长安、临晋、武功的守将都弃城逃走，自此以后关中才彻底被北魏政权控制。

根据材料和相关文献得知，北魏政权消灭赫连氏的战争是从几个方面着手的。首先

---

① 《魏书》卷四上《世祖纪上》，第71页。
② 《魏书》卷三五《崔浩传》，第810—811页。
③ 《魏书》卷三五《崔浩传》，第811页。
④ 《资治通鉴》卷一一八，晋恭帝元熙元年二月条记赫连勃勃在攻占长安城时曾筑"京观"，俗称"骷髅台"，不单是对敌人，对自己的国民亦是十分残暴。他"视民如草芥。常居城上，置弓剑于侧，有所嫌忿，手自杀之。群臣迕视者凿其目，笑者决其唇，谏者先截其舌而后斩之"。
⑤ 此时大夏国仅仅剩下平凉、安定及关中部分地区。统万城等已为北魏所有，赫连昌投降北魏，其弟赫连定即位。

是从东边和北边两个方面，即进攻蒲坂和统万城。其次是从西边和东边两个方面进攻，即西边先占领安定，再进攻关中，东边从洛阳西进关中，最后形成瓮中捉鳖之势，从而彻底消灭匈奴政权。

北魏政权虽然彻底占有了关中地区，但是其统治并不稳定，再加之地方统治者的暴政，关中地区又爆发了盖吴起义。北魏太平真君六年（公元445年），卢水胡（匈奴的一支）人盖吴因不堪忍受北魏政权的统治而于杏城（今陕西黄陵县西南）聚众反魏。这次起义席卷整个雍州地区，又一次造成关中人口的大量流失。"民皆渡渭奔南山"，渭河北岸的居民就逃到秦岭之中，渭河南岸的更是近水楼台先得月，早就离开家园在山中躲避战祸。北魏政权为了阻止民众的逃亡，也为了防止盖吴党羽的流窜，于"六月甲申，发定、冀、相三州兵二万人屯长安南山诸谷，以防越逸"①。魏长安镇副将元纥领兵攻盖吴，纥败死。北魏太武帝拓跋焘又征发高平敕勒部的骑兵赴长安，命将军叔孙拔统领并（今山西太原市西南）、秦（今甘肃天水市）、雍（今陕西、甘肃一带）三州兵马屯于渭水之北，共御盖吴军。后太武帝御驾亲征才将这次起义扼杀。

---

① 《魏书》卷四下《世祖纪下》，第101页。

第七节
西魏、北周时期长安城及其周边的战争

魏孝武帝入关之后，很快就去世了，时任南阳王的元宝炬在宇文泰的支持下于长安称帝，史称西魏。从西魏文帝元宝炬继位到西魏恭帝被废，前后仅仅二十三年；而北周从闵帝宇文觉继位到隋文帝杨坚废静帝，前后相续也仅二十五年。西魏、北周均存续短暂，故将两个朝代的内容合并为一节。

一、西魏时期长安城及其周边的战争

（一）潼关之战

北魏永熙三年（公元534年），在权臣高欢的逼迫下，孝武帝离开首都洛阳，逃向长安，投奔权贵宇文泰。高欢另立元善见为孝静帝，把都城从洛阳迁到邺城（今河北临漳县西南邺镇），史称东魏。第二年，长安的宇文泰将投奔于他的孝武帝元修毒死，另立元宝炬为文帝，建都长安，史称西魏。于是，北魏正式分裂为东魏、西魏。此后的十余年中，东、西魏之间战争不休。潼关之战是双方的第一次大规模交战。文献记载：

> 三年春正月，东魏寇龙门，屯军蒲坂，造三道浮桥度河。又遣其将窦泰趣潼关，高敖曹围洛州。太祖出军广阳，召诸将曰："贼今掎吾三面，又造桥于河，示欲必渡，是欲缀吾军，使窦泰得西入耳。久与相持，其计得行，非良策也。且欢起兵以来，泰每为先驱，其下多锐卒，屡胜而骄。今出其不意，袭之必克。克泰则欢不战而自走矣。"诸将咸曰："贼在近，舍而远袭，事若蹉跌，悔无及也。"太祖曰："欢前再袭潼关，吾军不过霸上。今者大来，兵未出郊。贼顾谓吾但自守耳，无远斗意。又狃于得志，有轻我之心。乘此击之，何往不

克。贼虽造桥，不能径渡。此五日中，吾取窦泰必矣。公等勿疑。"庚戌，太祖率骑六千还长安，声言欲保陇右。辛亥，谒帝而潜出军。癸丑旦，至小关。窦泰卒闻军至，惶惧，依山为阵，未及成列，太祖纵兵击破之，尽俘其众万余人。斩泰，传首长安。高敖曹适陷洛州，执刺史泉企，闻泰之殁，焚辎重弃城走。齐神武亦撤桥而退。企子元礼寻复洛州，斩东魏刺史杜密。太祖还军长安。①

东魏丞相欢军蒲坂，造三浮桥，欲渡河。魏丞相泰军广阳，谓诸将曰："贼掎吾三面，作浮桥以示必渡，此欲缀吾军，使窦泰得西入耳。欢自起兵以来，窦泰常为前锋，其下多锐卒，屡胜而骄，今袭之，必克，克泰，则欢不战自走矣。"诸将皆曰："贼在近，舍而袭远，脱有蹉跌，悔何及也！不如分兵御之。"丞相泰曰："欢再攻潼关，吾军不出灞上，今大举而来，谓吾亦当自守，有轻我之心，乘此袭之，何患不克！贼虽作浮桥，未能径渡，不过五日，吾取窦泰必矣！"行台左丞苏绰、中兵参军代人达奚武亦以为然。庚戌，丞相泰还长安，诸将意犹异同。丞相泰隐其计，以问族子直事郎中深，深曰："窦泰，欢之骁将，今大军攻蒲坂，则欢拒守而泰救之，吾表里受敌，此危道也。不如选轻锐潜出小关，窦泰躁急，必来决战，欢持重未即救，我急击泰，必可擒也。擒泰则欢势自沮，回师击之，可以决胜。"丞相泰曰："此吾心也。"乃声言欲保陇右，辛亥，谒魏主而潜军东出，癸丑旦，至小关。窦泰猝闻军至，自风陵渡，丞相泰出马牧泽，击窦泰，大破之，士众皆尽，窦泰自杀，传首长安。丞相欢以河冰薄，不得赴救，撤浮桥而退，仅同代人薛孤延为殿，一日斫十五刀折，乃得免。丞相泰亦引军还。②

潼关之战是东、西魏之间的第一次大规模交锋。东魏天平三年（公元536年），西魏所在的关中地区发生饥荒，民生凋敝。同年十二月，东魏丞相高欢乘机发兵进攻西魏，命司徒高敖曹领军进攻上洛、大都督窦泰率兵万余进攻潼关，自己率主力进攻蒲坂，三路大军共十余万人。西魏宇文泰及部属经过分析，决定对高欢部采取守势，集中兵力暗中突袭窦泰军。公元537年正月十五日，宇文泰率精兵六千自长安出发，火速杀向潼关。正月十七日黎明，宇文泰率军抵达并立即向窦泰发动袭击，窦泰完全没料到西

---

① 《周书》卷二《文帝纪下》，第22页。
② 《资治通鉴》卷一五七，梁武帝大同三年正月，第4875—4876页。

魏军的突然出现，猝不及防下被西魏军猛烈冲杀，窦泰军大败，主帅窦泰自杀身亡，全军覆没。窦泰战死也预示着东魏进攻的失败。在此次战争中宇文泰集团以关中为依托，在兵力、将领、后勤等均不占优势的情况下，通过积极主动的战争政策，赢得了战争的胜利。这次胜利极大地提高了宇文泰集团战胜高欢集团的信心，战争的天平开始向西魏方向倾斜。

（二）沙苑之战

西魏大统三年（公元537年）九月，东魏丞相高欢亲自率领二十万军队进攻占据关中的宇文泰集团，西魏文帝元宝炬派遣宇文泰前来迎击。虽然宇文泰的西魏军队不足万人，但是他仍力排众议，率领轻骑急进，在沙苑一举击溃东魏军队，高欢狼狈而逃。关于此次战争，文献记载：

> 冬十月壬辰，至沙苑，距齐神武军六十余里。齐神武闻太祖至，引军来会。癸巳旦，候骑告齐神武军且至。太祖召诸将谋之。李弼曰："彼众我寡，不可平地置阵。此东十里有渭曲，可先据以待之。"遂进军至渭曲，背水东西为阵。李弼为右拒，赵贵为左拒。命将士皆偃戈于葭芦中，闻鼓声而起。申时，齐神武至，望太祖军少，竞驰而进，不为行列，总萃于左军。兵将交，太祖鸣鼓，士皆奋起。于谨等六军与之合战，李弼等率铁骑横击之，绝其军为二队，大破之，斩六千余级，临阵降者二万余人。齐神武夜遁，追至河上，复大克获。前后虏其卒七万。留其甲士二万，余悉纵归。收其辎重兵甲，献俘长安。①

> 冬，十月，壬辰，泰至沙苑，距东魏军六十里。诸将皆惧，宇文深独贺。泰问其故，对曰："欢镇抚河北，甚得众心，以此自守，未易可图。今悬师渡河，非众所欲，独欢耻失窦泰，愎谏而来，所谓忿兵，可一战擒也。事理昭然，何为不贺！愿假深一节，发王罴之兵邀其走路，使无遗类。"泰遣须昌县公达奚武觇欢军，武从三骑，皆效欢将士衣服，日暮，去营数百步下马，潜听得其军号，因上马历营，若警夜者，有不如法，往往挞之，具知敌之情状而还。欢闻泰至，癸巳，引兵会之。候骑告欢军且至，泰召诸将谋之。开府仪同三司李弼曰："彼众我寡，不可平地置陈，此东十里有渭曲，可先据以待之。"泰从之，背水东

---

① 《周书》卷二《文帝纪下》，第24页。

西为陈，李弼为右拒，赵贵为左拒，命将士皆偃戈于苇中，约闻鼓声而起。晡时，东魏兵至渭曲，都督太安斛律羌举曰："黑獭举国而来，欲一死决，言欲尽死力战，譬如猘狗，或能噬人；且渭曲苇深土泞，无所用力，不如缓与相持，密分精锐径掩长安，巢穴既倾，则黑獭不战成擒矣。"欢曰："纵火焚之，何如？"侯景曰："当生擒黑獭以示百姓，若众中烧死，谁复信之！"彭乐盛气请斗，曰："我众贼寡，百人擒一，何忧不克！"欢从之。东魏兵望见魏兵少，争进击之，无复行列。兵将交，丞相泰鸣鼓，士皆奋起，于谨等六军与之合战，李弼帅铁骑横击之，东魏兵中绝为二，遂大破之。李弼弟檦，身小而勇，每跃马陷陈，隐身鞍甲之中，敌见皆曰："避此小儿！"泰叹曰："胆决如此，何必八尺之躯！"征虏将军武川耿令贵杀伤多，甲裳尽赤，泰曰："观其甲裳，足知令贵之勇，何必数级！"彭乐乘醉深入魏陈，魏人刺之，肠出，内之复战。丞相欢欲收兵更战，使张华原以簿历营点兵，莫有应者，还，白欢曰："众尽去，营皆空矣！"欢犹未肯去。阜城侯斛律金曰："众心离散，不可复用，宜急向河东。"欢据鞍未动，金以鞭拂马，乃驰去，夜，渡河，船去岸远，欢跨橐驼就船，乃得渡，丧甲士八万人，弃铠仗十有八万。丞相泰追欢至河上，选留甲士二万余人，余悉纵归。都督李穆曰："高欢破胆矣，速追之，可获。"泰不听，还军渭南，所征之兵甫至，乃于战所人植柳一株以旌武功。①

根据上述文献可知，东魏丞相高欢乘西魏丞相宇文泰攻占恒农（今河南三门峡市）之际，为雪潼关战败之耻，亲率二十万大军进攻西魏。大统三年（公元537年）闰九月，高欢军自壶口（今山西吉县西）经蒲津（治今山西永济市西）渡黄河，过洛水，进屯许原（今陕西大荔县南）西，直指长安。宇文泰在东魏大军压境时，亲率近万人自恒农回师渭水南，征诸州兵迎战。为阻止东魏军逼近长安，乘其远来新至，不待州兵齐集，即令部卒在渭水架设浮桥，携带三日粮秣，轻骑渡渭。十月初一，进至沙苑，与东魏军仅距60里。这时，宇文泰一面派部将达奚武领数骑侦察，一面与诸将商议，决定在沙苑以东10里苇深土泞的渭河之曲设伏。以部将赵贵、李弼分置左右，背水列阵以待。次日午后，东魏军果然进入伏击区，见西魏军少，未等列阵便争相进攻。宇文泰乘东魏

---

① 《资治通鉴》卷一五七，梁武帝大同三年十月，第4884—4886页。

军轻敌不为行列,当即下令出击,李弼、赵贵伏兵顿起,奋力冲杀。骠骑大将军于谨领六军配合作战,李弼率铁骑横击,大破东魏军,歼八万人,余皆溃散。高欢仅率数骑逃脱。宇文泰取得了沙苑之战的胜利。

凭借这场以弱胜强的伏击战,宇文泰既巩固了建立不久的西魏政权,确立了东、西魏割据的局面,同时也巩固了自己在西魏政权中的主宰地位,为之后北周的建立奠定了坚实的基础。沙苑之战后,东魏不能再随意侵入关中,东、西魏的主战场转向河东(山西)和河南。

(三)河桥之战

接连两次大战西魏方面均以少胜多,宇文泰乘势东进,接连拿下东魏洛阳、蒲坂二城,进而攻略河南地区。公元538年,东魏方面开始反击,同年七月,侯景、高敖曹率军围攻西魏占领的金墉城。西魏宇文泰亲率轻骑搏战,奋勇反击,东魏军先胜后败。这次战争,史称"河桥之战"。关于河桥之战,文献记载:

> 七月,东魏遣其将侯景、厍狄干、高敖曹、韩轨、可朱浑元、莫多娄贷文等围独孤信于洛阳。齐神武继其后。先是,魏帝将幸洛阳拜园陵,会信被围,诏太祖率军救信,魏帝亦东。八月庚寅,太祖至谷城,莫多娄贷文、可朱浑元来逆,临阵斩贷文,元单骑遁免,悉虏其众送弘农。遂进军瀍东。是夕,魏帝幸太祖营,于是景等夜解围去。及旦,太祖率轻骑追之,至于河上。景等北据河桥,南属邙山为阵,与诸军合战。太祖马中流矢,惊逸,遂失所之,因此军中扰乱。都督李穆下马授太祖,军以复振。于是大捷,斩高敖曹及其仪同李猛、西兖州刺史宋显等,虏其甲士一万五千,赴河死者以万数。是日置阵既大,首尾悬远,从旦至未,战数十合,氛雾四塞,莫能相知。独孤信、李远居右,赵贵、怡峰居左,战并不利,又未知魏帝及太祖所在,皆弃其卒先归。开府李虎、念贤等为后军,遇信等退,即与俱还。由是乃班师,洛阳亦失守。大军至弘农,守将皆已弃城西走。所虏降卒在弘农者,因相与闭门拒守。进攻拔之,诛其魁首数百人。大军之东伐也,关中留守兵少,而前后所虏东魏士卒,皆散在民间,乃谋为乱。及李虎等至长安,计无所出,乃与公卿辅魏太子出次渭北。关中大震恐,百姓相剽劫。于是沙苑所俘军人赵青雀、雍州民于伏德等遂反。青雀据长安子城,伏德保咸阳,与太守慕容思庆各收降卒,以拒还师。长安大城民皆

相率拒青雀，每日接战。魏帝留止阌乡，遣太祖讨之。长安父老见太祖至，悲且喜曰："不意今日复得见公！"士女咸相贺。华州刺史导率军袭咸阳，斩思庆，擒伏德，南度渭与太祖会攻青雀，破之。太傅梁景睿先以疾留长安，遂与青雀通谋，至是亦伏诛。关中于是乃定。魏帝还长安，太祖复屯华州。①

据上述文献结合《资治通鉴》记载可知，公元538年，东魏方面开始调兵大举反攻，七月，东魏大将侯景、高敖曹等合兵洛阳，开始围攻金墉城。西魏守将独孤信据城死守，并向宇文泰告急求救。宇文泰尽起关中兵马东救洛阳，大将李弼、达奚武率骑兵千人为前锋，火速前行救援。侯景撤兵退至黄河，北据河桥、南依邙山布阵，以待西魏军。宇文泰率军进攻，关键时刻坐骑中箭，宇文泰坠马险些被俘，幸被都督李穆所救，同时西魏大军赶到，宇文泰重新上马率大将王思政等为中军，独孤信、李远等为右军，赵贵、怡峰等为左军，李虎、念贤等为后军，向东魏军发动全面攻击。双方从清晨大战至午后，西魏左、右军皆败。独孤信、赵贵等不知中军战况，皆先自退兵，随后遇上后军李虎等，三军一同返回长安。西魏中军经过激战，大败敌军，东魏军退走，宇文泰尾随追击。东魏大将高敖曹率军断后阻击，全军覆没，高敖曹被斩。宇文泰虽然激战取胜，但因左、右、后三军已先自退兵，又侦察得知高欢亲率精骑七千从晋阳来援，于是留长孙子彦镇守金墉，自己率军返回关中。高欢率骑兵赶至黄河边时，西魏军已退走，高欢遣军过河追击，被西魏断后的王思政军击败。高欢见宇文泰已率军远走，遂掉头进攻金墉。西魏守将长孙子彦弃城出逃，高欢焚毁金墉城。河桥一战，东、西魏两军互有胜负，但东魏大将高敖曹战死，高欢痛心不已。

（四）邙山之战

河桥之战后，西魏虽然获胜但是也元气大伤，因此双方暂时休战。公元543年二月，东魏北豫州刺史高仲密（高敖曹次兄）以虎牢向西魏投诚。西魏柱国大将军宇文泰率军接应，杀向洛阳，双方再次展开激烈斗争。三月，高欢率军十万迎战。东、西魏两军在邙山大战，西魏军大败，损失六万多精锐。史书记载：

> 九年春，东魏北豫州刺史高仲密举州来附，太祖帅师迎之，令开府李远为前军。至洛阳，遣开府于谨攻柏谷坞，拔之。三月，齐神武至河北。太祖还军

---

① 《周书》卷二《文帝纪下》，第25—26页。

瀍上以引之。齐神武果度河，据邙山为阵，不进者数日。太祖留辎重于瀍曲，士皆衔枚，夜登邙山。未明，击之，齐神武单骑为贺拔胜所逐，仅而获免。太祖率右军若干惠等大破齐神武军，悉虏其步卒。赵贵等五将军居左，战不利。齐神武军复合，太祖又不利，夜乃引还。既入关，屯渭上。齐神武进至陕，开府达奚武等率军御之，乃退。太祖以邙山之战，诸将失律，上表请自贬。魏帝报曰："公膺期作宰，义高匡合，仗钺专征，举无遗算。朕所以垂拱九载，实资元辅之力，俾九服宁谧，诚赖翊赞之功。今大寇未殄，而以诸将失律，便欲自贬，深亏体国之诚。宜抑此谦光，恤予一人。"于是广募关陇豪右，以增军旅。冬十月，大阅于栎阳，还屯华州。①

可以看出，邙山之战是宇文泰对东魏发动的战役。其导火索是高敖曹的次兄高仲密献上北豫州投降西魏。在此战中，宇文泰在关中辛辛苦苦建立起来的六军损失殆尽。东魏乘胜追击，收复虎牢，平定了北豫州和洛州。

（五）玉璧之战

公元546年，东、西魏之间的第五次大战即玉璧之战爆发。同年十月，高欢集结十万大军，进攻西魏玉璧城。玉璧城依地势而建，由西魏大将王思政亲自设计经营，王思政调任荆州刺史前极力推荐晋州刺史韦孝宽接替其职务来主政玉璧城。此时在玉璧城内士兵不足一万。韦孝宽一方面构筑工事严阵以待，一方面向宇文泰报信。然而，邙山之战的失败让西魏元气大伤，此时宇文泰无兵可调，只好紧急将关陇豪强的部曲家兵组织起来，但远水解不了近渴。韦孝宽在兵力严重短缺的情况下，依托玉璧城与高欢展开缠斗。文献记载：

> 十二年，齐神武倾山东之众，志图西入，以玉璧冲要，先命攻之。连营数十里，至于城下，乃于城南起土山，欲乘之以入。当其山处，城上先有两高楼。孝宽更缚木接之，命极高峻，多积战具以御之。齐神武使谓城中曰："纵尔缚楼至天，我会穿城取尔。"遂于城南凿地道。又于城北起土山，攻具，昼夜不息。孝宽复掘长堑，要其地道，仍饬战士屯堑。城外每穿至堑，战士即擒杀之。又于堑外积柴贮火，敌人有伏地道内者，便下柴火，以皮鞴吹之。吹气一冲，

---

① 《周书》卷二《文帝纪下》，第27—28页。

咸即灼烂。城外又造攻车，车之所及，莫不摧毁。虽有排楯，莫之能抗。孝宽乃缝布为缦，随其所向则张设之。布既悬于空中，其车竟不能坏。城外又缚松于竿，灌油加火，规以烧布，并欲焚楼。孝宽复长作铁钩，利其锋刃，火竿来，以钩遥割之，松麻俱落。外又于城四面穿地，作二十一道，分为四路，于其中各施梁柱，作讫，以油灌柱，放火烧之，柱折，城并崩坏。孝宽又随崩处竖木栅以捍之，敌不得入。城外尽其攻击之术，孝宽咸拒破之。神武无如之何，乃遣仓曹参军祖孝徵谓曰："未闻救兵，何不降也？"孝宽报云："我城池严固，兵食有余，攻者自劳，守者常逸。岂有旬朔之间，已须救援。适忧尔众有不反之危。孝宽关西男子，必不为降将军也。"俄而孝徵复谓城中人曰："韦城主受彼荣禄，或复可尔，自外军士，何事相随入汤火中耶。"乃射募格于城中云："能斩城主降者，拜太尉，封开国郡公，邑万户，赏帛万匹。"孝宽手题书背，反射城外云："若有斩高欢者，一依此赏。"孝宽弟子迁，先在山东，又锁至城下，临以白刃，云若不早降，便行大戮。孝宽慷慨激扬，略无顾意。士卒莫不感励，人有死难之心。神武苦战六旬，伤及病死者十四五，智力俱困，因而发疾。其夜遁去。后因此忿恚，遂殂。魏文帝嘉孝宽功，令殿中尚书长孙绍远、左丞王悦至玉壁劳问，授骠骑大将军、开府仪同三司，进爵建忠郡公。①

东、西魏两军在玉壁对决手段频出：高欢在城外筑土城，韦孝宽在城内筑木楼，始终比城外土城高，居高临下射击；高欢在城外大挖地道，韦孝宽在城内也挖地道，并投放柴草，火烧地道中的东魏军；高欢从邺城急调大型攻城冲车，韦孝宽就紧急制作巨型布幔，以柔克刚；高欢截断汾河流水，使得玉壁城无法取水，韦孝宽在城内深挖井，不以外河水断为意；高欢让人劝降韦孝宽，失败；高欢采用离间计，再次失败；高欢采用阵前威胁韦孝宽亲人的方法劝降，韦孝宽在城头慷慨陈词，大义凛然，激励和鼓舞了士卒，从而更加坚定了与城共存亡的信念。

高欢苦战六十天，士卒死伤者七万余人，玉壁城不仅没有被攻破，反而被韦孝宽夺取了城外土山。高欢恼羞病倒，只得决定退兵。这时，西魏韦孝宽军中传出高欢中箭的消息，为稳定军心，高欢带病升帐，会见部属，玉壁未克，东魏军损失惨重，两个月

---

① 《周书》卷三一《韦孝宽传》，第536—537页。

后，高欢郁郁而终，终年52岁。

玉璧之战是东、西魏之间的最后一次大规模战争。在此次战争之后双方均意识到两魏之间的军事综合实力相差不大，不可能在短时间内消灭对方，因此不约而同地进入整顿内政、巩固政权的阶段。

二、北周时期长安城及其周边的战争

（一）洛阳之战

北周建立之后，北周和北齐之间一直没有爆发大的战争，但是双方仍然摩擦不断，相互敌视。北周保定四年（公元564年）九月，北齐武成帝高湛为改善与北周的关系，派人将北周权臣宇文护之母送往长安。不久，突厥在塞北集合兵力，遣使北周约定再次联兵攻齐。宇文护感念高湛送母之恩，不想再讨北齐，但又怕违背了与突厥的约定而更生边患，不得已，乃征内外诸军二十万人东进。关于这次战争，文献记载：

> 冬十月癸亥，以大将军陆通、大将军宇文盛、蔡国公广并为柱国。甲子，诏大将军、大冢宰、晋国公护率军伐齐，帝于太庙庭授以斧钺。于是护总大军出潼关；大将军权景宣率山南诸军出豫州；少师杨檦出轵关。丁卯，幸沙苑劳师。癸酉，还宫。十一月甲午，柱国、蜀国公尉迟迥率师围洛阳，柱国、齐国公宪营于邙山，晋公护次于陕州。十二月，权景宣攻齐豫州，刺史王士良以州降。壬戌，齐师渡河，晨至洛阳，诸军惊散。尉迟迥率麾下数十骑捍敌，得却，至夜引还。柱国、庸国公王雄力战，死之。遂班师。杨檦于轵关战没。权景宣亦弃豫州而还。①

> 冬，十月，甲子，周主授护斧钺于庭庭；丁卯，亲劳军于沙苑；癸酉，还宫。护军至潼关，遣柱国尉迟迥帅精兵十万为前锋，趣洛阳，大将军权景宣帅山南之兵趣悬瓠，少师杨檦出轵关。……周晋公护进屯弘农。尉迟迥围洛阳，雍州牧齐公宪、同州刺史达奚武、泾州总管王雄军于邙山。……初，周杨檦为邵州刺史，镇捍东境二十余年，数与齐战，未尝不捷，由是轻之。既出轵关，独引兵深入，又不设备。甲辰，齐太尉娄叡将兵奄至，大破檦军，檦遂降齐。权景

---
① 《周书》卷五《武帝纪上》，第70—71页。

宣围悬瓠,十二月,齐豫州道行台・豫州刺史太原王士良、永州刺史萧世怡并以城降之。景宣使开府郭彦守豫州,谢彻守永州,送士良、世怡及降卒千人于长安。……周人为土山、地道以攻洛阳,三旬不克。晋公护命诸将堑断河阳路,遏齐救兵,然后同攻洛阳;诸将以为齐兵必不敢出,唯张斥候而已。齐遣兰陵王长恭、大将军斛律光救洛阳,畏周兵之强,未敢进。齐主召并州刺史段韶,谓曰:"洛阳危急,今欲遣王救之。突厥在北,复须镇御,如何?"对曰:"北虏侵边,事等疥癣。今西邻窥逼,乃腹心之病,请奉诏南行。"齐主曰:"朕意亦尔。"乃令韶督精骑一千发晋阳。丁巳,齐主亦自晋阳赴洛阳。……齐公宪抚循督励,众心小安。至夜,收军,宪欲待明更战。达奚武曰:"洛阳军散,人情震骇,若不因夜速还,明日欲归不得。武在军久,备见形势;公少年未经事,岂可以数营士卒委之虎口乎!"乃还。权景宣亦弃豫州走。①

由上述文献可知,十月,宇文护军至潼关,派尉迟迥率精兵十万为前锋直指洛阳;大将军权景宣率荆襄之兵前往悬瓠;少师杨檦进攻轵关。十一月,宇文护进驻弘农,尉迟迥军包围洛阳,雍州牧宇文宪与同州刺史达奚武、泾州总管王雄等屯军邙山。杨檦自恃以往与北齐作战未曾失利,出关后轻敌深入,结果被北齐太尉娄叡袭破后降北齐。权景宣部围攻悬瓠。十二月,北齐豫、永二州刺史举州投降,权景宣遂占领二州。北周军乘胜进攻洛阳,三旬未克,宇文护分兵切断河阳道路,以阻遏北齐援兵。诸将轻敌,以为北齐军必不敢出,因而戒备不严,仅派少量侦察人员做例行侦察。北齐派兰陵王长恭、大将军斛律光救援洛阳,二将畏惧周军兵力强盛,不敢前进。北齐帝高湛无奈之下,决定与并州都督段韶一起自晋阳南下,亲督诸军解救洛阳。段韶到洛阳后,即与诸将登邙阪(今河南洛阳市东北)观察北周军形势。发现周军后,即召集诸军结阵以待。北周军上山进攻,北齐军且战且退,诱敌深入。及北周军疲,北齐军发起反击,北周军大败溃散,权景宣亦率军退还。

(二) 河阴之战

北周在迫不得已的情况下与北齐进行了洛阳之战,战争双方互有胜负,战后均舔舐战争留下的创伤,不愿再爆发战争。北周建德四年(公元575年),北周武帝力排众

---

① 《资治通鉴》卷一六九,陈文帝天嘉五年十月,第5245—5248页。

议，大举攻齐。然而兵锋正劲之时，武帝因急病回朝。此战即河阴之战。史书记载：

> 丙子，召大将军以上于大德殿，……以柱国陈王纯为前一军总管，荥阳公司马消难为前二军总管，郑国公达奚震为前三军总管，越王盛为后一军总管，周昌公侯莫陈琼为后二军总管，赵王招为后三军总管，齐王宪率众二万趣黎阳，随国公杨坚、广宁侯薛迥舟师三万自渭入河，柱国梁国公侯莫陈芮率众一万守太行道，申国公李穆帅众三万守河阳道，常山公于翼帅众二万出陈、汝。壬午，上亲率六军，众六万，直指河阴。八月癸卯，入于齐境。禁伐树践苗稼，犯者以军法从事。丁未，上亲率诸军攻河阴大城，拔之。进攻子城，未克。上有疾。九月辛酉夜，班师，水军焚舟而退。齐王宪及于翼、李穆等所在克捷，降拔三十余城，皆弃而不守。唯以王药城要害，令仪同三司韩正守之。正寻以城降齐。戊寅，至自东伐。……闰月，齐将尉相贵寇大宁，延州总管王庆击走之。①

> 丙子，始召大将军以上于大德殿告之。丁丑，下诏伐齐，以柱国陈王纯、荥阳公司马消难、郑公达奚震为前三军总管，越王盛、周昌公侯莫陈崇、赵王招为后三军总管。齐王宪帅众二万趋黎阳，随公杨坚、广宁公薛迥将舟师三万自渭入河，梁公侯莫陈芮帅众二万守太行道，申公李穆帅众三万守河阳道，常山公于翼帅众二万出陈、汝。②

北周武帝宇文邕乘北齐淮南兵败、主昏政乱之际，采纳骠骑大将军韦孝宽建议，向边境集结兵力，准备东出击北齐，北齐闻知，亦增筑守御。七月，宇文邕发兵十余万，分兵六路进攻北齐：以陈王宇文纯、荥阳公司马消难、郑公达奚震分别为前三军总管；越王宇文盛、周昌公侯莫陈琼、赵王宇文招分别为后三军总管；齐王宇文宪率兵两万趋黎阳（今河南浚县东北）；隋公杨坚等率水军三万自渭河入黄河；梁公侯莫陈芮率众两万守太行道，以断北齐并、冀、殷、定诸州援军；申公李穆率众三万守河阳道，切断黄河以北与洛阳的联系；常山公于翼率众两万出陈（今河南周口市淮阳区）、汝（今河南汝南县）以南防陈军，掩护主力右翼。周武帝自率主力前后六军六万人直指河阴。八月二十一日，北周军进入北齐境内，为争取民心，禁止伐树、践踏庄稼，违者以军法处置。二十四日，武帝亲自指挥诸军攻占河阴大城，宇文宪攻拔武济（今河南孟津县），

---

① 《周书》卷六《武帝纪下》，第92—93页。
② 《资治通鉴》卷一七二，陈宣帝太建七年七月，第5344—5345页。

进围洛口（今河南巩义市东北），攻克其东、西二城，焚毁黄河浮桥。北齐永桥大都督傅伏从永桥（今河南武陟县西）增援至河阳，因浮桥已断，遂入中潬城（在今河南孟州市西南黄河中沙洲）。北周军攻克河阳南城后，围攻中潬城二十余日不能下。北齐洛州刺史独孤永业扼守金墉城（在今河南洛阳市东北），武帝攻之亦未克。九月，北齐右丞相高阿那肱自晋阳（今山西太原市西南）率军南援洛阳，兵临河阳（今河南孟州市）。北周军以屯兵金墉及中潬城下，久攻不克，而北齐援军业已到达，又因宇文邕阵中患病，遂放弃所拔三十余城，焚舟回师，仅留韩正控守王药城（在今河南巩义市东北滨河），掩护撤军。

（三）晋阳之战

北周建德四年（公元575年），周武帝率军攻北齐，因病班师。五年（公元576年）十月，以越王宇文盛、杞公宇文亮、隋公杨坚为右三军，谯王宇文俭、大将军窦恭、广化公丘崇为左三军，齐王宇文宪、陈王宇文纯为前军，再次进攻北齐。这次进攻的主要方向是晋阳，文献记载：

> 己酉，帝总戎东伐。以越王盛为右一军总管，杞国公亮为右二军总管，随国公杨坚为右三军总管，谯王俭为左一军总管，大将军窦恭为左二军总管，广化公丘崇为左三军总管，齐王宪、陈王纯为前军。庚戌，荧惑犯太微上将。戊午，岁星犯太陵。癸亥，帝至晋州，遣齐王宪率精骑二万守雀鼠谷，陈王纯步骑二万守千里径，郑国公达奚震步骑一万守统军川，大将军韩明步骑五千守齐子岭，乌氏公尹昇步骑五千守鼓钟镇，凉城公辛韶步骑五千守蒲津关，柱国、赵王招步骑一万自华谷攻齐汾州诸城，柱国宇文盛步骑一万守汾水关。遣内史王谊监六军，攻晋州城。帝屯于汾曲。齐王宪攻洪洞、永安二城，并拔之。是夜，虹见于晋州城上，首向南，尾入紫微宫，长十余丈。帝每日自汾曲赴城下，亲督战，城中惶窘。庚午，齐行台左丞侯子钦出降。壬申，齐晋州刺史崔景嵩守城北面，夜密遣使送款，上开府王轨率众应之。未明，登城鼓噪，齐众溃，遂克晋州，擒其城主特进、开府、海昌王尉相贵，俘甲士八千人，送关中。甲戌，以上开府梁士彦为晋州刺史，加授大将军，留精兵一万以镇之。又遣诸军徇齐诸城镇，并相次降款。十一月己卯，齐主自并州率众来援。帝以其兵新集，且避之，乃诏诸军班师，遣齐王宪为后拒。是日，齐主至晋州，宪不与战，引

> 军度汾。齐主遂围晋州，昼夜攻之。齐王宪屯诸军于涑水，为晋州声援。……
> 丙申，放齐诸城镇降人还。丁酉，帝发京师。壬寅，度河，与诸军合。十二月
> 戊申，次于晋州。初，齐攻晋州，恐王师卒至，于城南穿堑，自乔山属于汾水。
> 庚戌，帝帅诸军八万人，置阵东西二十余里。……齐主亦于堑北列阵。申后，
> 齐人填堑南引。帝大喜，勒诸军击之，齐人便退。齐主与其麾下数十骑走还并州。
> 齐众大溃，军资甲仗，数百里间，委弃山积。辛亥，帝幸晋州，仍率诸军追齐
> 主。……甲寅，齐主遣其丞相高阿那肱守高壁。帝麾军直进，那肱望风退散。
> 丙辰，师次介休，齐将韩建业举城降，以为上柱国，封郇国公。丁巳，大军次
> 并州，齐主留其从兄安德王延宗守并州，自将轻骑走邺。①

北周占领平阳之后，北周武帝认为将士在严寒中作战特别艰苦，准备带军队退回长安休整。大将梁士彦献计献策，认为机不可失，时不再来，应该直捣北齐重镇晋阳。北周武帝采纳了梁士彦的意见，自统大军追迫齐军，直逼晋阳城下。晋阳是北齐经营多年的北方重镇，城高壕深，守备严密，非常牢固。城中粮谷、器械充裕，支持一年半载绝无问题，周兵远来，又值严冬，要不了多少时日便会知难而退，北齐后主高纬便等候北周军队自动撤走。高纬命人在城中建筑一座高耸入云的天桥，时常与贵妃冯小怜一道登桥遥望城外敌军的情况，不是分析敌情，而是在观光消遣。当北齐皇帝高纬回到邺城后，北周轻而易举地夺得了北齐重镇晋阳。

（四）邺城之战

北周占领晋阳之后，并没有收兵，而是乘胜追击，进攻北齐都城邺城。此时的北齐已经是惊弓之鸟，受不得一点惊吓，在北周大军压境的情况下，北齐政权很快就土崩瓦解。文献记载：

> 癸酉，帝率六军趣邺。以上柱国、陈王纯为并州总管。六年春正月乙亥，
> 齐主传位于其太子恒，改年承光，自号为太上皇。壬辰，帝至邺。齐主先于城
> 外掘堑竖栅。癸巳，帝率诸军围之。齐人拒守，诸军奋击，大破之，遂平邺。
> 齐主先送其母并妻子于青州，及城陷，乃率数十骑走青州。遣大将军尉迟勤率
> 二千骑追之。是战也，于阵获其齐昌王莫多娄敬显。……遂斩之。……甲午，

---

① 《周书》卷六《武帝纪下》，第95—97页。

帝入邺城。齐任城王湝先在冀州，齐主至河，遣其侍中斛律孝卿送传国玺禅位于湝。孝卿未达，被执送邺。①

北周占领晋阳之后越战越勇，直扑邺城。北齐皇帝高纬退守邺城后尚有精兵十万，可以奋力抵抗，甚至可能卷土重来。但是，高纬居然"病急乱投医"，一面祈求菩萨保佑，一面将皇位传给太子高恒，而自己却自邺城往东逃奔青州，北周顺利取得邺城。后主高纬、幼主高恒等人均被擒获，北齐灭亡，黄河流域再度统一。北齐之灭亡并非突厥与北周合纵进攻的结果，而是因为北齐不能处理好自身的民族关系，造成自身国力不断衰弱。相反，北周在"关中本位政策"的融合之下，民族关系得到改善和发展，越来越强。北齐之弱，再加上后主昏庸与天灾，亡国已经成为必然之势。北齐内部衰弱，再遭北周与陈的外部进攻，最终亡国。

---

① 《周书》卷六《武帝纪下》，第99—100页。

第六章 东汉—北朝时期长安城的地方治理

在中国传统社会，地方政府会被人为地划分等级，划分等级的标准就是地方赋税人口，因而人口的流动关系到地方政府的政治地位，东晋—北朝时期的长安城也不例外。

这一时期，战争的到来，一般会导致关中地区人口的大量流失，这些流失的人口一部分是死于战乱，一部分是在战争时期自发地逃亡，还有一部分是被战争的胜利者裹挟，被迫迁移到其他地区。但战争过后，政局逐渐稳定，人口会在长安城慢慢汇聚，这是因为随着战争的结束，逃亡的人口会自发地回归故土，重新开始生活。在东汉—北朝时期，强制性的人口流动应该是人口迁徙的主要方式，那么，人口迁徙的方向往往关系着该地区在国家政权中的重要程度，而关中地区正是战后人口流入的主要目的地之一，并且随着时间的流逝，尤其是按照较模糊的时间尺度来看，长安城更是在人口迁入上显得日益重要，同时也可据此了解关中地区地方政府的治理水平。

第一节
东汉末长安城的地方治理

汉代实行郡县两级制。长安城是京兆尹郡治所在。西汉在郡县两级之上，设立州，州是监察区，不是地方行政区划。州的长官称为刺史，刺史不同于郡县长官，并不是地方官。到了东汉，刺史制度有所变化，刺史逐渐地方官化，事实上已经成为最高级的地方行政长官。州也不仅仅是监察区，曹魏时期的州、郡、县三级地方行政体制初见端倪。东汉一朝的大部分时间，京兆属司隶校尉部。

东汉末年，雍州初立，司隶校尉、凉州、雍州多有分合，沿革较为复杂。清代学者吴增仅撰有《三国郡县表附考证》[①]，附有《建安以来雍凉二州分合考》，比较清晰地考证了本书所述时间段内的京兆尹行政归属问题。总结该考证，可知：雍州为东汉兴平元年（公元194年）置，此时京兆属司隶校尉部，建安十八年（公元213年）凉州并入雍州，同时又将本属于司隶校尉部的京兆归入雍州；建安二十五年（公元220年），魏国建立，文帝复置凉州，但京兆仍属雍州。因此，在历史文献较少的情况下，按照地方建置归属考察该阶段地方官吏设置和任职官吏，可对此段时期地方治理情况有所补充。

一、雍州刺史

（一）徐奕

徐奕，东莞人。建安十六年（公元211年），关中诸将叛，曹操带一干将领征讨韩遂、马超。建安十七年（公元212年），马超既破，太祖还邺。因为关中甫定，社会还不是很安定，曹操便令徐奕"为丞相长史，镇抚西京，西京称其威信。转为雍州刺史，

[①] 〔清〕吴增仅撰、〔清〕杨守敬补正：《三国郡县表附考证》，见《二十五史补编》委员编：《三国志补编》（据开明书店版影印），北京图书馆出版社，2005年，第319—320页。

复还为东曹属",①在战争刚结束之时,长安城的稳定被放在很重要的位置。徐奕转为雍州刺史,传记中不具时间。《三国汉季方镇年表》载徐奕为雍州刺史的时间也在建安十七年。②根据行文推测,用"转为"一词,估计其留守西京后不久便成为雍州刺史,而又因为京兆真正归入雍州是在建安十八年(公元213年),徐奕留守的目的主要为镇抚京兆,维护西京之安宁,如若京兆不属于雍州,这样的意图便无法实现,故推测徐奕为雍州刺史的时间在建安十八年。

(二)张既

张既,冯翊高陵人,建安十六年(公元211年),随曹操西征的张既在平定了关右后被留在了长安城。张既先被任命为京兆尹,后来也担任了雍州刺史。《三国志·张既传》载其升任刺史的时间在魏国建立后③,而《三国汉季方镇年表》则认为在建安十九年(公元214年)④。《三国志·赵俨传》记载,建安二十年(公元215年),赵俨在关中护军任上,追赶督军入汉中的殷署,到斜谷口未敢进入,于是"还宿雍州刺史张既舍"⑤,这说明在建安二十年(公元215年),张既肯定在雍州刺史任上,《张既传》中的记载失察。张既离任时间不详。

二、京兆尹

(一)张时

张时,河东人,《三国志》无传。《三国志》引用《魏略》云:"(杜)畿到乡里,京兆尹张时,河东人也,与畿有旧,署为功曹。"⑥余无记载。但因为张时与杜畿有旧,杜畿的传记又相对明确,这让我们可以做出进一步的推测。《三国志·杜畿传》载,东汉末年政局动荡,杜畿弃官逃到了荆州,建安中得以北归⑦,杜畿也便是在此时遇到了时任京兆尹的张时。此仅能判断张时在建安初时任京兆尹。《魏略》中还有这样一段描述:"尝嫌其阔达,不助留意于诸事,言此家疏诞,不中功曹也。畿窃云:'不中功曹,中河东守也。'"杜畿在建安十年(公元205年)做了河东太守,这在《资治通

---

① 《三国志》卷一二《徐奕传》,第377页。
② 《三国汉季方镇年表》,见《三国志补编》(据开明书店版影印),第22页。
③ 《三国志》卷一五《张既传》,第472页。
④ 《三国汉季方镇年表》,见《三国志补编》(据开明书店版影印),第23页。
⑤ 《三国志》卷二三《赵俨传》,第669页。
⑥ 《三国志》卷一六《杜畿传》,第494页。
⑦ 《三国志》卷一六《杜畿传》,第494页。

鉴》里同样是有记载的。我们可以判断，张时至迟在建安十年（公元205年）以前任京兆尹。但张时的任职起止时间无法判断，或是由张既接替，或中间还有更换都不可考了。

（二）张既

如前文，建安十六年（公元211年）张既随曹操西征，消除了韩遂、马超割据势力后，被任命为京兆尹。建安十六年的潼关之战，虽然战火没有直接蔓延到长安城，但对长安城百姓的影响较大。张既做了很多的实际工作，"招怀流民，兴复县邑，百姓怀之"①。张既招抚战时流亡百姓，充实人口；很多在战争中遭到破坏的地方，人口回归，农业恢复，县邑自然恢复，取得了老百姓的认可。建安十九年（公元214年），张既离任京兆尹，升任雍州刺史，杨沛继任。

（三）杨沛

杨沛，冯翊万年人。建安十六年（公元211年），杨沛亦随大军西讨，都督孟津渡事。《三国志》引《魏略》中的记载，在关中破后，杨沛便接替张既为京兆尹，"及关中破，（杨沛）代张既领京兆尹"②，这个时间应该是个比较笼统的记述。毕竟张既在建安十六年任京兆尹，同时史书对其所作的治理长安的实际工作进行了记录和评价。所以我们可以推测，杨沛是在张既迁雍州刺史之时接替了张既京兆尹一职。根据上文中的探讨，这个时间至迟在建安十九年。但杨沛的事迹没有记载，可能跟其任职时间较短有关。建安二十年（公元215年）杨沛为郑浑所接替。

（四）郑浑

郑浑，今河南开封人。郑浑任京兆尹的时间比较明确，据《三国志·郑浑传》载其是在曹操征汉中的建安二十年（公元215年），接替杨沛。与前任不同，郑浑任职期间的作为被陈寿记载了下来：

> 浑以百姓新集，为制移居之法，使兼复者与单轻者相伍，温信者与孤老为比，勤稼穑，明禁令，以发奸者，由是民安于农，而盗贼止息。及大军入汉中，运转军粮为最。又遣民田汉中，无逃亡者。太祖益嘉之，复入为丞相掾。③

早在张既任职京兆之时，就做过招抚流民的工作，并恢复县邑，得到了百姓的认可。从关中平定到此时已有三年时间，郑浑作移民之法，是在前人努力的基础上更进

---

① 《三国志》卷一五《张既传》，第472页。
② 《三国志》卷一五《张既传》，第486页。
③ 《三国志》卷一六《郑浑传》，第511页。

一步。[至少说明建安十六年，虽然潼关一战，主战场不在长安，但对京兆老百姓的影响十分严重，很多百姓流亡（在《三国志》引用的一些古书里都有零星的个人及家族流亡记载）。]政府为恢复发展人口制定了很多新的政策：令百姓之间相互帮助，吸纳百姓；同时鼓励农业生产，恢复经济；由于社会新定，违法投机者甚多，制定了严格的法令来维护社会的稳定，减少犯罪。这些政策合理且有针对性，是有效的"移民之法"。也正是因此，郑浑在魏建立之前就又从京兆尹任上升迁了。

三、其他与长安有关的官员

（一）钟繇"守司隶校尉，持节督关中诸军"

建安十八年（公元213年）之前，长安属于司隶校尉部。《三国汉季方镇年表》载汉灵帝中平六年（公元189年），司隶校尉部河南、河内、河东、弘农、京兆、冯翊、扶风七郡，治洛阳，钟繇徙治弘农①，《三国志》《资治通鉴》《后汉纪校注》中没有相关记载。但到了初平三年（公元192年），长安城内时逢李傕、郭汜之乱，钟繇作为黄门侍郎在长安，同时可以对李、郭谏言，可能是献帝西迁时随帝入西京。《资治通鉴》胡注里还指出，钟繇当时不为曹操使，为了日后的前程而"为操道地"②。中平二年（公元195年），献帝东归。此时，都城迁离了长安，关中落入了各方势力之手，其中马腾、韩遂各拥强兵相与争。建安二年（公元197年），曹操苦于山东战事，欲先取吕布，又以关右为忧，担心袁绍"侵扰关中，西乱羌、胡，南诱蜀汉"。此时，在刚刚平定的关中，将帅有数十个，他们之间并不是一心的，各自有各自的利益，其中最强大的莫过于马腾、韩遂。如果这时山东战火一旦点燃，他们必定会各自为政，独霸关中以自保。荀彧谏言以恩德镇抚诸将，可以使关中暂时安定，为山东战事确保稳定的后防，以解除曹操的后顾之忧。于是曹操听取了荀彧的意见，并启用了其推荐的钟繇，"乃表繇以侍中守司隶校尉，持节督关中诸军，委之以后事，特使不拘科制"③。这也就是令钟繇来监视、约束关中诸将的行动，因为此时京兆仍属司隶，所以钟繇以侍中的身份来守的是司隶校尉。钟繇也是不负曹操所望，说服了韩遂、马腾归顺曹操，二人各将儿子作为人质。从此至建安十八年（公元213年）司隶校尉省并，钟繇一直守司隶校尉。钟

---

① 《三国汉季方镇年表》，见《三国志补编》（据开明书店影印），第15页。
② 《资治通鉴》卷六〇，汉献帝初平三年十二月，第1941页。
③ 《三国志》卷一三《钟繇传》，第392页。

繇因为洛阳人口稀少，曾迁关中百姓到洛阳。①其实，关中的人口也并不充盈，但在此时，关中的地位因为献帝东归而降低了。韩遂、马腾（包括后来的马超）虽然归顺了曹操，但仍然拥兵自重，也就是说曹操和韩遂、马腾的势力同时都在关中存在着，于是也就有了建安十六年（公元211年）曹操平定关中的"潼关之战"。

都督诸州军事是一种统军方式，关于其初置时间，史书中记载多有出入，严耕望先生在其著作中已做过探讨②。暂且不断言都督诸州军事制度确立的时间，但有一点是可以肯定的：建安中，曹操多设都督诸州军事，不为定制。这与汉末战争频仍的形势有重要关系，而见于史书的建安年间督关中诸军仅钟繇一例，且督较之都督、监，是等级较低的一种统军方式。

（二）徐奕"为丞相长史，镇抚西京"

上文提及徐奕于建安十八年（公元213年）任雍州刺史，在此之前，徐奕先以丞相长史之职镇抚西京。建安十七年（公元212年）马超既破，关中甫定，社会秩序尚待恢复，在这个时候，长安确实需要一位有权威的重臣来镇守，来使长安由割据状态顺利过渡到中央控制之下，这种过渡一旦实现，徐奕也就在第二年转为雍州刺史。

（三）夏侯渊"任护军将军，屯长安"

曹操对平叛后长安城的稳定十分重视，不仅仅留守徐奕镇抚西京，同时还驻扎了军事武装，以夏侯渊为护军将军，督朱灵、路招等屯长安③。虽说韩遂身死，马超败逃，叛军已无反抗之能力，但被击败的残余势力仍旧会威胁长安城安全。况且长安城新定，旧的势力走了，但在动荡不定的时代里，周边有政治野心的势力都会伺机而动，谋求自身利益，战乱甫定之时也是最佳时机。于是徐奕、夏侯渊全面负责此时长安城各项事务。

（四）曹彰"行越骑将军，留长安"

曹彰任越骑将军是在曹操最后一次征刘备后，回洛阳之时，时在建安二十四年（公元219年），"太祖东还，以彰行越骑将军，留长安。太祖至洛阳，得疾，驿召彰，未至，太祖崩"④，这个越骑将军也是统兵之职。

（五）杜袭"当选留府长史，镇守长安"

杜袭被任命为留府长史也是在建安二十四年（公元219年），"夏侯渊为刘备所没，军

---

① 《三国志》卷一三《钟繇传》，第393页。
② 严耕望：《中国地方行政制度史——魏晋南北朝地方行政制度史》上册，上海古籍出版社，2007年，第87—91页。
③ 《三国志》卷九《夏侯渊传》，第270页。
④ 《三国志》卷一九《曹彰传》，第556页。

丧元帅，将士失色。袭与张郃、郭淮纠摄诸军事，权宜以郃为督，以一众心，三军遂定。太祖东还，当选留府长史，镇守长安，主者所选多不当，太祖令曰：'释骐骥而不乘，焉皇皇而更索？'遂以袭为留府长史，驻关中"①。杜袭任镇守长安的文职，与徐奕相仿。

（六）赵俨"为关中护军，尽统诸军"

赵俨曾任关中护军，"太祖徙出故韩遂、马超等兵五千余人，使平难将军殷署等督领，以俨为关中护军，尽统诸军"②，时间应在建安十六年（公元211年）以后。《资治通鉴》中记载基本与正史传记相仿，只是时间确定在建安二十年（公元215年），说在这一年以扶风太守赵俨为关中护军③，与正史中赵俨迁扶风太守前后衔接。

（七）卫觊留镇关中

早在建安四年（公元199年），卫觊使益州不得，只好留镇关中。他看到大量逃亡的老百姓回到关中，却被割据将领收为部曲，于是通过荀彧向曹操略陈己见。他认为如不招怀望归之百姓，这些人口便都会成为诸将的部曲，威胁朝廷统治，同时应该控制盐业经营，发展关中经济吸引百姓归附，加强吏治，才能够对抗关中割据诸将。这些建议得到了曹操的认可，"始遣谒者仆射监盐官，司隶校尉治弘农。关中服从，乃白召觊还，稍迁尚书"④。与以上几位不同，卫觊留镇关中是暂时性的，所以是没有职官的。

四、东汉末京兆人物轶事

活生生的城市的历史不应该只有城墙、宫殿、道路、市场、庙宇，还有生活在城市里的人，人才是推动着整座城市不断向前行进的最主要力量。本小节力图将东汉末期京兆籍人士的故事收集到一起，即便无法成为专门的研究篇章，也能将其梳理、条列下来，希望可以起到管中窥豹的作用，至少也为今后的相关研究提供基础。

文中涉及的人物主要源自《三国志》，《后汉书》、辑佚本《三辅决录》的资料也多有参考。选择人物的标准，首先必须是京兆人，京兆人在外地的行为也有选择地记载，客三辅的外地人则另行记录；其次，主要收集东汉末的人物，东汉末又主要以献帝时为主，由于献帝时的历史与曹魏有着不能割裂的关系，如果人物为曹魏人，但在汉献帝时有主要事迹，那主要对其献帝时的事迹进行收集；此外，文中收集的个别人，考虑

---

① 《三国志》卷二一三《杜袭传》，第666—667页。
② 《三国志》卷二一三《赵俨传》，第668—669页。
③ 《资治通鉴》卷六一七，汉献帝建安二十年十一月，第2143页。
④ 《三国志》卷二一一《卫觊传》，第610—611页。

的是如果在这里放弃不收集该人，那这部城市史里可能永远缺失了此类故事。

（一）扈累

扈累，京兆人，生活于东汉末年及曹魏时代，根据史书记载是贫寒之人。不是达官亦非显贵，却能名垂青史，此人必有非同寻常之处。

> 《魏略》又载扈累及寒贫者。累字伯重，京兆人也。初平中，山东人有青牛先生者，字正方，客三辅。晓知星历、风角、鸟情。常食青葙芫华。年似如五六十者，人或亲识之，谓其已百余岁矣。初，累年四十余，随正方游学，人谓之得其术。有妇，无子。建安十六年，三辅乱，又随正方南入汉中。汉中坏，正方入蜀，累与相失，随徙民诣邺，遭疾疫丧其妇。至黄初元年，又徙诣洛阳，遂不复娶妇。独居道侧，以甋砖为障，施一厨床，食宿其中。昼日潜思，夜则仰视星宿，吟咏内书。人或问之，闭口不肯言。至嘉平中，年八九十，裁若四五十者。县官以其孤老，给廪日五升。五升不足食，颇行佣作以禅粮，粮尽复出，人与不取。食不求美，衣弊缊，故后一二年病亡。①

这是《三国志》裴注中引用《魏略》的一段话，描述了扈累"传奇"的故事。扈累有一位老师，名叫青牛先生，知识渊博，以食青葙子和芫华（青葙子和芫华都是可入药的植物，不是日常饮食的作物）过活，年纪过百却只似五六十。扈累于东汉末年跟随师父游学，娶妻但无子；建安十六年（公元211年），曹操平关中，扈累为避战乱随师入汉中；蜀汉争夺汉中，其师入蜀，扈累辗转到了邺城，其间糟糠之妻死于疾病；曹魏初年入洛阳，独居于道路之旁极其简陋的房屋里，白天思考，夜观天象，吟咏方术及释道诸书，少与人交流，年八九十时似四五十，与其师颇为相似。县官给其粮食吃，一日五升不够吃，他就给人做雇工赚钱买粮食来贴补，不吃别人给予的施舍；一二年后，因饥寒交迫而病故。

扈累及其师均年至耄耋却看起来很年轻，身体健康，食量如年轻人，是高寿之人；不追求功名，不贪图富贵，生活简朴，但学识渊博；"吟咏内书"、食各种草药、多思不语。这师徒二人，大概是崇尚无为、与世无争的人生哲学，以此修炼得到高寿。据此难以判断二人是否信奉何种宗教，但这些特点也印证着这个时代的特征。东汉末年政治腐败，同时战乱频仍，门阀观念严重，致使士人纷纷避世。扈累有着渊博的学识，但对于时代的变化也一样无能为力，不能建功立业也不能称雄自顾，他只是个"贫寒者"，于是只好在这个动荡的时代寻找了这种生存方式。虽不能排除描述中的夸张成分，但扈

---

① 《三国志》卷一一《胡昭传》，第365页。

累及其师的传奇有显而易见的现实基础。

（二）栾文博

栾文博是建安年间长安的一位年高而博学的读书人，招收门徒，教授《诗》《书》。这些资料依然来自《三国志》引《魏略》：

> （寒贫者，本姓石，字德林，安定人也。建安初，客三辅。）是时长安有宿儒栾文博者，门徒数千，德林亦就学，始精《诗》《书》。①

《魏略》对栾文博的记叙非常简单，但是透过这只言片语，我们可以大胆的推测，在建安年间，虽然形势动乱，争斗不止，但是长安城内的文化生活不是完全终止的。仍然有读书人在动乱的间歇，在社会稍微稳定的时候，广收弟子，传播文化，进行文化活动。动荡的社会为什么还有这些事情？这也反映了当时社会的某些情况：第一，文化的传承不会因为社会形势的激荡而终止；第二，众多的门徒代表有众多的贫寒者，做门徒或许也是他们生存下去的一种办法，至少有住所有饭吃②，栾氏有如此多的门徒也是社会动荡的一个侧面反映；第三，与众多贫寒的门徒相比，栾氏在乱世还是过着比较安定的生活，生活在最底层的劳动人民才是社会动荡最大的受害者，在汉魏之际很多社会地位比较高的人还是有较好的境遇。

（三）刘仲始

刘仲始是东汉长安人，刘仲始虽然不在我们讨论的时段内，但由于他呈现了东汉年间一个普通百姓的故事，所以将刘仲始的故事放在此处，从中可见当时人的一些思想观念。刘仲始的记载不见于正史，《三国志·裴潜传》引鱼豢的《魏略》，刘仲始的故事出现在裴潜等十人的传记后的评论里：

> 鱼豢曰：世称君子之德其犹龙乎，盖以其善变也。昔长安市侩有刘仲始者，一为市吏所辱，乃感激，蹋其尺折之，遂行学问，经明行修，流名海内。后以有道征，不肯就，众人归其高。余以为前世偶有此耳，而今徐、严复参之，若皆非似龙之志也，其何能至于此哉？③

---

① 《三国志》卷一一《胡昭传》，第365页。
② 张敏在《魏晋南北朝门客阶层述论——以非卑微化门客为中心》一文中认为：魏晋以降，门阀士族兴起，尤其是东晋南朝，皇权相对比较微弱，士族门阀豢养了大量的门客。这些门客附于主人户籍，脱离国家的管辖，其中不少人被迫为士族从事农业生产，必须听从主人的役使和指挥。据此，学术界一般认为门客逐渐沦为部曲和佃客（李凭主编：《魏晋南北朝史研究：回顾与探索——中国魏晋南北朝史学会第九届年会论文集》，湖北教育出版社，2009年，第372页）。由此可知，在东汉末年门徒对主人的人身依附关系逐渐增强，因此可以认为门徒的衣食均有其主人提供。
③ 《三国志》卷二三《裴潜传》，第676页。

鱼豢说世人称赞君子的品德皆以龙为比喻，因为龙善于改变。从上述文字不难看出，所谓改变一定是向着更好的方向发展。刘仲始本来是长安市场中的买卖中间人，某次被管理市场的市吏羞辱之后很生气，便折断自己赖以谋生的尺子，以示改变的决心。从那以后，刘仲始便开始钻研学问，终有所成，著称海内，且气节高亮，朝廷征其为官而不就。

从这个故事里我们可以看到，东汉长安有市场，且有专门管理市场的市吏；除了专门从事商品买卖的商人外，作为买卖居间人的市侩，即牙侩，也是很普遍的职业。另外，从刘仲始做牙侩被人羞辱，而"行学问"后受人尊崇的故事里，看得出买卖中间人这样的职业社会地位是很低的，从商的人不如种地的农民，不如有技艺的匠人，更不如有学问的读书人。这个"弃商从文"的故事，处处透露着当时汉代人的思想观念，有趣却又是最常态的。

（四）隗禧

隗禧，京兆人，生活于汉魏两朝。关于隗禧的记载仅见于《三国志》裴注引《魏略》的内容，《魏略》将隗禧传列在"儒宗"目下。《魏略》作者鱼豢与隗禧相识，行文中有二人的对话，可见鱼豢对其故事的记载可靠性是很高的。

> 隗禧字子牙，京兆人也。世单家。少好学。初平中，三辅乱，禧南客荆州，不以荒扰，担负经书，每以采稆余日，则诵习之。太祖定荆州，召署军谋掾。黄初中，为谯王郎中。王宿闻其儒者，常虚心从学。禧亦敬恭以授王，由是大得赐遗。以病还，拜郎中。年八十余，以老处家，就之学者甚多。禧既明经，又善星官，常仰瞻天文，叹息谓鱼豢曰："天下兵戈尚犹未息，如之何？"豢又常从问《左氏传》，禧答曰："欲知幽微莫若《易》，人伦之纪莫若《礼》，多识山川草木之名莫若《诗》，《左氏》直相斫书耳，不足精意也。"豢因从问《诗》，禧说齐、韩、鲁、毛四家义，不复执文，有如讽诵。又撰作诸经解数十万言，未及缮写而得聋，后数岁病亡也。①

隗禧出自贫寒之家，并没有家学渊源，他渊博的学识完全来自自身的努力。董卓之乱时，隗禧像很多人一样避难荆州，但艰难的处境并没有阻碍他钻研经书。他每次出门采稆数日，仍不忘背负经书，活干完了，经书也背会了。后来曹操平定荆州，他曾应召为谋士。黄初年间，隗禧又做了谯王郎中，谯王听说隗禧很有学问，便虚心求教。隗禧也认真恭敬的教授，因此而得到赏赐。八十多岁时因病还家，继续教授学问，学生众

---

① 《三国志》卷一三《王朗传》，第422页。

多。《魏略》作者鱼豢也曾向隗禧请教过学问，鱼豢问《左传》，隗禧说学《易经》知幽微，学《礼》知人伦，学《诗经》知山川草木名物，而《左传》是记载战争的书，不必用心研究。鱼豢又问四家诗，隗禧建议其仅需背诵。晚年的隗禧，除了教授学生外，仍著书立说，阐述自己的经学认识，多达十万言，但因耳聋而不得完成，终怀恨而故。

隗禧的经历让我们又一次看到：在中国古代社会中儒士有着较高的社会地位，受到统治阶层的尊重。犹如东汉末年的栾文博，隗禧的学生也很多。在当时，除了官方的学府，民间的教育活动也未间断，且成为传统文化传承延续的一条重要途径。

（五）金旋

金旋，字元机，京兆人，是下文实施叛曹计划的金祎的父亲，事见《三国志》裴注引《三辅决录注》。

> 先主表琦为荆州刺史，又南征四郡。武陵太守金旋、长沙太守韩玄、桂阳太守赵范、零陵太守刘度皆降。《三辅决录注》曰：金旋字元机，京兆人，历位黄门郎、汉阳太守，征拜议郎，迁中郎将，领武陵太守，为备所攻劫死。子祎，事见《魏武本纪》。①

（六）金祎

金祎是汉末京兆人，世代为汉臣，忠诚有加。东汉末年，金祎感到汉室江山时日不多，但对汉室中兴抱有幻想，于是与众人结谋。建安二十三年（公元218年），吉邈等率千人烧时在许昌的丞相长史王必之营，金祎遣人为内应。②当时曹操在邺城，王必被留在许昌典农督许昌事，献帝亦在许昌。

> 《三辅决录注》曰：时有京兆金祎字德祎，自以世为汉臣，自日磾讨莽何罗，忠诚显著，名节累叶。睹汉祚将移，谓可季兴，乃喟然发愤，遂与耿纪、韦晃、吉本、本子邈、邈弟穆等结谋。纪字季行，少有美名，为丞相掾，王甚敬异之，迁侍中，守少府。邈字文然，穆字思然，以祎慷慨有日磾之风，又与王必善，因以间之，若杀必，欲挟天子以攻魏，南援刘备。时关羽强盛，而王在邺，留必典兵督许中事。文然等率杂人及家僮千余人夜烧门攻必，祎遣人为内应，射必中肩。必不知攻者为谁，以素与祎善，走投祎。夜唤德祎，祎家不知是必，谓为文然等，错应曰："王长史已死乎？卿曹事立矣！"必乃更他路奔。一日：

---

① 《三国志》卷三二《先主传》，第879—880页。
② 《三国志》卷一《武帝纪》，第50页。

必欲投祎，其帐下督谓必曰："今日事竟知谁门而投入乎？"扶必奔南城。会天明，必犹在，文然等众散，故败。后十余日，必竟以创死。

《献帝春秋》曰：收纪、晃等，将斩之，纪呼魏王名曰："恨吾不自生意，竟为群儿所误耳！"晃顿首搏颊，以至于死。《山阳公载记》曰：王闻王必死，盛怒，召汉百官诣邺，令救火者左，不救火者右。众人以为救火者必无罪，皆附左；王以为"不救火者非助乱，救火乃实贼也"。皆杀之。①

这是一个汉臣忠于汉室，不满于曹氏统治，名为叛汉实则是叛曹的历史事件。《三辅决录注》将事件的经过和背景阐述得比较详细：京兆金祎，世代为汉臣，从汉武帝后元元年（公元前88年）金日䃅讨莽何罗时始，以忠诚著称于世；建安年间，金祎感慨汉室江山的天祚将尽，于是寻求中兴之路，乃"与耿纪、韦晃、吉本、本子邈、邈弟穆等结谋"。当时，曹操在邺城，献帝在许，王必典农督许中事。吉邈率千余人在夜晚烧王必营，这千余人可不是什么正规武装，有闲杂人等和未成年的僮仆，但是由于有金祎作为内应，王必受伤逃出。王必本与金祎关系不错，想逃奔金祎家，金祎家人误以为是吉邈而说漏了嘴，王必乃另寻生路。还有另外的说法是王必在金祎部下的帮助下逃脱，但最后的结果是因伤而亡。

《三国志》裴注引《魏武故事》载，王必是曹操"披荆棘时吏"，曹操认为王必"忠能勤事，心如铁石，国之良吏"②，而金祎却对汉室"忠诚显著，名节累叶"。所以尽管王必素与金祎善，但在到底忠于谁的问题上，二人就站在了敌对的位置上。而《三国志》裴注所引《献帝春秋》里耿纪的说辞，看得出耿纪、韦晃对此事是十分后悔的，整个事件里主角是吉邈，金祎也仅仅是内应的角色。金祎或许是抱着侥幸的心理，希望通过此一击而扭转曹魏代汉的局势，或许是他对汉室十分忠诚，也或许是他政治上不够成熟，竟然以为一个吉邈带领一群杂人和僮仆就能够掌控许昌的局势，进而奢望攻曹氏，援助刘备，实现汉室中兴。历史证明吉邈、金祎的谋略仅此而已。

（七）赵岐

赵岐，字邠卿，京兆长陵人，下述赵戬为赵岐从子。《后汉书》为赵岐立传，《三国志》裴注、赵岐的著述《三辅决录》的辑佚本里也有关于他记载。严格来讲，赵岐为东汉人，他生活在安帝到献帝之时，建安六年（公元201年）以90余岁高龄辞世。但是献帝

---

① 《三国志》卷一《武帝纪》，第50页。
② 《三国志》卷一《武帝纪》，第50页。

西迁之后,赵岐仍有丰富的事迹,因此,我们主要对赵岐在献帝西迁后的史实进行叙述。

赵岐早年仕州郡,任司空掾、京兆郡功曹,因得罪京兆尹而携从子赵戬逃亡北海;后得擢升任并州刺史,还没上任便因党事被免;灵帝时复遭党锢之祸;中平年间,赴任敦煌太守,途中遭贼劫持,后辗转逃脱返回长安。献帝西迁前赵岐的经历堪称坎坷,更早之前,赵岐还曾身染大病,卧床7年,直到献帝西迁,才过上了安稳的生活。

赵岐随献帝西迁至长安,先是任议郎,后又迁太仆。董卓死后,长安事专于李傕,赵岐按李傕令作为太傅马日磾之副使巡行抚慰天下。巡行途中,赵岐暂时安抚了争夺冀州的袁绍、曹操、公孙瓒,"是时袁绍、曹操与公孙瓒争冀州,绍及操闻岐至,皆自将兵数百里奉迎,岐深陈天子恩德,宜罢兵安人之道,又移书公孙瓒,为言利害。绍等各引兵去,皆与岐期会洛阳,奉迎车驾"①。兴平年间,赵岐又被遣至荆州,"督租粮"②,因老病而留荆州。《三国志》裴注引《魏略·勇侠传》讲述孙宾硕故事时,也提到了太仆赵岐持节安抚天下,与孙宾硕相遇。

> 孙宾硕者,北海人也,家素贫。……初平末,宾硕以东方饥荒,南客荆州。至兴平中,赵岐以太仆持节使安慰天下,南诣荆州,乃复与宾硕相遇,相对流涕。岐为刘表陈其本末,由是益礼宾硕。顷之,宾硕病亡,岐在南,为行丧也。③

这里的孙宾硕便是赵岐、赵戬叔侄二人逃亡北海时,将赵岐"迎入上堂,飨之极欢。藏岐复壁中数年"④的北海孙宾硕,只是《魏略》与《后汉书》对此人名字记述有出入,《三辅决录》辑佚本里,孙嵩仍然称自己为"北海孙宾硕"⑤。从成书时间来看,《三辅决录》与《魏略》早于《后汉书》,则可以推断"孙宾石"为"孙宾硕"的错讹。

见到昔日恩人逃荒而客居荆州,赵岐自是感激涕零。于是,赵岐将此事禀明刘表,自此孙宾硕得到礼遇。等到后来孙宾硕病故,赵岐为其行丧,视其为亲人。

建安年间,赵岐受孔融举荐,拜为太常。建安六年(公元201年),90余岁而卒。除了这些传奇经历,赵岐平生多有著述,现在我们可见的有《孟子章句》《三辅决录》,其中,《三辅决录》是研究长安城的重要资料。史书里还记载赵岐在创作《三辅决录》时,让同郡人严象阅读,"象同郡赵岐作《三辅决录》,恐时人不尽其意,故隐

---

① 《后汉书》卷六四《赵岐传》,第2123—2124页。
② 《后汉书》卷六四《赵岐传》,第2124页。
③ 《三国志》卷一八《阎温传》,第552页。
④ 《后汉书》卷六四《赵岐传》,第2123页。
⑤ 〔汉〕赵岐撰:《三辅决录》卷一,〔晋〕挚虞注,〔清〕张澍辑,陈晓捷注,三秦出版社,2006年,第2页。

其书,唯以示象"①。

(八)赵戬

赵戬,字叔茂,京兆长陵人,为赵岐从子,汉末及曹魏时历任尚书选部郎、平陵令、五官将司马、丞相长史等;三辅乱时,曾客荆州为刘表宾客,曹操平荆州后,又为曹操掾属。

> (王)允时年五十六。长子侍中盖、次子景、定及宗族十余人皆见诛害,唯兄子晨、陵得脱归乡里。天子感恸,百姓丧气,莫敢收允尸者,唯故吏平陵令赵戬弃官营丧。
>
> ……
>
> 赵戬字叔茂,长陵人,性质正多谋。初平中,为尚书,典选举。董卓数欲有所私授,戬辄坚拒不听,言色强厉。卓怒,召将杀之,众人悚栗,而戬辞貌自若。卓悔,谢释之。长安之乱,客于荆州,刘表厚礼焉。及曹操平荆州,乃辟之,执戬手曰:"恨相见晚。"卒相国钟繇长史。②

以上是《后汉书·王允传》的记载,《三国志》裴注里引用《典略》与此大同小异,可能存在互相参考的现象,其记载如下:

> 《典略》曰:赵戬,字叔茂,京兆长陵人也。质而好学,言称《诗》《书》,爱恤于人,不论疏密。辟公府,入为尚书选部郎。董卓欲以所私并充台阁,戬拒不听。卓怒,召戬欲杀之,观者皆为戬惧,而戬自若。及见卓,引辞正色,陈说是非。卓虽凶戾,屈而谢之。迁平陵令。故将王允被害,莫敢近者,戬弃官收敛之。三辅乱,戬客荆州,刘表以为宾客。曹公平荆州,执戬手曰:"何相见之晚也!"遂辟为掾。后为五官将司马,相国钟繇长史,年六十余卒。③

赵戬好学,言语间常引《诗》《书》,还乐意爱护怜惜别人,是个天性质朴善良的人。赵戬曾不惧董卓强权淫威,坚持正义。东汉末年,董卓想使自己亲近之人进入尚书台,当时董卓权倾一时,但赵戬秉性纯良耿直,坚决不同意,这是很多大臣无法做到的。董卓得知十分恼火,盛怒之下想要杀掉赵戬,其他围观的人都替他担心,觉得他凶多吉少。但赵戬却泰然自若,见到董卓,义正词严为其陈述利弊对错,使得气焰凶戾的董卓只好妥协致歉。赵戬后来不但没有受到排挤,还迁任了平陵令。

---

① 《三国志》卷一〇《荀彧传》,第312页。
② 《后汉书》卷六六《王允传》,第2177—2178页。
③ 《三国志》卷三二《先主传》,第883页。

董卓死后，郭汜、李傕为祸长安，杀害了司徒王允，长安城内，人人自危，更谈不上有人为王允收尸，只有赵戬弃官不做，替王允收殓，这些足见赵戬鲜明的个性。曹操对这位耿直的义士也甚是欣赏，在荆州见到避难的赵戬时，握着赵戬的手感慨相见恨晚。从这些小故事里，可以知道赵戬是汉末曹魏时一位有操行、能明辨是非、有正义感的义士。

裴注还引用了《傅子》的一段关于赵戬的记载，《傅子》是魏晋之际的学者傅玄的作品：

> 《傅子》曰：初，刘备袭蜀，丞相掾赵戬曰："刘备其不济乎？拙于用兵，每战则败，奔亡不暇，何以图人？蜀虽小区，险固四塞，独守之国，难卒并也。"徵士傅干曰："刘备宽仁有度，能得人死力。诸葛亮达治知变，正而有谋，而为之相；张飞、关羽勇而有义，皆万人之敌，而为之将：此三人者，皆人杰也。以备之略，三杰佐之，何为不济也？"[1]

这段话里展现的是赵戬本人对刘备及其欲据蜀地而自立的形势的认识。赵戬认为刘备本人能力有限，但蜀地险固，刘备难以夺下；傅干则分析了刘备的优势，有诸葛亮、关羽、张飞的辅佐，定能夺蜀。历史的发展验证了傅干的说法，赵戬显然是轻视了刘备的势力。刘备或许才能不足，但万不能低估刘氏手下的谋臣、大将。赵戬对蜀地的认识是有道理的，但也正是蜀地的诸多优势，使得四处奔亡的刘备势必要拿下它，作为自立的据点。

（九）鲍出

鲍出，字文才，京兆新丰人，生活在汉魏两朝。鲍出不是官宦，亦非儒士，没有建功立业，也没有学富五车，但却被史书记载了下来。鲍出传记出自《三国志》裴注引《魏略·勇侠传》，鱼豢说他"不染礼教，心痛意发，起于自然，亦虽在编户，与笃烈君子何以异乎"[2]，鲍出身上少有礼教的束缚，他的想法做法完全出自内心，虽然只是普通百姓，却是个诚厚刚正的君子。鲍出不仅果敢侠义，且善事父母，史书中详细记载了鲍出为救母亲的果敢行为。

> 鲍出字文才，京兆新丰人也。少游侠。兴平中，三辅乱，出与老母兄弟五人家居本县，以饥饿，留其母守舍，相将行采蓬实，合得数升，使其二兄初、雅及其弟成持归，为母作食，独与小弟在后采蓬。初等到家，而啖人贼数十人已略其母，以绳贯其手掌，驱去。初等怖恐，不敢追逐。须臾，出从后到，知

---

[1] 《三国志》卷三二《先主传》，第883页。
[2] 《三国志》卷一八《阎温传》，第553—554页。

母为贼所略，欲追贼。兄弟皆云："贼众，当如何？"出怒曰："有母而使贼贯其手，将去煮啖之，用活何为？"乃攘臂结衽独追之，行数里及贼。贼望见出，乃共布列待之。出到，回从一头斫贼四五人。贼走，复合聚围出，出跳越围斫之，又杀十余人。时贼分布，驱出母前去。贼连击出，不胜，乃走与前辈合。出复追击之，还见其母与比舍妪同贯相连，出遂复奋击贼。贼问出曰："卿欲何得？"出责数贼，指其母以示之，贼乃解还出母。比舍妪独不解，遥望出求哀。出复斫贼，贼谓出曰："已还卿母，何为不止？"出又指求哀妪："此我嫂也。"贼复解还之。出得母还，遂相扶侍，客南阳。建安五年，关中始开，出来北归，而其母不能步行，兄弟欲共舆之。出以舆车历山险危，不如负之安稳，乃以笼盛其母，独自负之，到乡里。乡里士大夫嘉其孝烈，欲荐州郡，郡辟召出，出曰："田民不堪冠带。"至青龙中，母年百余岁乃终，出时年七十余，行丧如礼，于今年八九十，才若五六十者。①

鲍出少年时便豪爽好交游，是个轻生重义的游侠。东汉兴平年间，三辅乱，鲍出便与老母亲和四个兄弟在新丰县生活。一家人因为没有足够的粮食而挨饿，兄弟五人便将母亲独自留在家中，一同出去采集莲蓬充饥。采够几升后，鲍出便让两位哥哥鲍初、鲍雅和弟弟鲍成先带着采到的食物回家赶紧给母亲吃，自己和最小的弟弟再采一些。鲍初等三人回到家，发现母亲被专门吃人的强盗抓走了。强盗用绳子穿过其母亲的手掌将其带走，兄弟几人觉得很恐怖，不敢追赶。不一会，鲍出回来了，知道了强盗的事，要去追赶贼寇。但他的兄弟们以盗贼人数众多来劝说他。鲍出非常生气，说："我们的母亲被强盗穿手劫走，就要被他们煮来吃掉，我们还怕什么死呢？"于是推开兄弟们便追出门去，追出几里后赶上强盗了。鲍出追近强盗，拿出刀一口气砍了四五个人。盗贼见状，四散而开，后又将鲍出团团包围，鲍出突出包围又砍杀了十多个人。这时盗贼改变策略，分头行动，一部分人驱赶着鲍母继续前进，剩下的拦截鲍出，与鲍出交手不得胜，便追赶上前面的人。鲍出又追击众贼，看到母亲和邻居家老妇被贯手相连，继续进攻贼寇。贼寇无奈问鲍出："你到底想要干什么？"鲍出大骂，要求放回母亲，这群盗贼也无力与鲍出纠缠，就放了鲍母。邻居家的老妇远远望着鲍出，眼睛露出哀伤的渴求。鲍出又挥动他的大刀，盗贼不解说："你的母亲已经放了，为什么还不停手？"鲍出又要求放了那个老妇，称是自己的嫂子，盗贼又放了老妇。鲍出救母后，一家客居南阳避难。

---

① 《三国志》卷一八《阎温传》，第553页。

建安五年的时候，关中形势稍稍安定，鲍出一家欲北归。鲍母不能行走，兄弟们打算用车载母亲前行。鲍出认为山路崎岖，用车不如自己背着母亲安稳，于是编了竹笼，母亲坐在里面，鲍出一人背着回到关中。乡里的士大夫为了嘉奖鲍出的孝义节烈，举荐鲍出当官，郡里授官的命令已到，鲍出却拒绝道："我一个农家人受不起官职呀！"

青龙年间，鲍出的母亲以百岁高龄辞世，其母这等高寿想必与鲍出无微不至的照料有着密切的关系。此时的鲍出也已经年逾古稀了，他按照礼节操办母亲的丧礼，毫不马虎。鲍出自己也是高寿之人，到了耄耋之年，看起来也不过五六十。

（十）韦端

韦端，字休甫，京兆人，汉末名士，东汉末年曾任凉州刺史、凉州牧以及太仆，正史中没有韦端的传记，同时《三国志》裴注所引用资料里也没有韦端的传记，仅在记载他人时有所涉及，《后汉书》也仅引用了《典略》的一段，清代张澍辑佚的《三辅决录》里有两条记载。这些仅有的资料里，提到了韦端、韦休甫、韦甫休三个名字，但《三国志》裴注、《后汉书》提到韦端的均未提其字休甫，提到韦休甫的均未说与韦端为同一人，只有《三辅决录》的记载略有不同，"上计掾杜陵韦端字甫休，仕至凉州牧、太尉。同郡齐名，时人谓之'京兆三休'，并以光武元年察举"[①]，"第五种子巡，字文休，辟太尉掾，与杜陵金敞、韦端齐名，时人号之'京兆三休'"。张澍按："《典略》云：'金元休名尚，京兆人。同郡韦甫休、第五文休俱著名，号为"三休"。'"《三国志·张邈传》[②]和《后汉书·吕布传》[③]与张澍同样引用了《典略》关于"京兆三休"的记载，与张澍引用的内容出入不大，但"韦甫休"均写作"韦休甫"。考虑到《三辅决录》为清代学者从前代书籍中辑佚而出，且先前已有金尚错写成"金敞"之例，笔者认为"韦甫休"是引用错误，准确的是：韦端字休甫，是汉末"京兆三休"中的韦休甫，也是任过凉州刺史的韦端。

又《三国志·荀彧传》裴注引用《三辅决录注》载："（韦）康字元将，亦京兆人。孔融与康父端书曰：'前日元将来，渊才亮茂，雅度弘毅，伟世之器也。昨日仲将又来，懿性贞实，文敏笃诚，保家之主也。不意双珠，近出老蚌，甚珍贵之。'端从凉州牧征为太仆，康代为凉州刺史，时人荣之。"[④]凉州牧韦端，与之后的凉州刺史韦康为父子关系。

---

① 《三辅决录》卷二，第37页。
② 《三国志》卷七《张邈传》，第223页。
③ 《后汉书》卷七五《吕布传》，第2447页。
④ 《三国志》卷一〇《荀彧传》，第312—313页。

虽然韦端没有传记，但其在东汉末年尤其是我们关注的献帝时期，所任职务还是比较明确的。如《三辅决录》所述，韦端早年任上计掾，处理上计事务；后"端从凉州牧征为太仆，康代为凉州刺史"，此一句，我们可知韦端任凉州牧时亦是凉州刺史，卸任这两个职务后任太仆。《三国志·杨阜传》载："杨阜字义山，天水冀人也。以州从事为牧韦端使诣许，拜安定长史。"①杨阜为天水人，承接上文可知，杨阜任职凉州从事，此时的韦端为凉州牧。《三国志·马超传》裴注引《典略》曰："建安之初，国家纲纪始弛，乃使司隶校尉钟繇、凉州牧韦端和解之。"②显然，建安初，韦端任凉州牧。此外，严耕望先生在《两汉太守刺史表》里论述："韦端——京兆人。建安十年或稍前由凉州牧迁太仆。（《三辅决录》《魏志》卷二五《杨阜传》）"③。清代学者万斯同在《三国汉季方镇年表》里认为：韦端，灵帝中平六年（公元189年）开始任凉州刺史，建安三年（公元198年）加州牧，一直到建安七年（公元202年）。④

（十一）韦康

韦康，京兆人，韦端之子，曾任凉州刺史，后被马超围杀。韦康为荀彧推荐，《三国志·荀彧传》载："太祖以彧为知人，诸所进达皆称职，唯严象为扬州，韦康为凉州，后败亡。"⑤《后汉书·荀彧传》也有类似的记载。严耕望《两汉太守刺史表》论述："韦康（元将）——京兆人，端之子，继端任。至建安十六七年为马超所杀。"⑥清代学者万斯同《三国汉季方镇年表》认为：建安十二年（公元207年）曹操署韦康为凉州刺史，建安十八年（公元213年），韦康为马超所攻，出降被杀。韦康继父为凉州刺史的史实基本确定，但其父韦端离任凉州刺史的时间不是十分准确，如前文所述，严耕望认为在建安十年或稍前，而万斯同认为在建安七年。关于韦康的上任时间严先生没有确定，而万斯同将其定在建安十二年，根据现有的史料，这个时间暂时无法确定。

韦康被马超围杀的史实是确定的。《三国志·夏侯渊传》载："马超围凉州刺史韦康于冀，渊救康，未到，康败。"⑦《三国志·马超传》里亦载："超果率诸戎以击陇上郡县，陇上郡县皆应之，杀凉州刺史韦康，据冀城，有其众。"⑧韦康被马超围，向夏

---

① 《三国志》卷二五《杨阜传》，第700页。
② 《三国志》卷三六《马超传》，第945页。
③ 严耕望：《两汉太守刺史表》，第319页。
④ 《三国汉季方镇年表》，见《三国志补编》（据开明书店版影印），第15—20页。
⑤ 《三国志》卷一〇《荀彧传》，第311页。
⑥ 《两汉太守刺史表》，第319页。
⑦ 《三国志》卷九《夏侯渊传》，第270—271页。
⑧ 《三国志》卷三六《马超传》，第946页。

侯渊求救，未及援军赶到，韦康便败。而《资治通鉴》记此事发生的时间是建安十八年（公元213年）①，并记载了马超围冀的全过程。《后汉书·孝献帝纪》则记："（建安十七年）八月，马超破凉州，杀刺史韦康。"②显然，二者在时间上有出入，难以判断。详细比较了《资治通鉴》《后汉书》后，发现前后几年的事件多有矛盾，甚至与《三国志》也不尽相同。目前，在没有找到更新的资料前，韦康的被害时间难以确定。

韦康在凉州刺史任上的事迹记载很少，我们仅能从现有的史料里进行推测。

韦元将身长八尺五寸，为郡主簿。杨彪称曰："韦主簿年虽少，有老成之风，昂昂如千里之驹。"（《太平御览》引《决录》）③

《三辅决录注》曰：……康字元将，亦京兆人。孔融与康父端书曰："前日元将来，渊才亮茂，雅度弘毅，伟世之器也。昨日仲将又来，懿性贞实，文敏笃诚，保家之主也。不意双珠，近出老蚌，甚珍贵之。"端从凉州牧征为太仆，康代为凉州刺史，时人荣之。后为马超所围，坚守历时，救军不至，遂为超所杀。仲将名诞，见《刘邵传》。④

皇甫谧《列女传》曰：姜叙母者，天水姜伯奕之母也。建安中，马超攻冀，害凉州刺史韦康，州人凄然，莫不感愤。……臣松之案：……及超攻急，城中饥困，刺史韦康素仁，愍吏民伤残，欲与超和。⑤

韦康即韦元将，身长八尺五寸，做过郡主簿，如上引文所述，杨彪对其赞赏有加，认为其少年老成，有千里马之风格。

韦康还有一个弟弟韦诞，即韦仲将。孔融曾写信与其父韦端，评论其儿子：韦诞是保家之主，而韦康是伟世之器；其中韦康才能渊博出众，风度高雅，抱负远大，意志坚定，一定能成为光大时代的人物。孔融的这等赞许可以说是很高的，先不考虑这些话语有没有夸张的成分，但至少可以说明韦康有着不错的天资。韦康、韦诞二兄弟让孔融说出了"不意双珠，近出老蚌，甚珍贵之"的名句，"老蚌生珠"一词也便出于此。

此外，《三国志》裴注引用了皇甫谧的《列女传》，在记载姜叙之母时提到了韦康，姜叙的姑子便是韦康的手下杨阜，原文说："马超攻冀，害凉州刺史韦康，州人凄

---

① 《资治通鉴》卷六六，汉献帝建安十八年七月，第2121—2122页。
② 《后汉书》卷九《孝献帝纪》，第386页。
③ 《三辅决录》卷二，第69页。
④ 《三国志》卷一〇《荀彧传》，第312—313页。
⑤ 《三国志》卷二五《杨阜传》，第702页。

然，莫不感愤。"韦康的被害，令凉州百姓十分伤心，感到愤慨，可见韦康在凉州的治理一定程度上得到了民心。裴松之在引用完姜母的故事后亦言："及超攻急，城中饥困，刺史韦康素仁，愍吏民伤残，欲与超和。"①这里说的是韦康为官时一向仁爱，当马超围困冀城时，城中粮食短缺，韦康怜惜百姓官吏们受到伤害，想向马超求和。裴松之的评论恰当地解释了为什么韦康被杀后凉州百姓如此伤心愤慨，可见孔融所谓的"渊才亮茂，雅度弘毅"的评价是比较恰当真实的。

（十二）韦诞

韦诞，字仲将，京兆人，韦端之子，韦康之弟。韦康被孔融称为"伟世之器"，而韦诞是"懿性贞实，文敏笃诚，保家之主也"，这是称赞韦诞德行美好忠信诚实，又天资聪颖，是敏而有德之士，以后能为韦氏家族保住家业，显然韦诞与其兄韦康性格、经历都有所差别。韦诞曾任光禄大夫，但其最为后世称道的是其在书法上的造诣。

《文章叙录》曰：诞字仲将。太仆端之子。有文才，善属辞章。建安中，为郡上计吏，特拜郎中，稍迁侍中中书监，以光禄大夫逊位，年七十五卒于家。初，邯郸淳、卫觊及诞并善书，有名。觊孙恒撰《四体书势》，其序古文曰……敬侯谓觊也。其序篆书曰："秦时李斯号为工篆，诸山及铜人铭皆斯书也。汉建初中，扶风曹喜少异于斯而亦称善。邯郸淳师焉，略究其妙。韦诞师淳而不及也。太和中，诞为武都太守，以能书留补侍中，魏氏宝器铭题皆诞书云。汉末又有蔡邕采斯、喜之法，为古今杂形，然精密简理不如淳也。"其序录隶书，已略见《武纪》。又曰："师宜官为大字，邯郸淳为小字。梁鹄谓淳得次仲法，然鹄之用笔尽其势矣。"其序草书曰："汉兴而有草书，不知作者姓名。至章帝时，齐相杜度号善作篇。后有崔瑗、崔寔亦皆称工。杜氏结字甚安而书体微瘦，崔氏甚得笔势而结字小疏。弘农张伯英者因而转精其巧。凡家之衣帛，必书而后练之，临池学书，池水尽黑。下笔必为楷则，号'匆匆不暇草'寸纸不见遗，至今世人尤宝之，韦仲将谓之草圣。伯英弟文舒者，次伯英。又有姜孟颖、梁孔达、田彦和及韦仲将之徒，皆伯英弟子，有名于世，然殊不及文舒也。"②

这是《三国志》裴注引用的《文章叙录》，此处称韦诞有文才，擅长于文字辞章；曾任郡上计吏、郎中、侍中中书监、光禄大夫。文中称韦诞与邯郸淳、卫觊同因书法而

---

① 《三国志》卷二五《杨阜传》，第703页。
② 《三国志》卷二一《刘劭传》，第621页。

出名，并详细引用了卫觊之孙卫恒的《四体书势》序，来阐述上述诸位在当时书法界的地位和他们的书法造诣。从《四体书势》序言里，我们可以知道，韦诞工于书法，尤以篆书著称，魏世宝器题铭皆出自韦诞之手。同时，韦诞跟随草书大师张伯英学习草书。如若卫恒所称为真，那韦诞也算得上是曹魏时代的书法名家了。《四体书势》的序文里提到四种字体为古文、篆、隶、草，其中古文和隶书里没有提及韦诞，隶书序没有完全收录，在《武帝纪》里的部分也没有提到韦诞①。篆，秦李斯作篆书，汉曹喜略有不同但仍被认同。邯郸淳学习的便是曹喜的篆书，大概领悟到曹氏篆书的精妙。韦诞以邯郸淳为师，但水平在其师之下。魏明帝太和年间，韦诞为武都太守，因为善于书法而留补侍中，曹魏国之祭器上书篆文皆出自韦诞之手。可见虽然韦诞水平在邯郸淳之下，但也是有相当高的造诣，连象征王权的宝器都由其书写。而且当时善于写篆书的人并非仅有韦诞一人，著名书法家蔡邕亦习篆书，他兼采李斯、曹喜的书法，但卫恒评价不如邯郸淳。看来邯郸淳的篆书为最佳。草书，卫恒曰始自汉初无名氏，又提到了杜度、崔瑗、崔寔擅长草书，且各有特点。评价最为详尽的是弘农张伯英，张氏练习刻苦，造诣很高，韦诞称其为草圣，韦诞同其他数人均为张伯英之弟子，习练草书。另有张伯英之弟张文舒，水平次于伯英但高于韦诞等一干弟子。

《三辅决录》又载：

> 韦诞字仲将。除武都太守，以能书不得之郡，转侍中，典作《魏书》，号《散骑书》，一名《大魏书》，凡五十篇。洛阳邺、许二都始成，命诞铭题，以为永制。以御笔墨皆不任用，因奏曰："夫工欲善其事，必先利其器。用张芝笔、左伯纸及臣墨（张澍注：一引有皆古法三字），兼此三具，又得臣手，然后可以逞（张澍注：一作尽）径丈之势，方寸千言。"（《太平御览》引《决录》）②

据此，则韦诞又擅长辞章，文才突出。

韦氏父子三人，各自经历不同，又独具个性。孔融眼光独到，预测到了韦氏兄弟的出众之处。韦康、韦诞兄弟二人也是没有辜负孔融"双珠"的盛赞，各有所成。

（十三）严象

严象，字文则，京兆人，曾任扬州刺史。《三国志·荀彧传》引《三辅决录》云："（严象）少聪博，有胆智。以督军御史中丞诣扬州讨袁术，会术病卒，因以为扬州刺

---

① 《三国志》卷一《武帝纪》，第31页。
② 《三辅决录》卷二，第68页。

史。"①扬州刺史任上,严象曾举茂才,"(太祖)乃以弟女配策小弟匡,又为子章娶贲女,皆礼辟策弟权、翊,又命扬州刺史严象举权茂才"②。严象为荀彧推荐,《三国志·荀彧传》载:"太祖以彧知人,诸所进达皆称职,唯严象为扬州,韦康为凉州,后败亡。"③又《后汉书·祢衡传》载:"近日路粹、严象,亦用异才擢拜台郎,衡宜与为比。"④据上,我们可知严象曾任尚书郎、督军御史中丞及扬州刺史。

建安五年,严象为孙策庐江太守李述所杀,"后孙策所置庐江太守李述攻杀扬州刺史严象,庐江梅乾、雷绪、陈兰等聚众数万在江、淮间,郡县残破"⑤,年仅38岁。

《三国志·王粲传》引《典略》记严象之名为"严像","粹字文蔚,少学于蔡邕。初平中,随车驾至三辅。建安初,以高才与京兆严象擢拜尚书郎"⑥,应误。

(十四) 贾洪

贾洪,字叔业,京兆新丰人。与上文隗禧一样被列于《魏略》的"儒宗"目下,《三国志》裴注对《魏略》的引用是关于贾洪的仅有史料。《魏略》载曰:

> 贾洪,字叔业,京兆新丰人也。好学有才,而特精于《春秋左传》。建安初,仕郡,举计掾,应州辟。时州中自参军事以下百余人,唯洪与冯翊严苞(交)[文]通才学最高。洪历守三县令,所在辄开除厩舍,亲授诸生。后马超反,超劫洪,将诣华阴,使作露布。洪不获已,为作之。司徒钟繇在东,识其文,曰:"此贾洪作也。"及超破走,太祖召洪署军谋掾。犹以其前为超作露布文,故不即叙。晚乃出为阴泉长。延康中,转为白马王相。善能谈戏。王彪亦雅好文学,常师宗之,过于三卿。数岁病亡,亡时年五十余,时人为之恨仕不至二千石。而严苞亦历守二县,黄初中,以高才入为秘书丞,数奏文赋,文帝异之。出为西平太守,卒官。⑦

贾洪勤奋好学而又有才学,他研究最精的是《春秋左传》。建安初,贾洪任职州中,当时贾洪与严苞的才学是州中参军以下百余人中最高的。贾洪曾任过三任县令,每到一县,他便开办学校,亲自为学生授课。贾洪不仅才学高深,而且任父母官时重视当地教育的发展,亲自教授课程,而不是恃才自傲。马超谋反时,贾洪被其劫持,马超强

---

① 《三国志》卷一〇《荀彧传》,第312页。
② 《三国志》卷四六《孙破虏讨逆传》,第1104页。
③ 《三国志》卷一〇《荀彧传》,第311页。
④ 《后汉书》卷八〇《祢衡传》,第2654页。
⑤ 《三国志》卷一五《刘馥传》,第463页。
⑥ 《三国志》卷二一《王粲传》,第602—603页。
⑦ 《三国志》卷一三《王朗传》,第421页。

令贾洪作征讨檄文。贾洪在逼不得已的情况写下了檄文。司徒钟繇拿到该檄文时，认出了出自贾洪之手。大概是因为贾洪的文字出色，其文章特色多被人知的缘故。马超败走后，曹操因为见过贾洪替马超所写檄文，对他甚是赏识，所以召贾洪为其参谋。这里足见贾洪这一篇檄文的出色，使其受到了曹操的重视。

之后，贾洪曾任过阴泉长，延康年间，又为白马王曹彪相。曹彪喜好文学，常常求教于贾洪，以贾洪为师，对贾洪的尊崇超过了三卿。贾洪死时五十余岁，他一生才学出众，却仕途平淡，至死不至两千石，时人为之惋惜。

（十五）脂习

脂习，字元升，京兆人，脂习的记载亦见于《三国志》裴注所引《魏略》。鱼豢将脂习、王脩、庞淯、文聘、成公英、郭宪、单固七人列为一传，其中王脩、庞淯、文聘三人在《三国志》中各自为传，成公英传见于《张既传》，单固传见于《王凌传》，余脂习、郭宪二人列在《三国志·王脩传》①后。原文如下：

> 脂习，字元升，京兆人也。中平中仕郡，公府辟，举高第，除太医令。天子西迁及东诣许昌，习常随从。与少府孔融亲善。太祖为司空，威德日盛，而融故以旧意，书疏倨傲。习常责融，欲令改节，融不从。会融被诛，当时许中百官先与融亲善者，莫敢收恤，而习独往抚而哭之曰："文举，卿舍我死，我当复与谁语者？"哀叹无已。太祖闻之，收习，欲理之，寻以其事直见原，徙许东土桥下。习后见太祖，陈谢前愆。太祖呼其字曰："元升，卿故慷慨！"因问其居处，以新移徙，赐谷百斛。至黄初，诏欲用之，以其年老，然嘉其敦旧，有栾布之节，赐拜中散大夫。还家，年八十余卒。②

《后汉书·孔融传》中也有类似记载，但不如上文详尽：

> 初，京兆人脂习元升，与融相善，每戒融刚直。及被害，许下莫敢收者，习往抚尸曰："文举舍我死，吾何用生为？"操闻大怒，将收习杀之，后得赦出。③

脂习，中平年间，得以任职郡内，公府征召推举官员，脂习因为表现优异，任太医令（太医令为东汉少府属下设官员）。汉献帝迁都长安以及后来迁回许昌时，脂习一直追随其后。这也就意味着脂习在初平和兴平年间，在长安城内供职。脂习与少府孔融关系亲善。献帝回迁许昌后不久，曹操任司空，权威日渐提高，但孔融仍然以之前的方

---

① 《三国志》卷一一《王脩传》，第349页。
② 《三国志》卷一一《王脩传》，第349页。
③ 《后汉书》卷七〇《孔融传》，第2279页。

式行事，奏疏仍旧傲慢自大。脂习常常告诫孔融，想让孔融有所收敛，但是孔融依旧故我，恃才负气。最后，孔融终因反对曹操，激怒曹操而被杀，株连全家。当时许昌的官吏，平素与孔融亲近的人，没有人敢去收殓。只有脂习一人抚着孔融的尸体痛哭，口中念着："文举呀，你撇下我死了，我还能和谁说话呢？"孔融因开罪曹操而被处死，大家都不敢靠近，以免受其牵连。而脂习却不顾后果痛哭孔融，其一反映的是二人交情之深，脂习视孔融为知己；其二可看出的是脂习为人重情重义，秉性耿直纯良。

当然，脂习也为他的行为付出了代价。曹操听说此事后，收押了脂习，一度准备处死他，但是后来考虑到脂习向来做事坦率而原谅了他，迁他到许昌东土桥下以示惩戒。后来脂习见到曹操，为之前的过分行为谢罪。曹操说："元升呀，你向来是正气激昂呀！"于是问他现在的住所，令他迁了新的住所，赐谷百斛。

黄初年间，朝廷想重新召其做官，但脂习年事已高。又因为他敦睦故旧，有栾布的节义，拜中散大夫，还家，活到八十余岁。

（十六）金尚

金尚，字元休，东汉京兆杜陵人。金元休是汉末的名士，曾依附于袁术。关于金元休的记载也都出现在《三国志》裴注引用的其他史料里。《后汉书·吕布传》也引用了《典略》的同一段内容，除了个别文字有出入，内容完全相同①。

> 《英雄记》曰：布初入徐州，书与袁术。术报书曰："……昔将金元休向兖州，甫诣（封部）[封丘]，为曹操逆所拒破，流离迸走，几至灭亡。将军破兖州，术复明目于遐迩，其功二也。……将军有三大功在术，术虽不敏，奉以生死。将军连年攻战，军粮苦少，今送米二十万斛，迎逢道路，非直此止，当骆驿复致，若兵器战具，它所乏少，大小唯命。"②

> 《典略》曰：元休名尚，京兆人也。尚与同郡韦休甫，第五文休俱著名，号为三休。尚，献帝初为兖州刺史，东之郡，而太祖已临兖州。尚南依袁术。术僭号，欲以尚为太尉，不敢显言，私使人讽之，尚无屈意，术亦不敢强也。建安初，尚逃还，为术所害。其后尚丧与太傅马日磾丧俱至京师，天子嘉尚忠烈，为之咨嗟，诏百官吊祭，拜子玮郎中，而日磾不与焉。③

《三辅决录》辑佚本卷二中有名曰金敞者的简单传记，根据事迹可以判断与金尚为

---

① 《后汉书》卷七五《吕布传》，第2447页。
② 《三国志》卷七《张邈传》，第223页。
③ 《三国志》卷七《张邈传》，第223页。

同一人，现在将原文引用如下：

> 孝廉杜陵金敞字元休，位至兖州刺史。上计掾长陵第五巡字文休，兴先之子。
>
> 兴先名种，司空伯鱼之孙，名士也。上计掾杜陵韦端字甫休，仕至凉州牧、太尉。
>
> 同郡齐名，时人谓之"京兆三休"，并以光武元年察举。(《群辅录》引《决录》)①

从上述史料里，我们可知金元休在献帝初年任过兖州刺史。清代万斯同撰《三国汉季方镇年表》，考证献帝初平三年（公元192年），天子命金尚为兖州刺史，此时曹操被将吏拥立为兖州刺史，将金尚击走②。而严耕望先生《两汉太守刺史表》的研究结果仅有初平三年曹操代被黄巾军所杀的刘岱为州牧，未提金尚此人③。现可知《典略》（《三国志》《后汉书》所引用）、《三辅决录》以及万斯同的研究中均确认了金尚任兖州刺史的史实，严先生未提及金尚，可能因为金尚任职时间太短。刘岱一死，献帝任命金尚，而如上文引用的《英雄记》内容，金尚可能还未到达兖州，便在封丘被曹操袭击而逃奔袁术，因此金尚有收到兖州刺史的任命，却无任职的事实，也难怪严先生不将其列入表中。另外，关于辑佚本《三辅决录》中"金敞"的名字，《三国志》《后汉书》引用时为"金尚"，鉴于我们现在所能见的《三辅决录》为后世辑佚，出现错讹的可能性较大，所以金敞应该为金尚之讹字。

众所周知，兖州不仅被曹操拿下，而且成为曹操日后发展的根据地。这时的金尚依附袁术。袁术欲僭越称帝，想要以金尚为太尉，又怕金尚不接受，就派人含蓄地暗示他，但金尚丝毫没有同意的意思，袁术也不敢强迫他，只好作罢。建安年间，金尚想逃回朝廷，被袁术借机杀害。当时，金尚被害的消息和太傅马日䃅的死讯一起传回京师，汉献帝为了嘉奖金尚的忠烈，下令百官前往吊唁，以示哀思，又任金尚之子金玮为郎中——这样的待遇连太傅马日䃅都没有。

正如上文所述，金尚是汉末名士，与京兆韦休甫、第五文休合称"三休"。而关于这三位名士的故事只能从仅有的史料中窥探一斑。辑佚本《三辅决录》有一句"同郡齐名，时人谓之'京兆三休'，并以光武元年察举"，这里的"光武"应为光武帝，东汉没有光武的年号。上文已确认金尚大约在献帝初平三年任兖州刺史，《决录》记载有误，或者后世传抄有误，将某年号错记为"光武"，金尚等三人不可能在光武元年察举。

---

① 《三辅决录》卷二，第37页。
② 《三国汉季方镇年表》，见《三国志补编》（据开明书店版影印），第17页。
③ 《两汉太守刺史表》，第307页。

（十七）金玮

金玮，京兆人，汉末名士金尚之子，汉献帝为嘉奖其父忠烈，拜玮郎中。关于金玮，史书中再无记载，仅有的这点信息完全参考上文对其父金尚的考证。

（十八）第五文休

第五文休，京兆人，东汉末名士，与同郡人金元休、韦休甫合称"三休"①。关于第五文休的记载，见于《三国志》裴注引《典略》中的论述，《后汉书·吕布传》引用了《典略》同一段，并没有专门论述第五文休的史料。辑佚本《三辅决录》里有关于第五文休的小段记载，但内容大同小异，如下：

> 上计掾长陵第五巡字文休，兴先之子。兴先名种，司空伯鱼之孙，名士也。……同郡齐名，时人谓之"京兆三休"，并以光武元年察举。（《群辅录》引《决录》）②

> 第五种子巡，字文休，辟太尉掾，与杜陵金敞、韦端齐名，时人号之"京兆三休"。（《太平御览》引《决录》）③

如上文所述，第五文休即第五巡，京兆长陵人，第五种之子，第五伦后人，曾任上计掾或太尉掾，但由于史料不充分不足以判断，只能确定其曾任佐理州郡的上计事务或佐助太尉。

（十九）杜畿

杜畿，京兆杜陵人，生活在汉末和曹魏时代，《三国志》中有其传记④。本文涉及的京兆人物，陈寿基本没有为其立传，杜畿之子杜恕的传也是附于其父后的。

按照陈寿的记载，杜畿在汉末曾任过京兆郡功曹、汉中府丞、司空司直、护羌校尉、西平太守、河东太守，曹魏建立后任过尚书、司隶校尉、尚书仆射，死后追赠太仆。这样看来，杜畿的"履历"可谓丰富。杜畿的故事大概可以分作三个阶段来看，早期政治生涯、河东太守时期、入朝任职时期，而陈寿着墨最多的是河东太守时期，杜畿最大的贡献是曹魏建立之前他在河东郡的治理。

他早期任职郡中，因裁定断案的才能受到重视，"县囚系数百人，畿亲临狱，裁其轻重，尽决遣之，虽未悉当，郡中奇其年少而有大意也"⑤，后又任汉中府丞。杜畿的政治生涯曾因关中地区的纷乱而终止了一段时间，后来又被荀彧举荐。荀彧举荐杜畿背

---

① 《三国志》卷七《张邈传》，第223页。
② 《三辅决录》卷二，第37页。
③ 《三辅决录》卷二，第38页。
④ 《三国志》卷一六《杜畿传》，第493—498页。
⑤ 《三国志》卷一六《杜畿传》，第494页。

后还有一段小故事。

  《傅子》曰：畿自荆州还，后至许，见侍中耿纪，语终夜。尚书令荀彧与纪比屋，夜闻畿言，异之，旦遣人谓纪曰："有国士而不进，何以居位？"既见畿，知之如旧相识者，遂进畿于朝。①

  《傅子》是魏晋之际著名学者傅玄的作品集，其中大部分作品亡佚，今天能看到的为辑佚本，篇目已经远少于原书。傅玄记载说荀彧之前与杜畿并不相识，他是在不小心听到杜畿与耿纪的谈话后，惊叹于杜畿的言语，才与其相识。荀彧与杜畿相见恨晚，随后举荐杜畿。此时的杜畿刚从荆州逃亡回中原，来到许昌，一片雄心壮志无处施展，他与侍中耿纪深夜探讨问题，而荀彧又与耿纪住处相邻。杜畿想必是高谈阔论，说了不少很有见地的观点。杜畿自己可能也没料到，这一次夜聊使他得到了荀彧的赏识，荀彧把他推荐给曹操，使其得到重用，后历任司空司直、护羌校尉、西平太守。

  杜畿后出任河东太守。当时河东人卫固、范先与并州高干起兵谋反，而当时河东太守王邑被征他处。荀彧又一次举荐杜畿，曹操任杜畿为河东太守。杜畿初至河东，就遇到了危急情况。卫固使数千军队断了杜畿的来路，令杜畿无法就任。荀彧认为形势严峻需要大部队才能解决河东的叛乱，而杜畿不同意荀彧的看法，他认为河东郡的老百姓并不想要谋反，只是因为害怕才听命于卫固。此时强攻，只能祸害百姓，引起更大的骚乱，并非最好的办法。于是，杜畿提出了他自己的策略。杜畿认为卫固并没有谋害新君的意思，如若自己单骑前往，卫固定会假意接受。果然不出杜畿所料，卫固同意杜畿单骑进城招降。范先斩杀主簿以下三十余人，企图恐吓杜畿，杜畿泰然自若，进入城内。随后杜畿假意安抚卫固、范先，任命二人官职，其实却暗中操作，一边分散内部谋反的力量，一边在外安插势力以内应，准备一举消灭卫固、范先。当时张白骑攻东垣，高干进军濩泽，杜畿率领数十骑兵出城防守，各县吏民大多响应杜畿，数十日间就得到四千多兵。卫固、高干等一同攻打杜畿，但一无所获。而后大军至，叛将伏诛，其他党羽则被赦免，被遣回家。

  河东一役体现出了杜畿的军事才能：审时度势，有勇有谋，沉着稳重。首先，他放弃强攻。结果证明这个策略是很成功的，既保全百姓减少伤亡，又稳定了形势。此时河东危机的特点在于河东百姓因害怕而依附卫固，胜，则为卫固裹挟的百姓必受到伤害；败，不明形势的各股势力，因为被攻打，无处立命，必然叛乱四起，根本起不到平叛的

---

① 《三国志》卷一六《杜畿传》，第494页。

效果。杜畿对这一形势的认识十分到位，所以抛弃了强攻的策略，转而进行巧取。第二，杜畿准确预测了卫固的反应，他以出其不意的办法，深入敌人内部。单骑前往可见杜畿不仅有谋，更有勇。独自深入敌人腹心，敌人杀数十官员给其下马威时，他仍能够泰然自然，这不是勇又是什么？如若此时杜畿有一点紧张或慌乱，他就没有办法在城内稳定下来，更何谈布置内外策应。所以，这也是他最后成功的重要原因。

河东的叛乱结束了，杜畿便开始了对河东郡的治理。河东较早安定，是杜畿治理的有利条件，当然也与河东郡的地理位置有关系。同时杜畿有其执政特色，使河东早早地成为乱世中比较安定的地区。《三国志·杜畿传》中这样记载：

> 是时天下郡县皆残破，河东最先定，少耗减。畿治之，崇宽惠，与民无为。民尝辞讼，有相告者，畿亲见为陈大义，遣令归谛思之，若意有所不尽，更来诣府。乡邑父老自相责怒曰："有君如此，奈何不从其教？"自是少有辞讼。班下属县，举孝子、贞妇、顺孙，复其徭役，随时慰勉之。渐课民畜牸牛、草马，下逮鸡、豚、犬、豕，皆有章程。百姓勤农，家家丰实。畿乃曰："民富矣，不可不教也。"于是冬月修戎讲武，又开学宫，亲自执经教授，郡中化之。
>
> 《魏略》曰：博士乐详，由畿而升。至今河东特多儒者，则畿之由矣。①

河东郡最先平定，战争损耗较小，这是后来河东治为天下最的先决条件，但杜畿的治理也是河东安定殷实的必要条件。如史料所述，杜畿治理有他的指导思想——无为而治、宽民惠民。在这个思想下，杜畿的治理主要体现在诉讼、赋税、生产、教化几个方面，实现了河东郡经济的恢复、社会的稳定。

首先是诉讼。乱世用重刑，汉末战争频仍，社会自然动乱，严格的刑罚是用来维护社会秩序的，在此种情况下，人人自危，百姓不能安居乐业。河东郡既然已经平定，如若仍用重刑，不利于经济的恢复和民心的安定，此时给老百姓一个宽松的社会环境，是社会恢复发展的先决条件。于是杜畿对于诉讼采用了宽松的政策，有告状者，先为其陈述大义，再令其回家重新考虑，这样很多纠纷矛盾就化解了，没有解决的，可以再来辞讼。这种政策实施一段时间，百姓感恩郡守的宽容，从内心遵守社会秩序，遵从教化，于是郡内诉讼大为减少，风化大行。宽惠百姓，政府以爱护的姿态来教诲百姓，百姓自

---

① 《三国志》卷一六《杜畿传》，第496页。

会感恩，相互关爱，使社会稳定有序，社会道德高尚，这是古代官员的政治哲学。

其次是赋税徭役。对孝子、贞妇、顺孙等，采取减免徭役的政策，并且时常有福利政策来慰问他们。用今天的语言来描述，可以说这些人有的是道德模范，有的是弱势群体，对他们的政策照顾，一可以保障民生，二可以为社会树立榜样。这样的政策对社会的稳定和社会公共道德的形成都是有益的。

再者是生产。恢复发展生产是每一个负责任的地方官员都不会忽视的内容，生产的发展是社会发展重要且必不可少的方面。杜畿的政策使得"百姓勤农，家家丰实"，经济得到恢复。河东郡经济的恢复状况，有更多的史料可以证实。建安中，关中韩遂、马超叛乱，曹操西征，双方在潼关附近对峙，此一役曹操取胜，就此平定关中。而这漂亮的一仗，背后的物质基础——军粮供应完全依赖于河东郡的供给，"太祖西征至蒲阪，与贼夹渭为军，军食一仰河东。及贼破，余畜二十余万斛"①，军粮充足，战后仍有盈余，离开这样的后备补给，纵使有几个曹操也不敢保证拿得下关中，这里也足见河东郡在杜畿的治理下，经济恢复发展，农业生产态势良好，粮食产量充足。

最后是发展教育。杜畿在恢复发展经济之后，没有忽视文化和教育，他深知文化发展和经济发展同等重要。杜畿的教育政策有三个特点：第一，教育不违农时，普通百姓毕竟要参加农业生产，生计是第一位的，于是杜畿在冬天农闲时进行讲习，这样才不会被老百姓排斥，反而很受欢迎；第二，教育文武并重，既修戎讲武，又开学宫，二者没有偏废；第三，亲自参与，郡守参与教育活动，足见其对教育的重视，也更容易与民亲近。在这样的教育理念的指导下，河东郡中教化大行，社会风气友好和睦。

杜畿的这些政策发展了河东郡经济，社会不稳定因素大大降低，百姓的归属感十分强烈，对社会和朝廷的信任度提高，对杜畿有感恩的心理。就如陈寿所写"太祖征汉中，遣五千人运，运者自率勉曰：'人生有一死，不可负我府君。'终无一人逃亡，其得人心如此"②，何为得民心，此为得民心？与民为善，百姓自然拥戴你，杜畿深得此为官之道。

后杜畿入朝为官，历任尚书、司隶校尉、尚书仆射。因奉命作楼船，他在试船时亲自把关，却遇到大风，溺水而亡，追赠太仆，谥曰戴侯，子恕嗣。

杜畿不仅做官功绩突出，而且也很有性格，各种史料中有很多关于杜畿的故事，如

---

① 《三国志》卷一六《杜畿传》，第496页。
② 《三国志》卷一六《杜畿传》，第496—497页。

《傅子》《魏略》《魏氏春秋》的很多记载被裴松之引用，使我们能更好地了解京兆杜畿。现将部分记载摘录如下：

《魏略》曰：畿少有大志。在荆州数岁，继母亡后，以三辅开通，负其母丧北归。道为贼所劫略，众人奔走，畿独不去。贼射之，畿请贼曰："卿欲得财耳，今我无物，用射我何为邪？"贼乃止。畿到乡里，京兆尹张时，河东人也，与畿有旧，署为功曹。尝嫌其阔达，不助留意于诸事，言此家疏诞，不中功曹也。畿窃云："不中功曹，中河东守也。"①

《魏略》曰：初，畿与卫固少相狎侮，固尝轻畿。畿尝与固博而争道，畿尝谓固曰："仲坚，我今作河东也。"固褰衣骂之。及畿之官，而固为郡功曹。张时故任京兆。畿迎司隶，与时会华阴，时、畿相见，于仪当各持版。时叹曰："昨日功曹，今为郡将也！"②

《杜氏新书》曰：平虏将军刘勋，为太祖所亲，贵震朝廷。尝从畿求大枣，畿拒以他故。后勋伏法，太祖得其书，叹曰："杜畿可谓'不媚于灶'者也。"称畿功美，以下州郡，曰："昔仲尼之于颜子，每言不能不叹，既情爱发中，又宜率马以骥。今吾亦冀众人仰高山，慕景行也。"③

《魏略》曰：初，畿在郡，被书录寡妇。是时他郡或有已自相配嫁，依书皆录夺，啼哭道路。畿但取寡者，故所送少；及赵俨代畿而所送多。文帝问畿："前君所送何少，今何多也？"畿对曰："臣前所录皆亡者妻，今俨送生人妇也。"帝及左右顾而失色。④

《魏氏春秋》曰：初，畿尝见童子谓之曰："司命使我召子。"畿固请之，童子曰："今将为君求相代者。君其慎勿言！"言卒，忽然不见。至此二十年矣，畿乃言之。其日而卒，时年六十二。⑤

《傅子》曰：畿与太仆李恢、东安太守郭智有好。恢子丰交结英俊，以才智显于天下。智子冲有内实而无外观，州里弗称也。畿为尚书仆射，二人各修子孙礼见畿，既退，畿叹曰："孝懿无子，非徒无子，殆将无家。君谋为不死

---

① 《三国志》卷一六《杜畿传》，第494页。
② 《三国志》卷一六《杜畿传》，第496页。
③ 《三国志》卷一六《杜畿传》，第497页。
④ 《三国志》卷一六《杜畿传》，第497页。
⑤ 《三国志》卷一六《杜畿传》，第497页。

也,其子足继其业。"时人皆以畿为误。恢死后,丰为中书令,父子兄弟皆诛;冲为代郡太守,卒继父业;世乃服畿知人。

《魏略》曰:李丰父名义,与此不同,义盖恢之别名也。①

(二十)杜恕

杜恕,字务伯,京兆长陵人,杜畿之子,杜畿死后嗣其父爵位。杜恕的传附于其父杜畿之后,对其事迹记载比较详细②。按照《杜恕传》的记载,杜恕历任散骑黄门侍郎、弘农太守、赵国相、河东太守、淮北都督护军、御史中丞、幽州刺史。杜恕为人真诚质朴,不虚伪,不结交党派,一心为公,与当时朝廷之风气颇为不符。他在朝廷内任职时,因所发言论过于刚直强硬,得罪了很多人,于是被任命为外职,"恕推诚以质,不治饰,少无名誉。及在朝,不结交援,专心向公"③。杜恕在外任职也有其父遗风,"恕所在,务存大体而已,其树惠爱,益得百姓欢心,不及于畿"④。为人真诚耿直,不结党,不营私,一心为公,这样的官员肯定为百姓所爱戴,只是杜恕成绩逊于杜畿。杜恕出任幽州刺史时,与征北将军程喜共事,程喜为人比较阴险,杜恕赴任前,袁侃曾提醒他要提防程喜,但杜恕性格耿直,不以为意。最后,杜恕真的栽在了程喜的手里,程喜抓住杜恕的一个过失,弹劾了他,按律当死。幸而其父的功绩救了他一命,仅被贬为庶人。

杜恕被贬为庶人后,在彰武郡著书立说。嘉平四年(公元252年),杜恕在章武逝世。杜恕的命运与他个人的性格有一定的关系,同时也应了陈留阮武的一席评论,阮武劝告杜恕说:"相观才性可以由公道而持之不厉,器能可以处大官而求之不顺,才学可以述古今而志之不一,此所谓有其才而无其用。今向闲暇,可试潜思,成一家言。"⑤

---

① 《三国志》卷一六《杜畿传》,第498页。
② 《三国志》卷一六《杜畿传》,第498—508页。
③ 《三国志》卷一六《杜畿传》,第498页。
④ 《三国志》卷一六《杜畿传》,第505页。
⑤ 《三国志》卷一六《杜畿传》,第507页。

第二节
曹魏时期长安城的地方治理

作为地方行政中心，曹魏时期的长安的城市管理有着复杂的职官体系。各级官吏负责城市管理的各个方面，相对于制度研究，对于这些鲜活人物历史事迹的复原，能够更加具体地反映一座城市的历史。笔者将在下文中，按照不同官职分类，分别考证史料中涉及的长安地方官员，主要包括他们的姓名、任职时间、简单事迹以及事迹中体现出的与长安城的关系。

根据《三国志》《资治通鉴》等文献记载并结合万斯同、吴廷燮和严耕望的研究可知：曹魏时期在长安担任过雍凉都督的有曹真、司马懿、赵俨、夏侯玄、郭淮、陈泰、司马望；担任过关中都督的有钟会、卫瓘；担任过雍州刺史的有郭淮、陈泰、王经和诸葛绪。除此之外，还有京兆太守、长安令等地方长官。根据史料，本小节另钩陈其他与长安有关之官员生平。（见表6-1）

表 6-1　曹魏时期长安城州级官员任期及出身简表

官职	人物	任期	出身或靠山
雍凉都督	曹真	黄初元年至黄初三年 （公元 220—222 年）	曹操养子，深得曹丕信任
	司马懿	太和五年至景初三年 （公元 231—239 年）	为河内司马氏家族， 深得曹丕倚重
	赵俨	景初三年至正始四年 （公元 239—243 年）	曹魏名臣，历经曹操、曹丕、 曹芳等，深得曹操家族信任
	夏侯玄	正始四年至嘉平元年 （公元 234—249 年）	夏侯尚之子
	郭淮	嘉平元年至正元二年 （公元 249—255 年）	曹魏重要将领

续表

官职	人物	任期	出身或靠山
雍凉都督	陈泰	正元二年至正元三年（公元255—256年）	与郭淮关系密切
	司马望	甘露元年至景元五年（公元256—264年）	司马懿之侄
关中都督	钟会	景元三年至景元四年（公元262—263年）	魏太傅钟繇幼子
	卫瓘	大概景元五年（公元264年）一年	曹魏尚书卫觊之子
雍州刺史	郭淮	黄初元年至嘉平元年（公元220—249年）	曹魏重要将领
	陈泰	嘉平元年至正元二年（公元249—255年）	与郭淮关系密切
	王经	正元二年（公元255年）担任，离任时间无法确定①	无法确定
	诸葛绪	任期不详②	无法确定
京兆太守	颜斐	魏文帝、魏明帝时期	无法确定
长安令	仓慈	黄初末至太和年间	无法确定
	王惠阳	任期不详	无法确定
其他与长安相关的官员	夏侯楙	黄初元年至太和二年（公元220—228年）都督关中	曹魏重臣夏侯惇之子
	曹真	太和二年至太和四年（公元228—230年）以大将军都督关中	曹操养子，深得曹丕信任
	张郃	太和二年（公元228年）、青龙二年（公元234年）都督关中	曹魏心腹重臣
	皇甫晏	仅知任雍州故吏	无法确定

注：因资料匮乏，仅能够大致罗列其官员先后顺序，并不是所有官员的任期都是前后相继。

---

① 吴廷燮《三国方镇年表》记王经自正元元年（公元254年）至甘露元年（公元256年）担任雍州刺史，而在万斯同的《魏方镇年表》里，王经仅在正元二年（公元255年）和甘露元年（公元256年）两年里任雍州刺史，此后到下一任刺史诸葛绪之间，雍州刺史为空缺；同时王经的名字出现在列表甘露三年（公元258年）的"司州"一栏里，但职位不详。

② 万斯同、吴廷燮两位前辈学者将诸葛绪的任职时间定在景元三年（公元262年）至景元四年（公元263年），但未给出相关资料。现有文献中关于诸葛绪担任雍州刺史的记载则为："景元四年，元帝下诏：'今使征西将军邓艾督帅诸军，趣甘松、沓中以罗取维，雍州刺史诸葛绪督诸军趣武都、高楼，首尾蹴讨。若擒维，便当东西并进，扫灭巴蜀也。'"

由上表得知，曹魏时期长安城的官员主要来源于朝中重臣或者重臣的子弟，可见曹魏政权对长安城的重视。通过官员的任期可以看出，治理民政的雍州刺史的任期均比较长，其中郭淮担任雍州刺史长达29年，这有利于地方行政决策的连续性，为长安城人口的聚集、生产的恢复、经济的发展带来政策保证；而主管军事的雍凉都督则任期均较短，只有夏侯玄例外，任期长达15年，这主要是由于夏侯玄在担任雍凉都督期间，曹魏和蜀汉之间战争频繁，曹魏政权不宜临阵换将，并且夏侯玄本人既是曹魏重臣夏侯尚之子，还是魏帝曹爽的姑表亲，因此深得皇帝信任，所以才能够较长时间担任雍凉都督。

一、曹魏时期长安城的地方官员

（一）雍凉都督

严耕望在《中国地方行政制度史——魏晋南北朝地方行政制度》一书中写道："自魏初置都督雍凉州诸军事一人，治长安，以备蜀。曹真、司马懿、赵俨、夏侯玄、郭淮、陈泰、司马望相继为之。"①除此之外，清代学者万斯同的《魏方镇年表》②、吴廷燮的《三国方镇年表》③，均以表的形式，展示了雍凉都督的任职情况，包括任职时限和简单事迹。

1. 曹真

曹真是见于正史记载、魏初所置的首位都督雍凉诸军事。雍凉都督诸军事治长安，以备蜀。曹真是曹操养子，因其伯父曾以身救曹操，曹操念其恩，故转其姓曹。曹真自幼与曹操诸子共同长大，因勇猛而得到曹操的赏识。曹操征战汉中时，曹真得到重用。黄初元年（公元220年），"文帝即王位，以真为镇西将军，假节都督雍、凉州诸军事"④。曹真在任都督之前曾任过"征蜀护军"，对关中及长安周边的情况比较了解；汉中失守后，关中防线后退至陈仓一带，曹真率军驻扎于此。曹真于都督任上平定了张进在酒泉的叛乱。黄初三年（公元222年）曹真返回洛阳，升任上军大将军，都督中外

---

① 《中国地方行政制度史——魏晋南北朝地方行政制度》上册，第26页。
② 〔清〕万斯同：《魏方镇年表》，见《二十五史补编》编委会编：《三国志补编》（据开明书店版影印），北京图书馆出版社，2005年，第39—46页。
③ 〔清〕吴廷燮：《三国方镇年表》，见徐蜀编：《魏晋南北朝正史订补文献汇编》第1册，北京图书馆出版社，2004年，第917—959页。
④ 《三国志》卷九《曹真传》，第281页。

诸军事，假节钺。明帝太和二年（公元228年），诸葛亮率军北伐，曹真以大将军都督关右，击败了蜀汉的前三次进攻。太和四年（公元230年），曹真发动了曹魏唯一的一次主动进攻，却因大雨而罢兵。此后不久，曹真病死在洛阳。

吴廷燮《三国方镇年表》中记载，曹真黄初元年（公元220年）至黄初四年（公元223年）、太和二年（公元228年）至太和四年（公元230年）任都督雍凉诸军事。① 万斯同《魏方镇年表》中记载，曹真在黄初元年（公元220年）至黄初三年（公元222年）、太和二年至太和四年这两段时间内任都督雍凉诸军事。② 笔者的观点与二位有所出入：首先，黄初三年曹真返回洛阳后便不再任雍凉都督一职，此处与吴不同；其次，太和二年曹真以大将军身份都督关右，控制长安军事，但职务不是雍凉都督，此处与万、吴二人均不同。笔者认为魏初都督雍凉诸军事一职的设置并没有完全制度化，将领掌握州军事，处理战事，但不一定授都督雍凉诸军事之职。本书严格以史料记载为准，没有明确记载"任都督某某诸军事"的，将另行分类记录，后文"关中都督"亦同。

据上，曹真是在黄初元年至黄初三年期间担任都督雍凉诸军事。

2. 司马懿

魏明帝在位期间，诸葛亮大举北伐，都督雍凉诸军事的设置本意便为防备蜀汉。曹真病逝后，司马懿成为抗击蜀汉的雍凉都督。"明年（即太和五年，公元231年），诸葛亮寇天水，围将军贾嗣、魏平于祁山。天子曰：'西方有事，非君莫可付者。'乃使帝西屯长安，都督雍、梁二州诸军事，统车骑将军张郃、后将军费曜、征蜀护军戴凌、雍州刺史郭淮等讨亮"③，此处的"都督雍、梁二州诸军事"当为"都督雍凉诸军事"，中华书局本的校勘记里已指出④。

中华书局点校本《晋书》校勘记里指出司马懿代曹真，赵俨代司马懿。但实际上，曹真卸任和司马懿上任的时间不是相接续的，上述校勘记只能说明任职之顺序。魏初都督雍凉诸军事一职的设置尚未制度化，只是在战争的特殊形势下所设的统军将领。

司马懿于太和五年任都督雍凉二州诸军事，亲临前线与诸葛亮对峙，都督曹魏西线战事。青龙二年（公元234年），诸葛亮卒于五丈原军中，蜀汉第五次北伐以失败告

---

① 《三国方镇年表》，见《魏晋南北朝正史订补文献汇编》第1册，第941页。
② 《魏方镇年表》，见《三国志补编》（据开明书店版影印），第39—40页。
③ 《晋书》卷一《宣帝纪》，第6—7页。
④ 《晋书》卷一《宣帝纪》，第22页。据《三国志·陈留王纪》，梁州置于景元四年（公元263年）十二月。在此后三十余年，司马懿督二州代曹真，景初三年（公元239年）赵俨代懿。《三国志》之《曹真传》《赵俨传》都作"雍凉"，疑当从《三国志》。

终。关中战事平息，可以说都督雍凉二州诸军事一职的阶段性战略职责已完成，但史书中无其卸任的具体时间。《晋书》中有青龙三年（公元235年）司马懿升任太尉，但依旧有处理雍凉事务的记述，《晋书》卷一《宣帝纪》载："三年，迁太尉，累增封邑。蜀将马岱入寇，帝遣将军牛金击走之，斩千余级。武都氐王苻双、强端帅其属六千余人来降。关东饥，帝运长安粟五百万斛输于京师。"这正如万斯同《魏方镇年表》中所述"迁太尉都督如故"①。

在吴廷燮《三国方镇年表》中，司马懿任雍凉都督的时间是太和五年（公元231年）至景初二年（公元238年）②。万斯同的《魏方镇年表》将司马懿的任职时间定为太和五年（公元231年）至景初三年（公元239年）③，与赵俨上任时间相衔接，且简述司马懿在景初三年（公元239年）时还朝迁太傅，也就是因任太傅而卸任前职。而关于司马懿的迁任情况，史书记载各有侧重，不尽相同。《三国志·三少帝纪》载："（景初三年二月）丁丑诏曰：'太尉体道正直，尽忠三世，南擒孟达，西破蜀虏，东灭公孙渊，功盖海内。昔周成建保傅之官，近汉显宗崇宠邓禹，所以优隆隽乂，必有尊也。其以太尉为太傅，持节统兵都督诸军事如故。'"④《晋书·宣帝纪》载："及齐王即帝位，迁侍中、持节、都督中外诸军、录尚书事，与爽各统兵三千人，共执朝政，更直殿中，乘舆入殿。……朝议以为前后大司马累薨于位，乃以帝为太傅，入殿不趋，赞拜不名，剑履上殿，如汉萧何故事。嫁娶丧葬取给于官，以世子师为散骑常侍，子弟三人为列侯，四人为骑都尉。帝固让子弟官不受。"⑤《资治通鉴·魏纪六》载："（景初三年）太子即位，年八岁；大赦。尊皇后曰皇太后，加曹爽、司马懿侍中，假节钺，都督中外诸军、录尚书事。……二月，丁丑，以司马懿为太傅、以爽弟羲为中领军、训为武卫将军、彦为散骑常侍、侍讲，其余诸弟皆以列侯侍从，出入禁闼，贵宠莫盛焉。"据此可见，景初三年（公元239年）正月，齐王继位，司马懿迁侍中，持节都督中外诸军事，录尚书事；二月，司马懿为太傅。

司马懿于太和五年（公元231年）出任都督雍凉诸军事确切无疑，笔者看法与二位前辈学者皆同。而司马懿在景初三年（公元239年）正月出任都督中外诸军事，也便卸

---

① 《魏方镇年表》，见《三国志补编》（据开明书店版影印），第41页。
② 《三国方镇年表》，见《魏晋南北朝正史订补文献汇编》第1册，第941—942页。
③ 《魏方镇年表》，见《三国志补编》（据开明书店版影印），第40—41页。
④ 《三国志》卷四《三少帝纪》，第118页。
⑤ 《晋书》卷一《宣帝纪》，第13页。

任都督雍凉诸军事；笔者推测吴廷燮将景初三年年初的几天忽略掉了，这也是吴做此表时对此类跨两年的事件的统一处理方式，而万斯同则将司马懿和赵俨在景初三年的交接体现了出来，只是理由为"还朝迁太傅"稍有不妥，司马懿卸任是体现在换任都督中外诸军事一事上，任太傅则在其后了。

3. 赵俨

赵俨继司马懿之后，任都督雍凉诸军事，其上任和离任时间都很明确。《三国志·赵俨传》载："齐王即位，以俨监雍、凉诸军事，假节，转征蜀将军，又迁征西将军，都督雍、凉。正始四年，老疾求还，征为骠骑将军，迁司空。"①齐王曹芳是景初三年正月继位，即赵俨任都督雍凉诸军事的时间是从景初三年到正始四年（公元243年），万斯同《魏方镇年表》与此同。

吴廷燮《三国方镇年表》中，赵俨离任雍凉都督的时间在正始三年（公元242年）。吴在前后任交替年份只保留继任者，疑为吴写作之范例，这种情况既出现在司马懿与赵俨交接时，又出现在下文赵俨与夏侯玄的交接时。但郭淮与陈泰的交接年，却两者兼记，可能是作者的疏漏。

蜀汉建兴十二年（曹魏青龙二年，公元234年），诸葛亮卒于五丈原，蒋琬辅政，蜀汉对曹魏的北伐计划暂缓，十几年间没有再进行大规模北伐，但关中形势仍然严峻。"正始元年，蜀将姜维出陇西。（郭）淮遂进军，追至强中，维退，遂讨羌迷当等，按抚柔氏三千余落，拔徙以实关中"②，如此，曹魏自不敢放松关中的军事戒备，赵俨便在此时统雍凉诸军。

4. 夏侯玄

赵俨之后的一任都督雍凉诸军事是夏侯玄。夏侯玄为征南大将军夏侯尚之子，与大将军曹爽是姑表兄弟。正始初，曹爽辅政，得累迁，"顷之，（夏侯玄）为征西将军，假节都督雍、凉州诸军事。与曹爽共兴骆谷之役，时人讥之。爽诛，征玄为大鸿胪，数年徙太常"③。

正始五年（公元244年），"爽乃西至长安，大发卒六七万人，从骆谷入"④。如上文所述，赵俨于正始四年（公元243年）告老求还。夏侯玄应在正始四年出任都督雍凉

---

① 《三国志》卷二三《赵俨传》，第671页。
② 《三国志》卷二六《郭淮传》，第735页。
③ 《三国志》卷九《夏侯玄传》，第298—299页。
④ 《三国志》卷九《曹爽传》，第283页。

诸军事。正始十年（嘉平元年，公元249年），司马懿发动高平陵政变，不久曹爽以欲谋权篡位之罪被诛，夏侯玄也在这一年离任都督雍凉诸军事。

吴廷燮《三国方镇年表》中记载夏侯玄正始四年任雍凉都督，而之后的正始五年至九年（公元248年）雍凉都督一职空缺，与上文所引史料不符。万斯同的《魏方镇年表》中记载夏侯玄正始四年任都督雍凉诸军事，一直到嘉平元年离任，离任理由是"入为太常"。而上引史料显示，夏侯玄先为大鸿胪，数年后又为太常，万氏所记离任理由有误。

5. 郭淮

嘉平元年（公元249年），郭淮接替夏侯玄担任都督雍凉诸军事。后"淮薨，泰代为征西将军，假节都督雍、凉诸军事"①，郭淮死于正元二年（公元255年），即郭淮任都督雍凉诸军事的时间为嘉平元年至正元二年。吴、万二人所定皆同。

郭淮任职第一年"与雍州刺史陈泰协策，降蜀牙门将句安等于翅上"②，第二年便受到封赏，以嘉奖他三十多年在关右的功绩，"诏曰：'昔汉川之役，几至倾覆。淮临危济难，功书王府。在关右三十余年，外征寇虏，内绥民夷。比岁以来，摧破廖化，禽虏句安，功绩显著，朕甚嘉之。今以淮为车骑将军、仪同三司，持节、都督如故。'进封阳曲侯，邑凡二千七百八十户，分三百户，封一子亭侯"③。郭淮早年便跟随曹操讨伐汉中，曹丕在位时他多次平定羌族叛乱，保证关中安定，做了多年的雍州刺史，诸葛亮北伐时郭淮即是曹魏方组织反击的将领。郭淮在雍、凉二州的功绩卓著，下文仍将有论述。

6. 陈泰

陈泰的任职与郭淮有着密切的关系，陈泰先后接替郭淮任雍州刺史和都督雍凉诸军事。如上文所述，正元二年，"淮薨，泰代为征西将军，假节都督雍、凉诸军事"④。"后年，雍州刺史王经白泰，云姜维、夏侯霸欲三道向祁山、石营、金城，求进兵为翅，使凉州军至枹罕，讨蜀护军向祁山"⑤，此次战事，姜维出兵狄道，于洮西大破王经，王经军死伤惨重，退保狄道城，遭姜维围困。陈泰进兵解围，姜维止步钟题。陈泰取得了对姜维的作战胜利后，司马昭赞曰："玄伯（陈泰字）沈勇能断，荷方伯之重，救将陷之城，而不求益兵，又希简上事，必能辨贼故也。都督大将，不当尔邪！"⑥其

---

① 《三国志》卷二二《陈泰传》，第639页。
② 《三国志》卷二六《郭淮传》，第736页。
③ 《三国志》卷二六《郭淮传》，第736页。
④ 《三国志》卷二二《陈泰传》，第639页。
⑤ 《三国志》卷二二《陈泰传》，第639页。
⑥ 《三国志》卷二二《陈泰传》，第641页。

中提到"都督大将",就是指陈泰时任雍凉都督一职。陈泰与姜维这次交手的时间,是正元二年(公元255年)。《三国志》中,《三少帝纪》载于正元二年八月,《后主传》载于延熙十八年(亦即正元二年),《姜维传》同,《张翼传》同;《资治通鉴》里也记在公元255年。可知,《陈泰传》里所记"后年"二字有误。陈泰在都督雍凉诸军事任上没有其他事迹见于记载,随后便是"后征泰为尚书右仆射,典选举,加侍中光禄大夫"①,此时他已离任雍凉都督。

陈泰离任的时间,便是司马望接替陈泰的时间。这个时间的确定,史书没有提供直接的记载,只能靠二人相关资料来推测和互证。司马望"为征西将军、持节、都督雍凉二州诸军事。在任八年,威化明肃"②。虽然司马望上任和离任的时间不清楚,但在职八年是可以确定的。后司马望又"进封顺阳侯。征拜卫将军,领中领军,典禁兵。寻加骠骑将军、开府。倾之,代何曾为司徒"③,"(咸熙元年八月)癸卯,以卫将军司马望为骠骑将军"④,"(咸熙二年)九月乙未,大赦。戊午,司徒何曾为晋丞相。癸亥,以骠骑将军司马望为司徒,征东大将军石苞为骠骑将军,征南大将军陈骞为车骑将军。乙亥,葬晋文王"⑤,据此可知,司马望在咸熙元年(公元264年)便离任都督雍凉诸军事。陈泰任职于正元二年,正元二年至咸熙元年(公元264年)只有10年时间,又司马望在职8年。据此可推测,大概在正元三年,即甘露元年(公元256年),司马望接替陈泰任都督雍凉诸军事。

万斯同《魏方镇年表》中记载,陈泰正元二年(公元255年)至甘露元年(公元256年)任都督雍凉诸军事;而吴廷燮《三国方镇年表》中记载,陈泰仅正元二年(公元255年)任雍凉诸军事。

7. 司马望

据上文所考,司马望于甘露元年(公元256年)至景元五年(即咸熙元年,公元264年)任都督雍凉诸军事。

司马望"在任八年,威化明肃。先是蜀将姜维屡寇关中,及望至,广设方略,维不得为寇,关中赖之"⑥。司马望在任期间,姜维发动了对曹魏的最后三次北伐,蜀汉均

---

① 《三国志》卷二二《陈泰传》,第641页。
② 《晋书》卷三七《义阳成王望传》,第1086页。
③ 《晋书》卷三七《义阳成王望传》,第1086页。
④ 《三国志》卷四《三少帝纪》,第151页。
⑤ 《三国志》卷四《三少帝纪》,第154页。
⑥ 《晋书》卷三七《义阳成王望传》,第1086页。

败。《三国志》关于姜维北伐的史料中几乎从未提及司马望,主要参战将领里也没有司马望,或司马望为后方指挥而不可知。但《晋书》对司马氏多有溢美,司马望在任期间的作为是否如此重要,以至"关中赖之",值得考量。

司马望一任后,曹魏置都督雍凉诸军事一职的历史结束,关中地方改设关中都督,吴、万两人将关中都督仍附于雍凉都督之后,这只是写作形式的差异。

(二)关中都督

严耕望在《中国地方行政制度史——魏晋南北朝地方行政制度》一书中提及关中都督一职:甘露元年,邓艾为陇右都督,而司马望尚在任;其后钟会、卫瓘相继为关中都督,而李允继邓芝为陇右都督,则自甘露元年实分雍凉为关中、陇右两都督也。[①]

1. 钟会

钟会是太傅钟繇的幼子,曹魏灭蜀的功臣之一。景元三年(公元262年)冬,"以会为镇西将军、假节都督关中诸军事"[②]。这个时间与司马望在任雍凉都督的时间稍有重叠。《三国志·钟繇传》载:"以侍中守司隶校尉,持节督关中诸军,委之以后事,特使不拘科制。"[③]相对于钟繇的"督","都督"是级别更高的督军方式,而"使持节""持节""假节"与"都督""监""督"的配合方式比较复杂,《魏志》中凡都督皆云"假节"[④]。也就是说,钟会的级别较钟繇要高一些。

景元四年(公元263年)十二月,皇帝下诏"以会为司徒,进封县侯,增邑万户。封子二人亭侯,邑各千户"[⑤]。于是,钟会离任。

万、吴二人亦均将钟会任关中都督一职的时间定在景元四年(公元263年)一年。笔者认为钟会于景元三年(公元262年)冬至景元四年(公元263年)十二月任关中都督。

2. 卫瓘

平蜀之后,钟会谋反。卫瓘带兵镇压,益州平定后,朝廷要赏赐卫瓘,瓘固而不受,最终"除使持节、都督关中诸军事、镇西将军,寻迁都督徐州诸军事、镇东将军"[⑥],也就是说卫瓘拜官使持节都督关中诸军事,很快就又迁任镇东将军。这一年是景元五年(公元264年),曹魏只剩下最后一年的光景了。晋初泰始年间,卫瓘便又由

---

① 《中国地方行政制度史——魏晋南北朝地方行政制度》上册,第26页。
② 《三国志》卷二八《钟会传》,第787页。
③ 《三国志》卷一三《钟繇传》,第392页。
④ 《中国地方行政制度史——魏晋南北朝地方行政制度》上册,第91—92页。
⑤ 《三国志》卷二八《钟会传》,第791页。
⑥ 《晋书》卷三六《卫瓘传》,第1057页。

镇东将军转征东将军了。可推测卫瓘大概在景元五年（公元264年）任关中都督。

据上，曹魏时任关中都督者仅钟会、卫瓘二人，然《三国志》裴注曰："臣松之案：曹爽以正始五年伐蜀，时玄已为关中都督，至十年，爽诛灭后，方还洛耳。"①裴松之说正始五年（公元244年）夏侯玄为关中都督，与曹爽共兴骆谷之役。实际上上文已探讨过，正始五年（公元244年）至正始十年（公元249年）夏侯玄任都督雍凉诸军事。雍凉都督亦监管关中，时逢蜀汉姜维北伐初期，雍凉军事之重历来都在关中，因此疑裴注将雍凉都督与关中都督混淆，当时可能没有人任关中都督一职。

（三）雍州刺史

曹魏时，都督统军事，刺史掌民政。严耕望专门探讨过曹魏的州刺史，而吴、万二人将曹魏雍州刺史列于《魏方镇年表》和《三国方镇年表》中。检核史料，得魏世雍州刺史四人，事迹如下。

1. 郭淮

郭淮是曹魏的重要将领，早年随曹操征战汉中，曹丕继位后，以征羌护军之职平定叛胡，维护了关中之安定。郭淮对关中以及周边地区比较熟悉，在此地征战多年，乃至建功立业，所以其后来成为雍州刺史也不难理解。黄初元年（公元220年），"帝悦之，擢领雍州刺史，封射阳亭侯，五年为真"②。郭淮任刺史期间，多有作为，数加将军。直至嘉平元年（公元249年），"迁征西将军，都督雍、凉诸军事"③，任期长达三十年，但仍未离开关中这片土地，可见其在关中经营之力、守镇之功。

郭淮任雍凉督军时的作为上文已有所陈述，相较于督军时期，郭淮任雍州刺史时期的作为更加丰富，可简单概括为：平定少数民族叛乱、抗击蜀汉进攻，而少数民族的叛乱往往又伴随蜀汉进攻，二者相交织、相互利用。

从太和二年（公元228年）到青龙二年（公元234年），郭淮参加了对抗诸葛亮北伐的众多战役。姜维北伐的早期，郭淮在刺史任上，虽说刺史掌民政，但时间和形势的特殊性，使得刺史担负了很多军事任务。

除了镇压数次少数民族叛乱，郭淮还将很多归降的少数民族迁入雍州甚至关中地区。史书称赞郭淮安抚少数民族的策略，曰："每羌、胡来降，淮辄先使人推问其亲

---

① 《三国志》卷九《夏侯玄传》，第302页。
② 《三国志》卷二六《郭淮传》，第734页。
③ 《三国志》卷二六《郭淮传》，第736页。

理，男女多少，年岁长幼；及见，一二知其款曲，讯问周至，咸称神明。"①郭淮会事先了解来降者个人情况，等到交谈时，能拉近距离，使本来有戒备心的来降者放下防备，这是最容易理解的笼络人心之法。太和五年（公元231年），曹魏与蜀汉处于对峙状态，粮草问题显得尤为重要。"是时，陇右无谷，议欲关中大运，淮以威恩抚循羌、胡，家使出谷，平其输调，军食用足，转扬武将军"②，陇右粮食短缺，只能依赖关中。此时的关中多羌、胡这样的少数民族，郭淮又发挥其在少数民族镇抚上的优势，先有强权的威逼，后又有恩惠措施，这样之前做过的笼络人心的工作就起了作用，所以这次的军粮危机很快就被郭淮顺利地化解了。

《三国志·郭淮传》记载了他掌雍州时少数民族人口迁徙的情况。"淮遂进军，追至强中，维退，遂讨羌迷当等，按抚柔氐三千余落，拔徙以实关中"③，"凉州休屠胡梁元碧等，率种落二千余家附雍州。淮奏请使居安定之高平，为民保障，其后因置西州都尉"④，第一条与关中有关，三千余落氐人的迁入，充实关中人口，是关中人口民族构成不断改变的一步；第二条与关中关系不大，将匈奴贵族休屠胡迁至今宁夏固原一带。

吴廷燮《三国方镇年表》、万斯同《魏方镇年表》中关于郭淮任雍州刺史的时间的观点基本相同，仅吴仍在郭淮卸任的嘉平元年（公元249年）里不记郭淮，只记继任者陈泰。

2. 陈泰

陈泰继郭淮之后任雍州刺史，史书记载："嘉平初，代郭淮为雍州刺史，加奋威将军。"⑤郭淮离任雍州刺史的时间便是陈泰的上任时间，郭淮嘉平元年（公元249年）迁征西将军、都督雍凉诸军事，即陈泰嘉平元年始为雍州刺史。之后"淮薨，泰代为征西将军，假节都督雍、凉诸军事"⑥，离任雍州刺史。我们知郭淮正元二年（公元255年）薨，所以可以确定，陈泰从嘉平元年至正元二年任雍州刺史。

史书对这任雍州刺史的事迹记载仍然以对抗蜀汉北伐的功绩为主，没有提到陈泰在任时对雍州民政的管理，体现的还是战乱纷争的时代特点。

陈泰的任职时间亦无大的疑问，笔者与吴、万二位前辈学者认识相同。同时吴又依大部分惯例，在交接年里不记卸任者。

---

① 《三国志》卷二六《郭淮传》，第734页。
② 《三国志》卷二六《郭淮传》，第734页。
③ 《三国志》卷二六《郭淮传》，第735页。
④ 《三国志》卷二六《郭淮传》，第735页。
⑤ 《三国志》卷二二《陈泰传》，第638页。
⑥ 《三国志》卷二二《陈泰传》，第639页。

3. 王经

《三国志》和《晋书》里都没有王经的传记，只能依靠他曾参与的历史事件来推测，可以确定的是王经接替陈泰任雍州刺史。《三国志·三少帝纪》载："（正元二年）八月辛亥，蜀大将军姜维寇狄道，雍州刺史王经与战洮西，经大败，还保狄道城。辛未，以长水校尉邓艾行安西将军，与征西将军陈泰并力拒维。"①这个时间刚好与陈泰离任雍州刺史时间相吻合。正史中对王经的记载多是此次正元二年（公元255年）的洮西大败。除此之外，便是甘露五年（即景元元年，公元260年），高贵乡公欲讨司马昭，王经知情却没有通报司马昭，高贵乡公死后，王经坐高贵乡公事诛，此时王经为尚书。②《三国志·夏侯玄传》称王经为"冀州名士"，并且曰："始经为郡守，经母谓经曰：'汝田家子，今仕至二千石，物太过不祥。可以止矣。'经不能从，历二州刺史、司隶校尉，终以致败。"③这里的"郡守"指的是注文里的江夏太守，"二州刺史"中的一个是雍州刺史，但关于另一任州刺史具体为何地以及何时离任雍州刺史，由于没有足够的史料支撑，我们无法将其解释清楚。

关于王经的离任时间，吴、万二人的看法有出入。吴廷燮《三国方镇年表》中记载，王经由正元元年（公元254年）至甘露元年（公元256年）任雍州刺史。而万斯同《魏方镇年表》中则记载，王经在正元二年和甘露元年两年里任雍州刺史，此后到下一任刺史诸葛绪之间，雍州刺史为空缺；同时王经的名字出现在列表甘露三年（公元258年）的"司州"一栏里，但职位不详。由于资料不充分，笔者未找到王经任司州的资料，仍需继续检核史料来确定。

4. 诸葛绪

诸葛绪与王经一样没有传记，而且其生平在史书中更是没有明言。遍查《三国志》《晋书》《资治通鉴》，关于诸葛绪的记载很少，主要事件是景元四年（公元263年）在魏灭蜀的战争中，作为雍州刺史的诸葛绪被命令在阴平桥拦截姜维，受征西将军邓艾节度，"今使征西将军邓艾督帅诸军，趣甘松、沓中以罗取维，雍州刺史诸葛绪督诸军趣武都、高楼，首尾蹴讨。若擒维，便当东西并进，扫灭巴蜀也"。④同书《邓艾传》里也是相似的记载，"四年秋，诏诸军征蜀，大将军司马文王皆指授节度，使艾与维相

---

① 《三国志》卷四《三少帝纪》，第133页。
② 《三国志》卷四《三少帝纪》，第144页。
③ 《三国志》卷九《夏侯玄传》，第304页。
④ 《三国志》卷四《三少帝纪》，第149页。

缀连；雍州刺史诸葛绪要维，令不得归"①。此外，《三国志·后主传》《三国志·姜维传》《晋书·文帝纪》《资治通鉴》里都是类似记述。

吴、万两位前辈学者则将诸葛绪的任职时间定在景元三年（公元262年）至景元四年（公元263年），但未给出相关资料，吴廷燮的《三国方镇年表》里所记的简单事迹，也是景元四年的此役。笔者尚未发现景元三年（公元262年）诸葛绪任职的资料。依据上述资料，我们也仅能肯定诸葛绪在景元四年（公元263年）任雍州刺史。

（四）京兆太守

曹魏时，京兆郡置京兆太守一名，治长安。检核史料，《三国志》所记京兆太守，仅颜斐一人，且该人在正史里无传记，盖取自注文所引《魏略》：

> 颜斐字文林。有才学。丞相召为太子洗马，黄初初转为黄门侍郎，后为京兆太守。始，京兆从马超破后，民人多不专于农殖，又历数四二千石，取解目前，亦不为民作久远计。斐到官，乃令属县整阡陌，树桑果。是时民多无车牛。斐又课民以闲月取车材，使转相教匠作车。又课民无牛者，令畜猪狗，卖以买牛。始者民以为烦，一二年间，家家有丁车、大牛。又起文学，听吏民欲读书者，复其小徭。又于府下起菜园，使吏役间锄治。又课民当输租时，车牛各因便致薪两束，为冬寒冰炙笔砚。于是风化大行，吏不烦民，民不求吏。京兆与冯翊、扶风接界，二郡道路既秽塞，田畴又荒莱，人民饥冻，而京兆皆整顿开明，丰富常为雍州十郡最。斐又清己，仰奉而已，于是吏民恐其迁转也。至青龙中，司马宣王在长安立军市，而军中吏士多侵侮县民，斐以白宣王。宣王乃发怒召军市候，便于斐前杖一百。时长安典农与斐共坐，以为斐宜谢，乃私推筑斐。斐不肯谢，良久乃曰："斐意观明公受分陕之任，乃欲一齐众庶，必非有所左右也。而典农窃见推筑，欲令斐谢；假令斐谢，是更为不得明公意也。"宣王遂严持吏士。自是之后，军营、郡县各得其分。后数岁，迁为平原太守，吏民啼泣遮道，车不得前，步步稽留，十余日乃出界，东行至崤而疾困。斐素心恋京兆，其家人从者见斐病甚，劝之，言："平原当自勉励作健。"斐曰："我心不愿平原，汝曹等呼我，何不言京兆邪？"遂卒，还平原。京兆闻之，皆为流涕，为立碑，于今称颂之。②

---

① 《三国志》卷二八《邓艾传》，第778页。
② 《三国志》卷一六《仓慈传》，第513—514页。

这有限的史料里，只提到了颜斐黄初初年为黄门侍郎，后转为京兆太守，青龙中仍在京兆太守任上，此后数岁离开京兆，不久便辞世。颜斐任黄门侍郎的时间是黄初初，很可能在黄初的后几年便任京兆太守；以军市侮民而告司马宣王之事强调是在青龙中，似乎可以肯定颜斐在太和年间已为京兆太守；《魏略》说"后数岁"迁平原太守而不具年号，此事恐仍在明帝时。因无更充足的史料，暂且推断颜斐在魏文帝、魏明帝两朝任京兆太守，且功绩突出。

《魏略》对颜斐的记载除简单介绍其仕途经历外，还主要讲述了三个史实：整治京兆之策、拒绝军市扰民、百姓怀恋。三件事从不同侧面反映了颜斐在任期间尽职尽责，对长安城管理可圈可点，制定和执行政策令人称赞。

第一件事是整治京兆之策。这些政策主要以经济恢复为主题。颜斐来到京兆，发现当地百姓因频遭战乱而久无务农之心，加之以前数任郡守政策短视，只追求眼前利益，并未给京兆地方制定长久的发展规划。正是意识到上述问题，颜斐制定了具有针对性、长远的政策规划。

首先，他下令整理荒芜破败的田地，劝课农桑，恢复粮食、桑麻、果树的种植；督促百姓农闲时取木材来造车，同时派匠人给百姓传授造车技术；令无牛者，养猪、狗卖以换钱买牛。开始时，这些政策使久已疏于生产、无人约束的百姓心生厌烦，但是政策施行下去，"一二年间，家家有丁车、大牛"。

以上这些政策围绕农业恢复展开，其中最基础的当然是种植农作物，这是保障生活、生产恢复的基础，带有强迫性。关于造车的政策，则在强制中有着政策的科学性和扶持性：既督促百姓取车材，又强调"闲月"，不误农时，保证了发展的长期性，与之前郡守"取解目前，亦不为民作久远计"的行为形成鲜明的对比；传授造车技术，则是从技术上扶持百姓发展生产，解除了他们的无车之忧。买牛的政策充分考虑到百姓的经济状况——先畜养小型家畜猪、狗等，再卖钱以买牛，说明颜斐在政策制定时做了充足的考察，对百姓生活有着深入的了解和体察。正是这些政策的针对性和合理性，才使政策得以推行，让百姓享受到实惠，百姓才对颜斐心存怀念。

其次，颜斐管理京兆郡的政策不仅管理百姓，同时也约束吏治，尽量减少官吏扰民，使得京兆安定富足。比如，发展文教，鼓励小吏百姓学习文化，同时免除他们为官府杂使的徭役；在郡府旁开辟菜园，让小吏杂役们间或进行锄治；又督促百姓在交纳租税时，用车牛顺便捎干柴两捆，以便冬天寒冷时用来灼烤砚台笔墨，以利读书者写字。

鼓励百姓小吏读书，以丰富其知识，易于教化，同时减少有志读书人的徭役，也是对读书的鼓励和认可；郡府开垦菜园，让吏卒们无事时种植蔬菜，既不会过分占用时间，又使官府可部分自给蔬菜，减少扰民；收干柴的时间和方式也充分考虑到百姓的便利，将对百姓的烦扰降至最低，同时干柴用以炙笔砚，也可见对文教的重视。

这些政策的效果在短期内就表现出来了。百姓有了土地、工具、家畜等生产的条件，自然安于垦殖；吏治得到约束，吏民之间自然相处较为融洽，风化大行，社会更加平稳。于是京兆开始恢复发展，"丰富常为雍州十郡最"，这是对颜斐治理的极高评价。与此同时，颜斐得到爱戴不单单是因为其治理京兆的得力，其清廉的品行也为他赢得了美名。

第二件事是拒绝军市扰民。青龙年间，司马懿曾任都督雍凉诸军事，他凭借自己的身份，在长安城内设立军市。军市乃军中市场，"征伐止顿，便立军市"①。但当时的军士经常扰民，侵侮百姓，作为负责任的郡守，颜斐自然不能坐视不管，便把此事禀告于司马懿。司马懿治军严明，十分愤怒，招来军市候，并当着颜斐的面杖军市候百下。作为一郡之首的颜斐，在维护长安稳定、保障县民生活的事情上毫不含糊，义正词严，不畏惧军队强权。他的正直赢得了司马懿的敬重，也得到了百姓的爱戴。

第三件事是百姓怀恋。几年后，颜斐迁平原太守，"吏民啼泣遮道，车不得前，步步稽留，十余日乃出界"。虽然描写多少有夸张的成分，但不难看出，无论是吏还是民都十分留恋颜斐，留恋颜斐任职的日子。颜斐在京兆太守任上尽心尽力，付出了很多，自己也舍不得离开这里；而百姓和官吏们也深深地知道吏民互不相扰，各得其所，生活太平的日子颇为难得。颜斐因为早已将京兆土地视为自己新的家乡，为京兆呕心沥血，真正地视京兆百姓为衣食父母，的的确确不想离开这片土地，所以伤心忧戚，致使病情加重，最终病逝在前往平原郡的路上，还留下了"我心不愿平原，汝曹等呼我，何不言京兆邪"的肺腑之言。京兆百姓为其立碑，颂扬其功德，并以示纪念和怀恋。正史里虽没有关于颜斐的记载，但这样的一任京兆太守值得《魏略》不惜笔墨，对其故事大书特书。

（五）长安令

长安令是最低一级的地方行政长官，治长安城，直接管理长安城内的各项事务。检

---

① 《三国志》卷五五《潘璋传》，第1300页。

核史料，得曹魏时长安令二人，事迹如下。

1. 仓慈

仓慈，淮南人。史书记载他"黄初末，为长安令，清约有方，吏民畏而爱之。太和中，迁敦煌太守"[1]。可见，在文帝和明帝时仓慈曾任长安令，事迹不具，但有较好的口碑。"清约有方"说的是仓慈清正廉明，治理有方，可以推断他是一位严厉正直的官员。

仓慈一生功绩，以敦煌太守任上的作为而著称。《三国志》称他和郑浑"恤理有方"[2]。仓慈任敦煌太守时，注重缓和贫富者之间的矛盾，"抑挫权右，抚恤贫羸"[3]，减少贫困者赋税，"随口割赋"[4]；加强治安；沟通胡汉。可见仓慈治理之策得当、严格且符合当地实际，使郡内清明有律。借此可以推测，仓慈在长安时必是做了很多有针对性的工作。

2. 王惠阳

王惠阳曾任长安令，但其任职时间、事迹都不见于史书记载。《三国志》无传记，但《三国志·裴潜传》的注文里引用了《魏略·黄朗传》的内容，而王惠阳与黄朗交情甚深，黄朗的传记里便提到了王惠阳，于是王惠阳任长安令的历史便被辗转记载。裴注引《魏略》载："黄朗字文达，沛郡人也。为人弘通有性实。……特与东平右姓王惠阳为硕交，惠阳亲拜朗母于床下。……朗既仕至二千石，而惠阳亦历长安令、酒泉太守。故时人谓惠阳外似粗疏而内坚密，能不顾朗之本末，事朗母如己母，为通度也。"[5]

上文提及的黄朗，也曾被任命为长安令，只是因故未能赴任。《魏略·黄朗传》曰："朗始仕黄初中，为长吏，迁长安令，会丧母不赴，复为魏令，迁襄城典农中郎将、涿郡太守。以明帝时疾病卒。"[6]但这仅是检核史料过程中发现的一些与长安有关的细节而已。

（六）其他与长安相关的官员

长安城的行政管理，应该是有一套比较完整和复杂的机构设置的，并且作为曹魏时期的军事重镇，长安除了具备正常的官僚机构，还有许多非常设机构。因此长安地区驻

---

[1]《三国志》卷一六《仓慈传》，第512页。
[2]《三国志》卷一六《仓慈传》，第515页。
[3]《三国志》卷一六《仓慈传》，第512页。
[4]《三国志》卷一六《仓慈传》，第512页。
[5]《三国志》卷二三《裴潜传》，第676页。
[6]《三国志》卷二三《裴潜传》，第676页。

守着一大批职责各不相同的官员，但限于曹魏史料简略，只能从文献中寻找出与长安有关的官员，做一陈述。

1. 夏侯楙

夏侯楙系夏侯惇之子，《资治通鉴·魏纪三》记："文帝少与之亲善，及即位，以为安西将军，都督关中，镇长安，使承渊处。"①《三国志·夏侯惇传》引《魏略》也有类似记载，"文帝少与楙亲，及即位，以为安西将军、持节，承夏侯渊处都督关中。楙性无武略，而好治生"②。这些史料很清楚地显示黄初元年（公元220年），夏侯楙都督关中。

直至太和二年（公元228年）诸葛亮北伐，明帝得知楙不善武略而将其召回朝中。不仅如此，蜀汉司马魏延直接称"夏侯楙，主婿也，怯而无谋"③。可见夏侯楙个人能力平平，此人督军关中，无疑削弱了关中的守备，蜀汉大臣因之建议诸葛亮直击长安，欲一举拿下关中。公元228年，夏侯楙离任。

夏侯楙在长安八年，史书没有记载其作为，可能的确没有功绩。《魏略》载："楙在西时，多畜伎妾，公主由此与楙不和。其后群弟不遵礼度，楙数切责，弟惧见治，乃共构楙以诽谤，令主奏之，有诏收楙。"④从这些记载可知，夏侯楙尊重礼法制度但并无雄才伟略。

2. 曹真

如前文所述，曹真在黄初元年（公元220年）至黄初三年（公元222年）任都督雍凉诸军事。曹叡上台后，他又是托孤重臣之一，是曹魏所倚重的重要将领。诸葛亮在太和元年（公元227年）屯兵汉中，做出了进军曹魏的姿态，⑤并于太和二年（公元228年）开始北伐。曹叡派出了老将曹真以大将军都督关右。

3. 张郃

《三国志·张郃传》载："诸葛亮出祁山。加郃位特进，遣督诸军，拒亮将马谡于街亭。……司马宣王治水军于荆州，欲顺沔入江伐吴，诏郃督关中诸军往受节度。至荆州，会冬水浅，大船不得行，乃还屯方城。诸葛亮复出，急攻陈仓，帝驿马召郃到

---

① 《资治通鉴》卷七一，魏明帝太和二年正月，第2239页。
② 《三国志》卷九《夏侯惇传》，第269页。
③ 《资治通鉴》卷七一，魏明帝太和二年正月，第2239页。
④ 《三国志》卷九《夏侯惇传》，第269页。
⑤ 《三国志》卷三五《诸葛亮传》，第919页。

京都。"①这里没有记载张郃被任命为关中都督一职，只是陈述了张郃督关中诸军的史实，因张郃是抵御蜀汉北伐而任此职，具体时间应是在太和二年（公元228年）和青龙二年（公元234年）二年间。

张郃的情况与建安年间钟繇"持节督关中诸军"更相类似。严耕望认为钟会、卫瓘所任关中都督是已成定制的官职，钟繇与张郃更像是战时状态下的临时督军。如上文所引，严耕望认为甘露元年（公元256年）关右都督一职才出现。虽然笔者对此尚保留看法，但有一点是可以确定的：都督诸军事早期的任命带有随意性，但是在曹魏时逐渐发展成定制；而关中都督是否为定制待考。张郃督关中诸军，亦不是首例，前有钟繇，后又有钟会、卫瓘。关中都督与雍凉都督的管辖范围有所重合，关中都督的记载也相对较少，所以笔者对于关中都督是否为定制仍持怀疑态度。

4. 皇甫晏

有关皇甫晏的记载更加简略，我们仅知他曾任雍州故吏。《晋书》和《资治通鉴》只提及晋泰始八年（公元272年）身为益州刺史的皇甫晏被害的史实。而《三国志》在引《世语》关于清河王经的故事时说："经刑于东市，雄哭之，感动一市。刑及经母，雍州故吏皇甫晏以家财收葬焉。"②王经坐高贵乡公事被诛，牵连其母，时间是在景元元年（公元260年），皇甫晏当时替其母收葬，可见皇甫晏应在此之前在雍州做事。他既以家财来替他人葬母，可以大胆推测其与王经是有旧交的，应该是王经在雍州做官时的旧相识。又如上文所考，王经在正元二年（公元255年）上任雍州刺史，那皇甫晏也大概在这个时间为雍州故吏，并与王经有所交集。虽然仅凭"雍州故吏"一词不能判断他与长安有直接关系，但因为他与雍州刺史之间关系密切，所以推测皇甫晏很可能当时在长安城内当差。

二、地方官员的治理策略

曹魏时期关中的人口流动主要呈现两个趋势：一是战乱导致关中的汉族百姓逃亡，安定后又返乡；二是少数民族内迁。这两个趋势最后都充实了关中人口。因此，这一时期地方治理要略主要为针对流民的移居之法和针对少数民族的招抚之策。

---

① 《三国志》卷一七《张郃传》，第526—527页。
② 《三国志》卷九《夏侯玄传》，第305页。

（一）移居之法

曹操平定关中后，关中进入了短暂的安定时期。如何吸引逃亡百姓、安定四方归乡百姓？如何促进百姓重新定居并开始生产？为了解决这两个问题，"移居之法"应运而生。

建安四年（公元199年），卫觊使益州，遇道路不通，留镇关中，在此看到大量逃亡的老百姓返回关中，他认为如不招怀望归之百姓，这些人口便会成为诸将的部曲，必将威胁朝廷统治。政府若要恢复生产，人口的空虚便是一大挑战，这是当时关中社会一个亟待解决的难题。于是卫觊通过荀彧向曹操建议说："关中膏腴之地，顷遭荒乱，人民流入荆州者十万余家，闻本土安宁，皆企望思归。而归者无以自业，诸将各竞招怀，以为部曲。郡县贫弱，不能与争，兵家遂强。一旦变动，必有后忧。夫盐，国之大宝也，自乱来散放，宜如旧置使者监卖，以其直益市犁牛。若有归民，以供给之。勤耕积粟，以丰殖关中。远民闻之，必日夜竞还。又使司隶校尉留治关中以为之主，则诸将日削，官民日盛，此强本弱敌之利也。"①卫觊先强调招怀百姓的重要性，此举是与诸将争民，以防地方诸将势力过盛，影响国家安定。如果兵家再相争，又不知有多少个关中大乱，何谈统一全国？而卫觊提到的对策主要有两方面：一是将盐业收归官营，设置专门官员监管，同时用所得之利来养殖耕牛；二是给关中地区的流民提供耕牛，以鼓励农业恢复，劝课农桑，丰殖关中。这两个策略是相辅相成的，目的是一样的，都是为了发展生产，吸引百姓，为更长远的发展提供人力、财力支持。这些措施一旦施行，尚未归乡的百姓看到关中一派生机，必携妻带子，在安土重迁观念的影响下再次启程，奔赴家乡。如此一来政府手中的人口便日渐超过诸将，诸将的势力相对削弱，这对于关中的安定和发展都是十分有利的。这些建议得到了曹操的认可，"始遣谒者仆射监盐官，司隶校尉治弘农。关中服从，乃白召觊还，稍迁尚书"②。卫觊并不是长安的地方官，他只是路经长安，却提出了如此有见地的策略，这些策略与之后各位京兆地方官的政策都是为了同一个目的——吸引人口，发展生产。

京兆尹和曹魏时期的京兆太守是长安城的主要地方官员，主要负责长安地方的政策制定，"移居之法"也多出自他们之手。正史中出现的汉末曹魏时期的京兆尹（太守）共有五位，分别是张时、张既、杨沛、郑浑、颜斐，张时、杨沛事迹记载简略，其他三

---

① 《三国志》卷二一《卫觊传》，第610—611页。
② 《三国志》卷二一《卫觊传》，第611页。

位在任时的政策都有记载（详参前文）。

建安十六年（公元211年），张既随曹操西征韩遂、马超。关中平定后，"以既为京兆尹，招怀流民，兴复县邑，百姓怀之。魏国既建，为尚书，出为雍州刺史"①，这里的"招怀流民，兴复县邑"八个字准确集中地概括了此时长安城地方官员工作的重点。"招怀"就是招抚、怀柔之意，招抚是招安使归附的意思，而怀柔意为用政治上笼络的手段使之归附。《汉书·郊祀志》："天子祭天下名山大川，怀柔百神，咸秩无文。"颜师古注："怀，来也。柔，安也。言招来百神而安处之也。"②京兆人口外流，城内空虚，只有先充实人口，才能恢复各县邑。作为雍州治所的长安城更是重点关注的对象。张既的政策效果突出，百姓逐渐开始安居下来，到建安十九年（公元214年），张既便升任雍州刺史。

郑浑于建安二十年（公元215年）被任命为京兆尹，在任期间，"以百姓新集，为制移居之法，使兼复者与单轻者相伍，温信者与孤老为比，勤稼穑，明禁令，以发奸者。由是民安于农，而盗贼止息。及大军入汉中，运转军粮为最。又遣民田汉中，无逃亡者。太祖益嘉之，复入为丞相掾"③。上述记载较为详细，不单单是招抚流民、吸引人口那么简单了。因为郑浑继张既之后任职，形势有所好转，在历任京兆尹的努力下，流民返乡定居下来的越来越多，一郡之首的工作从吸引大量人口回流，转为如何安排这些新安定下来的原京兆百姓，"移居之法"便是解决方案。"移居之法"的核心是倡导百姓相互扶持。"兼复者"说的是人口多的大户人家，"单轻者"说的是人口少的家庭，"温信者"指的是温厚诚实的人，"孤老"指的是孤寡老人。也就是说，移居之法鼓励社会上人与人之间互相扶持帮助，通过这种互助关系来勤稼穑、明禁令、发奸者，从而达到维护乡村秩序的目的。

曹魏文帝时期，京兆郡的最高行政长官由京兆尹改为京兆太守，颜斐是唯一见于《三国志》记载的一位京兆太守。"（颜）斐到官，乃令属县整阡陌，树桑果。是时民多无车牛。斐又课民以闲月取车材，使转相教匠作车。又课民无牛者，令畜猪狗，卖以买牛。始者民以为烦，一二年间，家家有丁车、大牛。"百姓生活安稳之后，他又建立学校，教民读书；凡是读书的人，均可免除部分徭役。颜斐本人清廉克己，且约束吏卒不得烦扰百姓，在任期间做到吏民相安，百姓安居乐业。

---

① 《三国志》卷一五《张既传》，第472页。
② 〔汉〕班固：《汉书》卷二五上《郊祀志上》，〔唐〕颜师古注，中华书局，1962年，第1193—1194页。
③ 《三国志》卷一六《郑浑传》，第511页。

招抚流民、安定百姓、丰殖人口是在当时的社会状况下地方官员工作的重要方面。从某种角度来讲，地方官员在安抚百姓上的政策和能力，很大程度上影响着地区内的移民回流和人口增殖。因此，官员在这些方面工作上的作为，也成为当时评定官员政绩的重要依据之一。在汉末曹魏时期，社会动荡不安，百姓人心惶惶，这使得安抚百姓的措施显得尤为重要，而史书中有关减少不必要的人口流动的记载也时有出现。曹操征张鲁，张鲁降后，张既建议曹操迁徙汉中的百姓以充实长安三辅，"陇西、天水、南安民相恐动，扰扰不安，既假三郡人为将吏者休课，使治屋宅，作水碓，民心遂安"①。张既的一系列安民做法可谓不动声色，效果尤佳，这些做法不是只向百姓宣传和许诺，而是让郡吏们修房屋、兴水利，这样百姓的心自然就安定下来了。金城太守苏则，也以"绥民平夷之功"得到了加官进爵。《魏名臣奏》记文帝欲嘉奖苏则，又因封爵事关重大，故而询问雍州刺史张既，张既赞曰："金城郡，昔为韩遂所见屠剥，死丧流亡，或窜戎狄，或陷寇乱，户不满五百。则到官，内抚凋残，外鸠离散，今见户千余。又梁烧杂种羌，昔与遂同恶，遂毙之后，越出障塞。则前后招怀，归就郡者三千余落，皆恤以威恩，为官效用。西平麹演等倡造邪谋，则寻出军，临其项领，演即归命送质，破绝贼粮。则既有恤民之效，又能和戎狄，尽忠效节。遭遇圣明，有功必录。若则加爵邑，诚足以劝忠臣，励风俗也。"②体恤百姓和平定蛮夷的重要程度，可见一斑。

（二）招抚之策

招抚之策在这里特指对少数民族的招抚。少数民族人口的内迁既有统治者的强行迁徙，也有少数民族的主动内迁，此处则主要针对招抚少数民族的策略和手段来讨论。文献中关于具体手段的记述甚少，主要集中在郭淮一人身上，但通过对记载的郭淮情况的分析，可以起到管中窥豹的作用。

郭淮一生征战四方，对关中、雍州十分熟悉。嘉平二年（公元250年），曹芳在诏书中称其"在关右三十余年，外征寇虏，内绥民夷。比岁以来，摧破廖化，禽虏句安，功绩显著"③，由此可见，郭淮在征讨和招抚少数民族上有着丰富的经验和卓著的功绩。郭淮传记中与少数民族有关的记载有数条，先是太和五年（公元231年），"陇右无谷，议欲关中大运，淮以威恩抚循羌、胡，家使出谷，平其输调，军食用足"④；又

---

① 《三国志》卷一五《张既传》，第472页。
② 《三国志》卷一六《苏则传》，第491页。
③ 《三国志》卷二六《郭淮传》，第736页。
④ 《三国志》卷二六《郭淮传》，第734页。

有正始元年（公元240年），"淮遂进军，追至强中，维退，遂讨羌迷当等，按抚柔氐三千余落，拔徙以实关中。迁左将军。凉州休屠胡梁元碧等，率种落二千余家附雍州。淮奏请使居安定之高平，为民保障，其后因置西州都尉"[①]。由上述引文可见郭淮在氐、羌、胡百姓中的威望之高。

郭淮为什么会享有如此的威望呢？他在处理与少数民族的关系上又有怎样的经验？史书中没有太多具体的记载，但有这样一句话还是很耐人寻味的："每羌、胡来降，淮辄先使人推问其亲理，男女多少，年岁长幼；及见，一二知其款曲，讯问周至，咸称神明。"[②]这里展现的是郭淮面对来降羌、胡时的做法：先是派人去了解对方的家庭背景，等到接见时则可以灵活应对。这看似简单，但与简单粗暴的办法相比，这种方式的怀柔效果更好。一般的受降者即便是受到欢迎，也不过是形式上的接待，而从人情的角度来让对方感觉到被重视、被关怀，使受降者不仅仅是迫于某些原因，如为了获得更好的生存空间和条件而归附，而是使他们得到认同感，从而使他们能更好地在归附之地或者其他内郡安心地生存下去。如果所有归附的少数民族都能够感于威恩而安居下来，这样的招抚便是成功的了。

---

① 《三国志》卷二六《郭淮传》，第735页。
② 《三国志》卷二六《郭淮传》，第734页。

第三节
西晋时期长安城的地方治理

一、西晋时期长安城地方官员的设置及出身

自从曹魏末年以来,长安城就一直被司马氏家族控制。西晋建立之初,关中地区政局稳定,地方治理也延续曹魏时期的政策。从晋武帝泰始元年(公元265年)到晋愍帝建兴四年(公元316年),西晋王朝一共延续了52年,在这短短的半个世纪期间,现存传世文献中共出现了郭奕、司马骏、唐彬、刘沈、山简、麴特等12任雍州刺史。

表 6-2 西晋雍州刺史任期及出身简表

雍州刺史	任期	出身或靠山
郭奕	晋武帝咸宁初[1]	山西豪族,晋武帝嫡系
司马骏	晋武帝太康年间[2]	西晋皇族
郤诜	晋武帝时期[3]	晋武帝嫡系
唐彬	晋惠帝元康初[4]	山东豪族,晋武帝嫡系
解系	晋惠帝元康年间[5]	山东豪族,晋武帝嫡系

---

[1]《晋书》卷四五《郭奕传》记:"咸宁初,迁雍州刺史、鹰扬将军,寻假赤幢曲盖、鼓吹。"
[2]《晋书》卷九七《匈奴传》记:"(太康)七年,又有匈奴胡都大博及萎莎胡等各率种类大小凡十万余口,诣雍州刺史扶风王骏降附。"
[3]《晋书》卷五二《郤诜传》记:"累迁雍州刺史。武帝于东堂会送。"
[4]《晋书》卷四二《唐彬传》记:"元康初,拜使持节、前将军、领西戎校尉、雍州刺史。"
[5]《晋书》卷六〇《解系传》记:"后辟公府掾,历中书黄门侍郎、散骑常侍、豫州刺史,迁尚书,出为雍州刺史、扬烈将军、西戎校尉、假节。"

雍州刺史	任期	出身或靠山
刘沈	晋惠帝永兴年间①	燕赵名族之后
丁绰	晋惠帝时期②	无法确定
范晷	晋惠帝时期③	南阳名士
山简	晋怀帝永嘉初④	两晋名士山涛之子
贾疋	晋愍帝时期⑤	魏太尉贾诩曾孙
麹允	愍帝西迁前后⑥	陇西金城豪族
麹特	西晋末年⑦	无法确定

西晋时期雍州刺史的任期均不能够确定，基本上只知其担任过雍州刺史，但是担任的时间有多长、在任期内干过什么事情，均不甚清楚，仅有的一些事迹也是西晋末年中原大乱、皇帝西迁之后，其在长安城的相关军事活动，而和民生经济有关联的几乎缺载。

西晋王朝短短50多年，在文献中最早出现的西晋雍州刺史是在咸宁初年，再刨除晋武帝以"泰始"为年号的10年，因此上述12任雍州刺史的任期总共是四十三年，每任刺史平均仅三年多。西晋王朝的雍州刺史大多出身于地方名族，这与西晋王朝的性质是相关的——西晋王朝本身就是门阀士族政治集团。

二、西晋时期长安城部分地方官员的事迹

西晋中期之前，长安城政局稳定，关于雍州刺史的事迹记载较少。但是至西晋中后期，政局动荡，雍州刺史的事迹主要和军事相关，文献记载也相对丰富起来。西晋雍州

---

① 《晋书》卷四《惠帝纪》载："帝逼于河间王颙，密诏雍州刺史刘沈、秦州刺史皇甫重以讨之。"
② 《晋书》卷六〇《贾疋传》载："雍州刺史丁绰，贪横失百姓心。"
③ 《晋书》卷九〇《范晷传》载："征拜少府，出为凉州刺史，转雍州。于时西土荒毁，氐羌蹈藉，田桑失收，百姓困弊，晷倾心化导，劝以农桑，所部甚赖之。元康中，加左将军，卒于官。"
④ 《晋书》卷四三《山简传》载："永嘉初，出为雍州刺史、镇西将军。"
⑤ 《晋书》卷六〇《贾疋传》载："愍帝以疋为骠骑将军、雍州刺史，封酒泉公。"
⑥ 《晋书》卷八九《麹允传》载："会雍州刺史贾疋为屠各所杀，允代其任。"
⑦ 《晋书》卷一〇二《刘聪载记》载："刘曜既据长安，安定太守贾疋及诸氐羌皆送质任，唯雍州刺史麹特、新平太守竺恢固守不降。"

刺史在任期间对地方的治理最为典型的是以下两位。

（一）郤诜

郤诜，济阴单父人，自幼博学多才，晋武帝泰始初年被任命为议郎，后来时任吏部尚书的崔洪推荐其担任左丞，后"累迁雍州刺史"①。

> 荐雍州刺史郤诜代己为左丞。诜后纠洪，洪谓人曰："我举郤丞而还奏我，是挽弩自射也。"诜闻曰："昔赵宣子任韩厥为司马，以军法戮宣子之仆。宣子谓诸大夫曰：'可贺我矣，我选厥也任其事。'崔侯为国举才，我以才见举，惟官是视，各明至公，何故私言乃至此！"洪闻其言而重之。②

> 累迁雍州刺史。武帝于东堂会送，问诜曰："卿自以为何如？"诜对曰："臣举贤良对策，为天下第一，犹桂林之一枝，昆山之片玉。"帝笑。侍中奏免诜官，帝曰："吾与之戏耳，不足怪也。"诜在任威严明断，甚得四方声誉。卒于官。③

根据上述文献记载可知，郤诜本人"威严明断"，虽然被崔洪推荐担任"左丞"，然而其在担任"左丞"期间反把崔洪弹劾。时人不解，郤诜就以赵宣子的故事相告，得到了崔洪的尊重。这也从侧面说明了郤诜铁面无私，公私分明，为其后来担任雍州刺史奠定了声望。郤诜在晋武帝时期被任命为雍州刺史，在其即将赴任之时，晋武帝司马炎在东堂接受郤诜的辞跸，武帝追问郤诜对关中地方治理的方针时，郤诜回答道"臣举贤良对策，为天下第一，犹桂林之一枝，昆山之片玉"。也就是说其打算到关中之后举贤任良。郤诜不但是这样说的，也是这样做的，史书说"诜在任威严明断，甚得四方声誉"，直至"卒于官"，可以说其在关中地区是鞠躬尽瘁，死而后已。

（二）贾疋

贾疋，武威人，魏太尉贾诩之曾孙。他"少有志略，器望甚伟，见之者莫不悦附，特为武夫之所瞻仰，愿为致命"④，因此倍受西晋王朝的重视，曾经担任显要职位，后升任西陲重镇的安定太守，又因接晋愍帝入长安而被任命为雍州刺史。

> 及怀帝蒙尘，长安又陷，模被害，绑泣曰："与其俱死，宁为伍子胥。"乃赴安定，与雍州刺史贾疋、扶风太守梁综、安夷护军麴允等纠合义众，频破

---

① 《晋书》卷五二《郤诜传》记：郤诜先担任"左丞"，而后才被"累迁雍州刺史"；而在同书《崔洪传》中记"荐雍州刺史郤诜代己为左丞"，也就是说郤诜是先担任"雍州刺史"而后才被崔洪推荐为"左丞"。关于这两种说法孰是孰非，在本书中并无影响，因此在此仅做注释，不展开论述。
② 《晋书》卷四五《崔洪传》，第1288页。
③ 《晋书》卷五二《郤诜传》，第1443页。
④ 《晋书》卷六〇《贾疋传》，第1652页。

贼党，修复旧馆，迁定宗庙。①

时刘聪向长安，为雍州刺史贾疋所逐，走还平阳。疋遣人奉迎秦王，遂至长安，而与大司马南阳王保、卫将军梁芬、京兆尹梁综等并同心推戴，立王为皇太子，登坛告天，立社稷宗庙，以鼎为太子詹事，总摄百揆。②

会雍州刺史贾疋为屠各所杀，允代其任。③

由上可知，西晋末年，晋怀帝在平阳被杀之后，贾疋派人接秦王入长安，拥立其为皇太子，继而称帝于关中，史称其为晋愍帝。虽然晋愍帝在关中称帝，但是长安城仍然不太平，时有少数民族犯长安，而身为雍州刺史的贾疋由于"少有志略，……特为武夫之所瞻仰，愿为致命"，所以可能经常在外领兵作战，直到后来被屠各所杀害，死于雍州刺史任上。纵观与贾疋相关的文献，并未见其在担任雍州刺史期间相关稳定地方治安、促进地方发展等方面的政策，只记载了其参与接秦王入关中和抵御少数民族袭扰的事件，这与其所处的时代环境是紧密相关的。

---

① 《晋书》卷六〇《索綝传》，第1650页。
② 《晋书》卷六〇《阎鼎传》，第1647页。
③ 《晋书》卷八九《鞠允传》，第2307页。

第四节
十六国时期长安城的治理

十六国时期战争频繁,尤其是少数民族占据的北方地区,战争的频率和战争的激烈度达到了令人吃惊的地步。所以这一时期的地方治理也陷入混乱之中,地方的治理主要是由占据该地方的割据政权实行军事管制,地方的行政长官也大多由军事长官所兼任。这一时期涉及关中地区的割据政权有前赵、后赵、前秦、后秦和赫连夏。由于资料所限,笔者尽可能地通过已有文献梳理当时的长安城的地方治理。

一、前赵时期长安城的治理

刘聪继位之后继续向西晋政权发起攻击,以扩大地盘,巩固势力。长安作为西晋军事重镇,必然也是其进攻的目标之一。刘聪于永嘉五年(公元311年)开始不断地派出军队与西晋政权反复争夺长安的控制权,直到建兴四年(公元316年)刘聪才彻底占据长安城。占领长安城之后,刘聪派刘曜镇守长安。公元318年刘聪去世后,匈奴汉国发生内讧,镇守长安的刘曜在讨伐靳准的途中于赤壁称帝,次年迁都长安,史称前赵。

其实早在刘聪去世之前,刘曜在匈奴汉国政权中已位高权重,官至丞相,并拥有重兵,据守长安。刘聪去世之后,子刘粲继位,外戚靳准政变,杀刘粲及刘氏宗室。占据关中的刘曜立即自立,并在光初二年(公元319年)定都长安。刘曜定都长安后,修缮了长安城的建筑,新建了一批宫殿。虽然史书中没有记载这些宫殿修建的开始时间,但是刘曜是在西晋建兴四年(公元316年)开始占据长安的,长安城的修缮也应开始于此时。与此同时,笔者认为此时仅仅是开始修缮一些建筑,因为其当时毕竟还只是丞相,并没有称帝。从西晋愍帝即位于长安开始到刘曜定都关中,长安的城市建设得到了一定的发展。

前赵时,长安又一次成为国家的都城,因而其政治地位也相应地有所提高,虽然在现有文献资料中没有记载，但是前赵政权应该是加强了对长安城的治理和管控。因此，长安城作为京畿所在，在政策上，国家对其人口的繁殖、经济的发展理应有所倾斜；在军事上，无论是军队的驻扎还是军事设施的修建均应得到了加强。在前文简述前赵时期长安城的人口流动时提到，前赵时期长安城应是人口流入的主要目的地，这一时期长安城人口不断增加，都是刘曜前赵政权不断充实长安城的结果。

二、后赵时期长安城的地方治理

后赵占领关中地区之后，为了巩固地方统治，在行政体制等方面做了一些调整。但后赵在关中地区城市建设方面的改革力度不是很大，原因主要有以下两方面：其一，后赵夺取关中地区没有经过大规模的战争，当地的城市设施和军事设施等没有遭受剧烈的破坏与变动，城市的风貌变化不大，基本完善；其二，前赵的都城即在长安，作为都城，长安的经济设施和军事设施相当完善，虽然前赵政权倾覆，但这些设施仍然在发挥相应的作用，所以后赵没必要对这些设施做大规模变动。石苞镇守长安之时，"发雍、洛、秦、并州十六万人城长安未央宫"，此项工程一次调发"十六万人"，足见工程规模之大；同时还明确指出工程内容"城长安未央宫"，结合已有资料可知，此时未央宫得到了较好的修缮。

后赵对长安城的治理在人口数量与人口政策上也有反映。后赵占领关中后，对关中地区的人口进行了重新规划，关中地区的人口迁徙十分频繁，主要表现在两个方面：后赵前期，主要是关中地区的人口往外迁徙，比如迁徙到关东地区；后赵末期，统治者将秦州、凉州的居民迁到关中，或者是在部落首领带领下回迁至关中地区。后赵前期迁徙人口，目的均是强干弱枝，因此关中地区的人口密度应该是降低了，这也从侧面反映出国家政权的权力中心迁离长安城必然导致长安城在国家的政治地位有所下降。将人口大量的从关中地区迁出，是后赵政权为了尽可能地削弱关中地区的反抗力量，从而达成更严密地控制该地区的目的。到了后赵后期，随着国家对关中地区管理的加强，关中地区的人口又得到了一定的补充。

三、前秦时期长安城的治理

石虎去世之后，后赵政权陷入混乱之中，各个将领和部落首领纷纷拥兵自重，独霸一方。后赵前期被迫迁徙到关东的临渭氐苻氏也在族人的支持下谋求割据，最终经过一系列的战争，顺利占领长安城。但无论是后赵代替前赵，抑或是苻健代替杜洪等占据长安城，长安城战争的程度均比较平缓，所以这一时期关中的城市建筑和经济军事设施并没有遭受严重破坏。苻健入关中后，在太极前殿僭登皇帝位，将诸公进位为王，把大单于授给其子苻苌，可见太极殿应该在此之前就存在，并且保存基本完好。

前秦政权占领关中之后，无论是苻健还是苻生，他们都只是部族首领，并不懂得地方的治理，一味依靠相对强大的军事实力掌控地方，直到苻坚继位之后这一情况才发生改变。苻坚重用王猛等一批大臣"修废职，继绝世，礼神祇，课农桑，立学校，鳏寡孤独高年不自存者，赐谷帛有差，其殊才异行、孝友忠义、德业可称者，令在所以闻"①，这种劝课农桑、抚育孤老等政策大大缓和了政权的内部矛盾，且从某种程度上也稳定和巩固了其对长安城的统治。

除上述举措外，前秦统治者也积极实施移民，以充实关中。史念海认为"当时迁徙到长安的人口有具体记载可考的，约有二十一万余户，以每户五口计算，已经超过一百万人"②，葛剑雄认为"苻坚前后迁至长安和关中的人口至少有十多万户、数十万人，加上后赵灭亡后从关东回迁人口和关中原有的人口，至苻坚后期已大致恢复了昔日的繁荣"③。苻坚曾经征发"其王侯已下及豪望富室僮隶三万人，开泾水上源，凿山起堤，通渠引渎，以溉冈卤之田"④，仅僮隶就能够一次征发三万人，那么仅王侯以下及豪望富室所拥有的僮隶很可能倍于三万人，这充分说明了关中地区人口的充足。人口是衡量一个地区政治地位的重要指标，将其他地区的人口迁徙至关中，关中人口的稠密也从某种程度上反映了关中在前秦政权中的重要政治地位。

通过上述一系列政策的实施，关中地区呈现清平盛世的面貌，长安城也相应繁荣起来，"关陇清晏，百姓丰乐，自长安至于诸州，皆夹路树槐柳，二十里一亭，四十里一驿，旅行者取给于途，工商贸贩于道。百姓歌之曰：'长安大街，夹树杨槐。下走朱轮，上有鸾栖。英彦云集，诲我萌黎'"⑤，由此可见前秦政权对关中的地方治理是成功的。然而随着前秦的灭亡，长安城繁盛的景象如昙花一现，消逝在历史长河之中。

---

① 《晋书》卷一一三《苻坚载记上》，第2885页。
② 史念海：《十六国时期各割据霸主的迁徙人口》上篇，载《中国历史地理论丛》1992年第3辑，第107页。
③ 《中国移民史》第二卷《先秦至魏晋南北朝时期》，第520页。
④ 《晋书》卷一一三《苻坚载记上》，第2899页。
⑤ 《晋书》卷一一三《苻坚载记上》，第2895页。

四、后秦时期长安城的治理

淝水之战失败后,前秦统治集团内部出现了分裂趋势。羌族的首领姚苌在部将的支持下背叛苻坚,建立后秦政权,依然定都长安。姚苌建立政权之后,积极联合其他少数民族首领绞杀前秦残余势力。姚苌在征战结束之后很快去世,之后姚兴继位。姚兴是后秦时期比较有作为的一个君王,他在位期间采取诸多措施巩固统治,改变了前秦末年混乱的局面。同时,姚兴还鼓励儒学和佛教的发展以缓和各民族之间的矛盾,他延请名儒讲学,并邀请名僧鸠摩罗什在长安翻译大量佛经。经过他的努力,后秦的国内政治矛盾有所缓和。姚兴"性俭约",长安城的宫殿主要是继承前秦时期的建筑,几乎没有修筑新的宫殿建筑,这从侧面反映了后秦政权在长安城爱惜民力、休养生息,有利于关中地区社会经济的恢复和发展。

前秦灭亡,关中地区的社会经济受到极大破坏,文献记载,关中地区"人皆流散,道路断绝,千里无烟"[①],长安城也是"人相食,诸将归而吐肉以饴妻子"[②],关中地区人口流失严重。正因为如此,后秦政权占领关中之后也开始积极实行移民政策。据文献记载,后秦向长安迁徙人口,次数虽然不多,但是每次迁徙人口的规模都比较大,一共九万三千余户,另外还有入长安学儒学的诸生万数千人,按照中国传统社会,一般每户五人计算,后秦向长安大约迁徙了48万人。葛剑雄在《中国移民史》中认为:"经过这些迁徙和人口的增长,长安虽然没有恢复前秦时的繁荣,也已初具规模。"[③]由此可见后秦时期关中地区的移民政策是相对成功的,促进了关中地区经济的发展。

五、赫连夏时期长安城的地方治理

后秦弘始十八年(公元416年),姚兴去世,太子姚泓即位。刘裕北伐占据长安,并在占领长安之后又匆匆撤离,仅留次子刘义真率军掌控关中。赫连勃勃认为其占据关中的时机已到,积极出兵,并很快击败东晋军队占据关中。赫连勃勃占领长安城之后就修筑"京观",威慑东晋在关中的残余势力,他在灞上筑坛称帝,改元昌武,定都统万城。当赫连氏初占长安城,谋士就向赫连勃勃进谏,劝其定都长安。赫连勃勃认为:"长安历世帝王之都,沃饶险固!然晋人僻远,终不能为吾患。魏与我风俗略同,

---

① 《晋书》卷一一四《苻坚载记下》,第2927页。
② 《晋书》卷一一四《苻坚载记下》,第2925页。
③ 《中国移民史》第二卷《先秦至魏晋南北朝时期》,第523页。

土壤邻接，自统万距魏境裁百余里，朕在长安，统万必危；若在统万，魏必不敢济河而西。"①赫连勃勃也承认长安是历代帝王的都城，关中富饶且地势险要，但是由于东晋距关中较远，不能够为患关中，北魏和赫连夏风俗相似，国土相邻，作为赫连夏大本营的统万城距北魏边境最近处只有百余里，如若定都长安城，那么就容易失去统万城。如果定都统万城，那么北魏便不敢轻易渡河进攻。所以虽然赫连夏定都统万城，但是赫连勃勃也认识到长安的特殊性，于是以长安为南都，令其子赫连璝为大将军、雍州牧、南台尚书事，镇守长安城。

在赫连璝镇守长安城期间，关中地区因远离战争硝烟，经济政治优势增强，军事力量急剧膨胀。东晋义熙十四年（公元418年）大夏的军队进攻关中时，赫连璝麾下仅有3万人。到了大夏真兴六年（公元424年）赫连璝被废黜时，其领军7万人北上。仅6年时间，军事力量增加到两倍多。然赫连勃勃去世之后，关中地区成为大夏与北魏争夺的焦点，这也间接暗示了关中地区在大夏统治末年政治地位有所提升，其对大夏政权的重要性已超过其都城统万城所在的区域。

---

① 《资治通鉴》卷一一八，晋恭帝元熙元年二月，第3725页。

第五节
北魏时期长安城的地方治理

赫连勃勃去世之后，大夏政权内部爆发了一场争夺皇位的内讧，最终赫连昌继承皇位，然而大夏政权也在皇位争夺战之后元气衰歇，国家实力大为下降，北魏统治者抓住机会进攻大夏，并彻底消灭了大夏。北魏政权从公元426年开始占据关中，在此后的战争中，关中地区屡经易手，直到公元430年，关中才彻底被北魏政权控制，北魏政权开始了对关中地区长达一百多年的经营，直到公元534年孝武帝入关。其间，北魏政权派出了大量官员对关中地区进行治理。在此简述其州级官员对关中地区的治理情况。

一、北魏时期长安城地方官员的设置及出身

长安城是北魏政权在西南方向的军事重镇，承担着抵御西南地区敌对势力[1]进攻的重任，因此长安城对北魏政权来说尤为重要。北魏政权在此设置了各种类型的州级官员治理关中，根据现有文献记载可知，北魏一朝在长安城设置了雍州刺史作为地方主管官员，但是在战争期间同时向长安城派驻长安镇将、关西大行台、征西将军等武职官员。清代学者吴廷燮的《元魏方镇年表》中考证出李顺、王斤、古弼、阳文祖、窦瑾等57位雍州地方官员[2]，然而结合史书记载，仔细辨别后得知部分官员仅仅是被追谥为雍州刺史，本书在统计中对上述情况予以剔除，故北魏一朝担任雍州刺史的有阳文祖、拓跋石、拓跋范等35人。

根据现有文献结合后人论著，将北魏时期雍州刺史罗列如下表：

---

[1] 由《中国历史地图集·宋魏时期全图》可知，北魏的西南地区主要是指近四川西北部的吐谷浑、党项等少数民族部落和今汉中地区及河南南阳地区的南朝势力。

[2] 〔清〕吴廷燮：《元魏方镇年表》，见二十五史补编编委会编：《两晋南北朝十史补编》第4册，北京图书馆出版社，2005年，第490—494页。

表 6-3　北魏雍州刺史任期及出身简表

雍州刺史	任期	出身或靠山
阳文祖	太武帝时期①	无法确定
拓跋范	延和二年至太延五年（公元 433—439 年）	太武帝同胞兄弟
葛那	太延五年（公元 439 年）担任，离任日期未能明确	无法确定
拓跋石	太武帝时期②	北魏平文帝玄孙
拓跋他	太武帝时期	阳平王熙之子
拓跋良	文成帝时期	乐安王范之子
鱼玄明	献文帝时期	无法确定
刘邈	皇兴元年到皇兴二年（公元 467—468 年）	无法确定
李惠	皇兴二年（公元 468 年）担任，离任时期未能确定	献文帝思皇后之父
张白泽	献文帝时期	北魏文康公张衮之孙
拓跋丕	到任日期不明，太和元年（公元 477 年）离任	北魏烈帝之玄孙
拓跋目辰	约太和元年到太和三年（公元 477—479 年）	北魏桓帝之后
拓跋云	约太和三年到太和五年（公元 479—481 年）	景穆帝之子
拓跋平原	孝文帝太和年间	河南王曜之孙
元桢	到任日期不明，太和十三年（公元 489 年）罢免	景穆帝之子
源怀	太和十九年（公元 495 年）；太和二十年至太和二十一年（公元 496—497 年）	陇西王源贺之子
元衍	约太和十九年（公元 495 年）	阳平王新成之子
元澄	宣武帝时期	任城王云之子

---

① 《魏书》卷三〇《王建传附王斤传》记："关陇平，斤徙镇长安，假节、镇西将军。斤遂骄矜，不顺法度，信用左右，调役百姓，民不堪之，南奔汉川者数千家。而委罪于雍州刺史阳文祖、秦州刺史任延明。"

② 《魏书》卷一四《司徒石传》记："从世祖南讨，至瓜步。位尚书令，雍州刺史。"除此之外没有更多的记载，故可推测元石是在世祖南征之后担任雍州刺史的。

续表

雍州刺史	任期	出身或靠山
元丽	正始三年（公元 506 年）担任，离任时间未知	济阴王小新成之子
元苌	宣武帝延昌年间	北魏平文帝之后
卢昶	宣武帝延昌年间	北魏惠侯卢度世之子
崔亮	宣武帝时期	出身寒门，深得孝文帝和宣武帝信任
高猛	宣武帝时期	北魏外戚
郭祚	宣武帝延昌年间	曹魏车骑将军郭淮之弟郭亮的后代
元昭	孝明帝时期	常山简王之子
元志	约正光四年至正光五年（公元 523—524 年）	河间公齐之孙
元脩义	正光五年（公元 524 年）	北魏皇族
李宪	正光五年（公元 524 年）	高平王李顺之孙
杨椿	正光五年至孝昌三年（公元 524—527 年）	华阴伯杨播的胞弟
萧宝夤	孝昌三年至武泰元年（公元 527—528 年）	萧齐皇族
长孙稚	武泰元年至永安三年（公元 528—530 年）	上党王长孙道生之曾孙
尔朱天光	永安三年至普泰二年（公元 530—532 年）	晋王尔朱荣的族侄
贺拔岳	永熙二年至永熙三年（公元 533—534 年）	晋王尔朱荣的亲信
贾显度	永熙三年（公元 534 年）	高欢心腹
梁御	永熙三年至大统元年（公元 534—535 年）	宇文泰心腹

由上表可知，北魏在占领关中之后，派出拓跋范、拓跋石、拓跋云等皇族担任雍州刺史，这说明了北魏政权对关中地区的重视。高祖孝文帝迁都洛阳之后，南朝的进攻得到了遏制，关中距权力中心更近了，雍州地区的政局逐步稳定，军事防守得到了加强。

世宗之后，雍州刺史主要由世家子弟、功臣勋贵担任，这表明关中地区政局已相对稳定，北魏政权处于平稳发展时期。及至河阴之变后，雍州刺史主要由武人担任，并多由征西将军等武将兼任，这反映了这一时期北魏政权动荡不稳。关中地区曾发生莫折念生、萧宝夤、万俟丑奴及宿勤明达等多次反叛，这些叛乱严重冲击了北魏政权的稳定，最终导致北魏政权覆灭。

二、雍州刺史

北魏始光三年（公元426年）"昌弟助兴守长安，乙升复与助兴自长安西走安定"①，北魏政权开始了对关中的统治，但是这一时期，北魏与赫连氏之间战争不断，长安也数次易手。直到公元430年十一月"（赫连）定从兄东平公乙升弃城奔长安，劫掠数千家，西奔上邽"②，十二月"（赫连）定长安、临晋、武功守将皆奔走，关中平"③，关中才彻底被北魏政权控制。直至永熙三年（公元534年）魏孝武帝入关，旋即被弑，北魏政权在关中的统治一直没有中断。在这一百多年的时间内，北魏政权风云变幻，雍州刺史也不断更替。

（一）阳文祖

阳文祖，事迹不详，《魏书》《北史》均没有其传记，关于他的记载也甚为简略，文献仅记："关陇平，斤徙镇长安，假节、镇西将军。斤遂骄矜，不顺法度，信用左右，调役百姓，民不堪之，南奔汉川者数千家。而委罪于雍州刺史阳文祖、秦州刺史任延明。"④根据上述文献资料可知，北魏政权占据关中之后，在雍州设置了一系列的官员管理关中事务，阳文祖在这一时期担任雍州刺史。不过由于战争刚刚结束，关中政局仍不稳定，地方实行军管，王建之子王斤以镇西将军镇守长安，担任雍州地区的最高行政长官。王斤在任期间骄横虐民，以至于关中民怨载道，民不聊生，百姓纷纷逃离。事发之后，王斤将关中治理失误的罪责推卸到雍州刺史阳文祖、秦州刺史任延明身上。由此可知阳文祖在担任雍州刺史期间未能很好地发挥其治理地方的职能，而是任由军事长官王斤胡作非为。虽然后来"世祖召问二人，各以状对。世祖知为斤所诬，遣宜阳公伏

---

① 《魏书》卷四上《世祖纪上》，第71—72页。
② 《魏书》卷四上《世祖纪上》，第77页。
③ 《魏书》卷四上《世祖纪上》，第78页。
④ 《魏书》卷三〇《王建传附王斤传》，第711页。

树覆按虚实，得数十事。遂斩斤以徇"①，没有治阳文祖的罪，但是这不能掩盖其碌碌无为的真相。应该是在此之后，阳文祖不再担任雍州刺史之职，也淡出了史家视野。

（二）拓跋范

拓跋范即乐安王范，是明元皇帝之子，也是太武帝的同胞兄弟，深受太武帝信任。在北魏占领长安之初，太武帝认为"长安形胜之地，非范莫可任者，乃拜范都督五州诸军事、卫大将军、开府仪同三司、长安镇都大将"②，驻守长安，并且"高选才能，以为僚佐"，协助拓跋范管理关中事务。《魏书·袁式传》中记载："延和二年，卫大将军、乐安王范为雍州刺史。"③可知在延和二年（公元433年）乐安王范被任命为雍州刺史。是时北魏政权刚刚占领关中地区，关中地区的政局不太稳定，拓跋范身为皇亲贵胄，深得皇帝信任，并且位高权重。拓跋范担任雍州刺史不但能震慑宵小之徒的妄动，还能够及时将雍州的政局走向报知于太武帝。他"崇易简之治"，充分给予民众休养生息的时机，对待下属"谦恭惠下，推心抚纳"④，逐渐改变了关中"流亡者相继"⑤的局面，他在任的所作所为深受关中百姓的称赞。拓跋范除了对关中采取安抚政策之外，也曾"发秦、雍兵一万人，筑小城于长安城内"⑥。新修筑的小城不但能够保证乐安王范及其僚属的安全，还有利于稳固北魏政权在关中的统治。史料没有记载拓跋范是何时离任的，但葛那在太延五年开始担任雍州刺史，那么拓跋范应该在这之前已离任。不过太延五年葛那任雍州刺史时，拓跋范还担任着"卫大将军"⑦等职务，也就是说他公元439年还在长安。又拓跋范在"刘洁之谋"⑧后，因疾暴薨。"刘洁之谋"发生在太平真君五年（公元444年）太武帝北伐期间，因此其离任长安应该不迟于公元444年。

（三）葛那

葛那，事迹不详，《魏书》《北史》等文献均没有其传记，仅载北魏太延五年（公元439年）"三月丁卯，诏卫大将军、乐安王范遣雍州刺史葛那取上洛，刘义隆上洛太

---

① 《魏书》卷三〇《王建传附王斤传》，第711页。
② 《魏书》卷一七《乐安王范传》，第414页。
③ 《魏书》卷三八《袁式传》，第880—881页。
④ 《魏书》卷一七《乐安王范传》，第415页。
⑤ 《魏书》卷一七《乐安王范传》，第415页。
⑥ 《魏书》卷四上《世祖纪上》，第82页。
⑦ 由《魏书》卷四上《世祖纪上》记"诏卫大将军、乐安王范遣雍州刺史葛那取上洛"得知，太延五年乐安王范虽然不再担任雍州刺史，但其仍然是关中的最高军政长官。
⑧ 《魏书》卷一七《乐安王范传》，第415页。

守鄯长生弃郡走"①。由此可知，在公元439年之前葛那应该就已担任雍州刺史，他在任职期间辅佐乐安王范治理关中，开拓边疆。乐安王范治理关中期间深受关中百姓称赞，这离不开雍州刺史葛那的精心辅佐。除了地方治理，葛那也协助乐安王开拓边疆。通过上述史料可以看出，太延五年（公元439年）葛那奉诏出兵上洛，刘宋上洛太守弃郡而逃。足见葛那不但在文治方面有突出贡献，在武功上也有不俗表现。由于此时北魏政权刚拿下关中，前几任雍州刺史均由武人担任，葛那很可能是一员武将。葛那在担任雍州刺史期间，尽心辅佐拓跋范治理关中，守卫并开拓边疆，充分发挥刺史职责。

（四）拓跋石

拓跋石是平文帝的玄孙，史称其"忠勇有胆略"。史书上关于其担任雍州刺史的时间及在雍州刺史期间的政绩均无记述，只是在《魏书·司徒传》中提到他"从世祖南讨，至瓜步。位尚书令，雍州刺史"②。根据上述史料可以推测拓跋石可能是在世祖南征之后担任雍州刺史的。世祖即魏太武帝拓跋焘，他曾多次南征，拓跋石跟随太武帝的这次南征曾到达"瓜步"。《宋书》中记文帝"二十七年……十二月……庚午，虏伪主率大众至瓜步"③，文帝元嘉二十七年即北魏太武帝太平真君十一年（公元450年），《魏书·世祖纪》中记载太平真君十一年十二月"癸未，车驾临江，起行宫于瓜步山"④。由上述史料可知，拓跋石跟随太武帝的这次南征，应该是在北魏太平真君十一年。那么其担任雍州刺史，应该是在太平真君十一年之后。

（五）拓跋他

拓跋他是阳平王熙的长子，史书称其"性谨厚，武艺过人"⑤，然而观其行事，性暴虐。拓跋他曾跟随世祖征讨山胡，屠其城，另斩首数千。他在河南时亦是"威名甚著"。刘宋文帝刘义隆北伐时，拓跋他大破刘宋军队于悬瓠。世祖大悦，"拜使持节、都督雍秦二州诸军事、镇西大将军、开府仪同三司、雍州刺史，镇长安。绥抚秦土，得民夷之心。时义隆寇南鄙，以他威信素著，复为虎牢镇都大将"⑥。由文献可知，拓跋他是一名武艺过人的猛将，在刘义隆北伐时期为北魏立下赫赫战功，被任命为雍州刺史。但是上述文献中有些许的矛盾之处，史料称其"绥抚秦土，得民夷之心"，即拓跋

---

① 《魏书》卷四上《世祖纪上》，第89页。
② 《魏书》卷一四《司徒石传》，第356页。
③ 《宋书》卷五《文帝纪》，第99页。
④ 《魏书》卷四下《世祖纪下》，第105页。
⑤ 《魏书》卷一六《阳平王熙传附元他传》，第391页。
⑥ 《魏书》卷一六《阳平王熙传附元他传》，第391页。

他到关中地区出任了雍州刺史，且在这里的时间不短，否则不可能"得民夷之心"。但说当时"义隆寇南鄙"，又任命拓跋他为虎牢镇都大将军，由于刘义隆北伐是在太平真君十一年（公元450年）到十二年（公元451年）之间，在这前后不到2年的时间内，他立下战功、绥抚关中，复为虎牢镇将，所以"得民夷之心"就令人难以信服，并且在战争胶着时期，将大将调离主战场，也匪夷所思。很有可能拓跋他虽被任命为雍州刺史，但是还未到任，很快又被改任为虎牢镇都大将军，史料中说"得民夷之心"仅仅是对其的一种褒扬，正如之前称其"性谨厚"一样。如若是这样，那么拓跋他在其担任雍州刺史期间应该没有到过长安，所以也谈不上政绩突出。

（六）拓跋良

拓跋良是乐安王范的长子，乐安王范逝世之后，拓跋良承袭父亲的爵位，被高宗任命为"长安镇都大将、雍州刺史，为内都大官"[①]。关于其担任雍州刺史，其他文献也少有涉及，很可能拓跋良在担任雍州刺史期间政绩平平，不值得记载。不过高宗时期是北魏历史上比较安定的时期，战乱较少，加之关中经济也在前几任刺史的治理下得到了恢复，人民基本安居乐业，土匪流民不见于史料，周边也没有强大的敌对势力。文献对拓跋良在任政绩只字未提，也没有明确说其是何时开始担任雍州刺史及何时离任的，这也从侧面反映了其在担任雍州刺史期间地区处于稳定发展的状态。

（七）鱼玄明

鱼玄明，事迹甚略，只知其曾经担任雍州刺史，在北魏东平王叛乱时被杀害。史料记载："（皇兴元年正月）庚子，东平王道符谋反于长安，杀副将、驸马都尉万古真、巨鹿公李恢、雍州刺史鱼玄明。"[②]北魏统治时期，雍州地区除雍州刺史外还设置有长安镇都大将军[③]，且品秩在雍州刺史之上，为关中地方的最高军政长官。鱼玄明虽贵为雍州刺史，还是受其管辖。因身份所限，鱼玄明没能阻止道符的叛乱，终被杀害。

（八）刘邈

刘邈，事迹不详，史载："咸阳民赵昌受刘彧署龙骧将军，扇动鄠、盩厔二县，聚党数百人据赤谷以叛。真与雍州刺史刘邈讨平之，昌单骑走免。"[④]除此之外未有史料

---

① 《魏书》卷一七《乐安王范传附元良传》，第415页。
② 《魏书》卷六《显祖纪》，第127页。
③ 《魏书》卷一八《东平王翰传附道符传》记："显祖践阼，拜长安镇都大将。"据此可知，长安地区还设置有长安镇将之职。
④ 《魏书》卷三〇《陆真传》，第731页。

流传。根据文献上下文得知，赵昌叛乱发生在东平王道符叛乱后不久，此时陆真担任长安镇将，其与雍州刺史刘邈一起迅速将叛乱平定，仅赵昌一人逃脱。但是赵昌很快又纠结民众造反，文献记载："鄠县民王稚兄弟，聚二千余人，招引赵昌。始平、石安、池阳、灵武四县人皆应之，众至五千，据治谷堡。"①随即陆真与刘邈讨伐之，"昌出营拒战，真击破之，斩昌及贼首三千余级，传首京师，并诛其党羽七百余人，获男女一千余口"②。从这条文献记述可以清楚看出在讨伐赵昌叛乱的过程中，主要是陆真在发挥作用，刘邈仅是协助。皇兴元年（公元467年）正月东平王道符叛乱发生，时任雍州刺史的鱼玄明身死，刘邈很可能是在鱼玄明之后被中央任命为雍州刺史，刘邈任职期间，咸阳民赵昌又叛乱，很快被平定。皇兴二年（公元468年）李惠被任命为雍州刺史，可知刘邈在雍州刺史任上不到2年，在其任期内民乱接连发生。

（九）李惠

李惠是献文帝思皇后之父，是北魏历史上有名的外戚之一。李惠曾历任散骑常侍、侍中、征西大将军等职务，皇兴二年（公元468年）四月献文帝任命李惠为"征南大将军、仪同三司、都督关右诸军事、雍州刺史"③，李惠"长于思察"，在任期间能够从细微之处探明事情真相。文献记载：

> 雍州厅事，有燕争巢，斗已累日。惠令人掩获，试命纲纪断之，并辞曰："此乃上智所测，非下愚所知。"惠乃使卒以弱竹弹两燕，既而一去一留。惠笑谓吏属曰："此留者自计为巢功重，彼去者既经楚痛，理无留心。"群下伏其聪察。人有负盐负薪者，同释重担，息于树阴。二人将行，争一羊皮，各言藉背之物。惠遣争者出，顾谓州纲纪曰："此羊皮可拷知主乎？"群下以为戏言，咸无答者。惠令人置羊皮席上，以杖击之，见少盐屑，曰："得其实矣。"使争者视之，负薪者乃伏而就罪。凡所察究，多如此类。由是吏民莫敢欺犯。④

上述史料记载了李惠在任期间的两件小事，一件是为燕子争巢断何为其主，另一件是断羊皮归谁所有。据此可知，李惠心思敏捷，探查入微。他善于从细微之处剖析难断之事，尤其是在断羊皮归谁所有一事上，更是体现了他在任期间公正严明、精心治理地方的态度，以至于"吏民莫敢欺犯"，从而使地方黎民百姓得到了相对公正的待遇，他

---

① 《魏书》卷三〇《陆真传》，第731页。
② 《魏书》卷三〇《陆真传》，第731页。
③ 《魏书》卷六《显祖纪》，第128页。
④ 《魏书》卷八三上《李惠传》，第1824—1825页。

本人也赢得了关中百姓的拥护。在叛乱过后，有这样一位官员出任地方最高行政长官，对于稳定关中政局，迅速恢复和发展关中经济与人口有着莫大作用。史书没有记载他何时离任，只是提到他后来转为青州刺史，并赞其"历政有美绩"。

（十）张白泽

张白泽是魏文康公张衮之孙。他年少时期遇母去世，居丧期间以孝闻，世祖嘉之，后以好学而博通敏于当世，历任中散、殿中曹给事中，备受文成帝宠信，曾参与机密事务的处理。献文帝时期他出任雍州刺史，"清心少欲，吏民安之"①。据此可知，张白泽在任雍州刺史期间因为其"清心少欲"，所以能够充分与民休息，很少有大规模的徭役等，关中地区稳定发展。献文帝曾经下诏"诸监临之官，所监治受羊一口、酒一斛者，罪至大辟，与者以从坐论。纠告得尚书已下罪状者，各随所纠官轻重而授之"②，张白泽急忙上表，要求皇帝撤回诏书，详细讲述了这一政策容易导致官员之间相互防备、互相诘告的弊端，并提出了自己的见解，皇帝遂采纳之。通过这一事件也可以看出张白泽崇尚黄老无为而治的思想，清心寡欲，能够充分与民休息。

（十一）拓跋丕

拓跋丕是北魏烈帝之玄孙、武卫将军元谓之曾孙。高祖继承大统之后，封拓跋丕为东阳王。文献提到，在"（太和元年）三月庚子，征征西大将军、雍州刺史、东阳王丕为司徒"③，也就是说在太和元年（公元477年）三月之前东阳王丕担任雍州刺史，但没有提他是何时开始担任雍州刺史的，也没有记他在雍州刺史任职期间有何事迹，具体细节无从知道。

（十二）拓跋目辰

拓跋目辰是北魏桓帝之后，也是北魏皇室一员。目辰在显祖传位一事上有定策之功，高祖即位之后，册封其为司徒、宜都王。关于其担任雍州刺史一职，文献记载：

> 高祖即位，迁司徒，封宜都王，除雍州刺史，镇长安。目辰性亢直耿介，不为朋党，朝臣咸惮之。然好财利，在州政以贿成。有罪伏法，爵除。④

> （太和三年四月）雍州刺史、宜都王目辰有罪赐死。⑤

> 太和初，秦州刺史尉洛侯，雍州刺史、宜都王目辰，长安镇将陈提等，贪

---

① 《魏书》卷二四《张衮传附张白泽传》，第616页。
② 《魏书》卷二四《张衮传附张白泽传》，第616页。
③ 《魏书》卷七上《高祖纪上》，第144页。
④ 《魏书》卷一四《宜都王目辰传》，第348页。
⑤ 《魏书》卷七上《高祖纪上》，第147页。

残不法，烈受诏案验，咸获赃罪，洛侯、目辰等皆致大辟，提坐徙边。①

从上述史料虽然不能得知宜都王目辰是何时开始担任雍州刺史的，但是可判定其任期结束于太和三年（公元479年）。东阳王丕是在太和元年（公元477年）从雍州刺史职位上迁司徒，可以认定宜都王目辰很可能是在东阳王丕离任之后开始担任雍州刺史的。由上述得知，宜都王目辰"好财利"，在雍州期间，大肆收受贿赂，贪残不法，最终被皇帝处死，连爵位都被革除。由其受到的严厉惩罚来看，宜都王目辰在担任雍州刺史期间对关中地区造成了严重的影响，在其死后，同年六月"以雍州民饥，开仓赈恤"②。

（十三）拓跋云

拓跋云是景穆帝之子、太武帝之孙，文成帝的同胞兄弟，显祖时期任都督中外诸军事、中都坐大官等重要官职，在任期间甚收时誉。高祖为了奖励元云在地方上的政绩，任命他为"使持节、都督陕西诸军事、征南大将军、长安镇都大将、雍州刺史"③，使其成为关中地区的最高军政长官。拓跋云在任期间"廉谨自修，留心庶狱，挫抑豪强，群盗息止，州民颂之者千有余人"④，皇帝得知之后大悦，文明太后"赐帛千匹"。拓跋云在任期间廉洁谨慎，颇能从百姓利益出发，力抑豪强，得到广大百姓的支持和拥护。至于其是何时开始担任雍州刺史的，文献中没有详载，不过有史料记："（太和三年）秦州刺史尉洛侯，雍州刺史、宜都王目辰，长安镇将陈提等，贪残不法，烈受诏案验，咸获赃罪，洛侯、目辰等皆致大辟"⑤，说明在太和三年（公元479年）之前，雍州刺史是宜都王目辰，即拓跋云开始担任雍州刺史不早于太和三年，很可能就是宜都王目辰离任之后，雍州刺史由任城王云接任。至于其是何时离任的，文献记载"太和五年，薨于州。遗令薄葬，勿受赠襚"⑥，由此可知在太和五年（公元481年），任城王云死于任上，也就结束了其雍州刺史的任期。任城王云在任期间，雍州地区没有发生重大变故，社会稳定，其理政方式得到地方民夷的认可。

（十四）拓跋平原

拓跋平原是河南王曜之孙、太祖拓跋珪之曾孙。拓跋平原曾镇守北疆，多次击败蠕蠕的进攻，战功颇多，后来被任命为"都督雍秦梁益四州诸军事、征南大将军、开府、

---

① 《魏书》卷三一《于烈传》，第737页。
② 《魏书》卷七上《高祖纪上》，第147页。
③ 《魏书》卷一九中《任城王云传》，第462页。
④ 《魏书》卷一九中《任城王云传》，第462页。
⑤ 《魏书》卷三一《于烈传》，第737页。
⑥ 《魏书》卷一九中《任城王云传》，第462页。

雍州刺史，镇长安"①。文献中只提到拓跋平原被任命为雍州刺史，何时开始担任雍州刺史，又是何时离任的均不得而知，任职期间的事迹更是无处可寻。不过拓跋平原死于太和十一年（公元487年），那么其担任雍州刺史的时间不晚于此。文献记载，拓跋平原在高祖时期担任齐州刺史时，辖区内"岁谷不登，齐民饥馑，平原以私米三千余斛为粥，以全民命。北州戍卒一千余人，还者皆给路粮。百姓咸称咏之。州民韩凝之等千余人，诣阙颂之，高祖览而嘉叹"②，据此知道其在担任齐州刺史期间，心系百姓，为民解难，深得一方民心。他在齐州如此，在雍州也应该是爱民如子。

（十五）元桢

南安王桢系景穆帝之子。高祖即位后，任其为凉州镇都大将，后来被任命为"使持节、侍中、本将军、开府、长安镇都大将、雍州刺史"③。在其上任之前，高祖在皇信堂召见他，告诉他："长安镇年饥民俭，理须绥抚，不容久留，翁今还州，其勤隐恤，无令境内有饥馁之民。翁既国之懿亲，终无贫贱之虑。"④然而南安王桢到任之后"不能遵奉，后乃聚敛肆情"⑤，皇帝得知后，与文明太后一起在皇信堂召集王公大臣商议如何处置南安王桢，经群臣求情，加之其为先皇之后，于是给予宽恕，但削除封爵，贬为庶人，且禁锢终身，南安王为其行为受到了严厉的惩罚。依据上述文献不能知晓南安王桢是何时开始担任雍州刺史的，但是临行之前高祖在皇信堂召见他，而关于皇信堂，文献中这样记载"（太和七年）冬十月戊午，皇信堂成"⑥，据此可知南安王担任雍州刺史是在太和七年（公元483年）之后，至于具体是哪一年还尚难做出判断。其任期结束的时间，在文献中语焉不详，但是上述文献中提到南安王桢是因贪财而被撤职的，而在"（太和十三年）六月，汝阴王天赐、南安王桢并坐赃贿免为庶人"⑦，所以南安王桢的任期结束于太和十三年（公元489年）。皇帝在诏告南安王桢的罪状时说："以懿戚之贵，作镇关右，不能洁己奉公，助宣皇度，方肆贪欲，殖货私庭，放纵奸囚，壅绝诉讼，货遗诸使，邀求虚称，二三之状，皆犯刑书。"⑧由此可见南安王桢在担任雍州刺史期间，不但没有抚恤百姓，治理地方，为国分忧，反而为了满足贪欲，依仗其身份贪

---

① 《魏书》卷一六《拓跋平原传》，第396页。
② 《魏书》卷一六《拓跋平原传》，第396页。
③ 《魏书》卷一九下《南安王桢传》，第493页。
④ 《魏书》卷一九下《南安王桢传》，第493页。
⑤ 《魏书》卷一九下《南安王桢传》，第494页。
⑥ 《魏书》卷七上《高祖纪上》，第153页。
⑦ 《魏书》卷七下《高祖纪下》，第165页。
⑧ 《魏书》卷一九下《南安王桢传》，第494页。

赃枉法，大肆索取贿赂，以至于雍州地区官场乌烟瘴气，百姓无以为生。

（十六）源怀

源怀是北魏陇西王源贺之子，本名源思礼，后因赐名改为源怀。源怀"谦恭宽雅，有大度"①，深受皇帝喜欢，以至于在源贺辞老之后，皇帝下诏令源怀受父爵，而不是由源贺长子源延袭爵位。关于其担任雍州刺史的事迹，史书是这样记载的：

> 除殿中尚书，出为长安镇将、雍州刺史。清俭有惠政，善于抚恤，劫盗息止，流民皆相率来还。岁余，复拜殿中尚书，加侍中，参都曹事。……（太和）十九年，除征北大将军、夏州刺史，转都督雍岐东秦诸军事、征西大将军、雍州刺史。②

> 至（太和）二十年，除臣雍州刺史，临发奉辞，面奏先帝，申先臣旧勋。时敕旨但赴所临，寻当别判。至二十一年，车驾幸雍，臣复陈闻，时蒙敕旨，征还当授。③

据上述史料可知，源怀不止一次地担任雍州刺史。由于文献匮乏，根据现有史料不能够确认源怀第一次被任命为雍州刺史的具体时间，但是根据上述文献，这个时间应该早于太和十九年（公元495年）。文献记载"岁余"，这就意味着这次担任雍州刺史的时间超过一年。源怀在担任雍州刺史期间，善于抚恤民众和治理政事，再加上自身清廉简朴，深得百姓爱戴，以至于劫匪和盗贼在其辖区内几乎销声匿迹，周边流民相率涌入关中。这不仅促进了雍州的发展，也稳定了北魏的西南边疆。太和二十年（公元496年）④源怀被任命为都督雍岐东秦诸军事、征西大将军、雍州刺史，由此可以看出源怀深受北魏皇帝信任，连续担任西部边疆的重要军政长官。但是源怀这次任期并不长，到北魏太和二十一年（公元497年），魏帝临幸长安，源怀就"征还当授"。在其第二次担任雍州刺史期间，虽然文献中没有关于其地方治理的记载，但是由于之前源怀曾经在长安为官，并有所作为，而这次的权力更大，其可能会在地方治理上延续之前的政策。

（十七）元衍

元衍是阳平王新成之子、景穆帝之孙。关于其担任雍州刺史的记载只有"后卒于雍州刺史"⑤寥寥几字，仅知其任过雍州刺史，并且死于任上。根据其传记推测其担任雍州刺史是在高祖时期，文献记"（太和十八年）十有二月辛丑朔，……徐州刺史元衍出

---

① 《魏书》卷四一《源怀传》，第923页。
② 《魏书》卷四一《源怀传》，第923页。
③ 《魏书》卷四一《源怀传》，第925—926页。
④ 上述两条文献中关于源怀担任雍州刺史的时间有太和十九年和太和二十年两种记载，但是第二条文献是源怀给魏帝的上表中提到的，因此本文认为这一种说法可能更加可靠，因此采用太和二十年。
⑤ 《魏书》卷一九上《阳平王新成传附元衍传》，第442页。

钟离"①，而他是担任徐州刺史后才担任雍州刺史的，所以元衍应是在太和十八年（公元494年）十二月之后担任雍州刺史的，源怀在太和十九年（公元495年）和太和二十年（公元496年）曾两次出任雍州刺史。所以元衍担任雍州刺史很可能是在源怀两次担任雍州刺史之间。因为元衍在担任徐州刺史时就重病缠身，皇帝曾派当时有名的医生徐成伯"乘传疗"，并赐以重赏，然而元衍还是没多久就病逝了，所以推测元衍担任雍州刺史是在太和十九年（公元495年），并且在这一年即死于任上。关于其在雍州的事迹，史料称"衍性清慎，所在廉洁，又不营产业，历牧四州，皆有称绩"②，由此可见元衍在任徐、雍等四州刺史期间，清廉爱民，深受百姓称赞，自己又不经营产业，以至于"亡日无敛尸具"，可以称得上清官之典范。

（十八）元澄

元澄是任城王云之子，也是北魏皇室成员。史书称："文宣贞固俊远，郁为宗杰，身因累朝，宁济夷险，既社稷是任，其梁栋之望也。"③文宣即指元澄，其在死后谥曰文宣王，丧礼也是依照晋大司马、齐王攸的丧事规格处理的，可见其深受皇帝恩宠。《魏书》中关于元澄担任雍州刺史的记载有：

> 世宗初……改授安西将军、雍州刺史。寻征赴季秋讲武。除都督淮南诸军事、镇南大将军、开府、扬州刺史。④

> 任城王澄与彪先亦不穆，及为雍州，彪诣澄为志求其府僚，澄释然为启，得列曹行参军，时称美之。⑤

> 澄为安西将军、雍州刺史，启普惠为府录事参军，寻行冯翊郡事。⑥

根据上引文献可知，元澄是在世宗时期担任雍州刺史的，但其在就雍州刺史任后不久就被任命为镇南大将军、扬州刺史，离开长安。至于他具体是什么时间开始担任雍州刺史，又是什么时间离任的，从现有的文献中不得而知。元澄在雍州刺史任上的政绩缺而未载，不过在其僚佐张普惠的传记中记载"普惠既为澄所知，历佐二藩，甚有声誉"⑦，据考，张普惠曾辅佐元澄治理雍州和扬州，也就是上述史料中所提到的"二藩"。既然元澄

---

① 《魏书》卷七下《高祖纪下》，第175页。
② 《魏书》卷一九上《阳平王新成传附元衍传》，第442页。
③ 《魏书》卷一九中《任城王澄传》，第489页。
④ 《魏书》卷一九中《任城王澄传》，第470页。
⑤ 《魏书》卷六二《李彪传》，第1398页。
⑥ 《魏书》卷七八《张普惠传》，第1727页。
⑦ 《魏书》卷七八《张普惠传》，第1729页。

的僚佐在其所治理的地方"甚有声誉",那么就可以推测元澄治理辖下也是不错的。

(十九) 元丽

元丽是济阴王小新成的三子,历任宗正卿、右卫将军、光禄勋等职务。世宗正始三年(公元506年)"泾州人陈瞻亦聚众自称王,号圣明元年"[①],诏以丽为使持节、都督、秦州刺史,与别驾杨椿讨之,叛乱很快被平定。元丽在这次平叛过程中"大破秦贼,斩贼帅王智五人,枭首六千"[②],"降吕苟儿及其王公三十余人,秦泾二州平"[③],为了奖励其军功"拜雍州刺史",然而其"为政严酷,吏人患之"[④],处理政务也是随心所欲,不按照国家法令行事。史书载:"其妻崔氏诞一男,丽遂出州狱囚死及徒流案未申台者,一时放免。"[⑤]这严重违背了国家的法度,为世人所诟病。至于其是何时离任的,文献中则没有明确记载。

(二十) 元苌

元苌是北魏皇室成员,其祖上为平文皇帝。高祖时元苌以代城尹留守,被任命为怀朔镇都大将。世宗时期为北中郎将,任度支尚书、侍中等职,后来出任雍州刺史,具体情况不知。不过《魏书·常景传》记:"延昌初,东宫建,……尚书元苌出为安西将军、雍州刺史,请景为司马,以景阶次不及,除录事参军、襄威将军,带长安令。甚有惠政,民吏称之。"[⑥]可知元苌出任雍州刺史是在延昌初年之后,即其担任雍州刺史的时间不早于公元512年;同书《拓跋苌传》称:"苌中年以后,官位微达,乃自尊倨,闺门无礼,昆季不穆,性又贪虐,论者鄙之。"[⑦]由于文献中关于元苌履历的记载中其最后担任的官职就是雍州刺史,上述史料提到其中年之后就贪虐放肆,那么其在雍州刺史任上应该也是如此。

(二十一) 卢昶

卢昶是北魏惠侯卢度世之子、卢玄之孙。卢昶少时就因通经史而被世人所称道。高祖太和年间,卢昶开始担任太子中书舍人、员外散骑常侍等职务,出使南齐,因有辱使命被罢黜;世宗时期任散骑常侍兼尚书,又出任镇东将军、徐州刺史。永平四年(公元511年),卢昶带兵进攻萧齐因大败被锁拿归京,免官论坐。但朐山之败后,卢昶圣宠

---

① 《魏书》卷一九上《拓跋丽传》,第449页。
② 《魏书》卷八《世宗纪》,第202页。
③ 《魏书》卷八《世宗纪》,第203页。
④ 《魏书》卷一九上《拓跋丽传》,第449页。
⑤ 《魏书》卷一九上《拓跋丽传》,第449页。
⑥ 《魏书》卷八二《常景传》,第1802页。
⑦ 《魏书》卷一四《拓跋苌传》,第352页。

犹在,"未几,拜太常卿,仍除安西将军、雍州刺史,又进号镇西将军,加散骑常侍。熙平元年卒于官"①,据此推知其担任雍州刺史是在永平四年(公元511年)之后,并于熙平元年(公元516年)死于任上。但是据雍州刺史元苌事迹得知,元苌也是在公元512年之后开始担任雍州刺史的,所以卢昶担任雍州刺史应该是在元苌之后,但具体是哪一年,据现有文献无法深入探讨。关于卢昶任雍州刺史期间的事迹,正史未有载明,但是其在徐州地区及中央的表现如下:

> 昶宽和矜恕,善于绥抚,其在徐州,戍兵疾,亲自检恤。至番兵年满不归,容充后役,终昶一政,然后始还。人庶称之。②

> 晖与卢昶皆有宠于魏主而贪纵,时人谓之"饿虎将军"、"饥鹰侍中"。③

梳理上述文献不难发现,卢昶在徐州治理时期爱护兵民,赢得了百姓的交口称赞,然而其在中央表现则是截然相反:恃宠贪纵,被时人所讥讽。这两种不同的表现,均在史料中出现,不知何故。

(二十二)崔亮

崔亮少时丧父,以佣书为生,高祖时期曾担任中书侍郎兼尚书左丞,世宗亲政之后,迁给事黄门侍郎仍兼任吏部郎、青州大中正,后来出任安西将军、雍州刺史。关于其担任雍州刺史的事迹,文献中是这样记载的:

> 除安西将军、雍州刺史。城北渭水浅不通船,行人艰阻。亮谓僚佐曰:"昔杜预乃造河梁,况此有异长河,且魏晋之日亦自有桥,吾今决欲营之。"咸曰:"水浅,不可为浮桥,泛长无恒,又不可施柱,恐难成立。"亮曰:"昔秦居咸阳,横桥渡渭,以像阁道,此即以柱为桥。今唯虑长柱不可得耳。"会天大雨,山水暴至,浮出长木数百根。借此为用,桥遂成立,百姓利之,至今犹名崔公桥。亮性公清,敏于断决,所在并号称职,三辅服其德政。世宗嘉之,诏赐衣马被褥。④

> 亮在雍州,读《杜预传》,见为八磨,嘉其有济时用,遂教民为碾。及为仆射,奏于张方桥东堰谷水造水碾磨数十区,其利十倍,国用便之。⑤

上述文献记述了崔亮在担任雍州刺史时期所做的两件事:其一是崔亮在雍州时期,

---

① 《魏书》卷四七《卢昶传》,第1060页。
② 《魏书》卷四七《卢昶传》,第1060页。
③ 《资治通鉴》卷一四六,梁武帝天监五年十月,第4567页。
④ 《魏书》卷六六《崔亮传》,第1477页。
⑤ 《魏书》卷六六《崔亮传》,第1481页。

渭河因水浅不能够行船，徒涉的话水又有点深，河上没有桥梁连接河两岸，以至于南北交通受阻，行人不便。崔亮认为之前魏晋时期就有桥梁，现在也应该有桥梁，以方便交通。但是其僚佐认为渭河水浅不能够修建浮桥，渭河又不时暴发洪水故而不能够修筑桥梁。崔亮借鉴秦汉时期的做法，在渭河之上修建像阁道的桥梁连接南北，直到北齐时期他修筑的桥梁还在使用，被当地百姓命名为崔公桥，以表对崔亮的纪念。其二是崔亮在雍州时期教民修建水碾，造福一方。由此可见，崔亮在担任雍州刺史期间心系民生，切实从百姓利益出发，为当地做了许多实事。

（二十三）高猛

高猛是北魏外戚，其妻是世宗同母妹妹长乐公主，其姑母为孝文帝昭皇后。关于其担任雍州刺史，文献记"出为雍州刺史，有能名"①。根据这条史料，仅仅能够得出高猛曾经担任雍州刺史，至于是何时开始担任又是何时离任的均不得而知，说其"有能名"，也没有更多史料证明其做过哪些有利于国计民生的事情。高猛虽然有附传，但是传记内容十分简略，其生平事迹基本上是空白。

（二十四）郭祚

郭祚是曹魏车骑将军郭淮之弟郭亮的后代，太原晋阳人，涉历经史，习崔浩之书，尺牍文章见称于世，历任几朝，久居高位。关于其任雍州刺史，文献记载：

> 出除使持节、散骑常侍、都督雍岐华三州诸军事、征西将军、雍州刺史。②

> 八月乙亥，领军于忠矫诏杀左仆射郭祚、尚书裴植，免太傅、领太尉、高阳王雍官，以王还第③。

> 及为征西、雍州，虽喜于外抚，尚以府号不优，心望加大，执政者颇怪之。于时，领军于忠恃宠骄恣，崔光之徒，曲躬承奉，祚心恶之。乃遣子太尉从事中郎景尚说高阳王雍，令出忠为州。忠闻而大怒，矫诏杀祚，时年六十七。④

> 尚书左仆射郭祚，冒进不已，自以东宫师傅，望封侯、仪同，诏以祚为都督雍・岐・华三州诸军事、征西将军、雍州刺史。祚与植皆恶于忠专横，密劝高阳王雍使出之；忠闻之，大怒，令有司诬奏其罪。尚书奏："羊祉告植姑子皇甫仲达云'受植旨，诈称被诏，帅合部曲欲图于忠。'臣等穷治，辞不伏引；

---

① 《魏书》卷八三下《高肇传附高猛传》，第1831—1832页。
② 《魏书》卷六四《郭祚传》，第1426页。
③ 《魏书》卷九《肃宗纪》，第222页。
④ 《魏书》卷六四《郭祚传》，第1426页。

然众证明冔,准律当死。众证虽不见植,皆言'仲达为植所使,植召仲达责问而不告列'。推论情状,不同之理不可分明,不得同之常狱,有所降减,计同仲达处植死刑。植亲帅城众,附从王化,依律上议,乞赐裁处。"忠矫诏曰:"凶谋既尔,罪不当恕;虽有归化之诚,无容上议,亦不须待秋分。"八月,己亥,植与郭祚及都水使者杜陵韦儁皆赐死。儁,祚之婚家也。忠又欲杀高阳王雍,崔光固执不从,乃免雍官,以王还第。朝野冤愤,莫不切齿。①

据上述文献仅知郭祚曾经担任过雍州刺史,并且是在雍州刺史任上被于忠矫诏杀害。至于他在任期内的事迹则不得而知。《资治通鉴·梁纪四》详细记载了郭祚被任命雍州刺史及遇害的全过程,由此可知郭祚虽然被任命为雍州刺史,但是还没有出京就经历了这场官司,导致身死。

(二十五)元昭

元昭是北魏皇室成员,为常山王遵之曾孙、常山简王之子。世宗时期,元昭出任左丞。世宗驾崩之后,于忠执政,元昭党附于忠,担任黄门郎。关于其担任雍州刺史的事迹,文献中记载:"灵太后临朝,为尚书、河南尹。聋而很戾,理务峭急,所在患之。寻出为雍州刺史,在州贪虐,大为人害。"②由此可知,灵太后临朝听政之后,元昭出任尚书、河南尹,很快又被任命为雍州刺史,他在雍州期间贪财暴虐,为害关中。元昭本是贪婪暴虐之人,处理政务时苛刻急躁,不但是在雍州如此,在洛阳也是如此。其任命是在灵太后延昌四年(公元515年)再次临朝听政之后,但是哪一年离任的就不得而知了。

(二十六)元志

元志是北魏皇室成员,其祖父为北魏烈帝玄孙河间公齐。元志年少时清辩强干,历览书传,颇有文才,世宗时期担任荆州刺史,肃宗初年兼任廷尉,后任扬州刺史,不久任雍州刺史。关于他在关中的事迹,文献记载:

> 及在雍州,逾尚华侈,聚敛无极,声名遂损。及莫折念生反,诏志为西征都督讨之。念生遣其弟天生屯陇口,与志相持。为贼所乘,遂弃大众奔还岐州。贼遂攻城。刺史裴芬之疑城人与贼潜通,将尽出之,志不听。城人果开门引贼,锁志及芬之送念生,见害。③

(正光五年)六月,秦州城人莫折太提据城反,自称秦王,杀刺史李彦。

---

① 《资治通鉴》卷一四八,梁武帝天监十四年六月,第4616—4617页。
② 《魏书》卷一五《常山王遵传附元昭传》,第376页。
③ 《魏书》卷一四《河间公齐传附元志传》,第364页。

诏雍州刺史元志讨之。①

六月，莫折太提反于秦，雍州刺史元志讨之，又大败于陇东。②

据上引文献可知，元志担任过雍州刺史，并且在正光五年（公元524年）平定莫折念生叛乱时，因轻敌被活捉而杀害，死于雍州刺史任上。至于其是何时开始担任雍州刺史的，文献中没有详细记载。不过《魏书·李崇传》记："崇累表解州，前后十余上，肃宗乃以元志代之。寻除都督冀定瀛三州诸军事、骠骑大将军、冀州刺史，仪同如故。"③同书《肃宗纪》云："（正光四年）四月……甲申，诏骠骑大将军、尚书令李崇，中军将军、兼尚书右仆射元纂率骑十万讨蠕蠕，出塞三千余里，不及而还。"④由此可见在正光四年（公元523年）四月之前李崇卸任扬州刺史，由元志担任。而《魏书·元志传》记元志"后除扬州刺史，……寻为雍州刺史"⑤，结合上文史料可知正光四年（公元523年）四月之前元志开始担任扬州刺史，但是很快就转为雍州刺史，即元志担任雍州刺史应该是在正光四年左右。元志在担任雍州刺史期间崇尚奢华，敛财无数，雍州地区民不聊生，莫折念生造反或许与其治理有一定的关系。除了贪财，元志还专任跋扈，他在岐州被捉，就是因不听从岐州刺史的建议，结果丢掉了城池及自己的性命。

（二十七）元脩义

元脩义是北魏皇室成员，汝阴王天赐第五子。元脩义少时就涉猎书传，颇有文才，为高祖所知，被任命为左将军、齐州刺史，后迁秦州刺史。肃宗时期元脩义被任命为吏部尚书，及莫折念生造反，被任命为尚书右仆射、西道行台。史书记载"脩义性好酒，每饮连日，遂遇风病，神明昏丧，虽至长安，竟无部分之益。元志败没，贼东至黑水，更遣萧宝夤讨之，以脩义为雍州刺史。卒于州，赠司空，谥曰文"⑥。据上文，元志是在正光五年（公元524年）死于雍州刺史任上的，所以我们认为元脩义是在正光五年开始担任雍州刺史的。其在雍州刺史任上碌碌无为，最终死于雍州刺史任上。

（二十八）李宪

李宪是北魏高平王李顺之孙，史称其"清粹，善风仪，好学，有器度"，高祖时期

---

① 《魏书》卷九《肃宗纪》，第236页。
② 《魏书》卷一〇五之四《天象志四》，第2440—2441页。
③ 《魏书》卷六六《李崇传》，第1470页。
④ 《魏书》卷九《肃宗纪》，第234页。
⑤ 《魏书》卷一四《河间公齐传附元志传》，第364页。
⑥ 《魏书》卷一九上《拓跋脩义传》，第451页。

他担任散骑常侍、赵郡太守，后转为骁骑将军、尚书左丞；世宗时期出任左将军、兖州刺史，正光五年"除持节、安西将军、行雍州刺史。寻除七兵尚书，加抚军将军"①，除此之外文献中没有其担任雍州刺史的更多记载。据此可知，在肃宗正光五年李宪被任命为安西将军，并代理雍州刺史，但很快又被任命为七兵尚书，加抚军将军。另史书载正光五年（公元524年）杨椿"寻加卫将军，出除都督雍南豳二州诸军事、本将军、雍州刺史"②，所以李宪是在正光五年（公元524年）当年就离任雍州刺史了。如若这样，李宪担任雍州刺史的时间很短，也许根本没有到雍州就离任了。

（二十九）杨椿

杨椿是北魏华阴伯杨播的胞弟，自称祖上是华阴杨震之后。史称杨椿性宽谨。杨椿于高祖时期出任安远将军、豫州刺史，后迁冠军将军、济州刺史，后因事免官，降为宁朔将军、梁州刺史。关于其担任雍州刺史，文献载："（正光五年）寻加卫将军，出除都督雍南豳二州诸军事、本将军、雍州刺史，又进号车骑大将军、仪同三司。"③由此可知，在公元524年杨椿被任命为卫将军、本将军、雍州刺史，其很可能是在李宪之后担任雍州刺史的。后来由于关中形势紧急，诏杨椿以本官加侍中，兼尚书右仆射为行台，节度关西诸将，然而杨椿突然得急病，多次上书请求解职，皇帝答应了他的请求，公元527年以萧宝夤代替杨椿的职务。杨椿在雍州之时，莫折念生的叛军势力越来越大，中央派萧宝夤进军讨伐，萧宝夤大败而归，杨椿将其留在关中，暂时屯兵于长安逍遥园内。萧宝夤兵败之后，关中地区人心惶惶，政局动荡，及萧宝夤驻军关中，关中"三辅人心，颇得安帖"。杨椿不仅将萧宝夤留在关中，并且"鸠募内外，得七千余人，遣兄子录事参军侃率以防御"④。杨椿离职之后，告老还乡，但是仍挂念关中政局，恰好他的儿子杨昱回京师，杨椿令其转告皇帝，萧宝夤权重位高，怕有不臣之心。果不其然，孝昌三年（公元527年）十月，萧宝夤据关中造反。肃宗及灵太后下诏任命杨椿为"都督雍岐南豳三州诸军事、本将军、开府仪同三司、雍州刺史、讨蜀大都督"⑤，但是杨椿体衰，又重病缠身，未能成行。

（三十）萧宝夤

萧宝夤本是萧齐皇族，萧齐明帝萧鸾之子，东昏侯萧宝卷、和帝萧宝融的同母兄弟。

---

① 《魏书》卷三六《李宪传》，第835页。
② 《魏书》卷五八《杨椿传》，第1287页。
③ 《魏书》卷五八《杨椿传》，第1287页。
④ 《魏书》卷五八《杨椿传》，第1287页。
⑤ 《魏书》卷五八《杨椿传》，第1288页。

东昏侯萧宝卷即位之后，任命其为轻骑将军、开府，领石头戍军事。梁武帝萧衍篡夺萧齐皇位之后，欲谋害萧宝夤，萧宝夤秘密潜逃至北魏，被世宗任命为镇东将军、东扬州刺史、丹阳郡开国公、齐王，后因兵败而被削去爵位。延昌初年，萧宝夤被任命为安东将军、瀛州刺史，恢复其齐王爵位。关于其担任雍州刺史的事迹，文献记载：

> （孝昌三年）冬十月……甲寅，雍州刺史萧宝夤据州反，自号曰齐，年称隆绪。诏尚书右仆射长孙稚讨之。①

> 萧宝夤之讨关西，以（苏）湛为行台郎中，深见委任。孝昌中，宝夤大败东还，朝廷以为雍州刺史。后自猜惧，害中尉郦道元，乃称兵反。②

> （孝昌）三年正月，除司空公。出师既久，兵将疲弊，是月大败，还雍州。仍停长安，收聚离散。有司处宝夤死罪，诏恕为民。四月，除使持节、都督雍泾岐南豳四州诸军事、征西将军、雍州刺史、假车骑大将军、开府、西讨大都督，自关以西，皆受节度。九月，念生为其常山王杜粲所杀，合门皆尽。粲据州请降于宝夤。十月，除散骑常侍、车骑将军、尚书令，复其旧封。③

> 后萧宝夤为雍州刺史，引为中兵参军，深见信任。宝夤反，令嵩遵率众出征。嵩遵伪受其署，既行之后，遂与侯终德等还来袭城。④

> 是时雍州刺史萧宝夤反状稍露，悦等讽朝廷遣为关右大使，遂为宝夤所害，死于阴盘驿亭。⑤

据上述文献可知，孝昌三年（公元527年）春，萧宝夤以司空身份率兵平定莫折念生叛乱，战事不利退守雍州，恰逢雍州刺史、西讨大都督杨椿告老还乡，中央任命其接替杨椿的职务。是年九月，莫折念生被其常山王杜粲所杀，杜粲向萧宝夤投降，叛乱平定之后，萧宝夤被任命为散骑常侍、车骑将军、尚书令，并恢复其齐王爵位。此时"山东、关西寇贼充斥，王师屡北，人情沮丧。宝夤自以出军累年，糜费尤广，一旦覆败，虑见猜责，内不自安。朝廷颇亦疑阻"⑥，由此可见，萧宝夤虽然平定了叛乱，但平叛过程持续时间太长且耗费了大量的钱财，以至萧宝夤被朝廷所猜疑，再加上朝廷派郦道元出任关右大使，这更加重了萧宝夤的疑虑。在"长安轻薄之徒"的"劝说"下，萧宝夤派人在阴盘驿将郦

---

① 《魏书》卷九《肃宗纪》，第247页。
② 《魏书》卷四五《韦阆传附苏湛传》，第1017页。
③ 《魏书》卷五九《萧宝夤传》，第1323页。
④ 《魏书》卷四五《韦阆传附梁嵩遵传》，第1323页。
⑤ 《魏书》卷八九《郦道元传》，第1925页。
⑥ 《魏书》卷五九《萧宝夤传》，第1323页。

道元杀害，谎称是被关中盗贼所杀，紧接着"又杀都督、南平王仲冏"，自此公开反叛北魏。北魏政权于是又重新任命杨椿"都督雍岐南豳三州诸军事、本将军、开府仪同三司、雍州刺史、讨蜀大都督"，然而杨椿年老体衰，没能成行，中央又派尚书仆射行台长孙稚讨伐萧宝夤。萧宝夤派"嵩遵率众出征。嵩遵伪受其署，既行之后，遂与侯终德等还来袭城"①，及至于城破，萧宝夤"携公主及其少子与部下百余骑，从后门出走，渡渭桥，投于宁夷巴张宕昌、刘兴周舍；寻奔丑奴，丑奴以宝夤为太傅"②，至此，雍州平定。

（三十一）长孙稚

长孙稚是上党王长孙道生的曾孙、殿中尚书长孙观之子。高祖以其幼承家业，赐名稚。关于其担任雍州刺史的事迹，文献记载：

（武泰元年）二月，以长孙稚为车骑大将军、开府仪同三司、雍州刺史、兼尚书仆射、西道行台。③

（武泰元年四月）使持节、车骑大将军、雍州刺史、上党公长孙稚为骠骑大将军、开府仪同三司，进爵为王，寻改封冯翊王。④

未几，雍州刺史萧宝夤据州反，复以稚为行台讨之。⑤

稚克宝夤将侯终德，宝夤出走，雍州平。除雍州刺史。庄帝初，封上党王，寻改冯翊王，后降为郡公。迁司徒公，加侍中，兼尚书令、大行台，仍镇长安。⑥

（永安二年十一月）丙午，以大司马、太尉公、城阳王徽为太保，司徒公、丹阳王萧赞为太尉公，开府仪同三司、雍州刺史长孙稚为司徒公。⑦

由上述文献可知，长孙稚在北魏武泰元年（公元528年）被任命为雍州刺史，之前其担任尚书仆射、行台领兵平定萧宝夤反叛。在平叛过程中，长孙稚有功于社稷，被授予该职。同年四月中央封他为骠骑大将军，赐爵上党王，不久又改封为冯翊王。后来降为郡公，永安二年（公元529年）十一月又迁司徒公加侍中，兼尚书令、大行台，仍镇守长安。而《资治通鉴·梁纪十》载："（永安三年）以尔朱天光为使持节、都督二雍·二岐诸军事、骠骑大将军、雍州刺史，以岳为左大都督，又以征西将军代郡侯莫陈悦为右大都

---

① 《魏书》卷四五《韦阆传附梁嵩遵传》，第1016页。
② 《魏书》卷五九《萧宝夤传》，第1324页。
③ 《魏书》卷九《肃宗纪》，第248页。
④ 《魏书》卷一〇《孝庄纪》，第257页。
⑤ 《魏书》卷二五《长孙稚传》，第647页。
⑥ 《魏书》卷二五《长孙稚传》，第648页。
⑦ 《魏书》卷一〇《孝庄纪》，第264页。

督,并为天光之副以讨之。"①之所以如此,是因为在平定叛乱之后,关中亟须一名具有震慑力,且又善于治理的官员出任雍州刺史,而长孙稚任职之前主要担任的是军职,不善于管理民政。在其任职期间,万俟丑奴的叛军规模越来越大,以至到永安三年(公元530年),中央任命尔朱天光为骠骑大将军、雍州刺史,又任命贺拔岳为左大都督,征西将军侯莫陈悦为右大都督,讨伐万俟丑奴。

(三十二)尔朱天光

尔朱天光是北魏晋王尔朱荣的族侄,少时就善于军事,喜好弓箭马术,尔朱荣非常器重他,每当有军戎之事,就让其参与出谋划策。孝昌末年,尔朱天光出任都督,统领肆州兵马。关于其担任雍州刺史的事迹,史书记载:

> 荣遣其从子天光为雍州刺史,令率都督贺拔岳、侯莫陈悦等总众入关讨之。天光既至雍州,以众少不敌,逡巡未集。荣大怒,遣其骑兵参军刘贵驰驿诣军,加天光杖罚。天光等大惧,乃进讨,连破之,擒丑奴、宝夤,并槛车送阙。天光又擒王庆云、万俟道乐,关西悉平。②

> 建义元年夏,万俟丑奴僭大号,朝廷忧之。乃除天光使持节、都督雍岐二州诸军事、骠骑大将军、雍州刺史,率大都督、武卫将军贺拔岳,大都督侯莫陈悦等以讨丑奴。天光初行,唯配军士千人,诏发京城已西路次民马以给之。时东雍赤水蜀贼断路,诏侍中杨侃先行晓慰,并征其马。侃虽入慰劳,而蜀持疑不下。天光遂入关击破之,简取壮健以充军士,悉收其马。至雍,又税民马,合得万余匹。以军人寡少,停留未进。荣遣责之,杖天光一百,荣复遣军士二千人以赴。③

> (永安三年四月)丁卯,雍州刺史尔朱天光讨丑奴、萧宝夤于安定,破擒之,囚送京师。甲戌,以关中平,大赦天下。丑奴斩于都市,宝夤赐死于驼牛署。④

> (普泰元年)三月癸酉,……骠骑大将军、仪同三司、雍州刺史、陇西王尔朱天光,并为大将军。⑤

> (永安三年)以尔朱天光为使持节、都督二雍·二岐诸军事、骠骑大将军、雍州刺史,以岳为左大都督,又以征西将军代郡侯莫陈悦为右大都督,并为天

---

① 《资治通鉴》卷一五四,梁武帝中大通二年二月,第4771—4772页。
② 《魏书》卷七四《尔朱荣传》,第1653页。
③ 《魏书》卷七五《尔朱天光传》,第1673页。
④ 《魏书》卷一〇《孝庄纪》,第264页。
⑤ 《魏书》卷一一《前废帝广陵王纪》,第275页。

光之副以讨之。①

由文献可知，在北魏建义元年（公元528年），万俟丑奴叛乱，朝中十分忧虑，令雍州刺史长孙稚进讨，积年之后，战事依旧胶着。到永安三年（公元530年）四月丁卯，中央任命尔朱天光出任雍州刺史，讨伐万俟丑奴。尔朱天光到达关中之后，因兵少，徘徊不前。尔朱荣得知之后大怒，派人给尔朱天光一百军杖，并增兵两千，尔朱天光才进军讨伐，接连击破万俟丑奴的军队，最终活捉万俟丑奴、萧宝夤等叛军首领，至此潼关以西皆平定。尔朱荣死后，尔朱天光从关中回到洛阳，后来听说尔朱兆已到洛阳，尔朱天光就返回雍州。前废帝时期，尔朱天光率军到夏州讨伐宿勤明达，并将其活捉送到洛阳。韩陵之战兵败之后，齐献武王抵达洛阳，斩杀尔朱天光于市。《魏书·孝庄纪》载："（普泰）二年，加岳都督三雍、三秦、二岐、二华诸军事，雍州刺史，关西行台，余如故。"②由此可见，在普泰二年（公元532年）贺拔岳被任命为雍州刺史，而之前尔朱天光返回洛阳时就命贺拔岳代理雍州刺史，所以笔者断定尔朱天光是在永安三年（公元530年）到普泰二年（公元532年）期间担任雍州刺史的。在担任雍州刺史期间，尔朱天光的政绩主要是平定了万俟丑奴的叛乱和宿勤明达的叛乱。由《魏书·尔朱天光传》知，在平定叛乱的过程中，尔朱天光充分发挥其军事才能，顺利平定两次叛乱。后来虽然被杀害，但是史书称其"有定关西之功，差不酷暴，比之兆与仲远为不同矣"，也就是说虽然齐献武帝进入洛阳之后，将尔朱家族的成员都杀掉了，但是时人认为尔朱天光有平定关西的功劳，并且在任职期间行事并不残暴，这与尔朱兆和尔朱仲远是不同的。

（三十三）贺拔岳

贺拔岳，北镇武川人。太学生时期，贺拔岳就喜爱军事，擅长弓箭马术等军事科目，后投奔尔朱荣，初为偏将，后为都督，跟随尔朱天光讨伐万俟丑奴、萧宝夤等叛军，后被任命为本将军、泾州刺史，晋爵为公。关于其担任雍州刺史的事迹，史书记载：

> 二年，加岳都督三雍、三秦、二岐、二华诸军事，雍州刺史，关西行台，余如故。③
> 永熙初，仍开府、兼仆射、大行台、雍州刺史，增邑千户。二年，诏岳都督雍、华、北华、东雍、二岐、豳、四梁、二益、巴、二夏、蔚、宁、南益、泾二十州诸军事，大都督。④

---
① 《资治通鉴》卷一五四，梁武帝中大通二年二月，第4771—4772页。
② 《魏书》卷一〇《孝庄纪》，第264页。
③ 《魏书》卷八〇《贺拔岳传》，第1783页。
④ 《魏书》卷八〇《贺拔岳传》，第1783页。

由上述文献可知，尔朱天光在讨伐万俟丑奴、萧宝夤的过程中，贺拔岳一直担任其副手，并发挥巨大作用。后来尔朱天光回到洛阳，其留守关中的军队就由贺拔岳率领，中央命贺拔岳为雍州刺史、关西行台等，全面负责关西事务。然而上述文献记载有相互矛盾的地方：第一条文献记贺拔岳是在永熙二年（公元533年）担任雍州刺史，而第二条文献却记为其在永熙初担任雍州刺史，二年加封大都督等职务。由于《周书·贺拔岳传》也载"二年，加都督三雍三秦二岐二华诸军事、雍州刺史"①，所以贺拔岳很有可能是在永熙二年（公元533年）开始担任雍州刺史的。至于他是何时离任的，文献中没有言明，不过《魏书·贾显度传》曰："永熙三年五月，（贾显度）转雍州刺史、西道大行台。殁于关中"②，由此考虑贺拔岳应该是在永熙三年（公元534年）五月之前离任的。其在任期间，潼关以东地区，高欢集团与尔朱荣集团进行着殊死搏斗，都想控制中央，挟天子以令诸侯，尔朱荣集团失败之后，高欢掌握了国家最高统治权，并任命其心腹贾显度担任雍州刺史。史书上没有记载贺拔岳在关中时期对关中治理的情况。

（三十四）贾显度

王仲荦的《北周地理志》一书中提到贾显曾担任西魏雍州刺史，《周书》中记贾显曾担任雍州刺史，而《魏书》和《资治通鉴》中同一件事的主人公却是贾显度。通过对文献的深入解读，并结合相关史料发现担任雍州刺史的是贾显度而非贾显③，并且贾显度担任雍州刺史应该是北魏时期而不是西魏时期。

贾显度是中山无极人，初为别将，防守薄骨律镇，因北镇之乱，兵败逃至秀容，被尔朱荣集团收留，为直阁将军、左中郎将，后随尔朱氏破葛荣，灭邢杲，深受尔朱荣信任。尔朱荣死后，贾显度南奔萧衍，普泰初，回到北魏，被任命为卫大将军、仪同三司、左光禄大夫等。关于他担任雍州刺史的事迹，其传记中载："永熙三年五月，转雍州刺史、西道大行台。殁于关中。"④文献中没有记载贾显度在担任雍州刺史时期的事迹，只是提到"雍州刺史贾显持两端，通使于齐神武。太祖微知其意，以御为大都督、雍州刺史，领前军先行"⑤，由此可知，贾显度在担任雍州刺史期间，并不是默默无闻的，而是利用其雍州刺史的身份，在高欢集团和宇文泰集团之间，左右逢源，企图得到最大利益，然而最终被宇文泰集团所收服。孝武帝入关之后，"显智果同于齐神武。孝

---

① 《周书》卷一四《贺拔岳传》，第224页。
② 《魏书》卷八〇《贾显度传》，第1775页。
③ 据《周书》卷一七校勘记［三］记载："雍州刺史贾显 张森楷云：'"显"下当有"度"字，《魏书·贾显度传》卷八〇可证。'"（《周书》卷一七，第287页。）
④ 《魏书》卷八〇《贾显度传》，第1775页。
⑤ 《周书》卷一七《梁御传》，第279页。

武帝怒，乃赐显度死"①。

（三十五）梁御

梁御，其先是安定人，后来在北魏武川镇为官，遂为武川人。梁御自幼喜欢弓箭马术，尔朱天光西征时得知梁御有智略，拜其为宣威将军、都将。及尔朱天光东归洛阳，梁御追随贺拔岳镇守关中。贺拔岳被害之后，梁御又翊戴宇文泰，跟随宇文泰征讨侯莫陈悦，秦陇平定之后，因雍州刺史贾显度左右钻营，宇文泰令梁御代替之。关于梁御担任雍州刺史的事迹，史书记载：

> 太祖既平秦陇，方欲引兵东下，雍州刺史贾显持两端，通使于齐神武。太祖微知其意，以御为大都督、雍州刺史，领前军先行。既与显相见，因说显曰："魏室陵迟，天下鼎沸。高欢志在凶逆，枭夷非远。宇文夏州英姿不世，算略无方，方欲扶危定倾，匡复京洛。公不于此时建立功效，乃怀犹豫，恐祸不旋踵矣。"显即出迎太祖，御遂入镇雍州。授车骑大将军、仪同三司。②

> （永熙三年四月）泰以大都督武川梁御为雍州刺史，使将步骑五千前行。先是，丞相欢遣其都督太安韩轨将兵一万据蒲反以救侯莫陈悦，雍州刺史贾显度以舟迎之。梁御见显度，说使从泰，显度即出迎御，御入据长安。③

由上述文献可知，在宇文泰集团与高欢集团进行生死搏斗之时，贾显度趁着宇文泰征讨侯莫陈悦、关中空虚之际，私通高欢，并用船迎接高欢集团将领韩轨，企图使其营救侯莫陈悦。宇文泰得知之后，就任命梁御代替贾显度担任雍州刺史。此时梁御跟随宇文泰西征侯莫陈悦，被任命之后，就领军先行至长安，梁御劝贾显度要认清形势，跟随宇文泰才是正途。贾显度被梁御说服，让出雍州刺史职位，出迎宇文泰。《周书·梁御传》中记："大统元年，转右卫将军，进爵信都县公，邑一千户。"④据此可知梁御是在西魏大统元年（公元535年）转为右卫将军的，其离任雍州刺史应该不晚于此。

除上述的雍州刺史之外，还有许多被中央追赠为雍州刺史的，史书中有记载可考的有元融、元彧、韩备等60多人，被追赠为雍州刺史的官员多是世族勋贵或者是外戚皇族，这也进一步显示了关中地区在北魏政权中的重要性。

---

① 《北史》卷四九《贾显度传》，第1791页。
② 《周书》卷一七《梁御传》，第279—280页。
③ 《资治通鉴》卷一五六，梁武帝中大通六年四月，第4844页。
④ 《周书》卷一七《梁御传》，第280页。

第六节
西魏时期长安城的地方治理

在《北周地理志》一书中，王仲荦先生罗列出西魏时期的14位雍州刺史。他们分别是贾显度、梁御、宇文泰、元顺、元季海、长孙俭、赵贵、王盟、王罴、王勇、张羡、李穆、韦孝宽、于谨，达奚武是否担任过雍州刺史存疑。虽然魏孝武帝在永熙三年（公元534年）就西入关中，但孝武帝仍是北魏的皇帝。西魏的开国皇帝是魏文帝元宝炬，西魏建国时间是公元535年，所以笔者认为从北魏政权开始统治关中至公元535年之前的雍州刺史，都应该属于北魏时期，那么王著中提到的贾显度、梁御、宇文泰、元季海均不是西魏的雍州刺史，而应该是北魏时期的雍州刺史。文献中还记载有西魏大统初的雍州刺史李弼，王著将之遗漏，笔者也将其补入。

表6-4 西魏雍州刺史任期及出身简表

雍州刺史	任期	出身或靠山
元顺	文献仅载西魏初期担任雍州刺史[①]	北魏皇族，跟随北魏孝文帝西迁至关中
李弼	文献仅载大统初任雍州刺史[②]	关陇豪族，颇受宇文泰信任
赵贵	文献中仅提到在沙苑之战后担任雍州刺史	宇文泰心腹
王盟	大统四年（公元538年）	宇文泰嫡系
王勇	大统四年到大统五年（公元538—539年）	宇文泰嫡系
王罴	大统五年（公元539年）	关中豪族，深得宇文氏信任

[①]《北史》卷一五《拓跋顺传》记："周文深然之，因宣国讳，上南阳王尊号。以顺为中尉，行雍州事，又加开府仪同三司、秦州刺史。"

[②]《周书》卷一五《李弼传》中详载："大统初，进位仪同三司、雍州刺史。寻又进位骠骑大将军、开府仪同三司。"

续表

雍州刺史	任期	出身或靠山
李穆	无法确定任期	宇文泰嫡系
韦孝宽	西魏废帝二年到恭帝元年（公元553—554年）	关中望族，宇文氏拉拢对象
于谨	恭帝元年（公元554年）	关陇望族，宇文泰心腹
张羡	文献中没有明确记载	文献中没有明确记载
长孙俭	西魏初年	宇文泰嫡系

西魏政权是一个联合体，在这个政权内部，不但有北魏皇族、关陇士族和以宇文泰等为代表的北魏军阀，还有跟随孝武帝入关的北魏官员。这些势力之间的关系错综复杂，利益与矛盾纠缠在一起，只是因为一个共同的敌人使他们走到了一起——东魏政权及以高欢为代表的边镇鲜卑势力。西魏建国之初就面临着巨大的内外压力，不但有来自东魏政权方面的军事压力，更重要的是还有内部的压力，各种势力参差不齐，关系错综复杂。高欢集团占领了关东地区，这里虽然历经长久战乱，但是在北魏政权迁都洛阳后，经济恢复较为迅速，为东魏政权奠定了一定的经济基础。此时东魏政权无论是在军事上还是经济上都占据着绝对优势，不但占有天时，还占有地利，而西魏政权只能争取人和，要争取人和就要协调好各方面势力的利益，使各自的利益都尽可能最大化，以促使其能够齐心对付东魏。雍州不但是各方面势力的集聚地，也是各方面势力的利益所在地。西魏都城设立在雍州，雍州对于各方势力的重要性是不言而喻的，雍州刺史位高权重，非各方势力重要人物是不会被任命为雍州刺史的。

一、元顺

在西魏建立之初，宇文氏集团的实力远远逊于高欢集团。然而宇文氏集团控制着被认为天下正统的北魏孝文帝的嫡系后裔。正是魏孝文帝嫡系后裔的招牌，促使那些拥护北魏政权的官员大量西迁关中。宇文氏为了拉拢这些西迁的官员共同对抗高欢集团，就不得不重用其中的某些成员，元顺就是一个例子。《北史》中称"周文深然之，因宣国讳，上南阳王尊号。以顺为中尉，行雍州事，又加开府仪同三司、秦州刺史"①，此处提到元顺担任雍州刺史是上南阳王尊号之后，也就是在西魏建国之初。元顺是北魏宗室的重要成员，并且忠于宇文氏，积极为其出谋划策，得到了宇文泰的信任，其担任雍州刺史应该是可信的。然而因仅在《北史》中有记载，并且记载过于简略，所以其担任刺史的事迹不得而知，何时卸任也没有记载。

二、李弼

李弼，辽东人氏，祖辈父辈皆在关陇任职，自幼有大志且膂力过人，为世人所知。后因协助宇文泰击杀侯莫陈悦而得到宇文泰的信任，很快跻身宇文氏集团核心，成为西魏建国初的八柱国之一。

王仲荦《北周地理志》中涉及的西魏雍州刺史中没有李弼，《北史》《资治通鉴》等史书中也没有提到李弼曾经担任雍州刺史，但是《周书》中却详载："大统初，进位仪同三司，雍州刺史。寻又进位骠骑大将军、开府仪同三司。"②这里说得很清楚，大统初年李弼被任命为雍州刺史，但是担任的时间并不长，就转任其他职务了。所以关于李弼担任雍州刺史时期的事迹甚少。

三、赵贵

赵贵起先跟随贺拔岳入关中，后来贺拔岳被害，赵贵及时向宇文泰报信，还力主全军追随宇文泰，成为宇文氏的心膂之臣，为宇文氏所器重。大统三年（公元537年），赵贵在沙苑之战中又立大功，"拜侍中、骠骑大将军、开府仪同三司，进爵中山郡公，除雍州刺史"③。在西魏建国之初，两魏之间战争不断，并且西魏势力远远不及东魏，仅依靠君臣一心和有利地形全力防守。然而由于沙苑之战的失败，东魏在军事上的优势开始丧失。正是在这种背景下，赵贵担任雍州刺史。此时，宇文氏集团对凝聚在北魏正统旗帜下的关东势力的依赖有所削弱，开始培植自己的实力。雍州刺史一职的重要性是毋庸置疑的，宇文泰必然要选择一个心腹之臣担任此职，而赵贵无疑是最好的人选之

---

① 《北史》卷一五《拓跋顺传》，第568页。
② 《周书》卷一五《李弼传》，第240页。
③ 《周书》卷一六《赵贵传》，第262页。

一。不过到大统四年（公元538年）八月魏文帝东征，赵贵随军征讨，雍州刺史一职改由王盟担任。从赵贵担任雍州刺史到魏文帝东征不过短短数月时间。

四、王盟

王盟早年跟随贺拔岳征战关中，后来贺拔岳被害，王盟又追随宇文泰，并在北魏永熙三年（公元534年）宇文泰讨伐侯莫陈悦的战争中被委以重任，"赴原州，以为留后大都督，镇高平"①。也许正是在这次战争中王盟表现突出，使得文帝在东征时，抽调原雍州刺史赵贵随军征讨，而任命王盟为留后大都督，负责后方安全即后勤补给。文献记载：

（大统）四年，魏文帝东讨，与太尉王盟、仆射周惠达等留镇长安。②

魏文帝东征，以留后大都督行雍州事，节度关中诸军。赵青雀之乱，盟与开府李虎辅魏太子出顿渭北。③

西魏文帝的这次东征是在沙苑之战的第二年，这一次西魏王朝的战将几乎悉数出动，想乘着沙苑之战的士气及优势重创东魏高欢集团，然而后方却出现了叛乱，沙苑之战时俘虏来的东魏士兵，趁着西魏主力不在，在长安图谋作乱。时为留后大都督的王盟临危不乱，他首先将太子转移出长安城，安顿在渭河北岸的安全地带，然后率领长安城的百姓进击叛军，是时华州刺史宇文导率军增援，王盟又引导援军"袭咸阳，斩思庆，禽伏德，南度渭，与帝会，攻破青雀"④。在这次平叛过程中，王盟发挥了巨大的作用，受到了文帝的褒扬，"进爵长乐郡公，增邑并前二千户"⑤。

王盟于何时卸任，不知其详。史书仅记在大统四年（公元538年）八月邙山之战后"军还，皆拜上州刺史。以雍州、岐州、北雍州拟授勇等，然州颇有优劣，又令探筹取之。勇遂得雍州，文达得岐州，令贵得北雍州"⑥，在邙山之战中王勇等勇冠三军，面对不利局面全军而退，受到西魏统治集团的赞赏，在平定赵青雀之乱后，回到京城，王盟荣升永乐郡公，而王勇接任雍州刺史。综上可知，王盟担任雍州刺史是在大统四年

---

① 《周书》卷二〇《王盟传》，第333页。
② 《周书》卷一九《侯莫陈顺传》，第308页。
③ 《周书》卷二〇《王盟传》，第333—334页。
④ 《北史》卷九《太祖文帝纪》，第323页。
⑤ 《周书》卷二〇《王盟传》，第334页。
⑥ 《周书》卷二九《王勇传》，第491页。

（公元538年）魏文帝东征的几个月。

五、王勇

王勇，武川人氏，早年追随贺拔岳、侯莫陈悦平叛。宇文泰任西魏丞相时，王勇得其赏识，晋爵为公，拜镇南将军，授帅都督。王勇生平中最绚丽的章节应该是在邙山之战。

> 邙山之战，勇率敢死之士三百人，并执短兵，大呼直进，出入冲击，杀伤甚多，敌人无敢当者。是役也，大军不利，唯勇及王文达、耿令贵三人力战，皆有殊功。太祖于是赏帛二千匹，令自分之。军还，皆拜上州刺史。以雍州、岐州、北雍州拟授勇等，然州颇有优劣，又令探筹取之。勇遂得雍州，文达得岐州，令贵得北雍州。仍赐勇名为勇，令贵名豪，文达名杰，以彰其功。①

通过上述文献，我们似乎看到了王勇在战场上强悍有力、英勇杀敌的场面。为了表彰其功绩，宇文泰不但拜王勇为雍州刺史，还为他赐名"勇"。但史书对于他在担任雍州刺史期间的事迹以及离任时间均缺而未载。不过西魏大统五年（公元539年）郑孝穆"行岐州刺史、当州都督"②的时候，"王罴时为雍州刺史，钦其善政，遣使贻书，盛相称述"③，既然大统五年的雍州刺史是王罴，那么王勇担任雍州刺史的时间应该不是很长。

六、王罴

王罴，京兆霸城人，汉河南尹王遵之后。史书记载"世为州郡著姓。罴刚直木强，处物平当，州郡敬惮之"④。魏孝武帝西迁后，宇文氏为了拉拢关西世家大族，以共同对抗高欢集团，拜王罴为骠骑大将军，加侍中、开府。在王罴传记中没有直接提到王罴出任雍州刺史。但是在行文间我们可以推测出他担任过雍州刺史。《周书·郑孝穆传》记载：

> 时茹茹渡河南寇，候骑已至豳州。朝廷虑其深入，乃征发士马，屯守京城，堑诸街巷，以备侵轶。左仆射周惠达召罴议之。罴不应命，谓其使曰："若茹

---

① 《周书》卷二九《王勇传》，第491页。
② 《周书》卷三五《郑孝穆传》，第610页。
③ 《周书》卷三五《郑孝穆传》，第610页。
④ 《周书》卷一八《王罴传》，第291页。

茹至渭北者，王罴率乡里自破之，不烦国家兵马。何为天子城中，遂作如此惊动。由周家小儿恇怯致此。"罴轻侮权势，守正不回，皆此类也。未几，还镇河东。①

大统五年，（郑孝穆）行武功郡事，迁使持节、本将军，行岐州刺史、当州都督。在任未几，有能名。就加通直散骑常侍。王罴时为雍州刺史，钦其善政，遣使贻书，盛相称述。②

由上述文献可知，王罴曾担任雍州刺史，根据"左仆射周惠达招罴议之"可以推测王罴大统五年时在雍州刺史任上。不过因史料的缺乏，我们无法判断王罴出任雍州刺史的具体时间。文献中记叙的王罴守城抵御蠕蠕之事就应该是其担任雍州刺史期间发生的。由于王罴出身豪族，再加上其勇冠三军，他有点恃才傲物，轻侮权贵，不久又返回河东镇守边疆了。

七、李穆

自宇文泰入关之日起，李穆就跟随宇文氏，受到宇文泰的赏识，史书称"太祖嘉之，遂处以腹心之任，出入卧内，当时莫与为比"③。孝武帝入关后，李穆屡立战功，沙苑之战、河桥之战，李穆战功灼灼，爵位也一升再升，不但自己被授予爵位，还荫及子孙。《周书·李穆传》中记李穆"后转雍州刺史，入为小冢宰"④，但《北史》《资治通鉴》中没有言及李穆担任过雍州刺史。

八、韦孝宽

韦孝宽，出身关中望族，史书称韦氏"世为三辅著姓"⑤。韦孝宽早年战功卓著，为世人所知，当魏孝武帝入关后，韦孝宽就成了宇文氏集团拉拢的对象，并为西魏政权的巩固立下赫赫战功。西魏废帝二年（公元553年），韦孝宽被任命为雍州刺史，并且在任上做了不少利于百姓的好事，为世人所称颂。

废帝二年，为雍州刺史。先是，路侧一里置一土候，经雨颓毁，每须修之。自孝宽临州，乃勒部内当候处植槐树代之。既免修复，行旅又得庇荫。周文后见，

---

① 《周书》卷一八《王罴传》，第292—293页。
② 《周书》卷三五《郑孝穆传》，第610页。
③ 《周书》卷三〇《李穆传》，第527页。
④ 《周书》卷三〇《李穆传》，第528页。
⑤ 《周书》卷三一《韦孝宽传》，第535页。

怪问知之，曰："岂得一州独尔，当令天下同之。"于是令诸州夹道一里种一树，十里种三树，百里种五树焉。①

由上述文献可知，他在任期间修整道路，造福人民。由于战乱，人烟稀少，所以道路系统常用土墩等来标示。但是土墩极易被暴雨破坏，以至暴雨过后一片狼藉，以前的道路系统很难辨识。韦孝宽到任后，令部属在应置土墩处改种槐树，这样就不怕暴风雨毁坏土墩，既节省民力，并且行路人也能够得以躲避酷暑骄阳。

韦孝宽在任时间并不长，在西魏恭帝元年（公元554年）就被派出远征江陵。史书记载：

恭帝元年，以大将军与燕国公于谨伐江陵，平之，以功封穰县公。②

（于谨）魏恭帝元年，除雍州刺史。③

也就是说在恭帝元年，韦孝宽以大将军的身份和于谨一起出征，其雍州刺史的职位应该自然地被取消。在这次战争过后，于谨被任命为雍州刺史。韦孝宽被任命为"尚书右仆射，赐姓宇文氏"④。

九、于谨

于谨，河南洛阳人，祖辈父辈均为关西镇将，为关陇望族，后追随贺拔岳及宇文泰，成为宇文泰的心膂重臣。《周书》载于谨是在恭帝元年"除雍州刺史"⑤。因史料缺乏，我们只知道他曾担任过西魏时的雍州刺史一职。至北周初年于谨一直担任该职。

十、张羡

《周书》没有关于张羡的记载。《隋书》中提到张羡"历司职大夫、雍州治中、雍州刺史、仪同三司、赐爵虞乡县公"⑥，然而《北史》中却记为"历司织大夫、雍州中从事、应州刺史、仪同三司、赐爵虞乡县公"⑦。这二处记载的不同在于一个说担任的

---

① 《周书》卷三一《韦孝宽传》，第538页。
② 《周书》卷三一《韦孝宽传》，第538页。
③ 《周书》卷一五《于谨传》，第247页。
④ 《周书》卷三一《韦孝宽传》，第538页。
⑤ 《周书》卷一五《于谨传》，第247页。
⑥ 《隋书》卷四六《张煚传附张羡传》，第1261页。
⑦ 《北史》卷七五《张煚传附张羡传》，第2580页。

是雍州刺史，另一个却认为担任的是应州刺史。根据王仲荦的《北周地理志》可知，西魏和北周时期没有应州这一行政区划，《北史》中记载的"应州"应为"雍州"，这可能是文献在流传过程中出现的谬误。从上述文献中可以得知张羡是从基层干起的，对雍州有着充分的了解，对西魏北周时期的政局的稳定起到了自身应有的作用。

十一、长孙俭

王仲荦的《北周地理志》提到长孙俭曾任雍州刺史，但是《周书》《北史》《资治通鉴》等文献中均没有记载，即使王仲荦也说"京兆金石录：著录大统二年西魏雍州刺史长孙俭碑。按长孙俭任雍州刺史事，周书北史俭本传及庾信撰俭神道碑皆不言"[①]。因此可知长孙俭任雍州刺史是孤证，只是在墓碑上有这么一条记载。

综上可知，西魏时期雍州为其都城所在，是各方势力的集聚地，雍州刺史位高权重，担任此职的均是西魏王朝举足轻重的人物。

---

① 王仲荦：《北周地理志》，中华书局，1980年，第2页。

第七节
北周时期长安城的地方治理

西魏都长安，雍州为皇畿；北周代西魏，皇畿不曾移。北周时期雍州治所仍在长安，虽然雍州治所未变，但是在北周明帝二年（公元558年）三月"改雍州刺史为雍州牧"①。也就是说，在北周时期，雍州的地方最高官员在明帝二年三月之前为雍州刺史，明帝二年（公元558年）三月之后为雍州牧。为行文方便，以下皆称为雍州刺史。

北周明帝时雍州下辖十二个郡：京兆、冯翊、扶风、咸阳、周南、蓝田、渭南、武功、中华、建忠、秦郡、灵武。②到了武帝建德二年（公元573年）二月，"省雍州内八郡，并入京兆、冯翊、扶风、咸阳等郡"③。由于雍州管辖的是京畿地区，那么就注定雍州刺史的地位非同一般，北周时期雍州刺史非皇亲勋臣不授。王仲荦的《北周地理志》一书将这一时期雍州刺史的相关史料都罗列出来，整理出北周10位雍州刺史：宇文护、宇文直、宇文宪、于谨、宇文招、宇文纯、窦炽、宇文贤、杨雄、杨惠。④王仲荦对北周时期雍州刺史的整理比较完备，本节在王著的基础上，又对涉及文献进行了检索和解读，推断出孝闵帝和明帝二年之前的雍州刺史，而且进一步明确了这些官员的任期、政绩等。我们将这些整理出来，为接下来南北朝时期长安官员完整序列的整理奠定基础。

---

① 《周书》卷四《明帝纪》，第54页。
② 《北周地理志》，第4页。
③ 《周书》卷五《武帝纪上》，第82页。
④ 《北周地理志》，第3—4页。

表 6-5　北周雍州刺史任期及出身简表

雍州刺史	任期	出身或靠山
于谨	文献没有明确记载；天和二年至天和三年（公元567—568年）	关陇望族，宇文泰心腹，支持宇文护执政①
宇文护	明帝二年至武成元年（公元558—559年）	北周皇族，宇文泰之侄
宇文直	保定元年（公元561年）担任，离任时间未知	北周皇族，宇文泰第六子
宇文宪	保定四年至天和三年（公元564—568年）	北周皇族，宇文泰第五子
宇文招	建德三年至宣政元年（公元574—578年）	北周皇族，宇文泰第七子
宇文纯	宣政元年（公元578年）	北周皇族，宇文泰第九子
窦炽	宣帝时期	北周勋臣，宇文泰心腹
宇文贤	大象元年至大象二年（公元579—580年）	北周皇族，北周明帝之子
杨雄②	大象二年至开皇元年（公元580—581年）	隋文帝杨坚族子

一、于谨

《周书·于谨传》记于谨是在"魏恭帝元年，除雍州刺史"③。虽然史书没有提到孝闵帝时期雍州刺史是谁，但是根据文献可以推测出在明帝改刺史为牧之前，都是由于谨担任此职。从孝闵帝元年（公元557年）到周武帝保定元年（公元561年）的五年，是北周历史上比较动荡的时段，宇文护专权，在这短短的五年间，宇文护就废掉并杀害了三个皇帝。

---

① 《周书》卷一五《于谨传》中记："今上天降祸，奄弃庶寮。嗣子虽幼，而中山公亲则犹子，兼受顾托，军国之事，理须归之。"

② 在《北周地理志》中，王仲荦列出的北周雍州刺史还有杨惠，但笔者认为这里的杨惠和杨雄应该是同一个人。《隋书》卷四三《观德王雄传》记载："观德王雄，初名惠，高祖族子也"，因此可以断定杨雄和杨惠是同一个人。

③ 《周书》卷一五《于谨传》，第247页。

孝闵帝即位时，于谨为雍州刺史，文献记载：

及太祖崩，孝闵帝尚幼，中山公护虽受顾命，而名位素下，群公各图执政，莫相率服。护深忧之，密访于谨。谨曰："凤蒙丞相殊眷，情深骨肉。今日之事，必以死争之。若对众定策，公必不得辞让。"明日，群公会议。谨曰："昔帝室倾危，人图问鼎。丞相志在匡救，投袂荷戈，故得国祚中兴，群生遂性。今上天将祸，奄弃庶察。嗣子虽幼，而中山公亲则犹子，兼受顾托，军国之事，理须归之。"辞色抗厉，众皆悚动。护曰："此是家事，素虽庸昧，何敢有辞。"谨既太祖等夷，护每申礼敬。至是，谨乃趋而言曰："公若统理军国，谨等便有所依。"遂再拜。群公迫于谨，亦再拜，因是众议始定。①

据上述文献可知，在宇文泰去世以后，朝廷群龙无首，许多大臣都想执政，可他们之间互相不服。如果照这样发展下去，北周政权很快就会垮掉。在这危急关头，雍州刺史于谨挺身而出，全力支持中山公宇文护执政。大臣们慑于于谨的威严，从而拥护宇文护，这才使北周政权安然度过危险期。可以说，宇文护能够稳定宇文泰去世后群龙无首的局面，于谨功不可没。于谨在这一时期最大的贡献就是稳定了动荡的局面，保证了权力的和平过渡。

于谨在武帝天和二年（公元567年）再次出任雍州刺史，此时的于谨年事已高。早在保定二年（公元562年）"谨以年老，上表乞骸骨"②，武帝不许，并令其为三老，以备咨询。所以此时于谨做雍州刺史，仅仅是挂名。

二、宇文护

宇文护是宇文泰兄长的幼子，一直跟随宇文泰征战。明帝二年（公元558年）三月，明帝"改雍州刺史为牧，以护为之"③。此时宇文护不仅是雍州刺史，还担任太师等职务，将北周的权力牢牢地攥在手中。

武成元年，护上表归政，帝许之。军国大事尚委于护。帝性聪睿，有识量，护深惮之。有李安者，本以鼎俎得宠于护，稍被升擢，位至膳部下大夫。至是，

---

① 《周书》卷一五《于谨传》，第248页。
② 《周书》卷一五《于谨传》，第249页。
③ 《周书》卷一一《晋荡公护传》，第168页。

护乃密令安因进食于帝，加以毒药。帝遂寝疾而崩。护立高祖，百官总已以听于护。①

以上这段文献详细地记述了宇文护在做雍州刺史期间，试探明帝，并将其杀害的全过程。宇文护为了自己的专政，不惜杀掉自己的堂弟明帝宇文毓。但在孝闵帝和明帝时期，北周政局较为动荡，宇文护的专政保证了权力在宇文氏家族中的传承，为后来武帝时期北周的强盛奠定了基础。不过，在宇文护专权阶段，宇文泰家族的支持者被杀掉不少。

三、宇文直

宇文直是宇文泰的第六子，他与周武帝宇文邕均为文宣皇后所生，是宇文邕最亲近的兄弟。《周书·武帝纪》记保定元年（公元561年）"十一月乙巳，以大将军、卫国公直为雍州牧"②，同书《卫剌王直传》记"保定初，为雍州牧，寻进位柱国，转大司空，出为襄州总管"③。根据这两条记录可知，武帝为帝当年，即任命其弟宇文直为雍州刺史，不久又加官晋爵，为柱国、大司空。《卫剌王直传》的"转"字，说明宇文直是卸去雍州刺史的职位后，出任大司空的，而不是兼任大司空；从文中的"寻"字，可以知道其任雍州刺史时间不长。上引文献只是提到宇文直担任过雍州刺史，并没有叙述其在任期间的事迹。

四、宇文宪

宇文宪是宇文泰的第五子。武帝保定四年（公元564年）八月"戊子，以柱国齐公宪为雍州牧"④；武帝天和二年（公元567年）七月"壬子，以太傅、燕国公于谨为雍州牧"⑤。武帝天和三年（公元568年），"以宪为大司马，治小冢宰，雍州牧如故"⑥；根据以上三条文献得知，宇文宪在武帝保定四年和天和三年两次出任雍州

---

① 《周书》卷一一《晋荡公护传》，第168页。
② 《周书》卷五《武帝纪上》，第65页。
③ 《周书》卷一三《卫剌王直传》，第202页。
④ 《周书》卷五《武帝纪上》，第70页。
⑤ 《周书》卷五《武帝纪上》，第74页。
⑥ 《周书》卷一二《齐炀王宪传》，第188页。

刺史。其间的天和二年（公元567年）由于谨担任雍州刺史。但是天和三年，宇文宪任"雍州牧如故"，并且天和年间时于谨年事已高（于谨死于天和三年三月，即在其担任雍州刺史的八个月后），于谨在这时担任此职，应该是周武帝优待勋臣的一种手段。所以，天和二年于谨任雍州刺史仅仅是挂名，实际权力还是由宇文宪控制。武帝除去宇文护后，宇文宪也离任了雍州刺史的职位。

宇文宪作为雍州刺史，其主要政绩不是对雍州的治理，而是通过武力来保卫雍州以及进攻敌人。

> 及晋公护东伐，……宪与达奚武、王雄等军于邙山。自余诸军，各分守险要。齐兵数万，奋出军后，诸军恇骇，并各退散。……而雄为齐人所毙，三军震惧。宪亲自督励，众心乃安。①

以上这段文献记述了保定年间北齐与北周之间的战争。在这次战争中宇文宪表现卓越，通过自己的实际行动，为北周保存了战争的有生力量。宇文宪不仅在武功方面有所成就，在文治方面也获得过"雅相亲委，赏罚之际，皆得预焉"②的美誉。

五、宇文招

宇文招是宇文泰的第七子，建德三年（公元574年），"进爵为王，除雍州牧"③，《周书·武帝纪》中还有"三年春正月壬戌，朝群臣于露门。册柱国齐国公宪、卫国公直、赵国公招……并进爵为王"④的记叙。据此可以推测，宇文招在建德三年初开始任雍州刺史。宇文招是武帝除去权臣宇文护后任命的第一个雍州刺史。文献中没有涉及宇文招在任期间对雍州治理的内容，只是言及他在这里做过雍州刺史。在其担任雍州刺史后：

> 五月……丙子初断佛、道二教，经像悉毁，罢沙门、道士，并令还民。并禁诸淫祀，礼典所不载者，尽除之。⑤

> 四年，大军东讨，招为后三军总管。⑥

---

① 《周书》卷一二《齐炀王宪传》，第188页。
② 《周书》卷一二《齐炀王宪传》，第188页。
③ 《周书》卷一三《赵僭王招传》，第203页。
④ 《周书》卷五《武帝纪上》，第83页。
⑤ 《周书》卷五《武帝纪上》，第85页。
⑥ 《周书》卷一三《赵僭王招传》，第203页。

五年，又从高祖东伐，率步骑一万出华谷，攻齐汾州。及并州平，进位上柱国。东夏底定，又为行军总管，与齐王讨稽胡。招擒贼帅刘没铎，斩之，胡寇平。[①]

　　这一时期是周武帝大展宏图的阶段，宇文招作为雍州刺史，为武帝灭佛、伐齐等行动提供了源源不断的后勤保障，营造了一个稳定的后方，这在间接上支持了武帝的灭佛和伐齐。同时，宇文招还亲自参与伐齐战争。伐齐战争胜利以后，武帝按功犒赏，宇文招进位太师，而雍州刺史则由武帝的另一个弟弟宇文纯担任。

六、宇文纯

　　宇文纯是宇文泰的第九子。宣政元年（公元578年）二月"乙丑……陈王纯为雍州牧"[②]，到大象元年（公元579年）五月"以济南郡邑万户为陈。纯出就国。二年，朝京师。……遂害纯"[③]。

　　建德六年（公元577年）北周统一北方，于第二年"五月己丑，帝总戎北伐"[④]，然而武帝的突然病倒使北伐军事行动随之化为泡影。宇文纯就是在这个时期担任雍州刺史的，文献中对其任职也没有过多的记载。不过根据形势判断，其应和宇文招担任雍州刺史时期的情形有相似之处，都是为了建立一个稳定的后方，为军事行动提供强有力的物资保障，并加强对关中地区的控制。

七、窦炽

　　窦炽是北周时期的勋臣。在魏孝武帝西迁后，就跟随宇文泰南征北战，为西魏北周政权的稳定和安全立下了赫赫战功。窦炽在"宣政元年，兼雍州牧"[⑤]，不过《周书·武帝纪》和《周书·宣帝纪》中都没有记窦炽是何时兼任雍州牧的。这时的窦炽年事已高，又为北周四朝勋臣，此时担任雍州刺史可能是一种荣誉，并不处理实际政务。在文献中也没有关于他任职期间事迹的记载。

---

① 《周书》卷一三《赵僭王招传》，第203页。
② 《周书》卷六《武帝纪下》，第105—106页。
③ 《周书》卷一三《陈惑王纯传》，第204页。
④ 《周书》卷六《武帝纪下》，第106页。
⑤ 《周书》卷三〇《窦炽传》，第520页。

八、宇文贤

宇文贤是北周明帝之子,在大象初"进位上柱国、雍州牧、太师"①。大象是周静帝的年号,但是此时的静帝只有7岁,还是稚童,根本不懂得治理国家,大权被外戚杨坚控制。宇文贤被提升为雍州刺史,这不仅仅是为了优待旁支亲属,更重要的是,在这一动荡时期需要一个德高望重的人来稳定局势。宇文贤早在建德三年(公元574年)就晋爵为王,历任华州刺史、荆州总管等要职。虽然杨坚此时贵为相国,但由于对宇文赟的忌惮,他不敢轻举妄动,所以此时由毕王贤出任雍州刺史是再好不过的人选。毕王贤担任雍州刺史时间不长。宣帝去世以后不久,贤"虑隋文帝倾覆宗社,言颇泄漏,寻为所害"②,其雍州刺史的任期也随之结束。

九、杨雄

杨雄是隋文帝杨坚的族子。大象二年(公元580年)"高祖为丞相,雍州牧毕王贤谋作难,雄时为别驾,知其谋,以告高祖。贤伏诛,以功授上柱国,雍州牧"③。杨雄在任雍州刺史期间事迹不多,史书曾记"周宣帝葬,备诸王有变,令雄率六千骑送至陵所"④。是时,杨坚为了巩固自己的权力,大肆屠杀北周皇族和勋臣,毕王贤就以谋反的罪名被杀掉。杨坚在铲除这些皇亲勋臣之后,将其亲信安插在一些重要岗位。雍州牧一职十分重要,当然不容他人染指。毕王贤被杀后,杨坚就将杨雄安置为雍州刺史,把京城牢牢地控制在自己手中,为以后的禅让创造一个良好的政治环境。

在《北周地理志》中,王仲荦列出的北周雍州刺史还有杨惠,但笔者认为这里的杨惠和杨雄应该是同一个人。文献记载:

> 观德王雄,初名惠,高祖族子也。⑤

> 开皇元年二月甲子,……即皇帝位于临光殿。……上柱国、雍州牧、邗国公杨惠为左卫大将军。⑥

---

① 《周书》卷一三《毕剌王贤传》,第207页。
② 《周书》卷一三《毕剌王贤传》,第207页。
③ 《隋书》卷四三《观德王雄传》,第1216页。
④ 《隋书》卷四三《观德王雄传》,第1216页。
⑤ 《隋书》卷四三《观德王雄传》,第1215页。
⑥ 《隋书》卷一《高祖纪上》,第13页。

（杨雄）大象中，进爵邗国公，邑五千户。①

（杨雄）高祖受禅，除左卫将军，兼宗正卿。②

由以上几条文献，可以看出杨雄和杨惠都在北周静帝末年任职雍州刺史，还几乎同时被封为邗国公、左卫将军，并且《隋书·观德王雄传》还提到杨雄又名杨惠。那么我们可以断定杨雄和杨惠是同一个人。

纵观北周时期的雍州刺史，他们都是那个时代叱咤风云的人物，他们所拥有的皇亲或勋臣的身份，更是体现出了雍州的重要地位。雍州的最高行政长官雍州刺史，不仅仅是一州之长，也不仅仅是身份和权力的象征，更多的是体现了一种责任。雍州刺史的职责不仅仅是治理好雍州，更重要的是为国家的安定提供一个良好的物资基地，为国家进行的东征北伐提供一个安全而巩固的后方。以上这些雍州刺史可分为权臣或其心腹、忠心为国、无所作为和荣誉称号等四种类型。宇文护、宇文直、杨雄就属于第一种类型，他们为了自身或者小集团的利益，通过担任雍州刺史一职来控制朝廷，实现自己的目的；于谨、宇文宪、宇文招等则是忠心为国，在任期间努力维护北周统治集团的利益，为北周的稳定和开疆拓土付出大量心血；宇文纯和宇文贤在任期间，由于任期短暂，并没有什么大的作为；于谨和窦炽第二次出任雍州刺史则是一种荣誉称号，是国家优待勋臣，对他们功劳的一种认可。

需要说明的是，以上仅仅是北周时期雍州官员的一部分，京兆郡、长安县以及万年县治所也都在长安，其职官体系牵涉更多的官员。北周时期长安城的城市管理是依靠各级官员来共同努力的。

---

① 《隋书》卷四三《观德王雄传》，第1216页。
② 《隋书》卷四三《观德王雄传》，第1216页。

第七章 长安城的民族融合与文化交流

早在西汉末年至东汉初期，各少数民族已经内迁至关中地区，经东汉、三国，至西晋时，各民族已相当活跃，匈奴、鲜卑、乌桓、氐、羌等族不断内迁，形成"西北诸郡，皆为戎居，内及京兆、魏郡、弘农，往往有之"①的局面。至十六国时期，各少数民族纷纷南下，建立政权。北方十六国以后是鲜卑拓跋部建立的北魏，此后又分裂为东魏、北齐和西魏、北周。经过魏晋以来长期的民族流动和各族的广泛接触，加之北魏孝文帝进行的一系列改革，到北朝末期，北方各族达到了空前的融合。此时长安先后作为五个政权都城，不仅是民族大融合的主要熔炉，也是文化多元交融的基地，还是外来文化传入的主要孔道。民族融合与文化的互相交融，带来了文化的交流和发展，为隋唐时期文化的繁荣奠定了基础。

---

① 《资治通鉴》卷八一，晋武帝太康元年十月，第2575页。

第一节
东汉—北朝时期关中地区的民族融合

一、东汉—北朝时期关中地区的少数民族

早在西汉末年至东汉初年，少数民族已内迁至关中地区。魏晋时期活跃在北方的主要有匈奴、羯、氐、羌、鲜卑等少数民族。到十六国北朝时期，五胡纷纷建立政权，迁徙融合，活跃在历史的舞台上。东北主要有库莫奚、契丹、室韦、乌洛侯、豆莫娄、勿吉、地豆于等，北方有柔然、高车、突厥，西北有龟兹、于阗、乌孙、疏勒、鄯善、车师等，西南有氐、羌、吐谷浑等。这些少数民族之间、汉族与少数民族之间相互交往和融合。

魏晋南北朝时期，定都关中的政权均是由少数民族建立的，因此在关中地区除汉族以外，少数民族占相当大的比例，所谓"关中之人百余万口，率其少多，戎狄居半"①。这些戎狄主要是匈奴、羌和其他杂胡。前赵政权由内迁匈奴所建，城内除匈奴外，还有大量的汉族、鲜卑、氐、羌等民族，民族关系复杂。前赵期间几次大规模的徙民，成分主要为氐、羌。前秦政权由氐族建立，当时关中部族除汉人外，人数最多的是氐、羌，其次就是屠各。②前秦期间关中地区的大规模移民成分与前赵相似，也主要为氐、羌；从文献来看，亦有很多鲜卑人。③除此之外，关中地区还聚集了大量的西域人。后秦政权是由羌族建立，长安城内人口除大量汉人外，也多为氐族和羌族。

---

① 《晋书》卷五六《江统传》，第1533页。
② 马长寿：《碑铭所见前秦至隋初的关中部族》，广西师范大学出版社，2006年，第10页。
③ 《晋书》卷一一三《符坚载记上》载：建元六年（公元370年）灭前燕，自燕王慕容暐及其王公以下四万余户皆徙于长安，又"徙关东豪杰及诸杂夷十万户于关中，处乌丸杂类于冯翊、北地，丁零翟斌于新安"。《资治通鉴》卷一〇三，晋简文帝咸安元年正月条中记"秦王坚徙关东豪杰及杂夷十五万户于关中"，而不是《晋书》中记载的"十万户"。

各个少数民族政权大量地掠迁人口,促进了民族的迁徙与融合,北方少数民族逐渐汉化。这一时期的少数民族政权,基本上是各族统治者与汉族地主联合建立的政权,汉族世家大族多受到重用。北周宇文氏重用汉人,尤其是府兵制的推行,使汉族自耕农和关陇地区地方豪族的部曲成为军队的主体。内迁的少数民族不同程度地发展农业经济,社会生产水平逐渐接近汉族。鲜卑、匈奴、氐、羌等少数民族内迁以后,由于与汉族杂居,各族统治者又采取一些汉化和发展农业的措施,使得他们逐渐改变原来较为落后的社会状态,定居下来,与汉族共同构成封建制社会。同时,也由于各族杂居,经济文化交流,使得诸族语言差异逐渐消失,汉语逐渐成为北方民族的通用语言。自东汉起,关中的少数民族以氐、羌、匈奴为主出现于历史的舞台上,后各族逐渐融合,至隋唐就基本上消失。这些汉化的少数民族给汉族注入了新的活力,使之更生机勃勃,更富有创造力,同时还大大丰富了汉族的物质文化和精神文化。

需要指出的是,此时民族融合的一个表现是汉化和胡化往往交叉进行。内迁民族与汉族融合,内迁民族之间也相互融合。各族之间交叉融合的现象,促使各族在经济、政治、语言、习俗等方面发生变化。东汉至魏晋南北朝时期的长安城正是这种融合最核心的地区。

二、东汉—北朝时期关中地区的西域人

汉代张骞通西域以后,丝绸之路正式开通。汉代以后,自长安往西的道路,除原先的两条道路①外,还出现了由青海通向南疆的"青海道"②。北周明帝武成元年(公元559年),犍陀罗僧侣阇那崛多东来时,就是经由南疆和田至且末,再南穿阿尔金山,经由青海到达长安的。③

丝绸之路的开通与拓展,为关中地区和西域各国的政治、经济、军事、文化交往创造了良好的交通条件,对魏晋南北朝时期关中地区与西域的交往起到了巨大的推动作用。据《周书·异域传下》记载,与关中地区交往的西域国主要有高昌、鄯善、焉

---

① 汉代通往西域的道路主要有两条。一是由长安出发,北道经咸阳、礼泉、永寿、彬县、长武、泾川、平凉、固原沿祖厉河北上,在景泰东侧渡黄河后,经景泰、古浪、武威、永昌至张掖、敦煌。二是从长安出发,南道经咸阳、凤翔、陇县、天水、甘谷、武山、陇西、渭源、临洮到达张掖、敦煌。敦煌西有阳关、玉门关。由此西行,道又分南北两道。
② 青海道是指由今青海柴达木盆地北部边缘,直穿阿尔金山到达且末,进入南疆。
③ 〔唐〕道宣:《续高僧传》,见〔梁〕慧皎等:《高僧传合集》,上海古籍出版社,1991年,第6页。

耆、龟兹、于阗、嚈哒、粟特、安息、波斯等，史料中也多见西域各国使者前往长安的记载。

高昌国，属于车师前王的故地，汉在此设西域长史及戊己校尉，晋设高昌郡。北周明帝武成元年（公元559年），高昌国王遣使献方物；保定初，高昌又一次遣使来贡。

鄯善国自西汉经曹魏、西晋、前秦至北魏，皆遣使来朝。西魏大统八年（公元542年），其王兄鄯米率众内附长安。

焉耆国，原名焉支，初属匈奴，西汉神爵二年（公元前60年）属汉西域都护府，西汉末又属匈奴。东汉永元六年（公元94年），班超将其攻破，又内附。北魏时，焉耆一度属北魏。北周保定四年（公元564年），焉耆遣使者向长安献名马。

龟兹国，又称丘慈、邱兹、丘兹，西汉时隶属于匈奴。汉昭帝元凤四年（公元前77年），龟兹臣从于西汉。神爵二年（公元前60年），西汉王朝在龟兹东乌垒城设西域都护。王莽时，龟兹再次隶属于匈奴。东汉和帝永元三年（公元91年），龟兹降汉朝。曹魏时，龟兹遣使入贡。其后，龟兹先后属前凉、前秦、北凉，又向北魏、北周遣使朝献。北周保定元年（公元561年），其王遣使献方物。

于阗国是古西域佛教王国，东汉初为莎车所吞并。汉明帝永平十六年（公元73年），降服于汉。魏晋南北朝时期，于阗向中原王朝进贡。北魏时，于阗受吐谷浑、柔然的攻袭，国势渐衰。自佛教传入后，于阗因重佛法，逐渐成为大乘佛教的中心。魏晋至隋唐，于阗国一直是中原佛教的源泉之一，其国内寺塔僧尼甚众。北周建德三年（公元574年），其王遣使献名马。

嚈哒国，自北魏太安二年（公元456年）以后，遣使朝贡；北魏永熙元年（公元532年）以后，朝献遂绝；后至西魏大统十二年（公元546年），又遣使献其方物。西魏废帝二年（公元553年）、北周明帝二年（公元558年），接连遣使来献。

粟特国属于昭武九姓国。粟特人的特点是擅长经商，他们长期操纵着丝绸之路上的国际转贩贸易，在四周邻国的政治生活、东西文化交流中起到了重要作用。北周保定四年（公元564年），其王遣使献方物。考古人员在撒马尔罕以东60公里的片治肯特古城遗址中发现了北周保定元年（公元561年）所铸"布泉"铜钱，片治肯特是粟特人的故国，铜钱可能是胡商们带过去的。[①]

安息国，在葱岭之西，北与康居、西与波斯相接，是横贯亚洲大陆丝绸之路的必经

---

① 王小甫、范恩实、宁永娟编著：《古代中外文化交流史》，高等教育出版社，2006年，第98页。

之地，与中原王朝一直保持友好关系。北周天和二年（公元567年），其王遣使来献。

波斯国，大月氏之别种，其与关中地区时有交往。西魏废帝二年（公元553年），其王遣使来献方物，使者到访西魏都城长安。北周天和二年（公元567年），波斯还遣使朝贡。

随着丝绸之路的开通，东汉至北朝时期的关中地区与西域诸国保持着联系，长安城内也聚集了大量的西域人。"苻坚时四夷宾服，凑集关中。四方种人皆奇貌异色。晋人为之题目。谓胡人为侧鼻，东夷为广面、阔额，北狄为匡脚面，南蛮为肿蹄。方方以类名也。"①前秦见于史料记载的关中西域人主要有苻坚时的僧涉②、将军康盛③及西域僧人僧伽跋澄④、昙摩难提⑤、僧伽提婆⑥等，后三者均为罽宾人。前秦建元三年（公元367年）的《邓太尉祠碑》中有支胡、粟特的记载，支胡即月氏人，初居河西祁连、敦煌间，西汉前叶，部分月氏降汉人居安定郡。以上说明前秦时长安附近的昭武九姓已相当多。

后秦时期关中地区也有许多西域来华的僧人，如鸠摩罗什、昙摩流支、卑摩罗叉、佛陀耶舍、佛驮跋陀罗等。⑦鸠摩罗什为当时最出名的僧人，后秦弘始三年（公元401年）姚兴破后凉后，迎其入长安并为其辟译场。后秦弘始七年（公元405年），西域沙门昙摩流支入关，与鸠摩罗什共译经卷。卑摩罗叉，"先在龟兹，弘阐律藏，四方学者，竞往师之，鸠摩罗什时亦预焉"⑧，于后秦弘始八年（公元406年）到达长安。佛陀耶舍，姚兴时期，同鸠摩罗什在逍遥园⑨内共同译经。佛驮跋陀罗，迦维罗卫人，弘始十年（公元408年）入长安，后南下至东晋，在建康译成《华严经》。

北魏时，关中地区就有很多西域人，《南齐书·魏虏》载："北地人支酉，聚数千人，于长安城北西山起义。遣使告梁州刺史阴智伯。秦州人王度人起义应酉，攻获伪刺史刘藻。秦、雍间七州民皆响震，众至十万，各自保壁，……进至咸阳北浊

---

① 〔宋〕李昉等：《太平御览》卷三六三《人事部·形体》，中华书局，1960年，第1671b页。
② 《晋书》卷九五《僧涉传》，第2497页。
③ 《晋书》卷一一二《吕光载记》，第3054页。
④ 〔梁〕释僧祐：《出三藏记集》卷一五《僧伽跋澄传》，苏晋仁、萧錬子点校，中华书局，1995年，第522页。
⑤ 《出三藏记集》卷一三《昙摩难提传》，第523页。
⑥ 《出三藏记集》卷一三《僧伽提婆传》，第524页。
⑦ 《高僧传》卷二《译经下》，第45、61、63、65、69页。
⑧ 《高僧传》卷二《译经下》，第63页。
⑨ 关于逍遥园的位置，本书第072页已做详细论述。在此不再赘述。

谷。"①北地人支酉可拥众至十万，足见长安附近支胡之众；北周武帝更是立阿史那氏为皇后。后"西域诸国来媵，于是龟兹、疏勒、安国、康国之乐，大聚长安"②。在《北史·恩幸传》中还记录了西域的大量昭武九姓人，如康阿驮、康德汪、穆叔儿、曹僧奴、曹妙达、何海、何洪珍、何朱弱、何猥萨、史丑多、安吐根、安未弱、安马驹等。③

北周灭北齐后，又将居住在邺城的西域乐工迁徙至长安，如北齐乐人曹妙达、画家曹仲达，其后人曹保、曹善才、曹纲，也以琵琶著称当世，在唐长安活跃一时。④除此之外，也有许多胡人来华做官，如北周的中亚何国人何妥曾入隋为国子博士，终国子祭酒。⑤又有安万通，本西域安息人，其高祖于大魏初奉使入朝，安万通于唐初被授五品官，后卒于长安。⑥

2000年5月，考古人员在西安北郊炕底寨村发现北周安伽墓，据出土墓志载，安伽为昭武九姓之安国后裔，死于北周静帝大象元年（公元579年）。⑦继北周安伽墓之后，2003年夏，考古人员在西安北郊井上村发现了北周凉州萨保史君墓⑧。2004年4月，北周康业墓被发现，此墓在西安北郊未央路与北二环交会处东南，炕底寨村西北，西距北周长安城约3500米，南距北周安伽墓约150米，东距北周史君墓约2000米处。⑨这些都是西域昭武九姓人生活在关中地区的实物证据。

三、东汉—北朝时期的高句丽人和百济人

这一时期，朝鲜半岛分为三个国家：北边是高句丽，西边是百济，东边是新罗。三个国家或多或少地与当时的关中地区保持着经常性的往来。高句丽王、百济王曾多次受到南北政权的册封，派使节到中国多达198次。⑩

---

① 〔梁〕萧子显：《南齐书》卷五七《魏虏》，中华书局，1972年，第992页。
② 《旧唐书》卷二九《音乐志》，第1069页。
③ 陈海涛：《唐代之前民间中亚粟特人的入华》，载《史学月刊》2002年第4期，第121页。
④ 向达：《唐代长安与西域文明》，生活·读书·新知三联书店，1987年，第19页。
⑤ 《北史》卷八二《何妥传》，第2753页。
⑥ 贺梓城：《唐王朝与边疆民族和邻国的友好关系——唐墓志铭札记之一》，载《文博》1984年第1期，第59页。
⑦ 陕西省考古研究所：《西安北郊北周安伽墓发掘简报》，载《考古与文物》2000年第6期，第33页。
⑧ 尹夏清：《北周史君墓石墓门及其相关问题研究》，载《考古与文物》2006年第2期，第73页。
⑨ 西安市文物保护考古所：《西安北周康业墓发掘简报》，载《文物》2008年第6期，第14页。
⑩ 韩昇：《"魏伐百济"与南北朝时期东亚国际关系》，载《历史研究》1995年第3期，第43页。

高句丽，又称高丽。东汉时，高句丽分为消奴、绝奴、顺奴、灌奴、桂娄五部。汉武帝时，置玄菟郡，以高句丽为县。东汉建武八年（公元32年），高句丽遣使朝贡，此后一直与中原王朝保持友好关系。西魏大统十二年（公元546年），高句丽与西魏通好，遣使访问长安并贡献方物。周武帝建德六年（公元577年），高句丽又遣使到长安，周武帝册封其王汤为上开府仪同大将军、辽东王。

百济，又称南夫余。百济与中原王朝也一直保持着较好的关系。公元372年，百济就曾向东晋朝贡。周武帝建德六年（公元577年）及宣政元年（公元578年），先后有百济使者到长安访问并贡献方物。

第二节
东汉—北朝时期关中地区的文化交流

东汉至北朝时期的关中地区，虽然民族关系复杂，政治变迁迅速，局势动荡不安，但各民族之间的交往频繁，对外关系也较为广泛，各族之间及中外之间的政治、经济和思想文化交流有了进一步发展。东汉至北朝上承秦汉，下启隋唐，是一个开放的、传播与吸收并举的文化交流活跃时期，为以后隋唐时期的文化交流与发展打下了坚实的基础。

一、东汉—北朝时期关中地区外来的物质文化

经济贸易往来的发展以及西域诸国来长安的朝贡，使得西域的许多物品传入关中。见于史料记载的主要是西域的名马，《晋书·苻坚载记》载："坚以梁熙为持节、西中郎将、凉州刺史，领护西羌校尉，镇姑臧。……梁熙遣使西域，称扬坚之威德，并以缯彩赐诸国王，于是朝献者十有余国。大宛献天马千里驹，皆汗血、朱鬣、五色、凤膺、麟身，及诸珍异五百余种。坚曰：'吾思汉文之返千里马，咨嗟美咏。今所献马，其悉返之，庶克念前王，仿佛古人矣。'乃命群臣作《止马诗》而遣之，示无欲也。其下以为盛德之事，远同汉文，于是献诗者四百余人。"① "鄯善王、车师前部王来朝，大宛献汗血马，肃慎贡楛矢，天竺献火浣布，康

图 7-1 魏晋时期世家大族生活图漆盘

---

① 《晋书》卷一一三《苻坚载记上》，第 2898—2900 页。

居、于阗及海东诸国,凡六十有二王,皆遣使贡其方物。"①焉耆、于阗国都曾经向长安献名马,大批的西域名马运入长安,成为关中地区汉文化的一部分。

除马以外,其他物品没有具体记载,只是提到各国向长安贡献方物,这应当是西域各国出产的名物。汉代时,西域各国的毛织品、瓜果、蔬菜大量传入关中地区,还有生活日用品、特产等四方奇物传入,东汉至北朝时从西域传入关中的物品也应不外乎西域的地方名产、珍奇异物。

图7-2 新疆吐鲁番出土的东晋时期纸画

二、东汉—北朝时期关中地区的佛教文化

佛教文化在此时表现较为明显。西汉末年,已有一些佛教教义传入长安,当时其作为一种新的外来思想,虽已进入中国传统思想文化体系,但影响还不是很大。到东汉至北朝时期,佛教在关中地区得到很好的发展,佛、道、儒三教既相互交融又相互竞争的局面形成。北方民族纷纷信仰佛教,前赵、后赵、前秦、后秦统治者皆崇信佛教,几乎把佛教当作国教来对待,长安乃至关中成为全国主要的佛经传译基地。前秦的僧侣道安

---

① 《晋书》卷一一三《苻坚载记上》,第2904页。

受佛图澄之法，在苻坚支持下开译场于长安，"请外国沙门僧伽提婆、昙摩难提及僧伽跋澄等，译出众经百余万言"[①]。后秦时期崇佛译经之风达到高潮，姚兴礼鸠摩罗什为国师，在关中地区设立大规模译场。至此，关中地区成为佛教入华及传播南北的交汇中心，四方僧人云集长安。西魏、北周亦是崇信佛教，北周境内寺院分布广泛。唐法琳的《辩证论》卷三《十代奉佛篇》称北周有佛寺共931所，《高僧传》中所见有周僧行止者共44所，长安有17所。[②]长安城内发现北周时期的众多石佛造像[③]也是当时奉行佛

图 7-3　北周释迦牟尼造像
（西安碑林博物馆藏）

教的例证。大量佛经的翻译，促进了中国佛教的发展。佛教的传入，不仅影响了当时人的思想观念，还为隋唐佛教的发展奠定了基础。

随着佛教的流传与兴盛，狮子和佛塔也传入了关中地区。狮子是丝绸之路开通后，西域献给汉室的贡品。狮子在佛教中是神的化身，随着佛教传入中国，狮子的花纹图案造型也反映在各种器物上。后经过发展，狮子成为中国传统文化艺术的一部分。佛塔是用来埋葬佛教徒骨灰的。印度佛塔传入中国以后，其形式和作用逐渐发生变化：塔和庙开始结合，成为佛教象征；后来则慢慢脱离关系，成为一种园林建筑。鸠摩罗什在后秦讲经译经所居的逍遥园，就是一座园林馆阁式的佛教名刹。

三、东汉—北朝时期各民族融合下的关中地区文化

少数民族汉化的过程同样伴随着汉族胡化的过程，各族之间的民俗民风在冲突中交互影响，融合成了新的大众文化，大大丰富了汉族的物质文化和精神文化。

关中地区的汉族人民在古代习惯于席地而坐，因而有所谓坐床之设，而且形成了一套以坐床的高低位置区分尊卑贵贱的礼制与惯例。"五胡"内迁以后，他们使用的"胡

---

① 《高僧传》卷五《晋长安五级寺释道安传》，第184—185页。
② 雷依群：《北周史稿》，陕西人民教育出版社，1999年，第170页。
③ 西安市文物局：《西安北郊出土北周白石观音造像》，载《文物》1997年第11期，第78页；马咏钟：《西安北郊出土北周佛造像》，载《文博》1999年第1期，第71页。

床"（即游牧民族的折叠坐榻）也传入内地。它的使用促使高足家具的出现，改变了人们过去席地而坐的习惯。

在饮食方面，胡饼的制作食用，对汉族的饮食习惯产生很大影响，《齐民要术》已记载有胡饼、胡椒酒、胡饭、胡炮、胡羹、胡麻羹等等。在我国，汉代已有"胡饼"之称，但那时的胡饼多是一种汤水很多的煮饼，可能相当于今天的烩饼之类。而自魏晋南北朝后，游牧民族的饮食习惯濡染关中及长安，他们的烧烤之法被运用于面食，出现用火烤制的"胡饼"。

图 7-4　魏晋壁画（烧饼图）

图 7-5　魏晋壁画（烤肉图）

在民间艺术方面，西域及各族的雕塑、音乐、舞蹈等纷纷传入长安。这一时期的雕塑艺术，既继承了两汉的传统，又同时受到印度犍陀罗艺术的重大影响，形成了独特的风格。上文提到，北周灭北齐以后，邺城的西域乐人被掳入长安，带来了高昌乐、西凉乐、疏勒乐、安国乐、康国乐、天竺乐、高丽乐等，促进了长安音乐、舞蹈等艺术的发展。及至隋唐，歌舞杂有四方之乐，在此基础上形成了唐代乐舞的全盛局面。

在墓葬习俗方面，从咸阳十六国墓发掘的情况来看，出土器物反映出一定的少数民族文化内涵：男女侍俑的服饰不同于关中地区的服饰，带有少数民族的特色；甲骑具装俑、铠马，反映了北方军队和游牧文化的特点；北朝时期出土的陶俑中属于武士俑一类的，同十六国一样，多为胡人形象，而文官俑和男女侍俑则近似于汉族，显示出胡汉融合的特点。此外，北周胡族与汉族上层贵族墓葬形制、出土文物所表现出的一致性，与北周政治上的统一有关，但同时也表现出一种强烈的胡汉融合的现象。①

四、以魏太武帝灭佛为例的长安文化冲突

（一）魏太武帝灭佛

佛教自汉代传入中国以来一直受到皇权的支持，逐渐发展成为一股不可忽视的势力。南北朝时期，随着佛教势力的壮大，宗教神权与世俗权力产生了尖锐的矛盾，愈演愈烈的斗争最终演化为血腥的灭佛。对于北魏太武帝灭佛这一事件，近百年来，前辈学者从不同角度、不同方面对灭佛的原因发表了看法。笔者在阅读文献及前人研究成果之后，认为魏太武帝灭佛主要是为了维护北魏政权在关中地区的统治，进而巩固对北魏王朝西南边疆的控制。

据文献记载，北魏太武帝太平真君七年（公元446年），魏太武帝巡狩长安，主持剿灭盖吴起义。二月的某一天，其侍从在长安一所寺院的麦丛中牧马时发现寺院藏有大量的弓箭、长矛和盾牌等军械。侍从向太武帝禀报，太武帝听后大怒，下令"有司案诛一寺，阅其财产"②。在查处的过程中又发现了一些其他的违禁物品，比如酿酒的器具、淫室、官员富人寄藏在寺院中的大量财产等。魏太武帝得知以后更加愤怒，"诏诛长安沙门，焚破佛像，敕留台下四方，令一依长安行事"，又诏曰："彼沙门者，假西戎虚诞，妄生妖孽，非所以一齐政化，布淳德于天下也。自王公已下，有私养沙门者，

---

① 咸阳市文物考古研究所编著：《咸阳十六国墓》，文物出版社，2006年，第132—133页。
② 《魏书》卷一一四《释老志》，第3034页。

皆送官曹，不得隐匿。限今年二月十五日，过期不出，沙门身死，容止者诛一门。"① 这就是中国历史上著名的魏太武帝灭佛事件，也为后代历次的灭佛开了先河。

（二）巩固北魏政权在关中地区的统治是灭佛的主要原因

魏太武帝灭佛的原因是复杂的，但是是有主次的，有经济原因，有宗教之间的斗争原因，有佛教僧侣参与谋反的原因。

1. 巩固关中政治统治为灭佛的主要原因

为什么说其他各种原因不是主要原因呢？首先回到文献资料对于这件事的记载，《魏书·释老志》记载：

图7-6 北魏双龛造像
（西安碑林博物馆藏）

会盖吴反杏城，关中骚动，帝乃西伐，至于长安。先是，长安沙门种麦寺内，御驺牧马于麦中，帝入观马。沙门饮从官酒，从官入其便室，见大有弓矢矛盾，出以奏闻。帝怒曰："此非沙门所用，当与盖吴通谋，规害人耳！"命有司案诛一寺，阅其财产，大得酿酒具及州郡牧守富人所寄藏物，盖以万计。又为屈室，与贵室女私行淫乱。帝既忿沙门非法，浩时从行，因进其说。诏诛长安沙门，焚破佛像，敕留台下四方，令一依长安行事。又诏曰："彼沙门者，假西戎虚诞，妄生妖孽，非所以一齐政化，布淳德于天下也。自王公已下，有私养沙门者，皆送官曹，不得隐匿。限今年二月十五日，过期不出，沙门身死，容止者诛一门。"②

《资治通鉴·宋纪六》关于太武帝灭佛的诏书这样记载的：

命有司按诛阖寺沙门，阅其财产，……。诏曰："……自今已后，敢有事胡神及造形像泥人、铜人者门诛。有非常之人，然后能行非常之事，非朕孰能

---

① 《魏书》卷一一四《释老志》，第3034页。
② 《魏书》卷一一四《释老志》，第3033—3034页。

去此历代之伪物！有司宣告征镇诸军、刺史，诸有浮图形像及胡经，皆击破焚烧，沙门无少长悉坑之！"①

而《北史·世祖太武帝纪》记载则比较简略：

三月，诏诸州坑沙门，毁诸佛像。②

通过史料解读可知，魏太武帝是要杀这些僧人，而不是要求他们还俗，参加生产及服役。张箭在论述北魏时全国人口和佛教人口时提到，在太武帝灭佛之前北魏的僧尼大约有五万人，而当时北魏辖区内的总人口是两千多万。③也就是说僧侣在全国人口中占的比例是很小的，并且佛教在此时势力还相对弱小，没有占有大量的人口和财富等资源，所以朝廷和佛教争夺劳动力、耕地、赋役、财富这些矛盾应该不是灭佛的主要原因。

佛、道宗教斗争是灭佛的一个因素，但笔者认为其也不是主要原因。因为北魏道教的领导人物寇谦之与佛教有着千丝万缕的联系，并且在这次灭佛事件中，"浩因说帝悉诛天下沙门，毁诸经像，帝从之。寇谦之与浩固争，浩不从。先尽诛长安沙门，焚毁经像，并敕留台下四方，令一用长安法"④。就上述文字看来，寇谦之是反对灭佛的，至少是反对杀尽天下沙门的。向燕南在《北魏太武灭佛原因考辨》一文中也认为寇谦之是反对灭佛的，并且在文中转述陈寅恪关于

图7-7 北魏皇兴造像
（西安碑林博物馆藏）

---

① 《资治通鉴》卷一二四，宋文帝元嘉二十三年二月，第3923页。
② 《北史》卷二《世祖太武帝纪》，第58页。
③ 张箭：《论北魏灭佛之特点》，载《徐州师范大学学报》（哲学社会科学版）2008年第5期，第77页。
④ 《资治通鉴》卷一二四，宋文帝元嘉二十三年二月，第3923页。

寇谦之与佛教关系的论述，也证明了寇谦之与佛教有着千丝万缕的关联。

关于佛教僧侣参加谋反这种说法，在正史中没有记载，加之文献的缺乏，我们也没有找到僧侣参加起义的证据，但是这也不足以要灭天下之佛。

2. 为什么认为巩固在关中的统治是灭佛的主要原因

为什么认为巩固在关中的统治是灭佛的主要原因？笔者从以下几个方面来进行回答。

（1）魏太武帝灭佛的背景

魏太武帝灭佛这件事发生的时间是太平真君七年（公元446年），《魏书·世祖纪下》载："（太平真君六年）九月，卢水胡盖吴聚众反于杏城①。冬十月戊子，长安镇副将元纥率众讨之，为吴所杀。吴党遂盛，民皆渡渭奔南山。……吴又遣兵西掠至长安，……河东蜀薛永宗聚党盗官马数千匹，驱三千余人入汾曲，西通盖吴。"由以上文献记载可知，太平真君六年（公元445年）在今陕西境内发生大规模暴乱，且邻近的山西境内有氐人响应，北魏太武帝临幸长安的主要原因是镇压盖吴起义。北魏前期的战争一直没有断过，有掠夺其他民族的战争，有抵御其他民族的战争，当然还有扩张领土民族征服的战争。然而从太武帝太延四年（公元438年）到太平真君七年（公元446年）这一段时间内，战争不仅特别频繁，而且还有并发的现象。其间北魏经历了太延四年（公元438年）的北伐（四年七月至五年三月）、太延五年（公元439年）讨沮渠牧犍的战争（五年六月至十月）、太延五年（公元439年）抵御蠕蠕的战争（五年九月）、太延五年（公元439年）讨伐秃发保周的战争（五年十一月至六年九月）、太平真君二年（公元441年）进攻酒泉的战争、太平真君三年至四年（公元442—443年）进攻刘义隆的战争、太平真君四年至五年（公元443—444年）北伐蠕蠕的战争等一系列战争，这还不包括不时的背叛和归附所引起的小规模的冲突，以及一些内部的动荡事件。也就是说此时的北魏政权处在一个多事之秋，虽然北魏兵锋所指，如汤沃雪，但是这也显示了北魏统治的不稳定，尤其是其新占领地区的局势动荡。在一段时间内，大部分战争就是在关中及其周边进行的，也就是说关中地区的稳定亟待加强。就在这次魏太武帝西征后不久，关陇地区又先后爆发了金城边周、天水梁会、略阳王元达和安宝卢水胡刘超等反魏起义，当时的北魏周边形势更加深了北魏统治者的不安。关陇地区旧为秦夏之地，当时其西邻南附刘宋的杨文德政权，南与宋地接壤，一直是

---

① 张箭认为杏城在今天的陕西黄陵县西南。参见张箭：《论导致北魏灭佛的直接原因暨罪证》，载《西南民族学院学报》（哲学社会科学版）2000年第12期，第96—101页。

多事之域。从太平真君五年七月到盖吴起义之前,这里就爆发有沮渠秉和郝温两次骚乱。在盖吴起义中,盖吴集团曾与南朝的宋取得联系,试图夹攻北魏,并且刘宋政权也给予了声援。严峻的形势促使太武帝出重拳平息叛乱,安定社会的动荡。由于此时鲜卑贵族刚刚开始汉化,仍然没有摆脱马上打天下马上治的思维,所以就出现了血腥屠杀的极端行为。最明显的例子就是之前镇压响应盖吴起义的薛永宗起义,文献记载:"禽薛永宗,斩之。其男女无少长皆赴水死。"①薛永宗部丁壮大多战死,剩下的男女少长并非战败后绝望赴水自杀,而应是被俘后被武帝下令处死(时武帝在前线军中)。可见,对造反叛乱者严厉镇压是太武帝的一贯做法。

(2)北魏沙门的不安定因素

魏晋南北朝时期佛教发展进入一个新高潮,佛教僧侣通过各种手段来宣传佛教,极力扩大佛教的影响。为了维护统治,统治者也积极利用佛教能够麻痹人民的一面而信仰和推崇佛教。但是无论皇帝表现得多么虔诚,他们对信仰只有一个要求,那就是"为我所用"。只要是信仰威胁到了皇权,那么皇帝们就会撕下伪善的面具,毫不留情地举起手中的屠刀大开杀戒,极力摧残。北魏时期对待佛教即是如此。拓跋氏对佛教的态度最开始是支持的,最明显的例子就是云冈石窟的开凿、北魏永宁寺的修建以及多个太后皈依佛门等等。但是随着沙门势力的壮大,沙门已成为一种新的不安定的成分。据《续高僧传》记载,太延五年,太武帝亲征北凉,攻下了凉州城。在进攻北凉的过程中,有约三千的僧人参加了北凉城池的防守。城破后,这些僧人原先是要被斩首的,经过宠信寇谦之的太武帝弟弟赤坚王的求情才得以赦免。太武帝将这些僧人"散配役徒,唯朗等数僧,别付帐下。及魏军东还,朗与同学,中路公叛"。如果说这些僧人在守城时有可能是被逼的②,那么在已经被宽恕以后再次叛逃则表明了他们与北魏的不合作甚至敌对的态度。在北魏政权管辖的区域内也有少数的师巫、沙门挟图谶之书反魏。《续高僧传》云:"魏氏之王天下,每疑沙门为贼,收数百僧,互系缚之……(魏)帝禁图谶尤急,所在搜访。有人诬达有之,乃收付荥阳狱。"③由于魏太武帝对佛教的态度愈来愈严厉,佛教僧侣们反抗的意识便愈来愈强,可能有些僧人趁盖吴起义与起义军串通,进行了一些不法的活动。当然我们需要指明的一点是,这并不是说所有的佛教僧侣都是反对

---

① 《北史》卷二《世祖太武帝纪》,第58页。
② 塚本善隆认为:这些僧人是自愿参加北凉抵抗北魏战争的。参见[日]塚本善隆:《北魏太武帝的废佛毁释》,见[日]塚本善隆:《塚本善隆著作集》第2卷《北朝佛教史研究》,大东出版社,1974年,第7页。
③ 《续高僧传》,第321页。

图 7-8　北魏景明四面造像
（西安碑林博物馆藏）

北魏政权的。北魏政权的僧侣主要集中在关中地区，尤其是长安城，因此，北魏统治者为保长安安定，关中稳固，必然会对佛教徒进行更加严厉的打击。

（3）盖吴起义的牵连

公元445年，北魏发生了自建国以来最大的起义——盖吴起义。《魏书》记载："九月，卢水胡盖吴聚众反于杏城。冬十月戊子，长安镇副将元纥率众讨之，为吴所杀。吴党遂盛，民皆渡渭奔南山。……吴又遣兵西掠至长安，……河东蜀薛永宗聚党盗官马数千匹，驱三千余人入汾曲，西通盖吴。"① 由上可知，这次起义的规模是相当大的。在镇压的过程中也出现了一些曲折，最开始派去镇压的大将元纥战败被起义军杀掉。后魏太武帝亲征，也仅仅是将其击溃，没有彻底消灭，此后不久盖吴起义军又卷土重来。我们都知道北魏最大的敌人是位于北魏更北边的柔然部族，曾经有人认为北魏迁都洛阳的一个重要原因就是使都城远离柔然部落。但是为了镇压盖吴起义，北魏政权不

---

① 《魏书》卷四下《世祖纪下》，第99页。

惜动用北边的边防部队，《魏书》载太武帝一面部署各军分道南行，一面亲提大军前往镇压，同时又发"定、冀、相三州兵二万人屯长安南山诸谷"①，"发司、幽、定、冀四州十万人筑畿上塞围，起土谷，西至于河，广袤皆千里"②。北魏直接间接用于进攻、围困、防范盖吴军的军队和人员达二十多万。其中直接进剿的"北道诸军"就有十万，占北魏军队总量的一大部分。盖吴起义的复杂性和难以剿灭令太武帝恼怒异常，偏偏此时在长安的一所大寺院发现大量的违禁物品，并且在这些违禁物品中又有大量的军械及财物。这严重地刺激了魏太武帝的神经，他的第一反应就是佛教僧侣与盖吴起义军串通谋反，至少有这个嫌疑。再加之魏太武帝以往对佛教的不满和崔浩等人的劝说，于是就发生了魏太武帝灭佛事件。至于佛教僧侣是否真的参与起义，史料缺乏，众说纷纭。笔者认为其参加的可能性是比较小的。首先，在传统社会，佛教一直有练武强身的传统，那么藏有武器并非一定是参与起义。其次，当时处于一个动荡时期，关中的社会状况更是糟糕透顶，人心惶惶，藏有武器防备不测是必然的。再说，中国传统社会写历史一直有替圣人讳、替尊者讳的传统，魏太武帝灭佛是十分血腥的，造成的影响对后人来说是比较恶劣的。如果僧侣真的参加起义的话，按照写史的习惯是应该详细说明的，或者该大书特书的而不是一笔带过、含糊不清。总之，由于盖吴起义的缘故，长安寺院藏有大量军械等违禁物品给魏太武帝灭佛提供了口实，给佛教带来了血光之灾。

（4）当时社会上谶纬思潮的推波助澜

从东汉开始，谶纬之学就盛行于社会的各个角落。不但社会底层的平民百姓痴迷其中，就连皇族也一样坚信不疑。谶纬之学从一开始是为维护统治而兴盛的，当它威胁到统治地位的时候，被绞杀是必然的。《资治通鉴·宋纪六》记："（公元442年）春，正月，甲申，魏主备法驾，诣道坛受符箓，旗帜尽青。自是每帝即位皆受箓。"此时的谶纬之学只不过是皇帝们为了表明其是正统的一种手段。然而到了后来，因佛、道地位的变化，谶纬就有了各种版本以及各种方士的出现。也就是说，佛、道的谶纬走上了不同的路子，而不是共同维护皇权。盖吴起义前社会中曾经流传着一种传言"灭魏者吴"。在那个谶纬思想泛滥的时代，皇帝对这样的一种说法深恶痛绝、百般防范。佛教传入中国以后，极力扩大自己的影响，由于当时社会上谶纬之学的泛滥，西域以及天竺的僧侣大多就是通过谶纬、方术等方式赢得皇族的信任。也就是

---

① 《魏书》卷四下《世祖纪下》，第101页。
② 《魏书》卷四下《世祖纪下》，第101页。

说，谶纬是佛教传播并扩大影响的一个重要手段。当时掌握谶纬的主要是佛教僧侣和道教术士。从魏太武帝的年号"太平真君"和国师寇谦之可以看出，在其时道教的发展是受到国家支持的。既然传出了不利于国家统治的谶纬之词，由于道教徒是拥护国家统治的，所以佛教僧侣首先是皇帝怀疑和打压的对象。再加上某些僧侣挟谶不法，更加深了魏太武帝对佛教的厌恶之情。佛教僧侣通过谶纬之术使佛教快速传播，也因为谶纬而被大肆屠杀。

综上所述，笔者认为魏太武帝灭佛是在谶纬思想严重的时代产生的一种为了维护自身统治的极端行为，同时也是魏太武帝为稳定关中地区的统治秩序而实行的一次大规模的思想整顿运动。他想达到完全控制社会舆论的理想境界和实现杀一儆百的效果，禁止一切不合乎社会主流的言论以及危害统治的话语。对于佛教等其他宗教来说，他们崇拜的神灵才是他们的最高管理者。而这时期的皇权还没有强大到像明清那样的地步，以至其在面对众多的神权时还不是那么得心应手，在对于神权的利用方面也不是那么信手拈来。一次偶然的机会使皇权有了对付神权的借口，所以就引发了这次灭佛运动。关中地区一直是佛教的中心，并且位于北魏新征服的地区（北魏在公元430年彻底消灭了大夏政权后夺得的关中地区），远离统治的中心平城，又是防御西部进攻和南部进攻的大后方，战略位置对于北魏政权来说十分重要，所以加强对这一地区的控制是北魏统治者的当务之急。巩固统治有多种方式，但是对于刚开始汉化不久的鲜卑贵族来说，一切方式都抛之脑后，采取自己民族最原始的、最熟悉的方式，那就是屠杀，大量的杀戮，以达到杀一儆百的效果，由此便产生了这一次血腥的灭佛事件。

第八章 东汉—北朝时期长安城演变的历史过程和特点

东汉—北朝上承大一统的秦汉，下启开明开放的隋唐，是中国历史上政权多变、内乱迭兴的时代。皇权衰弱，门阀士族急剧扩张，北方游牧民族袭扰，南北政权分裂，中国的地理疆域被一次次地重新划分；战祸频仍，北方民众南迁，塞外胡族入主中原，融入华夏大家庭，为中华民族注入新的活力。

在东汉—北朝的分裂与动荡中，关中地区屡经战火的洗礼，长安城在战火中一次次被破坏；新的政权稳定之后，又开始恢复和营建。长安城在破坏中顽强恢复，在继承中艰难发展，东汉—北朝时期的长安城以其特有的风貌呈现于历史的长河中。

第一节
东汉—北朝时期长安城城市建筑的继承和发展

自从西汉灭亡之后，国家的都城就迁离了长安。东汉、三国、西晋至十六国南北朝时期，长安城或为国家的陪都，或为地方的重镇，或在南北朝时期成为割据政权的都城。东汉—北朝的关中地区在不同的历史时期有不同的特点，这些特点集中体现在作为国家重镇或者都城的长安城上。

一、东汉—北朝时期对汉长安城的继承

东汉—北朝时期，长安城时而为国家的地方重镇，时而为国家的京畿所在。当其为京畿时期，在地理位置来看，东汉—北朝时期，长安城仍然位于西汉长安城的原址（在今陕西西安市西北）。从宏观上看，长安城处于关中盆地的中部，西北有萧关，北有金锁关，东南有武关，东有函谷关、潼关，西有大散关或陇关，各个关隘地势险要，使得关中地区具有很好的防御优势；从微观上看，长安城处于龙首原北坡，紧邻渭水的冲积平原上，地势较为平坦，便于城市居民用水，并且南靠龙首原，北依渭河也有益于都城的城市防守。

从文献记载看，东汉—北朝时期的长安城继续使用西汉长安城的城墙、城门和一些主要宫殿及设施，只是进行了一些必要的修缮和补建。但三国魏晋以来，长安城屡经战火，很多城市建筑破坏严重，失去了修葺的意义，再加上乱世时期长安城的人口规模、官僚机构的设置等均远远低于西汉时期，因此在东汉—北朝时期长安城应该是局部使用的，而不是全部在运转。

从礼制建筑上来说，西汉时期的长安城有一套完整的礼制建筑，分布于城内和四郊，尤以城市南郊最为集中。到了东汉—北朝时期，长安城也建有太庙、宗庙、社稷、

南北郊、太学、灵台等一系列礼制建筑，只是位置有所改变，现在不能确指。

从环境上来说，东汉—北朝时期，长安城的周边环境与西汉时期相比变化不大，都有水量较为充盈的浐、灞、沣、泾、渭等八条围绕长安的河流，时人利用天然水源修建湖泊陂池，美化城市；东汉—北朝时期，尤其是北魏时期对昆明池进行了修缮，且周围植物繁茂，生态良好；时人采取宫苑结合的方式，在长安城周边建有不少苑囿，既美化城市周边的环境，又为帝王提供极佳的娱乐场所。

从都城墓葬来看，东汉—北朝时期的皇室和贵族的墓葬也多分布于渭河以北的咸阳原上，与西汉时期基本一致，只是此时期墓葬分布于汉帝陵以北地区。

二、东汉—北朝时期长安城的发展

从名称变化来看，首先，宫殿方面，东汉—北朝时期的长安城虽然利用了西汉长安城的未央宫和长乐宫等宫殿，但是宫殿的名称时有变化，呈现出一定的阶段性特点，未央宫、长乐宫一般习称为西宫、东宫，亦有小城、子城、皇城的称呼[①]，前殿此时多称为太极前殿；其次，城门也多有变化，如宣平门改为青门、洛城门称平朔门、厨城门称朝门、覆盎门称杜门、安门称鼎路门等。

从新建城市建筑来看，此时期有新建宫殿，如前赵时期的光世殿、紫光殿，[②]前秦时期的西殿、明光殿、听讼观、西堂、东苑、徽音堂等，[③]后秦时期的东华门、平朔门、灵台、杜门、朝门、文武苑，[④]东宫、东堂、西厩、明堂、露堂、西堂、社稷、永安宫、律学、咨议堂、西宫、逍遥园、黄龙门、波若台、南台、武库、朝堂，[⑤]北周明帝时的乾安殿、延寿殿、正武殿、紫极殿、重阳阁、芳林园、麟趾殿，武帝时的太武殿、大德殿、崇信殿、云阳宫、会义殿、含仁殿、云和殿、思齐殿等，宣帝时的正阳

---

① 史念海等认为"十六国时期和南北朝后期，长安城中的小城、子城和皇城，前后名称虽不尽一律，却都应未离开未央宫的范围"（参见史念海、史先智：《论十六国和南北朝时期长安城中的小城、子城和皇城》，载《中国历史地理论丛》1997年第1辑，第12页）；而考古学者认为"东西两个小城应是自前赵以来，经前后秦、北朝直到隋初长安城的东西宫城遗址，东宫为太子宫，西宫为皇宫"（参见中国社会科学院考古研究所汉长安城工作队：《西安市十六国至北朝时期长安城宫城遗址的钻探与试掘》，载《考古》2008年第9期，第34页）。
② 《晋书》卷一〇三《刘曜载记》，第2685页。
③ 《长安志》卷五《宫室三》，第224—225页。
④ 《长安志》注文中记"以上自东华至文武苑，皆后秦姚兴父子所置"，然而《晋书·苻健载记》中记"起灵台于杜门"，因此笔者认为在前秦时期灵台与杜门就已经存在。
⑤ 《长安志》卷五《宫室三》，第224—225页。

宫、天兴宫、咸阳宫，另外还有天德殿、崇义宫、连珠殿、云和楼等。[①]此外，前赵还在长乐宫东、未央宫西分别新建了太学和小学。

东汉—北朝时期，原中央官署遗址位置重新修建过其他的建筑设施。考古人员在长安城东北角[②]发现了两个东西小城遗址，遗址位于汉长安城东北部宣平门大街、洛城门大街与北城墙、东城墙围成的区域内，它就是这一时期利用汉长安城城墙建立的新的宫殿建筑。

从宫殿用途来看，长乐宫在汉初曾作为皇宫使用，未央宫建成后，一度成为太后之宫。但东汉—北朝时期，长乐宫主要作为太子宫使用。

从佛教寺庙建筑来看，东汉—北朝时期的长安城内建了许多佛寺建筑，这是汉长安城所不具有的。北周长安城内佛寺众多，据《辩证论·十代奉佛篇》记载，长安有安居寺、法王寺、酬德寺、褒义寺、至圣寺、妙像寺、安政寺、本起寺、乌丸寺、和鸡寺、尔绵寺、破多罗寺、意力勤寺、宁国寺等。[③]长安城内发现大量的北周佛造像、观音石像、菩萨造像等也是北周长安城内建有佛寺的实物资料。

综上所述，长安城在这一时期发生的变化主要体现在城市布局和城市建筑上。城市规模在原西汉长安城基础上呈现缩小的趋势，城市建筑多有废弃，仍在使用的多经过重新修葺，其名称和用途均有大的改变。此种改变与当时的政治、军事形势密切相关，也与长安城在当时的地位有一定的关联。

---

① 《长安志》卷五《宫室三》，第226—227页。
② 中国社会科学院考古研究所汉长安城工作队：《西安市十六国至北朝时期长安城宫城遗址的钻探与试掘》，载《考古》2008年第9期，第25页。
③ 《北周史稿》，第173页。

第二节
东汉—北朝时期长安城
与同时期其他都城比较

一、与北魏洛阳城的比较

在都城选址方面，两城都利用了旧有的都城宫殿，在原址基础上进行整修。洛阳城是在东汉、曹魏洛阳城的基础上进行了大规模整修，在城内北部略偏西的位置另建宫城，而长安城是在西汉长安的基础上局部利用，仅仅是将原来的宫殿进行修葺，没有进行大规模的新建。

在都城布局方面，洛阳城的北部为苑囿区，南部为宫殿区，东北为太仓，城南区为府、署的集中分布区，宫城位于全城的中心，是单一的宫城，废除了东洛阳南北二宫的分散式格局。长安城宫城位于城市的南部，分为东、西两宫。洛阳城与长安城一样都建有外郭城，只是洛阳城的外郭城建在内城之外，而长安城的外郭城建在宫城之外。洛阳城的"市"被设置于外郭城内，处于宫城以南，而长安城的"市"位于宫城以北。

在寺庙建筑方面，洛阳城和长安城一样，都城内修建了许多寺庙。洛阳城中著名的永宁寺就在铜锣街之西，而里、外城的佛寺达1367所。[1]

另外，洛阳城同长安城一样，城内都聚集了大量的外族人。洛阳城在伊、洛之间设四夷馆，长安城内置来宾馆。

---

[1] 马正林编著：《中国城市历史地理》，山东教育出版社，1998年，第193页。

二、与曹魏邺城，东魏、北齐邺南城的比较

在都城选址方面，邺城位于河北临漳县西南，北临漳河，南望平原；长安城北临渭河，南倚龙首原。

在都城布局方面，曹魏邺城共有11门，东西干道把全城分为两部分，北部为皇宫、禁苑和贵族居住区，南部为官衙和居民区，奉行单一宫城制，宫殿、官署、市场、居民区各划定一定区域，井然有序，比长安城的布局规整得多；宫殿北移，有明显的中轴线，为城市的对称布局树立了样板。东魏、北齐邺南城紧附于曹魏邺城之南，有13个城门，包括三南门、东西各四门、二北门；有明显的中轴线，全城里坊、市场完全对称布局，十分整齐。邺南城开创了中国都城整齐划一布局的新规制，隋唐长安城和元明清的北京城的布局特点都源于邺南城。

三、与北魏平城的比较

平城是北魏早期的都城，在北魏王朝的发展史上占据重要地位，闻名历史的魏太武帝拓跋焘就是在此发号施令、消灭大夏、直至统一北方的。平城是东汉—北朝时期尤其是十六国北朝时期重要的都城之一。

在都城选址方面，东汉—北朝时期的长安城基本上都是在修缮或者局部使用汉长安城的宫殿建筑，但是北魏早期的都城平城却不然。北魏天兴元年（公元398年），魏道武帝拓跋珪迁都平城，在此定国号、建宫室、立社稷，直至北魏孝文帝太和十七年（公元493年）迁都洛阳。在此近百年的时间内，六代帝王建设平城，并多次迁徙吏民、百工伎巧充实京师，根据现有文献记载，仅在北方地区向平城移民就多达十余次。据李凭统计，仅仅在北魏道武帝拓跋珪时期迁入平城及其周边人口就达150万余[①]，根据这一数据可知，平城很可能是当时北方人口最多的城市。

在都城布局方面，早在北魏建国之前，魏道武帝拓跋珪就对后燕邺城的营造深感叹服[②]，故定都平城时就以中原城市为蓝本营建，"模邺、洛、长安之制"[③]，现有的

---

① 李凭：《北魏平城时代》，社会科学文献出版社，2000年，第353页。
② 据《魏书·太祖纪》记载："帝至邺，巡登台榭，遍览宫城，将有定都之意。乃置行台，以龙骧将军日南公和跋为尚书，与左丞贾彝率郎吏及兵五千人镇邺。"由此可见魏道武帝对邺城的城市建筑尤其是宫殿建筑十分推崇。
③ 《魏书》卷二三《莫含传》，第604页。

考古成果也印证了文献记载[①]，证实了平城是仿照中原城市制度修筑而成的。平城北面为宫城、南面为居里的布置，正是邺城的特点。[②]平城宫城设城门12座，宫城南侧兴建中城，两城相连，中城外又扩建了郭城。至孝文帝时期，经过不断扩建改制，形成了以太极殿、中阳门、端门等建筑为中轴线的宫城布局，宫城的主轴线与中城的中心轴线大道——都街重合。郭城内"分置市里"，使平城成为了遍置里坊格局的巨大都城[③]。由于平城吸取了邺城的建筑思想，因此平城城市布局要比长安城更整齐划一，这种城市布局特点不但影响到北魏的洛阳城，而且举世闻名的隋唐长安城亦受其建城风格影响。

[①] 曹臣明：《北魏平城布局初探》，见王银田等著：《北魏平城考古研究——公元五世纪中国都城的演变》，科学出版社，2017年。

[②] 傅熹年主编：《中国古代建筑史：三国、两晋、南北朝、隋唐、五代建筑》，中国建筑工业出版社，2009年，第84页。

[③] 王江：《北魏平城建筑遗址研究》，载《云冈研究》2021年第3期，第57页。

第三节
东汉—北朝时期长安城的特点及影响

东汉—北朝时期的长安城处于政权交替频繁的动乱年代，上接秦汉，下启隋唐，作为一个特殊历史时期的都城，具有自身的特点和地位，主要体现在：

（1）中枢位置。此时期其他都城的中枢位置基本位于城内北边，呈现出一种宫城北移的趋势。例如，曹魏时期的邺北城和东魏、北齐新筑的邺南城的宫城均位于城北的中部，曹魏、西晋、北魏的洛阳城宫城位于城北略偏西部，之后的隋唐长安城宫城亦在北边。而此时长安城由于一系列的原因，宫城仍然位于城南。

（2）"前朝后市"。此时期的邺城和洛阳城以及隋唐长安城的"市"位于宫城的南面，是一种"前市后朝"的布局，而此时期的长安城与汉长安城一样，"市"仍然位于宫城的北边，仍然是"前朝后市"的布局。

（3）"东、西二宫制"。此时期未央宫和长乐宫仍然作为主要的宫殿使用，多被称为西宫和东宫，原汉长安城内其他宫殿基本不被使用。此时期其他城市基本奉行单一宫城制。

（4）经济发展的阶段性。此时期立都长安的政权或王朝为时相当短促，有的前后并无联系，只是断断续续，呈现出若干的偶然性。除前秦、后秦、西魏、北周相继以长安为都城外，长安城经历了政权的频繁更迭和战争的破坏。而每个王朝或政权立都之时，统治者为了解决劳动力和兵源问题，都会强制性地迁徙和掠夺大量人口充实于都城；王朝败亡之时，人口又大量迁走。由于政权更迭频繁，统治中心不断转移，强迁人口也随之流动，规模大，民族成分复杂，又往往是大区域性调动。由于人口的变化往往与经济发展成正比，人口的不稳定性使得长安的经济呈现出波浪式的发展趋势。

（5）城市文化的开放融合性。东汉—北朝时期的"五胡"纷纷南下建立政权，为长安文化的发展注入新的活力,加之这一时期中西文化交流频繁,形成长安独特的文化发展态势。各少数民族杰出人物热衷于接受汉族先进文化,人们的思想也更为开放;佛教玄学化,儒、道、佛合流,这是在思想理论最高层次上表现出来的文化宽容精神;建都长安的各政权在政治制度、经济生活、风俗、语言、服饰、艺术等方面都是以汉族为主,对各少数民族文化和外来文化兼收并蓄,并向多元文化融合型发展,形成了特有的长安民间文化。

结语

东汉以后，长安城失去了作为国都的地位，但仍作为东汉西北重镇发挥着重要作用。东汉灭亡之后，中国历史进入了战乱频繁、社会急剧变革的时代。魏、蜀、吴三国相继建立，从此三足鼎立之势形成。曹魏权臣司马氏篡夺了曹魏政权，建立晋王朝，史称西晋。晋王朝消灭了与之相对峙的蜀汉和东吴政权，建立了大一统的国家。但是晋的统治者一开始就腐化堕落，社会矛盾加剧，先后爆发的"八王之乱"和"永嘉之乱"，耗尽了西晋王朝的最后一丝元气，西晋王朝灭亡。西晋皇族司马氏不甘失败，在南迁世家大族的支持下，在建康建立东晋王朝。此时北方各少数民族纷纷入主中原，先后建立政权，历史上称"十六国"。十六国后鲜卑拓跋部建立北魏，后分为东魏、北齐和西魏、北周。魏晋南北朝时期作为历史上十分特殊的时期，政权更替频繁，战争多于和平。频繁的战争扫荡着此时中国的北方大地，关中地区不但是汉族与西北其他少数民族接触的前沿，也是前赵、前秦、后秦、西魏、北周等政权的建都之地，因此长安城及其周边的战争较其他地区更为频繁，战争更加残酷惨烈。战争对长安城的破坏严重，然而就是在此种惨烈的战争环境中，在秦汉都城所在的关中平原，又孕育着下一个璀璨的时代——隋唐盛世。

相对于东汉的相对安定，频繁的战争、动荡的社会是魏晋南北朝时期总的社会特征，战争给长安城带来了巨大的伤害。在历次战争中，长安城扮演着不同的角色，最直接的角色就是战争的参与者，例如曹魏时期的潼关之战，刘裕北伐，东、西魏之间的沙苑之战、玉璧之战，等等。这些战争爆发在关中地区，长安城不仅要为这些战争提供必需的军械粮草，还要输送大量的兵源，但是不管何方取得胜利，都会给关中地区带来严重的灾难。

战争过后，获胜的一方往往会派遣重臣安抚驻守地方，作为地方重镇或者国家都城所在的关中地区更是受到国家重视。在王朝初建之时，派往关中地区的官员绝大多数是帝王的心腹或者直接是皇族成员，例如北魏在占领关中之后，相继派出元范、元石、元云、元澄、元苌等一大批皇族子弟驻守长安城，在派出皇族子弟的同时也派出重量级的武将担任长安镇将或者长安镇大将，例如奚斤等率军驻扎关中。到了王朝中期，中央政府派往关中地区的官员以良吏为主，例如在北魏时期，派出刘邈、李惠、张白泽、崔亮等。到了王朝后期，关中地区社会动荡，派往关中地区的官员又开始以帝王心腹或者权臣的心腹为主。而当关中地区的官员以权臣的心腹为主时，关中地区往往会成为权臣发动政变或者巩固其手中权力的政治资本，例如在曹魏末年，司马氏家族牢牢掌控在关中地区的军政大权，关中地区为其最终政变成功提供了不可缺少的人力、物力支持。由此可见，无论在任何朝代，也不论关中地区是否是国家的京畿所在，长安城及关中地区均在国家政权中占据重要地位，是各个政权政治活动运作的重要场所。

伴随着战事推进的不但有地方官员的频繁替换，还有长安城内外人口的大量流动。在中国传统社会，地方人口的多少关系到地方赋税收入，进而影响到地方政府在国家政权中的地位。各个政权将地方政府划分为不同的等级，这种等级的标准就是建立在地方人口及赋税的多寡之上的，因而人口的流动状况是关系到地方政府的政治地位的，在这方面关中地区也不例外。东汉—北朝时期，随着一波又一波战事，社会动荡不宁，人口大量流失。在这些流失的人口中，一部分是死于战乱，一部分是在战争期间四处逃亡，还有一部分是被胜利的一方所裹挟，被迫迁移到其他地区。战争过后，时局逐渐平静下来，关中地区又会慢慢聚起大量的人口。他们一部分是由新政权强制迁移到这一地区的，这里有汉人，也有其他民族，是混杂在一起的；另外一部分则是分散逃亡的人口，他们又自发迁移回来，回归故土开始新的生活。关中平原土地肥沃，时刻吸引着人们前来建立生活的家园。

战争结束之后重新汇聚的人口，呈现多民族混杂居的现象，这就是魏晋南北朝时期呈现的重要社会特征——民族之间的融合和民族文化的交流。关中平原不仅是中原王朝吸引和接纳西北少数民族的重要地区，还是多个政权建立的重镇或京畿地区，因此这种民族间的人员融合和文化交流现象尤为突出。随着战争一次次发生及一次次平息，长安城及关中地区人口的族别早已变得不那么单一，北方地区和西北域外地区的民族大批迁入黄河流域，在关中地区可以看到许多民族活跃的身影。他们有来自东北的库莫奚、契丹、室韦等族，有来自北方的柔然、高车、突厥等族，有西北的龟兹、于阗、乌孙、疏勒、鄯善、车师等族，还有西南的氐、羌、吐谷浑等族。这些少数民族与汉民族在长安城接触和交流，最终融合于中华民族的洪流巨川之中。在这民族融合和文化交流的过程中，不但有文明成分的相互吸引，也有文化差异之间的种种冲突，最为典型的事例就是佛教文化与世俗权力之间的斗争所引发的"灭法"行动，但在整个历史发展的潮流之中，民族融合和文化交流的内容一直占据主流位置。

总之，在经历了近四百年的分裂动荡之后，公元581年，中国再一次建立起大一统的国家形态——隋朝。隋朝的建立，标志着魏晋南北朝的彻底终结。长安城虽然早在北魏末年就开始成为割据政权的都城，但是直到隋朝建立之后，关中地区才再一次成为大一统国家的京畿，展现出历经苦难而砥砺出的璀璨光芒。

在东汉—北朝时期，关中地区一次次成为地方割据政权的都城所在，又一次次地丧失其京畿的地位，虽然不为都城的时间较长，但关中地区却一直作为国家重镇而存在着，且在国家的政治生活中依然占据着重要的地位。这一时期的长安历史，可称为"分裂与融合的时代"，它展示的是屈辱与璀璨的画卷，而纵观其政治地位的变化，又可以称为"波浪式前进、螺旋式上升"的历史过程。

参考文献

[1] 司马迁. 史记[M]. 北京：中华书局，1959.

[2] 何清谷. 三辅黄图校注[M]. 西安：三秦出版社，2006.

[3] 班固. 汉书[M]. 北京：中华书局，1962.

[4] 陈晓捷. 关中佚志辑注[M]. 西安：三秦出版社，2006.

[5] 赵岐，等. 三辅决录[M]. 张澍，辑. 陈晓捷，注. 西安：三秦出版社，2006.

[6] 周天游. 后汉纪校注[M]. 天津：天津古籍出版社，1987.

[7] 陈寿. 三国志[M]. 北京：中华书局，1982.

[8] 范晔. 后汉书[M]. 北京：中华书局，1965.

[9] 杨守敬，熊会贞. 水经注疏[M]. 南京：江苏古籍出版社，1989.

[10] 汤球. 十六国春秋辑补[M]. 济南：齐鲁书社，2000.

[11] 魏收. 魏书[M]. 北京：中华书局，1974.

[12] 沈约. 宋书[M]. 北京：中华书局，1974.

[13] 萧统. 昭明文选[M]. 北京：京华出版社，2000.

[14] 萧子显. 南齐书[M]. 北京：中华书局，1972.

[15] 释僧祐. 出三藏记集[M]. 苏晋仁，萧鍊子，点校. 北京：中华书局，1995.

[16] 释慧皎. 高僧传[M]. 北京：中华书局，1992.

[17] 李百药. 北齐书[M]. 北京：中华书局，1972.

[18] 姚思廉. 梁书[M]. 北京：中华书局，1973.

[19] 姚思廉. 陈书[M]. 北京：中华书局，1972.

[20] 房玄龄，等. 晋书[M]. 北京，中华书局，1974.

[21] 令狐德棻,等.周书[M].北京:中华书局,1971.

[22] 李延寿.南史[M].北京:中华书局,1975.

[23] 李延寿.北史[M].北京:中华书局,1974.

[24] 魏徵,令狐德棻.隋书[M].北京:中华书局,1973.

[25] 徐坚,等.初学记[M].北京:中华书局,1962.

[26] 李吉甫.元和郡县图志[M].北京:中华书局,1983.

[27] 道宣.续高僧传[M]//慧皎,等.高僧传合集.上海:上海古籍出版社,1991.

[28] 李林甫,等.唐六典[M].陈仲夫,点校.北京:中华书局,1992.

[29] 刘昫,等.旧唐书[M].北京:中华书局,1975.

[30] 司马光.资治通鉴[M].北京:中华书局,1956.

[31] 程大昌.雍录[M].黄永年,点校.北京:中华书局,2002.

[32] 宋敏求.长安志[M].辛德勇,郎洁,点校.西安:三秦出版社,2013.

[33] 李好文.长安志图[M].西安:三秦出版社,2013.

[34] 骆天骧.类编长安志[M].黄永年,点校.西安:三秦出版社,2006.

[35] 严可均.全上古三代秦汉三国六朝文[M].北京:中华书局,1965.

[36] 顾炎武.历代宅京记[M].北京:中华书局,1984.

[37] 赵翼.廿二史札记[M].董文武,译注.北京:中华书局,2008.

[38] 万斯同.三国汉季方镇年表[M]//《二十五史补编》委员会.三国志补编.北京:北京图书馆出版社,2005.

[39] 万斯同.魏方镇年表[M]//《二十五史补编》编委会.三国志补编.北京:北京图书馆出版社,2005.

[40] 吴廷燮.三国方镇年表[G]//徐蜀.魏晋南北朝正史订补文献汇编:第1册.北京:北京图书馆出版社,2004.

[41] 赵超.汉魏晋南北朝墓志汇编[G].天津:天津古籍出版社,1992.

[42] 何清谷.三辅黄图校释[M].北京:中华书局,2005.

[43] 逯钦立.先秦汉魏晋南北朝诗[M].北京:中华书局,1983.

[44]《二十五史补编》编委会.史记两汉书三史补编[M].北京:北京图书馆出版社,2005.

[45]《二十五史补编》编委会.三国志补编[M].北京:北京图书馆出版社,2005.

[46]《二十五史补编》编委会.两晋南北朝十史补编[M].北京:北京图书馆出版社,

2005.

[47] 汤用彤. 汉魏两晋南北朝佛教史[M]. 北京: 中华书局, 1955.

[48] 岑仲勉. 府兵制度研究[M]. 上海: 上海人民出版社, 1957.

[49] 傅乐成. 荆州与六朝政局[M]//傅乐成. 汉唐史论集. 台北: 联经出版事业公司, 1977.

[50] 马正林. 丰镐——长安——西安[M]. 西安: 陕西人民出版社, 1978.

[51] 王仲荦. 魏晋南北朝史[M]. 上海: 上海人民出版社, 2003.

[52] 王仲荦. 北周六典[M]. 北京: 中华书局, 1979.

[53] 谭其骧. 中国历史地图集[M]. 北京: 中国地图出版社, 1982.

[54] 陈寅恪. 隋唐制度渊源略论稿[M]. 上海: 上海古籍出版社, 1982.

[55] 黄盛璋. 关于《水经注》长安城附近复原的若干问题: 兼论《水经注》的研究方法[M]//黄盛璋. 历史地理论集. 北京: 人民出版社, 1982.

[56] 台湾"三军大学". 中国历代战争史[M]. 北京: 军事译文出版社, 1983.

[57] 马长寿. 氐与羌[M]. 上海: 上海人民出版社, 1984.

[58] 马长寿. 碑铭所见前秦至隋初的关中部族[M]. 北京: 中华书局, 1985.

[59] 陕西省文物管理委员会. 陕西名胜古迹[M]. 西安: 陕西人民出版社, 1986.

[60] 周振鹤. 西汉政区地理[M]. 北京: 人民出版社, 1987.

[61] 向达. 唐代长安与西域文明[M]. 北京: 生活·读书·新知三联书店, 1987.

[62] 胡志佳. 两晋时期西南地区与中央之关系[M]. 台北: 台湾商务印书馆股份有限公司, 1988.

[63] 周介铭. 中国政治地理[M]. 成都: 四川科学技术出版社, 1989.

[64] 吴松弟. 无所不在的伟力: 地理环境与中国政治[M]. 长春: 吉林教育出版社, 1989.

[65] 周振鹤. 体国经野之道: 新角度下的中国行政区划沿革史[M]. 香港: 中华书局(香港)有限公司, 1990.

[66] 王仲荦. 北周地理志[M]. 北京: 中华书局, 1980.

[67] 严耀中. 北魏前期政治制度[M]. 长春: 吉林教育出版社, 1990.

[68] 韩保全. 西安的名刹古寺[M]. 北京: 陕西人民出版社, 1990.

[69] 张纪仲. 山西历史政区地理[M]. 太原: 山西人民出版社, 1992.

[70] 陈桥驿. 中国六大古都[M]. 北京: 中国青年出版社, 1983.

[71] 田余庆. 秦汉魏晋史探微 [M]. 北京：中华书局，1993.

[72] 蒋福亚. 前秦史 [M]. 北京：北京师范学院出版社，1993.

[73] 叶聚森，王云度. 徐州与六朝政局 [M] //江苏省六朝史研究会. 六朝史论集. 合肥：黄山书社，1993.

[74] 陈仲安，王素. 汉唐职官制度研究 [M]. 北京：中华书局，1993.

[75] 张文强. 中国魏晋南北朝军事史 [M]. 北京：人民出版社，1994.

[76] 余太山. 两汉魏晋南北朝与西域关系史研究 [M]. 北京：中国社会科学出版社，1995.

[77] 中国社会科学院考古研究所. 汉长安城未央宫：1980—1989年考古发掘报告 [R]. 北京：中国大百科全书出版社，1996.

[78] 靳润成. 明朝总督巡抚辖区研究 [M]. 天津：天津古籍出版社，1996.

[79] 周一良. 魏晋南北朝史论集 [M]. 北京：北京大学出版社，1997.

[80] 朱大渭，张文强. 中国军事通史：第8卷 两晋南北朝军事史 [M]. 北京：军事科学出版社，1998.

[81] 朱大渭，刘驰，梁满仓，等. 魏晋南北朝社会生活史 [M]. 北京：中国社会科学出版社，1998.

[82] 高敏. 魏晋南北朝兵制研究 [M]. 郑州：大象出版社，1998.

[83] 史念海. 中国古都和文化 [M]. 北京：中华书局，1998.

[84] 马正林. 中国城市历史地理 [M]. 济南：山东教育出版社，1998.

[85] 叶骁军. 中国都城发展史 [M]. 西安：陕西人民出版社，1988.

[86] 李晓杰. 东汉政区地理 [M]. 济南：山东教育出版社，1999.

[87] 雷依群. 北周史稿 [M]. 西安：陕西人民教育出版社，1999.

[88] 刘庆柱. 古代都城与帝陵考古学研究 [M]. 北京：科学出版社，2000.

[89] 汪波. 魏晋北朝并州地区研究 [M]. 北京：人民出版社，2001.

[90] 葛剑雄. 中国人口史：第1卷 导论、先秦至南北朝时期 [M]. 上海：复旦大学出版社，2002.

[91] 葛剑雄. 中国移民史：第2卷 先秦至魏晋南北朝时期 [M]. 福州：福建人民出版社，1997.

[92] 毛汉光. 中国中古政治史论 [M]. 上海：上海书店出版社，2002.

[93] 李文才. 南北朝时期益梁政区研究 [M]. 北京：商务印书馆，2002.

[94] 章义和. 地域集团与南朝政治 [M]. 上海：华东师范大学出版社，2002.

[95] 朱士光，吴宏岐. 西安的历史变迁与发展［M］. 西安：西安出版社，2003.

[96] 刘庆柱，李毓芳. 汉长安城［M］. 北京：文物出版社，2003.

[97] 杨宽. 中国古代都城制度史研究［M］. 上海：上海人民出版社，2003.

[98] 任重，陈仪. 魏晋南北朝城市管理研究［M］. 北京：中国社会科学出版社，2003.

[99] 王健. 西周政治地理结构研究［M］. 郑州：中州古籍出版社，2004.

[100] 侯甬坚. 历史地理学探索［M］. 北京：中国社会科学出版社，2004.

[101] 西安市未央区地方志编纂委员会. 未央区志［M］. 西安：陕西人民出版社，2004.

[102] 李令福. 关中水利开发与环境［M］. 北京：人民出版社，2004.

[103] 罗新，叶炜. 新出魏晋南北朝墓志疏证［M］. 北京：中华书局，2005.

[104] 陈金凤. 魏晋南北朝中间地带研究［M］. 天津：天津古籍出版社，2005.

[105] 薛平拴. 长安商业［M］. 西安：西安出版社，2005.

[106] 胡阿祥. 六朝疆域与政区研究：增订本［M］. 北京：学苑出版社，2005.

[107] 吴宏岐. 西安历史地理研究［M］. 西安：西安地图出版社，2006.

[108] 马长寿. 氐与羌［M］. 桂林：广西师范大学出版社，2006.

[109] 中国社会科学院考古研究所汉长安城工作队，西安市汉长安城遗址保管所. 汉长安城遗址研究［M］. 北京：科学出版社，2006.

[110] 王小甫，范恩实，宁永娟. 古代中外文化交流史［M］. 北京：高等教育出版社，2006.

[111] 咸阳市文物考古研究所. 咸阳十六国墓［M］. 北京：文物出版社，2006.

[112] 朱士光. 中国八大古都［M］. 北京：人民出版社，2007.

[113] 严耕望. 魏晋南北朝佛教地理稿［M］. 上海：上海古籍出版社，2007.

[114] 严耕望. 中国地方行政制度史：魏晋南北朝地方行政制度［M］. 上海：上海古籍出版社，2007.

[115] 唐晓峰. 五岳地理说［M］//唐晓峰，李零. 九州：第1辑. 北京：中国环境科学出版社，1997.

[116] 李健超. 汉唐时期长安、洛阳的西域人［M］//李健超. 汉唐两京及丝绸之路历史地理论集. 西安：三秦出版社，2007.

[117] 中国社会科学院考古研究所，日本奈良国立文化财研究所. 汉长安城桂官：1996—2001年考古发掘报告［R］. 北京：文物出版社，2007.

[118] 万绳楠. 魏晋南北朝文化史［M］. 上海：东方出版中心，2007.

［119］万绳楠. 陈寅恪魏晋南北朝史讲演录［M］. 贵阳：贵州人民出版社，2007.

［120］陈健梅. 孙吴政区地理研究［M］. 长沙：岳麓书社，2008.

［121］唐长孺. 魏晋南北朝史论丛［M］. 北京：中华书局，2009.

［122］陈珈贝. 商周南土政治地理结构研究［M］. 新北：花木兰文化出版社，2009.

［123］徐建平. 政治地理视角下的省界变迁：以民国时期安徽省为例［M］. 上海：上海人民出版社，2009.

［124］后晓荣. 秦代政区地理［M］. 北京：社会科学文献出版社，2009.

［125］辛德勇. 秦汉政区与边界地理研究［M］. 北京：中华书局，2009.

［126］赵文润. 西魏北周与长安文明［M］. 西安：陕西人民出版社，2010.

［127］侯甬坚. 历史地理学探索：第2集［M］. 北京：中国社会科学出版社，2011.

［128］张鹤泉. 魏晋南北朝史：分裂与融合的时代［M］. 北京：中信出版社，2017.

［129］楼劲. 北魏开国史探［M］. 北京：中国社会科学出版社，2017.

［130］杜士铎. 北魏史：修订本［M］. 太原：北岳文艺出版社，2017.

［131］窪添庆文. 魏晋南北朝官僚制研究［M］. 赵立新，涂宗呈，胡云薇，等译. 上海：复旦大学出版社，2017.

［132］周伟洲. 魏晋南北朝时期的护军制［G］//燕京学报：新6期. 北京：北京大学出版社，1999.

［133］高二旺. 魏晋南北朝丧礼与社会［M］. 上海：上海古籍出版社，2017.

［134］阎步克. 波峰与波谷：秦汉魏晋南北朝的政治文明［M］. 北京：北京大学出版社，2017.

［135］魏宏利. 北朝关中地区造像记整理与研究［M］. 北京：中国社会科学出版社，2017.

［136］胡鸿. 能夏则大与渐慕华风：政治体视角下的华夏与华夏化［M］. 北京：北京师范大学出版社，2017.

［137］宋镇豪. 论商代的政治地理架构［G］//中国社会科学院历史研究所学刊编委会. 中国社会科学院历史研究所学刊：第1集. 北京：社会科学文献出版社，2001.

［138］严耕望. 元魏北镇制度考略［J］. 现代学报，1947（8）.

［139］严耕望. 北魏尚书制度考［J］. "中央研究院"历史语言研究所集刊，1948（18）.

［140］金家瑞. 北朝的寺院地主［J］. 历史教学，1953（7）.

[141] 王仲殊. 汉长安城考古工作的初步收获 [J]. 考古通讯, 1957（5）.

[142] 王仲殊. 汉长安城考古工作收获续记：宣平城门的发掘 [J]. 考古通讯, 1958（4）.

[143] 钟凤年. 评"水经注选释" [J]. 考古, 1961（5）.

[144] 黄盛璋. 关于《水经注》长安城附近复原的若干问题 [J]. 考古, 1962（6）.

[145] 向燕南. 北魏太武灭佛原因考辨 [J]. 北京师范大学学报（社会科学版）, 1984（2）.

[146] 牟发松. 十六国时期地方行政机构的军镇化 [J]. 晋阳学刊, 1985（6）.

[147] 谷川道雄. 魏晋南北朝及隋唐的社会和国家 [J]. 中国史研究, 1986（3）.

[148] 谭其骧. 自汉至唐海南岛历史政治地理：附论梁隋间高凉冼夫人功业及隋唐高凉冯氏地方势力 [J]. 历史研究, 1988（5）.

[149] 曹文柱. 两晋之际流民问题的综合考察 [J]. 历史研究, 1991（2）.

[150] 史念海. 十六国时期各割据霸主的迁徙人口：上篇 [J]. 中国历史地理论丛, 1992（3）.

[151] 高敏. 十六国前秦、后秦时期的"护军"制 [J]. 中国史研究, 1992（2）.

[152] 谷霁光. 西魏北周和隋唐间的府兵 [J]. 中国社会经济史集刊, 1937（7）.

[153] 韩昇. "魏伐百济"与南北朝时期东亚国际关系 [J]. 历史研究, 1995（3）.

[154] 史念海, 史先智. 论十六国和南北朝时期长安城中的小城、子城和皇城 [J]. 中国历史地理论丛, 1997（1）.

[155] 史念海. 唐长安城外龙首原上及其邻近的小原 [J]. 中国历史地理论丛, 1997（2）.

[156] 西安市文物局. 西安北郊出土北周白石观音造像 [J]. 文物, 1997（11）.

[157] 栾贵川. 北魏太武帝灭佛原因新论 [J]. 中国史研究, 1997（2）.

[158] 李琼英. 刘裕七月灭后秦 [J]. 文献, 1999（1）.

[159] 马咏钟. 西安北郊出土北周佛造像 [J]. 文博, 1999（1）.

[160] 宋杰. 春秋时期中国政治力量的分布态势和列强兴起的地理原因：上、下 [J]. 首都师范大学学报（社会科学版）, 2000（3）；2000（4）.

[161] 陕西省考古研究所. 西安北郊北周安伽墓发掘简报 [J]. 考古与文物, 2000（6）.

[162] 张箭. 论导致北魏灭佛的直接原因暨罪证 [J]. 西南民族学院学报（哲学社会科学版）, 2000（12）.

[163] 周伟洲. 十六国官制研究 [J]. 文史, 2002（1）.

[164] 韩香. 隋唐长安中亚人考索 [J]. 人文杂志, 2001（3）.

[165] 李遇春. 汉长安城城门述论 [J]. 考古与文物, 2005 (6).

[166] 任世芳, 赵淑贞, 任伯平. 南北朝人口史若干问题探讨 [J]. 中国历史地理论丛, 2005 (3).

[167] 尹夏清. 北周史君墓石墓门及其相关问题研究 [J]. 考古与文物, 2006 (2).

[168] 左华明. 刘裕北伐后秦考 [J]. 武汉理工大学学报（社会科学版）, 2007 (2).

[169] 陈琳国. 十六国时期的"军封"、营户与依附关系 [J]. 华侨大学学报（哲学社会科学版）, 2008 (1).

[170] 西安市文物保护考古所. 西安北周康业墓发掘简报 [J]. 文物, 2008 (6).

[171] 中国社会科学院考古研究所汉长安城工作队. 西安市十六国至北朝时期长安城宫城遗址的钻探与试掘 [J]. 考古, 2008 (9).

[172] 杨铭. 论刘裕北伐后秦之战及其历史影响：魏晋十六国时期民族战争的个例研究 [J]. 西南民族大学学报（人文社科版）, 2008 (2).

[173] 张箭. 论北魏灭佛之特点 [J]. 徐州师范大学学报（哲学社会科学版）, 2008 (5).

[174] 戴卫红. 盖吴起义与关中地方行政体制变革 [J]. 中国史研究, 2009 (3).

[175] 张敏. 自然环境变迁与北魏的兴衰：兼论十六国割据局面的出现 [D]. 北京：首都师范大学, 2002.

[176] 周秋霞. 十六国北朝时期的长安政权 [D]. 太原：山西大学, 2006.

[177] 魏俊杰. 十六国疆域研究 [D]. 上海：上海师范大学, 2011.

[178] 俄琼卓玛. 后秦史 [D]. 西安：陕西师范大学, 2012.

大事记

东汉初平元年（公元 190 年）
- 董卓迁都长安。

东汉初平三年（公元 192 年）
- 董卓在长安被杀，部将李傕、郭汜攻破长安城。

东汉兴平二年（公元 195 年）
- 李傕、郭汜相斗于长安。

东汉建安十六年（公元 211 年）
- 潼关之战爆发，最终曹操消灭韩遂、马超等关中割据势力，完成对关中地区的彻底占有。

东汉建安十七年（公元 212 年）
- 曹操自长安返回邺城，并派遣夏侯渊镇守长安，继续绞杀关中周边的割据势力。

东汉建安二十年（公元 215 年）
- 曹操自长安出发，率领大军讨伐张鲁，并顺利消灭张鲁在汉中建立的政教合一政权。

东汉建安二十三年（公元 218 年）
- 曹操率大军西征刘备，汉中之战爆发。

东汉建安二十四年（公元 219 年）
- 汉中之战中，夏侯渊被杀，曹操率领大军撤出汉中，固守关中秦岭防线。

曹魏黄初元年（公元 220 年）
- 郭淮出任雍州刺史，开始了对关中地区长达二十余年的管理。

·曹真出任雍凉都督，主持曹魏在关中地区的军事防御任务。

曹魏太和二年（公元 228 年）

·春正月，诸葛亮第一次北伐，魏明帝派遣大将曹真坐镇长安抵御诸葛亮北伐，蜀汉败退。

·冬十二月，诸葛亮第二次北伐，围困陈仓，因粮草补给不足，诸葛亮被迫撤兵。

曹魏太和三年（公元 229 年）

·诸葛亮第三次北伐，进攻武都、阴平，被曹魏雍州刺史郭淮所拒，不得已撤兵。

曹魏太和五年（公元 231 年）

·司马懿出任雍凉都督，开始了司马氏对关中地区的经营。

·诸葛亮第四次北伐，出兵祁山，与曹魏司马懿、张郃等交战，因粮草不足，无功而返。

曹魏青龙二年（公元 234 年）

·诸葛亮第五次北伐，兵出斜谷，与曹魏司马懿对峙，司马懿均避而不应，最后诸葛亮病死于军中。

曹魏景初元年（公元 237 年）

·将长安宫殿的诸钟簴、骆驼、铜人、承露盘等宫廷用品搬往洛阳。

曹魏正始元年（公元 240 年）

·蜀将姜维出兵陇西，魏将郭淮遂进军，追至强中，姜维败退。

曹魏正始五年（公元 244 年）

·关中守将曹爽、夏侯玄出兵对蜀汉发动骆谷战役，因运输不足、地势不利而撤兵。

曹魏正始八年（公元 247 年）

·雍州、凉州等地羌胡背魏降蜀，姜维出兵陇右，接应叛民，与曹魏雍州刺史郭淮交战于洮西。

曹魏嘉平元年（公元 249 年）

·蜀汉姜维进攻雍州，无功而返。

曹魏嘉平二年（公元 250 年）

·蜀汉姜维再次进攻曹魏，不克而还。

曹魏嘉平五年（公元 253 年）

·蜀汉姜维围困南安，曹魏雍州刺史陈泰前来解围，蜀军粮尽而还。

曹魏正元元年（公元 254 年）

·蜀汉姜维兵出陇西，迁徙河关、狄道、临洮三县百姓至蜀地。

曹魏正元二年（公元255年）
- 蜀汉姜维再次进攻曹魏，围困狄道，曹魏征西将军陈泰率兵救援，姜维退兵。

曹魏正元三年 甘露元年（公元256年）
- 蜀汉姜维兵出祁山，进攻上邽，为曹魏关中大将邓艾所败，伤亡惨重。
- 司马望出任雍凉都督，继续巩固司马氏对关中地区的经营。

曹魏甘露二年（公元257年）
- 蜀汉姜维趁关中部分兵卒参加淮南之战，兵出骆谷进攻曹魏。第二年，淮南之战结束，姜维退兵。

曹魏景元三年（公元262年）
- 蜀汉姜维再次出兵讨伐曹魏，为曹魏关中大将邓艾所败，不得已撤兵。

曹魏景元四年（公元263年）
- 曹魏关中大将邓艾、钟会等率军从关中出发，讨伐蜀汉，蜀汉灭亡。

西晋元康六年（公元296年）
- 冯翊、北地羌胡叛乱，车骑将军赵王伦、征西大将军梁王肜坐镇关中，镇压叛变。
- 秦雍氐、羌皆叛变，氐帅齐万年称帝于关中。

西晋元康七年（公元297年）
- 西晋政权派大军围剿齐万年义军。
- 雍州发生大饥荒和瘟疫。

西晋元康九年（公元299年）
- 氐帅齐万年被晋军擒获，关中地区叛乱基本被平定。

西晋太安二年（公元303年）
- 成都王司马颖、河间王司马颙围攻长安，并率兵洗劫长安。

西晋永安元年（公元304年）
- 惠帝被权臣张方劫持到长安，受司马颙控制。

西晋光熙元年（公元306年）
- 惠帝离开关中，回到洛阳，不久中毒而死。皇太弟司马炽继位，是为晋孝怀皇帝。

西晋永嘉二年（公元308年）
- 刘聪派遣太子刘粲率军进攻长安，晋南阳王司马模投降，匈奴汉国占领长安。

西晋永嘉五年（公元311年）
- 匈奴汉国占据长安，长安遗人四千余家奔汉中。

西晋永嘉六年（公元 312 年）
- 西晋雍州刺史贾疋收复长安，此时长安"户不盈百"。

西晋建兴元年（公元 313 年）
- 皇太子司马邺继皇位于长安。

西晋建兴四年（公元 316 年）
- 刘曜再次围攻长安，晋愍帝司马邺出城投降，西晋灭亡。长安被匈奴汉国所占领。

东晋大兴元年（公元 318 年）
- 刘聪病死，太子刘粲继位，旋为靳准所杀，汉亡。刘曜发兵攻靳准，自立为皇帝。

东晋大兴二年（公元 319 年）
- 刘曜徙都长安，改国号赵，史称前赵。

东晋大兴三年（公元 320 年）
- 关中地区发生少数民族大叛乱，刘曜采取安抚政策平叛，随后迁徙巴、氐等少数民族二十余万人于长安城。

前赵光初十二年（公元 329 年）
- 后赵讨伐前赵，杀太子刘熙，前赵灭亡。长安被后赵政权占领。

东晋永和六年（公元 350 年）
- 苻健率领关东氐族民众西进关中，击败杜洪、张琚后占领关中地区。

东晋永和七年（公元 351 年）
- 苻健于长安称天王、大单于，国号大秦，建元皇始，缮宗庙社稷，设置百官。

东晋永和十年（公元 354 年）
- 桓温率军北伐，苻健以六千弱兵固守长安小城，另三万精锐游击东晋军队，最终桓温军队撤退。桓温撤退时迁徙三千余户关中百姓出关中。

前秦皇始五年（公元 355 年）
- 苻健病死，其子苻生继承帝位，改元寿光。

前秦寿光三年（公元 357 年）
- 苻坚杀死苻生，继位为帝，随即降号为天王，自称"大秦天王"，改年号为永兴。

前秦永兴二年（公元 358 年）
- 苻坚出兵讨伐在并州叛变的张平，徙其所部三千余户于长安。

前秦建元元年（公元 365 年）
- 匈奴左贤王刘卫辰、右贤王曹毂举兵反秦，并进攻关中地区，苻坚亲征，派王猛、李威留守都城长安辅佐太子苻宏，八月，攻破曹毂。接着苻坚又北巡朔方以抚诸胡，征北将军苻幼趁机领兵进攻，李威领兵击斩苻幼，平定乱事。

前秦建元三年（公元 367 年）

- 前秦洛州刺史苻廋、雍州刺史苻武、秦州刺史苻双、并州刺史苻柳叛乱。苻坚极力安抚，被四人拒绝，苻坚出兵平叛，先后击败并成功斩杀四人。

前秦建元十六年（公元 380 年）

- 苻坚将居于关中的氐族人分出十五万户，由各宗室统领分布于各方镇。

前秦建元十九年（公元 383 年）

- 苻坚决定南征东晋，前秦主力几乎全部出动，在淝水遭遇晋军，前秦军队大败。

前秦建元二十年（公元 384 年）

- 苻坚淝水之战失败后，命令尚未到达战场的慕容泓、慕容垂等人率兵返回长安，并宽恕慕容氏反叛的罪过，但是慕容氏继续进攻长安，并称帝，年号燕兴。

东晋太元十年（公元 385 年）

- 羌族首领姚苌率族叛乱，并击杀苻坚，占据长安。

东晋太元十一年（公元 386 年）

- 姚苌在长安称帝，改元建初，国号大秦，史称后秦，改长安为常安。姚苌虽然在长安称帝，但是关中地区仍有不少前秦残余势力与姚苌为敌，后秦军队继续在关中绞杀前秦残余军队。

东晋太元十八年（公元 393 年）

- 姚苌病死，其子姚兴继位，姚兴积极扩张后秦的版图，彻底绞杀了以苻登为首的氐族残余势力，并趁机消灭了关陇一带的其他割据势力。

北魏登国十年（公元 395 年）

- 太悉佛自长安还岭北，上郡以西皆应之。

后秦弘始三年（公元 401 年）

- 姚兴击败后凉，将鸠摩罗什等僧人迎入长安，并为其开辟译经场所。

后秦弘始七年（公元 405 年）

- 西域沙门昙摩流支入关，与鸠摩罗什共译经书。

后秦弘始八年（公元 406 年）

- 卑摩罗叉到达长安，开始了其在长安传播佛教的历程。

后秦弘始十年（公元 408 年）

- 佛驮跋陀罗进入长安传播佛教，后来离开长安南下，在建康译成《华严经》。

东晋义熙十一年（公元 415 年）

- 关中地区大旱，赤地千里，昆明池干涸。

东晋义熙十二年（公元 416 年）

- 姚兴病死，其子姚泓继位，东晋太尉刘裕趁机北伐。

东晋义熙十三年 / 北魏泰常二年（公元 417 年）

- 刘裕所率领的东晋军队攻破长安城，后秦皇帝姚泓投降，后秦灭亡。
- 氐豪徐駮奴、齐元子等拥部落三万于雍，遣使内附。

东晋义熙十四年（公元 418 年）

- 刘裕占据长安之后，仅留 12 岁的刘义真镇守长安，匈奴赫连勃勃趁机出兵，进攻关中。东晋军队很快败退，赫连勃勃占据长安，并在长安称帝，改元昌武，定都统万城，以长安为陪都。

大夏真兴六年（公元 424 年）

- 赫连勃勃废除镇守长安的赫连璝的太子之位，改封其为秦王。赫连璝率领七万精锐部队北伐，兵败被杀。

北魏始光三年（公元 426 年）

- 赫连勃勃去世，北魏派遣军队进攻关中，长安守将赫连助兴弃城而逃，北魏军队占据长安。

北魏始光四年（公元 427 年）

- 大夏赫连定率军进攻长安，北魏太武帝派高凉王拓跋礼增援，并打败大夏军队，赫连定西逃上邽。

北魏神䴥元年（公元 428 年）

- 北魏将领奚斤战败被俘，北魏长安守将丘堆不战而逃，接连放弃安定、长安等城池，长安再次被大夏军队占领。

北魏神䴥三年（公元 430 年）

- 北魏军队再次大举进攻关中，占据安定之后，赫连乙升劫掠长安数千家，西奔上邽，赫连定长安、临晋、武功的守将先后弃城而逃，至此，关中地区彻底为北魏政权所有。

北魏延和二年（公元 433 年）

- 元范为雍州刺史。元范在任期间征发秦、雍二州士兵一万人，在长安城内筑建小城。

北魏延和三年（公元 434 年）

- 北魏将领杨难当攻克汉中，将逃亡至汉中的雍州流民送回长安。

北魏太延元年（公元 435 年）
- 魏太武帝下诏允许在洛阳的、孤老不能自存的长安移民返回乡里。

北魏太平真君元年（公元 440 年）
- 魏太武帝在长安地区征发五千余人疏浚昆明池。

北魏太平真君六年（公元 445 年）
- 卢水胡人盖吴不堪忍受北魏政权的统治，在杏城聚众反魏，长安镇将元纥率兵平叛，兵败被杀。魏太武帝亲自出征关中，动用二十余万军队平定叛变。

北魏太平真君七年（公元 446 年）
- 魏太武帝将长安的工匠，尤其是和军事相关的匠人两千余家迁徙至洛阳。
- 魏太武帝在长安一家寺院中发现弓箭、长矛、盾牌等军械，下令严加查处，后又在佛寺发现大量违禁物品，遂下令灭佛。

北魏皇兴元年（公元 467 年）
- 长安城镇军大将军、东平王拓跋道符在长安城谋反，杀死雍州刺史鱼玄明、雍州别驾李允等关中地区的官员。
- 正月丙午，诏司空、平昌公和其奴，东阳公元丕等讨道符。丁未，道符司马段太阳攻道符，斩之，传首京师。

北魏延兴元年（公元 471 年）
- 南安王桢出为使持节、侍中、本将军、开府、长安镇都大将、雍州刺史，孝文帝告诫他："长安镇年饥民俭，理须绥抚，不容久留，翁今还州，其勤隐恤，无令境内有饥馁之民。"

北魏太和三年（公元 479 年）
- 关中地区遭遇严重的霜雪灾害，粮食作物基本上都被冻死。

北魏太和四年（公元 480 年）
- 雍州氐族齐南王率众起义，但很快被镇压。

北魏太和二十一年（公元 497 年）
- 魏太武帝行幸长安，重点巡查了未央殿、阿房宫及昆明池等地。

北魏正光五年（公元 524 年）
- 杨震之后杨椿加卫将军，出除都督雍南豳二州诸军事、本将军、雍州刺史。

北魏孝昌二年（公元 526 年）
- 萧宝夤西征平叛，《魏书》载："初自黑水，终至平凉，与贼相对，数年攻击，贼亦惮之，关中保全，宝夤之力矣。"

北魏孝昌三年（公元 527 年）

·正月，萧宝夤除司空公。《魏书》载："出师既久，兵将疲敝，是月大败，还雍州。仍停长安，收聚离散。

·十月甲寅，雍州刺史萧宝夤据州反，自号曰齐，年称隆绪。诏尚书右仆射长孙稚讨之。

北魏武泰元年（公元 528 年）

·尔朱天光任使持节、都督雍岐二州诸军事、骠骑大将军、雍州刺史，率大都督、武卫将军贺拔岳，大都督侯莫陈悦等以讨丑奴。

·正月丁丑,雍州城人侯终德相率攻宝夤,宝夤携南阳公主及子,与百余骑渡渭而走，雍州平。

北魏永安二年（公元 529 年）

·贺拔胜除使持节、假卫将军、西道都督，隶尔朱天光为左厢大都督，讨万俟丑奴。

北魏永安三年（公元 530 年）

·四月丁卯，雍州刺史尔朱天光讨丑奴、萧宝夤于安定，破擒之，囚送京师。

北魏普泰二年（公元 532 年）

·高欢入洛阳，尽杀尔朱氏同党，废杀尔朱氏所立节闵帝，立元脩为帝，是为孝武帝。

北魏永熙三年（公元 534 年）

·郭威进军讨瑾，虏其卒七千，还长安，进位丞相。

·八月，齐神武袭陷潼关，侵华阴。郭威率诸军屯霸上以待之。

·北魏孝武帝为了摆脱权臣高欢的控制，西奔长安，投靠在关中地区割据的宇文泰。

西魏大统元年（公元 535 年）

·宇文泰毒杀北魏孝武帝，另立皇族成员南阳王元宝炬为帝，定都长安，改元大统，史称西魏。

西魏大统三年（公元 537 年）

·东魏丞相高欢趁关中地区大旱之际，出兵讨伐，在潼关被宇文泰所率领的西魏军队袭击，中路军主将窦泰被杀，东魏军队撤退。高欢不甘潼关之战的失败，再次集结二十万军队，进攻关中，宇文泰率军在沙苑埋伏袭击东魏军队，东魏军队大败。

西魏大统四年（公元 538 年）

·魏文帝东讨，与太尉王盟、仆射周惠达等留镇长安。时赵青雀反，盟及惠达奉魏太子出次渭北。顺于渭桥与贼战，频破之，贼不敢出。

- 宣光、清徽殿初成。

西魏大统八年（公元542年）

- 鄯善王的兄长鄯米率领部族归附，被安置在长安城内。

西魏大统十二年（公元546年）

- 东魏军队再次进攻西魏玉璧城，玉璧城守将韦孝宽苦战六十余日，最终顶住东魏军队进攻，高欢战时受伤，战后忧郁而死。
- 五月，独孤信平凉州，擒凉州刺史宇文仲和，迁其民六千余家于长安。

西魏大统十七年（公元551年）

- 萧循投降，率所部男女三万口入朝，自剑以北悉平。
- 三月庚戌，文帝元宝炬崩于乾安殿，时年四十五。

西魏废帝二年（公元553年）

- 韦孝宽被任命为西魏雍州刺史，他在任期间，修整道路，努力吸引百姓迁徙至关中。

西魏恭帝三年（公元556年）

- 西魏权臣宇文泰病死，宇文觉继任大冢宰，自称周公。

北周孝闵帝元年／北齐天保八年（公元557年）

- 正月辛丑，孝闵帝宇文氏即位。柴燎告天，朝百官于露门。
- 宇文觉废除西魏恭帝自立为帝，国号为周，建都于长安。

北周明帝二年（公元558年）

- 改雍州刺史为雍州牧，治所仍在长安城。分长安为万年县，并治京城。

北周武成元年（公元559年）

- 宇文护废宇文觉，另立宇文毓为帝，不久将宇文觉毒杀。

北周武成二年（公元560年）

- 宇文护再次毒杀皇帝宇文毓，另立宇文邕为帝，是为北周武帝。
- 十二月，改作露门、应门。

北周保定四年（公元564年）

- 北周在突厥的逼迫下，与突厥携手讨伐北齐，北周在关中地区征兵二十余万进攻洛阳。

北周建德元年（公元572年）

- 北周武帝继位之后，暗中发展势力，宇文邕与弟卫王宇文直策划，将宇文护诛杀，改元建德。自此周武帝独掌朝政。

北周建德三年（公元 574 年）

· 周武帝宇文邕诏令断佛、道二教，经像悉毁，罢沙门、道士。并令还民。并禁诸淫祀，礼典所不载者，尽除之。

北周建德四年（公元 575 年）

· 周武帝出兵讨伐北齐，战争双方互有胜负，北周占据优势。

北周建德五年（公元 576 年）

· 周武帝再次出兵讨伐北齐，进攻的方向放在北齐高氏的大本营晋阳。

北周建德六年（公元 577 年）

· 北周占据晋阳之后，继续进攻，追击北齐军队至邺城，北齐皇帝高纬弃城逃亡，不久高纬及其太子被俘，北齐灭亡。

· 长安城东墙主要城门宣平门无故崩塌。

北周宣政元年（公元 578 年）

· 武帝行幸云阳宫，后因病重，转回长安，病死于回长安途中。

北周大象元年（公元 579 年）

· 二月辛巳，宣帝于邺宫传位于静帝，居正阳宫。

北周大象二年（公元 580 年）

· 六月庚申，复行佛、道二教，旧沙门、道士精诚自守者，简令入道。

· 宣帝死于长安天德殿。

索引

A

阿房城 / 066—067，078

阿房宫 / 058，067，088—089，171

B

八王之乱 / 051—054，161—165

C

草堂寺 / 010，072，102

常安 / 070，172

长安小城 / 008，050—051，065，
　　　　　086，170

澄玄堂 / 072

崔公桥 / 087，275

D

大德殿 / 098，105—106，193，324

大武殿 / 104，110

道会苑 / 104，110，116

东堂 / 066，070—071，253，324

敦煌寺 / 049—050

F

芳林园 / 104，116，324

方丘 / 104

G

盖吴起义 / 089—092，096，182，
　　　　　313，316—319

光世殿 / 058，324

H

汉中之战 / 140—144

河桥之战 / 101—102，187—188，290

横门 / 073，173，178—179

胡饼 / 312

桓温北伐 / 170，177

皇城 / 008，086，088，324

J

建章宫 / 067

鸠摩罗什 / 072，173，258，306，311

K

骷髅台 / 175，181

昆明池 / 035，088—089，103—104，324

L

麟趾殿 / 104，106—107，324

刘裕北伐 / 079，088，173，177—179，258

露门 / 104，297

露寝 / 104，112

骆谷之役 / 045，150—151，156，158—159，234，238

M

明堂 / 067，070，124，324

N

南台 / 070，077，079，122，324

P

陪都 / 079—080，088，173，175—176，323

平朔门 / 073，178，324

Q

乾安殿 / 098，101，104，108，324

青城门 / 098，104

青海道 / 304

清徽殿 / 098—099

S

僧伽提婆 / 306，311

沙苑 / 185—186，191

沙苑之战 / 120，185，187，287—288，290，332

肃章门 / 098，104

T

太极殿 / 047—049，065，098，104，111，257，328

太极前殿 / 047—049，065，072，075，170，257，324

太庙 / 104，191，323

太社 / 104

太学 / 035，057—058，060，067，070，104，282，324—325

天成宫 / 114—115

天德殿 / 104，108—109，325

天台 / 104，108—109，111，113—114

天兴宫 / 104，113，325

天游园 / 101—102

听讼观 / 066—067, 070, 324

潼关之战 / 120, 135—136, 138—139, 141, 183—184, 201, 203

屯田 / 141—142, 148—149

W

万年县 / 300

渭桥 / 072—073, 173, 178

魏太武帝灭佛 / 013, 105, 313—314, 316, 319—320

未央宫 / 018—020, 035—037, 049, 058, 061, 063, 065, 071, 073—074, 088, 099, 256, 324—325

五将山 / 172

武装移民 / 149

X

西宫 / 058, 071—076, 324, 329

小学 / 035—036, 058, 060, 325

逍遥园 / 010, 072—073, 101—102, 278, 306, 311, 324

杏城 / 092, 182, 316, 318

玄都观 / 098, 104

宣光殿 / 098—099

Y

燕宣王庙 / 086—087

移居之法 / 046, 201, 246—248

永嘉之乱 / 051, 053—054, 161, 163, 332

玉璧之战 / 120, 189, 191, 332

圆极殿 / 098, 100

云和楼 / 104, 111, 116—117, 325

云阳宫 / 098, 104, 112, 114, 324

Z

招抚之策 / 046, 246, 249

正武殿 / 104, 106, 112, 116, 324

正阳宫 / 104, 111, 114

诸葛亮北伐 / 038, 144—147, 149, 151, 235, 238, 245

子城 / 008, 058, 086, 088, 187, 193, 324

紫光殿 / 057—058, 324

紫极殿 / 101, 104, 107—108, 111, 324

后记

远离家乡来到古都西安,来到美丽的陕西师范大学求学已数载。早在2010年我就已跟随硕士导师侯甬坚教授开始参与有关长安城项目的工作,直至今日,才将工作完成。拿着这份即将出版的书稿心中除了不舍,更多的是不安。虽然希望尽快出版,但想起导师的谆谆教导,以及其他老师和出版社编辑的帮助,一些忐忑浮上心头,不知道这份书稿是否使他们满意。

在书稿即将出版之际,我在此向给予我帮助的老师和编辑表达感激之情。

感谢西北历史环境与经济社会发展研究院的各位老师,是你们用渊博的知识和严谨的治学态度教会了我如何去学习,是你们的人格魅力和谆谆教诲让我思索如何成长。特别要感谢的是我的导师——侯甬坚教授。早在上大三的时候我就拜读过导师侯甬坚教授的《历史地理学探索》,捧着先生的大作,对先生的敬仰之情溢于言表。怀着对先生的敬仰,来到了西北环发中心,何其荣幸,得以在先生门下学习。先生时常在繁忙的行政工作和学术研究之余抽出时间给我们开例会。在每两周一次的例会上,先生亲自给大家示范如何解读文献,如何写作文章,如何写作文章摘要,还充分调动大家积极性展开发言讨论,等等。先生对我们的学习投入了大量的心血。在我负责《西安城市史·东汉—北朝长安城卷》的撰写后,先生只要有空暇就和我谈论文章的事。从先生平时的言谈之中,我学到了不少理论知识和学习之外的东西。从论文的论证、选题、写作提纲、文献的搜集,先生无不亲力亲为,还在百忙之中帮助我完善文章结构,调整文章内容,即使是文中的表达方式,先生也不断地给予我修改意见。

先生不但在学习方面对我们严格要求,在其他方面也对我们寄予了很高的期望。先生身上不但有学者的严谨,更有崇高的人格魅力在吸引着我们。先生并不常说让我们如何去做,而是身体力行,用榜样的示范力量引导我们做一个有用的人。曾经一些师兄在毕业之际号啕大哭，不愿离开这个优秀的集体，不愿离开自己敬仰的导师，为自己没有达到导师的要求而愧疚。当自己也要离开先生时，我也是百感交集，落寞之感无以言表，只希望在今后的道路上能够再接再厉，尽可能地做一个有用的人，不辜负先生的殷切期望。

感谢西北研究院的王社教老师。王老师是我的博士生导师，在我读博士期间，王老师非常关心我书稿的撰写情况，经常给我提供撰写的素材和思路。王老师时常在每两周的例会上，讲述自己在学习和研究过程中的所思所得，也经常讨论我的学习进展情况，对于我已经完成的部分，老师会拿来在师生会议上探讨得失，并给出大量的修改意见。

感谢陕西省文史馆的李炳武馆长，正是他提出"长安学"，并主持该丛书的编辑和出版工作。在这数年间，李馆长为《西安城市史》倾注了大量的心血。感谢出版社的侯海英老师，侯老师不但在工作上给我提供了不少帮助，在其他方面也尽可能地给予帮助和支持。感谢本卷书的责任编辑赵荣芳师姐，因我自身的原因，在交稿的过程中出现了种种的失误和延迟，师姐给予了充分的理解，并不厌其烦地帮我修改书稿，提出建议。师姐为了减少我在新、老校区路上的奔波时间，乘坐几十分钟的公交车，在寒冬腊月多次赶至长安校区。诸如此类的事还有很多，不再一一列举。

还要特别指出的是我的硕士同学由淑敏，在《西安城市史》项目刚开始启动时，由淑敏和我一起协助侯甬坚老师完成本卷的撰写，但是后来由于硕士阶段学习结束之后，由淑敏参加了工作，没有时间继续进行此项目，故将她之前的工作全部转给我，包括部分的文字撰写、搜集的资料以及资料录入的数据库。由淑敏同学对本卷的撰写工作做了非常大的贡献，在书稿即将成书之际郑重表示感谢。

最后还要感谢多年来支持我的家人。我能够走到今天，是他们在背后一直默默地支持我。当我消沉时，他们鼓励我振作，给我重新面对的勇气；当我取得成绩时，他们和我分享喜悦，同时还不忘提醒我要戒骄戒躁。多年的求学之路，虽和家人离多聚少，但唯愿他们一切安好。

最后真诚地祝愿所有的老师身体安康，工作顺利！

杨恒显
2020 年 3 月